交通与数据科学丛书 7

面向需求轨道列车时刻表优化

牛惠民　著

科学出版社

北　京

内 容 简 介

　　列车时刻表优化设计,是轨道运营管理领域最具挑战性的一类科学问题,其中加入需求因素并嵌入旅客行为,使问题变得异常复杂. 全书共 7 章,第 1 章分析列车时刻表优化问题,第 2 章研究时变需求下列车时刻表建模及精确求解,第 3 章关注超拥挤环境下乘客排队现象及数学处理,第 4 章研究多线路列车时刻表协同优化及动态规划算法,第 5 章研究越行环境下列车时刻表优化及列生成方法,第 6 章研究柔性架构下列车时刻表优化问题和交替方向乘子法,第 7 章讨论车辆调度中指派和路径决策的协同.

　　本书可作为交通运输工程、管理科学与工程相关学科专业高年级学生、研究生学习和课外阅读用书,也可作为从事轨道交通规划、设计、管理和科学研究人员的参考用书.

图书在版编目(CIP)数据

面向需求轨道列车时刻表优化/牛惠民著. —北京:科学出版社,2023.2
(交通与数据科学丛书;7)
ISBN 978-7-03-074274-2

Ⅰ. ①面… Ⅱ. ①牛… Ⅲ. ①旅客列车-列车时刻表-最优化算法-中国
Ⅳ. ①U293.1

中国版本图书馆 CIP 数据核字(2022)第 241130 号

责任编辑:王丽平　范培培 / 责任校对:彭珍珍
责任印制:赵　博 / 封面设计:黄华斌

科 学 出 版 社 出版
北京东黄城根北街 16 号
邮政编码:100717
http://www.sciencep.com
北京天宇星印刷厂印刷
科学出版社发行　各地新华书店经销
*
2023 年 2 月第 一 版　　开本:720 × 1000　1/16
2025 年 1 月第三次印刷　　印张:17 1/2　插页:2
字数:353 000
定价:158.00 元
(如有印装质量问题, 我社负责调换)

丛 书 序

交通科学在近 70 年来发展突飞猛进, 不断拓展其外延并丰富其内涵; 尤其是近 20 年来, 智能交通、车联网、车路协同、自动驾驶等概念成为学者研究的热点问题的同时, 也已成为媒体关注的热点; 应用领域的专家及实践者则更加关注交通规划、土地利用、出行行为、交通控制和管理、交通政策和交通流仿真等问题的最近研究进展及对实践的潜在推动力. 信息科学和大数据技术的飞速发展更以磅礴之势推动着交通科学和工程实践的发展. 可以预见在不远的将来, 车路协同、车联网和自动驾驶等技术的应用将根本改变人类的出行方式和对交通概念的认知.

多方式交通及支撑其运行的设施及运行管理构成了城市交通巨系统, 并与时空分布极广的出行者之间形成了极其复杂的供需网络/链条. 城市间的公路、航空、铁路和地铁等日益网络化、智能化, 让出行日益快捷. 有关城市或城市群的规划则呈现 "住" 从属于 "行" 的趋势. 如此庞杂的交通系统激发了人们的想象力, 使交通问题涉及面极广, 吸引了来自不同学科和应用领域的学者和工程技术专家.

因此, 为顺应学科发展需求, 由科学出版社推出的这套《交通与数据科学丛书》将首先是 "兼收并蓄" 的, 以反映交通科学的强交叉性及其各分支和方向的强相关性. 其次, "'数''理' 结合", 我们推动将数据科学与传统针对交通机理性的研究有机结合. 此外, 该丛书更是 "面向未来" 的, 将与日新月异的科学和技术同步发展. "兼收并蓄" "'数''理' 结合" 和 "面向未来", 将使该丛书顺应当代交通科学的发展趋势, 促进立足于实际需求和工程应用的实际问题开展科研攻关与创新, 进而持续推动交通科学研究成果的 "顶天立地".

该丛书内容将首先是对交通科学理论和工程实践的经典总结, 同时强调经典理论和实践与大数据和现代信息技术的结合, 更期待据此提出的新理论、新模型和新方法; 研究对象可为道路交通、行人流、轨道交通和水运交通等, 可涵盖车车和车路联网技术、自动驾驶技术、交通视频技术、交通物联网和交通规划及管理等. 书稿形式可为专著、编著、译著和专题等, 中英文不限. 该丛书主要面向从事交通科学研究和工程应用的学者、技术专家和在读研究生等.

该丛书编委会聚集了我国一批优秀的交通科学学者和工程应用专家, 基于他

们的治学态度和敬业精神, 相信能够实现丛书的目标并保证书稿质量. 最后, 上海
麓通信息科技有限公司长期以来为丛书的策划和宣传做了大量工作, 在此表示由
衷的感谢!

张　鹏

2019 年 3 月

前　　言

　　轨道交通是指运营车辆需要在特定轨道上行驶的公共交通模式, 通常包括高速铁路、快速铁路、普速铁路和城市轨道交通等类型. 努力向旅客提供高质量的空间位移服务, 并以列车时刻表的形式向社会公布, 是轨道交通运输组织的核心. 在轨道交通内部, 列车时刻表的时空图示形式称为列车运行图, 它规定了轨道列车占用区间的次序以及在每一个车站的到达、出发和通过时刻. 列车运行图是轨道运营企业最重要的技术文件, 是协调不同部门、工种、环节进行运输生产活动的基础以及轨道线路能力查定的依据. 对于社会而言, 列车时刻表则是连接运营商和出行者的桥梁以及乘客安排出行活动的依据. 根据服务对象来分类, 列车时刻表分为旅客列车时刻表和货物列车时刻表, 不失一般性, 本书主要专注于旅客列车时刻表的优化设计.

　　其他公共交通方式, 如城市普通公交、民用航空、客运轮渡、城际道路客运等, 都涉及时刻表问题. 当公共交通系统的基础设施 (如线路、航站、码头、车站等)、运输装备 (牵引、制动、通信等) 产生了变化, 或者客流需求大小与分布 (时间分布、空间分布) 出现了较大波动时, 都需要根据变化的运营环境或客流需求, 重新设计新的时刻表. 比较而言, 轨道交通特有的封闭性、严格性和排他性要求, 使得相应的时刻表问题更加复杂. 轨道列车时刻表的设计, 是具有广泛应用背景的调度优化问题, 也是轨道运营管理领域最具挑战性的一类科学问题.

　　广泛的应用场景和复杂的计算挑战, 使得轨道列车时刻表问题 (Train Time-tabling Problem, TTP) 多年来一直是国际交通运输及运筹管理学界的热点研究问题. 特别值得一提的是, 该问题具有表述简单明确, 不需要太多的专门性知识; 包容性强, 可以根据需要融合多个子问题, 如列车停站、动车组调度、客流控制等; 数学模型是典型的大规模组合优化问题, 可以结合问题的背景和特点, 研究设计求解模型的多种方法. 由于这些原因, 在一些国际著名的交通运输类期刊上, 如 *Transportation Research Part B, Transportation Research Part C, Transportation Science* 等; 还有运筹管理类期刊, 如 *Operations Research, European Journal of Operational Research* 等, 经常可以见到研究列车时刻表问题的论文. 随着全球范围内轨道交通的蓬勃发展以及大数据、云计算和人工智能技术的日趋成熟, 列车时刻表相关的科学问题还在不断涌现, 学术界在该领域的研究热情在进一步延续.

  列车运行图设计理论, 是铁道运输管理学科本科生、研究生最重要的学习内容, 在 "铁路行车组织"、"铁路客运组织" 和 "城市轨道交通运营管理" 等核心课程中, 都是重点介绍的内容. 但受多种因素的影响, 目前中文类图书对 "列车运行图" 内容的描述, 主要停留在概念和使用层面, 对该问题深层次的理论剖析、数学建模、算法设计, 尚缺少系统性、专业性的介绍, 使得本专业方向的毕业生在实际从事这项工作时, 很难直接使用课本中学到的理论, 特别是在从事该方向科学研究时, 还需要补充学习大量基础知识.

  列车时刻表是用于服务客流需求的, 努力实现列车运行线和客流需求时空分布的最佳协同与匹配, 是列车时刻表优化最重要的目标. 客流需求具有时变、异质、随机的属性, 列车对轨道占用具有时空排他和时序优先的特征, 将旅客流和列车流合理地联结为一个整体, 是一件非常困难的工作. 现实中列车时刻表对客流需求的响应, 主要是通过预先指定某些参数来体现, 如根据客流需求提前确定的列车停站方案等. 而在具体的设计中, 将不直接考虑客流需求的时空分布特征, 所得到的时刻表称为基于供给的列车时刻表. 这样的处理方法, 会显著地简化列车时刻表问题的建模和求解. 但是, 将本质上属于同一整体的决策优化问题, 人为地划分为不同的层次并预先指定部分决策变量的取值, 必然会影响最后的优化质量.

  在列车时刻表建模阶段直接考虑客流需求, 可以生成更高质量的列车服务产品. 轨道交通广泛使用的自动售检票系统, 可以容易地捕捉每位乘客的上车、下车地点和时间, 从而精准地获得时变的 OD (Origin-Destination) 客流需求数据, 使得有可能在列车时刻表问题中细微地考虑旅客需求的影响和作用. 2013 年, 本书作者和周学松教授在国际著名交通运输类期刊 *Transportation Research Part C* 上, 发表了有较大影响的论文 "Optimizing Urban Rail Timetable under Time-dependent Demand and Oversaturated Conditions", 首次利用时变的 OD 客流需求研究了超拥挤环境下城市轨道交通列车时刻表的优化问题. 随后, 作者所在团队在多个国家自然科学基金项目的支持下, 致力于轨道列车时刻表优化问题的研究, 在国内外学术期刊上发表了多篇该领域的论文, 开发了地铁供需匹配分析及列车运行图编制系统, 本书呈现给读者的内容, 就是这些研究成果的系统化总结.

  本书共 7 章. 第 1 章为绪论, 分析了轨道列车时刻表优化的现实、科学意义以及该领域重要的研究问题、建模方法和求解算法. 第 2 章以高速铁路走廊为背景, 在基于小时和分钟 OD 需求矩阵的条件下, 研究列车时刻表问题数学建模及精确求解. 第 3 章研究了城市轨道交通列车时刻表的优化, 重点关注车站乘客无法乘上当前列车引起的超拥挤现象及其数学处理. 第 4 章以两条相互连接的高铁线路为背景, 研究了多线路列车时刻表协同优化的数学建模及算法设计问题. 第

5 章利用基于小时的 OD 需求, 研究了越行环境下列车时刻表优化及列生成方法, 特别考虑了如何利用替换对偶变量方法求解含有不可分割性的价格子问题. 第 6 章研究了柔性列车时刻表优化问题, 提出了求解模型的交替方向乘子法, 以解决列车出发时间范围设置的困局. 第 7 章介绍了如何将铁路动车组调度转化为多车场公交车辆调度问题, 讨论了如何协同车辆调度中的指派和路径决策, 提出了集网络简化、问题分解和对称性打破的综合求解方法. 本书还特别关注列车时刻表问题的求解方法, 对于解决最优化问题的一些常用求解方法, 如遗传算法、优化求解器方法、动态规划算法、分支定界算法、拉格朗日分解算法、列生成算法、交替方向乘子法等, 都有详细介绍和分析, 并特别重视根据问题特点对算法所施加的改进, 相信这些内容对于更多读者也有一定的裨益.

　　本书付印之际, 首先要感谢美国亚利桑那州立大学周学松教授. 20 世纪 90 年代, 我们在北京交通大学求学期间曾有同窗之谊, 2010 年末在北京偶遇, 开启了近 10 年的合作研究之旅. 周学松教授是国际上少数精通轨道交通和道路交通方向的学者, 在多年的交流合作中, 他渊博的学识、扎实的功底、敏锐的见解, 特别是对学术研究超乎寻常的热情, 都给我和我的学生们留下了深刻的印象, 特别感谢周学松教授对本书内容的贡献.

　　感谢我的学生田小鹏、高如虎、刘应东等团队成员, 多年来对本书研究内容付出的努力. 感谢兰州交通大学同事、学术界朋友长期以来的关心和帮助. 感谢作者主持的国家自然科学基金面上项目 "需求驱动和网络环境下高速铁路列车时刻表的优化" 对本书的资助, 感谢科学出版社王丽平编辑对本书出版的热诚帮助.

　　鉴于作者水平所限, 书中纰漏之处难免, 恳请读者批评指正.

目　　录

丛书序

前言

第 1 章　绪论 ·· 1

　1.1　基础概念 ··· 1

　　1.1.1　列车运行图 ··· 2

　　1.1.2　运营环境 ··· 5

　　1.1.3　客流需求 ··· 6

　1.2　研究问题 ··· 7

　　1.2.1　新增列车运行线问题 ··································· 8

　　1.2.2　周期性列车时刻表问题 ································· 9

　　1.2.3　列车实时调度问题 ····································· 9

　　1.2.4　面向需求列车时刻表问题 ······························ 10

　　1.2.5　列车时刻表延伸问题 ··································· 11

　1.3　建模方法 ·· 12

　　1.3.1　决策变量 ·· 12

　　1.3.2　约束条件 ·· 13

　　1.3.3　优化目标 ·· 14

　1.4　求解算法 ·· 15

　　1.4.1　问题简化方法 ·· 15

　　1.4.2　智能计算方法 ·· 15

　　1.4.3　模型修正方法 ·· 16

　　1.4.4　直接分解方法 ·· 17

　　1.4.5　对偶分解方法 ·· 18

　1.5　内容结构 ·· 20

第 2 章　时变需求下列车时刻表建模及精确求解 ··················· 22

　2.1　引言 ·· 22

　2.2　问题分析 ·· 25

　2.3　集成 2 次整数规划模型 ···································· 27

　　　2.3.1　有效加载时间窗 ································· 27

　　　2.3.2　乘客等待时间 ··································· 28

　　　2.3.3　目标函数 ······································· 29

　　　2.3.4　约束条件 ······································· 30

　2.4　分钟需求下优化模型重构 ····························· 33

　　　2.4.1　修改加载时间窗 ································· 33

　　　2.4.2　添加约束条件 ··································· 34

　　　2.4.3　修改目标函数 ··································· 35

　2.5　小时需求下优化模型重构 ····························· 36

　　　2.5.1　需求间隔和规划期限变化 ······················· 36

　　　2.5.2　候车时间和在车人数修正 ······················· 37

　　　2.5.3　分段线性模型修改 ····························· 41

　2.6　数值算例 ··· 42

　　　2.6.1　分钟需求下案例 ································· 43

　　　2.6.2　小时需求下案例 ································· 45

　2.7　结束语 ··· 51

第 3 章　超拥挤环境下列车时刻表优化 ····················· 58

　3.1　引言 ··· 58

　3.2　问题分析 ··· 60

　3.3　基于累计变量的 0-1 规划模型 ······················· 64

　　　3.3.1　客流加载过程 ··································· 64

　　　3.3.2　约束条件 ····································· 68

　　　3.3.3　目标函数 ····································· 70

　3.4　面向现实的整数规划模型 ····························· 70

　　　3.4.1　乘客最晚到站临界时刻 ························· 70

　　　3.4.2　时刻表问题的基本约束 ························· 72

　　　3.4.3　乘客有效加载时间窗 ··························· 73

　　　3.4.4　列车供给约束 ································· 74

　　　3.4.5　目标函数 ····································· 76

　3.5　用于单车站的启发式算法 ····························· 77

　　　3.5.1　局部改进算法 ································· 77

　　　3.5.2　简单算例 ····································· 81

　3.6　用于多车站的遗传算法 ······························· 82

3.6.1 染色体编码 · 82

3.6.2 计算适应度 · 83

3.7 数值算例 · 84

3.7.1 已知数据和设置参数 · 84

3.7.2 数值计算 · 85

3.7.3 系统研发 · 88

3.8 结束语 · 91

第 4 章 多线路列车时刻表协同优化 · 93

4.1 引言 · 93

4.2 问题分析 · 95

4.2.1 研究背景 · 95

4.2.2 符号设置 · 96

4.3 优化模型 · 97

4.3.1 单线路情况 · 97

4.3.2 两线路情况 · 99

4.4 求解单线路的动态规划算法 · 105

4.5 求解两线路的遗传算法 · 108

4.6 数值算例 · 111

4.6.1 数据输入 · 111

4.6.2 单线路情况 · 112

4.6.3 两线路情况 · 114

4.7 结束语 · 115

第 5 章 越行环境下列车时刻表优化及列生成方法 · · · · · · · · · · · · · 117

5.1 引言 · 117

5.2 问题分析 · 121

5.2.1 问题描述 · 121

5.2.2 时空网络构建 · 123

5.3 数学模型 · 124

5.3.1 符号与变量 · 124

5.3.2 目标函数 · 127

5.3.3 约束条件 · 128

5.4 基于对偶变量替换的列生成算法 · 131

5.4.1 检验数计算 · 131

　　　　5.4.2　对偶变量替换 ···································· 136

　　　　5.4.3　动态规划算法 ···································· 138

　　5.5　分支定价切割算法 ······································· 143

　　　　5.5.1　算法框架 ·· 143

　　　　5.5.2　有效不等式 ······································ 144

　　　　5.5.3　下界生成 ·· 146

　　　　5.5.4　分支策略 ·· 147

　　　　5.5.5　上界生成 ·· 149

　　5.6　数值算例 ··· 150

　　　　5.6.1　小规模算例 ······································ 150

　　　　5.6.2　大规模算例 ······································ 153

　　　　5.6.3　比较性算例 ······································ 157

　　5.7　结束语 ··· 160

第 6 章　柔性架构下列车时刻表及 ADMM 算法 ················· 161

　　6.1　引言 ··· 161

　　6.2　问题分析 ··· 166

　　　　6.2.1　问题描述 ·· 166

　　　　6.2.2　出发时间窗 ······································ 166

　　　　6.2.3　时空网络 ·· 170

　　6.3　基于弧的 0-1 整数规划模型 ····························· 172

　　　　6.3.1　优化目标 ·· 172

　　　　6.3.2　约束条件 ·· 172

　　6.4　求解普通列车时刻表的拉格朗日方法 ······················ 177

　　　　6.4.1　问题说明 ·· 177

　　　　6.4.2　问题松弛 ·· 177

　　　　6.4.3　算法框架 ·· 179

　　6.5　求解柔性列车时刻表的 ADMM 方法 ······················ 180

　　　　6.5.1　增广和分解 ······································ 181

　　　　6.5.2　基于优先权的计算顺序 ··························· 185

　　　　6.5.3　时变最短路径算法 ······························· 188

　　　　6.5.4　局部上界生成算法 ······························· 190

　　6.6　数值计算 ··· 191

　　　　6.6.1　京沪高速铁路算例 ······························· 191

　　　6.6.2　补充的比较算例 ···················· 198
　6.7　结束语 ·· 202
第 7 章　公交车辆调度中指派和路径决策的协同 ·········· 203
　7.1　引言 ··· 203
　7.2　问题分析 ·· 208
　　　7.2.1　问题描述 ····························· 208
　　　7.2.2　符号、变量和公式 ···················· 209
　　　7.2.3　时空节点和时空弧构建 ··············· 212
　　　7.2.4　弧费用 ······························· 216
　　　7.2.5　连接网络、时空网络和时空连接网络比较 ······· 217
　7.3　基于变量分离的拉格朗日分解 ··············· 219
　　　7.3.1　费用特性 ····························· 219
　　　7.3.2　问题分解 ····························· 221
　　　7.3.3　管理学解释 ··························· 223
　　　7.3.4　上界生成算法 ························· 225
　7.4　基于对称性打破的增强模型 ················· 226
　　　7.4.1　增强模型 ····························· 227
　　　7.4.2　有序指派算法 ························· 229
　7.5　实时调度应用 ································· 232
　7.6　数值实验 ······································ 233
　　　7.6.1　简单例子 ····························· 233
　　　7.6.2　测试计算比较 ························· 238
　　　7.6.3　中大型数值测试 ····················· 239
　7.7　结束语 ··· 244
参考文献 ·· 249
《交通与数据科学丛书》书目 ························ 262
彩图

第 1 章　绪　论

本章分析了轨道列车时刻表问题的现实及科学意义, 介绍了列车运行图、时空网络、客流需求等基础概念. 讨论了列车时刻表研究领域国际学术界重要的研究问题、建模方法和求解算法, 最后给出了全书的内容结构.

1.1　基础概念

轨道交通是指运营车辆需要在特定轨道上行驶的公共交通模式. 在我国, 轨道交通包括高速铁路 (时速不低于 250 千米)、快速铁路 (时速介于 160 千米至 250 千米之间)、普速铁路 (时速低于 160 千米) 以及城市轨道交通 (含地铁、轻轨、有轨电车) 等 4 种类型. 轨道交通是节能环保的绿色交通方式, 在综合交通系统中具有明显的竞争优势. 一般而言, 在重要城市节点间的旅客运输中, 高速、快速铁路优势明显; 在中长距离大宗货物运输中, 快速、普速铁路以运量大、成本低而著称; 城市轨道交通, 则具有运量大、频率高、准时、节能环保的优势, 是缓解城市交通拥挤最有效的手段. 大力发展轨道交通, 已成为世界各国的共识与潮流.

列车时刻表由轨道运营企业编制, 它详细规定了列车占用区间的次序以及在每一个车站的到达、出发和通过时刻, 其时空图示形式又称为列车运行图, 是轨道企业最重要的技术文件以及协调轨道交通不同部门、工种、环节进行运输生产活动的基础 (杨浩, 2017; 毛保华, 2017; 胡思继, 2013). 列车时刻表是连接轨道交通服务供给和需求的桥梁, 它向社会全面展示了轨道企业提供的服务产品, 用户可以根据各自的需求有偿使用这些列车服务. 从轨道列车的服务对象来看, 可分为旅客运输需求和货物运输需求两类. 根据问题的重要性、应用的广度和研究的热度, 本书重点关注旅客列车时刻表优化问题.

列车时刻表设计, 最大的困难是如何处理不同列车占用轨道资源引发的时空冲突, 这种时空冲突与列车运行追踪、越行、交汇耦合在一起, 构成了复杂的约束条件. 这类问题的决策优化, 是在特定的时空网络中, 为每个列车确定一条合理的移动路径, 使基于乘客的度量指标 (如旅行时间) 或企业的度量指标 (如运营成本) 等达到最优 (彭其渊等, 1995; 倪少权等, 2003; 牛惠民, 2021). 轨道列车时刻表优化问题, 数学上是典型的大规模、多目标、强耦合的整数或 0-1 规划模型, 其中加入需求因素并嵌入旅客行为, 将使问题变得异常复杂. 根据不同的运营环境和约束要求, 构建列车时刻表问题合理的数学模型、设计有效的求解算法, 是非常具有挑战性的科学难题.

现实的轨道列车时刻表, 主要是基于某些简化条件和已知参数而设计的, 如基于时段均衡或给定停站方案的列车时刻表, 设计中没有或较少考虑客流需求的时变特征, 又称为基于供给的列车时刻表 (Supply-Based Train Timetable). 这种类型的列车时刻表, 往往会造成客流需求高峰时段旅客不能乘上期望的列车, 而在非高峰时段列车能力虚糜的现象, 难以实现列车运行线和客流需求时空分布的合理匹配. 轨道运营部门已经意识到了该问题的弊端并着手进行修正, 如我国铁路个别线路或区段试行的 "一日一图" 做法, 就是试图在不同的客流需求条件下使用差异化的列车运行图.

在列车时刻表阶段直接使用客流需求, 会明显增加问题的难度. 首先, 客流需求具有连续、时变的属性, 而列车运行线则有离散、稳定的特点, 利用解析方法将两者耦合为一个整体, 将极大增加数学建模的难度; 其次, 建模中使用时变的客流需求会导致出现非线性表达式, 必然会使模型的求解变得更加困难, 特别是对于繁忙的高速铁路走廊或城市地铁线路, 问题的复杂性会极度增加甚至无法克服. 因此, 迫切需要系统化、科学化的理论和方法, 从根本上解决复杂环境条件下列车时刻表的优化问题. 本书主要内容, 就是研究如何设计真正意义上面向需求的轨道列车时刻表, 以匹配时变异质的客流需求, 向社会提供高质量的旅客列车服务产品.

1.1.1 列车运行图

实际上, 列车时刻表给出了每个列车从始发至终到的整个过程中, 在空间和时间维度上的演变细节, 包括列车沿途经过的车站以及到达、出发和通过车站的准确时刻. 从狭义角度讲, 列车时刻表详细指定了列车时空移动的轨迹坐标. 如表 1.1 所示, 是一个典型的高铁列车时刻表. 利用这样的列车时刻表, 铁路运营部门可以实时组织列车途经区间和车站的技术作业, 旅客可以提前安排自己的出行活动.

当乘客利用轨道交通出行时, 通常需要考虑途经出发站与目的站之间线路上的多个列车, 以选择最适合自己的服务产品. 对于铁路运营管理部门, 则更关心运行在该线路上彼此关联的全部列车 (或列车流), 以有序合理地安排沿线车务、机务、工务、电务和车辆部门的工作. 列车时刻表的优化, 应该考虑当前线路上所有列车的移动计划. 具体地, 为该线路上每个列车确定一条合理的时空路径, 消除不同列车之间占用时空资源的冲突, 最大限度地实现供给和需求双方利益的最大. 根据这样的考量和认识, 学术上所指的列车时刻表基本上都是基于线路的广义列车时刻表 (Single-Line Train Timetable), 即线路上所有列车的时空移动计划.

表 1.1　京沪线 G107 列车时刻表 (2018 年 3 月)

G107	车站	到达时间	发车时间	运行时间 (小时)	里程 (千米)
1(始)	北京南	始发站	08:05	00:00	0
2	德州东	09:18	09:21	01:13	314
3	济南西	09:45	09:47	01:40	406
4	枣庄	10:37	10:39	02:32	627
5	徐州东	10:57	10:59	02:52	692
6	定远	11:47	11:57	03:42	902
7	南京南	12:28	12:32	04:23	1023
8	苏州北	13:23	13:25	05:18	1237
9(终)	上海虹桥	13:49	终点站	05:44	1318

在计划编制阶段, 不失一般性, 通常假定任意列车在每个区间的运行速度恒定. 在直角坐标平面内, 以时间为横轴、空间为纵轴 (欧洲国家多用时间为纵轴、空间为横轴), 可以组成二维时空平面. 在二维时空平面中, 按照一定的比例关系, 将列车运行轨迹用若干条线段连接出来, 就可得到相应的列车运行线. 类似地, 对于所考虑的轨道线路, 全体列车运行线的总体, 称为该线路的列车运行图, 图 1.1 显示了京沪高铁简化后的列车运行图. 列车运行图的基础概念, 在许多教科书中都有详细的介绍, 本书在此不再赘述.

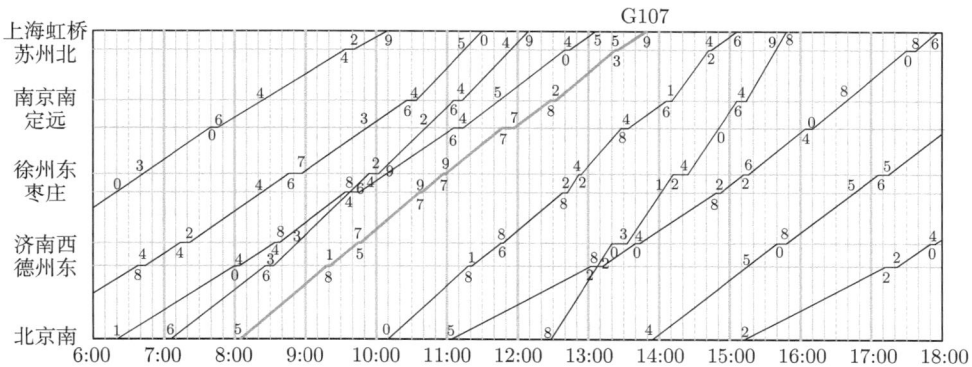

图 1.1　含 G107 的列车运行图 (2018 年 3 月)(见文后彩图)

显然, 列车运行图就是列车时刻表的时空图示, 两者之间本质上没有差异. 利用列车运行图, 可以清楚地获悉每个列车的移动细节及不同列车间的逻辑关系. 在轨道交通内部, 列车运行图则更为现场工作人员习惯和熟知, 是轨道行业最重要的技术文件. 实践中, 轨道运营部门会定期编制列车运行图, 随着客流需求大小和时空分布变化的加剧, 频繁编制或修改列车运行图已成为常态. 对应地, 在研究列车时刻表问题的文献中, 为了便于比较和分析计算结果, 总是将列车运行图作为最后的输出呈现出来. 需要说明的是, 在理论研究层面, 列车时刻表 (Train Timetable) 的称谓更被国际学术界所认可, 而在有些场合, 列车调度问题 (Train Scheduling Problem) 也等同于列车时刻表问题.

在研究轨道列车时刻表及相关问题时, 为了直观地展示研究内容, 特别是列车与列车之间、列车与车站之间、列车与乘客之间的复杂关系, 通常会画出列车运行图的简化形式, 其中仍然以时间和空间为维度, 但不必硬性规定横轴与纵轴的具体含义; 最为重要的是, 不深究各类对象的准确坐标, 而重点关注它们之间的时空逻辑关系, 如两个节点之间相对的左右、上下位置, 这样得到的图形表示形式, 称为列车运行时空网络 (Space-Time Network). 以下介绍本书经常提到的两类特殊列车运行图, 了解和熟悉它们, 有助于设计更加普遍和复杂的列车时刻表.

1. 平行运行图

如果同方向的列车在同一区间的运行速度相同, 称为平行运行图. 平行运行图结构简单, 所有列车运行线相互平行, 可以最大化地使用线路通过能力, 对应于只有单一速度等级列车的情况. 实践中, 有纯平行运行图和广义平行运行图两种类型. 纯平行运行图除了具有相同的区间运行速度, 还有相同的列车停站模式和停站时间, 这类运行图不考虑列车之间的越行, 通常在城市轨道交通或短距离城际铁路中选用. 广义平行运行图更加灵活多样, 它除了区间运行速度相同, 列车在一个车站是否停站、停站多长时间, 都可以根据需要自由选择, 不同列车之间还可以选择是否进行越行, 这样的列车运行图为旅客出行提供了多样化的服务选择, 有利于轨道运营企业降低成本和节约能耗. 通常情况下, 远距离高铁线路多使用广义平行运行图. 近年来, 个别城市轨道交通也尝试使用这种运营模式.

2. 均衡运行图

在列车运行图中, 如果所有列车的时间间隔或车头距 (Headway) 始终相同, 则称为均衡 (或等间隔) 列车运行图. 完全均衡的运行图很少直接在实践中使用, 但可以由此生成其他更为复杂的列车运行图. 例如, 以均衡运行图为基础, 修改部分列车的停站模式和停站时间得到的运行图. 特别地, 为了满足客流需求分布的时间不均衡性, 可进一步生成基于阶段均衡的列车运行图. 具体地, 将运营日划分为若干个时段, 如高峰和非高峰时段, 或者 1 小时为 1 个时段, 在每个时段采用均衡列车运行图. 阶段均衡的列车运行图按阶段设置各自不同的发车间隔, 能够较好地匹配时变的客流需求 (Niu and Zhang, 2012), 因而在实践中较多选用.

1.1.2 运营环境

在列车时刻表问题中, 不同的运营环境将导致不同的研究假设、建模框架、求解算法和计算复杂性, 本章主要分析以下两种运营环境.

1. 网络结构

单条线路 (或走廊) 的情形, 是列车时刻表问题最主要的研究对象. 在这样的运营环境中, 只需关心该线路上列车移动和乘客上下车情况, 不必考虑不同线路上列车之间的到发接续或者客流中转换乘问题, 这类情形是目前学术界主要的研究对象. 在单线路的运营环境中, 根据所有列车的始发站和终到站是否相同, 可以分为列车运行区段相同和运行区段不同的时刻表问题. 大部分的城市轨道交通和短距离城际铁路, 多采取列车始发和终到站相同的运行模式; 长距离的高速铁路走廊, 如我国的京沪高铁, 则选择始发和终到站不同的运行模式, 此时每个列车都有各自的始发站和终到站. 值得注意的是, 对于当前线路上开行的跨线列车, 只要视列车上线接轨站为始发站、下线接轨站为终到站, 则这类列车可认为是运行在当前线路上相应区段的本线列车. 由于要考虑客流在接轨站的中转换乘, 含有跨线列车的时刻表问题会复杂许多.

由多条线路组成的轨道交通网络, 是更一般的列车运营环境. 研究这类时刻表问题的直观方法, 是先设计单条线路的列车时刻表, 然后根据一定的优化目标, 将多个单线路列车时刻表合并成网络列车时刻表 (Network-Wide Train Timetable). 需要指出的是, 目前无论是理论研究还是实践应用, 均没有非常理想的方法处理网络时刻表优化问题. 这类问题最合理的优化目标, 是考虑不同线路列车在枢纽站的有效接续, 但这很难照顾到全部列车和全部枢纽车站, 因为部分列车在部分车站的良好接续, 就有可能牺牲其他列车在其他车站的衔接效果 (Tian and Niu, 2019). 同时, 列车接续和乘客换乘应该同步考虑, 而问题中一旦出现客流需求, 模型的复杂性将急剧增大, 从而影响最后的优化质量. 基于这样的考虑, 有些文献转而研究网络环境下部分特殊列车 (如早班或晚班列车) 时刻表的优化问题 (Kang et al., 2016; Kang and Meng, 2017).

2. 速度等级

在研究列车时刻表问题时, 速度等级是另一类重要的考虑因素, 不同的速度等级将导致不同的构模假设. 对于大多数城市轨道交通或短距离城际铁路, 单一速度等级是最常见的运输组织模式, 在这样的运营环境中, 所有列车具有相同的运行速度, 可以实现最大的线路通过能力.

多种速度等级是更一般的列车运行组织模式, 对于中长距离的铁路走廊, 通常会采用这种方式, 它可以满足多样化、异质化的客流需求以及部分跨线列车的运行需要. 例如, 在我国的京沪高铁走廊上, 长期开行高速列车和动车组列车两种速度等级的列车; 兰渝线开行时速 160 千米和 120 千米的旅客列车以及 80 千米的货物列车. 实际上, 在单一速度等级的列车运行环境中, 选择多样的列车停站模式, 会导致实际的列车旅行速度不同. 对于多等级速度的运营环境, 必然会发生不同列车之间的越行问题, 相应的列车时刻表问题会变得异常复杂. 本书第 5、6 章, 将对越行环境下多等级列车时刻表优化问题进行详细讨论.

1.1.3　客流需求

1. 不直接使用客流需求

从本质上讲, 尽可能实现客流需求与列车运行线时空分布的最佳匹配, 使列车服务的提供者和使用者共同受益, 是列车时刻表优化的永恒目标. 然而, 列车运行线具有明显的离散与稳定的特征, 而客流需求则有连续与时变的特点, 将二者有效地耦合在一起, 确实是一件非常艰巨的任务. 早期列车时刻表优化研究, 为了简化问题, 构模阶段不直接使用客流需求数据, 而将关注重点放在处理轨道占用冲突和列车运行安全上, 相应的问题称为面向供给的列车时刻表优化.

值得注意的是, 许多研究列车时刻表问题的文献, 尽管没有直接考虑客流需求, 但通过使用相关的输入参数, 间接地使用了客流需求. 如列车在始发站的出发时间范围、理想出发时刻以及时段内开行的列车数量、车站最少停站列车数等, 基本上都是客流需求影响的结果. 建模中使用这些参数, 就是在列车时刻表问题中间接地考虑了客流需求.

2. 单车站乘客到达率

早期研究时变需求条件下列车时刻表问题的文献, 会在模型中嵌入车站客流需求, 其中最常用的是每个车站时变的乘客到达率. 确实, 该参数能够很好地反映不同车站动态的客流到达强度, 便于在模型中体现时变需求对列车时刻表的响应. 但是, 如果建模中使用基于车站的乘客到达率, 就必须有对应的参数来度量每个车站时变的乘客离开强度, 否则无法计算乘客的上下车人数. 遗憾的是, 迄今为止还没有找到这样的参数. 因为乘客离开车站的过程依赖于列车的到站, 而列车到站是一个跳跃性的离散事件, 无法使用连续性参数来刻画乘客离站过程. 部分研究文献中, 采用在车乘客的下车比率来量化这一数值. 不得不说的是, 这样的处理是有问题的. 因为乘客的下车比率依赖于待优化的列车时刻表, 不同的列车到达和出发时刻, 必然导致不同的乘客下车人数.

3. 时变 OD 客流需求

借用城市道路交通研究文献所用的动态交通需求, 可以用时变的 OD 需求来刻画乘客到达和离开车站的强度, 避免使用单车站乘客到达率导致的建模困境. 具体地, 用单位时间内从始发站 (Origin Station) 到终到站 (Destination Station) 的乘客人数来表示客流需求. 根据时间单位选择的不同, 可以有不同的 OD 客流需求. 在轨道列车时刻表问题中, 最常用的是基于小时 (Hour-Dependent) 和基于分钟 (Minute-Dependent) 的 OD 客流需求. 数据收集阶段, 可以根据 1 小时或 1 分钟的时间间隔, 统计每一对始发站与终到站之间出行乘客的数量. 特别地, 由于轨道交通广泛使用自动售检票系统 (Automatic Fare Collection System, AFC), 可以方便地获知每位乘客的上车地点、时间以及下车地点、时间. 因此, 对一些特殊的研究场景, 还可根据构建模型的需要, 将客流需求的统计间隔划分得更小, 使用任意时间粒度的时变 OD 需求, 本书第 3 章将对此问题做详细讨论.

1.2　研究问题

按照荷兰学者 Goossens 等 (2004) 的观点, 列车时刻表设计是整个轨道交通运营规划的一个子问题, 向上是线路规划问题 (Line Planning Problem), 向下则是动车组调度或周转问题 (Rolling Stock Scheduling Problem). 如前文所述, 单纯的列车时刻表问题, 就是在一条轨道交通线路上, 确定所有列车在每个车站的到达、出发和通过时刻.

线路规划问题, 是具体确定列车运行区段、速度种类、停站方案、编组长度、时段发车频率等, 这些内容大部分依赖于旅客需求的大小和时空分布. 换言之, 线路规划就是根据客流需求大小及时空分布特征, 确定的列车轮廓运行计划, 体现了客流需求对列车服务的基本诉求. 在随后的列车时刻表阶段, 则把线路规划中的一些内容作为给定的输入, 使待优化问题在相对简单的环境下进行. 在我国的学术和企业界, 线路规划常用另一个含义基本相同的概念 "列车开行方案" 所代替.

动车组调度问题, 是在已经设计好的列车时刻表上, 为每条列车运行线 (或称为任务) 指派一个动车组 (或车底), 在列车始发和终到站之间循环运送乘客, 要求每个任务有且只有一个动车组来完成, 该问题也称为动车组周转问题或车底交路问题. 动车组调度所产生的费用, 是轨道交通运营阶段所耗费的主要支出. 因此,当轨道列车调度问题涉及企业运营成本时, 则一般需要考虑动车组使用情况. 通过对时空网络进行适当的修改与转换 (Niu et al., 2018), 动车组调度问题等价于多车场公交车辆调度问题 (Multiple-Depot Transit Vehicle Scheduling Problem).

在列车时刻表问题中, 通过把线路规划中的某些内容松弛为决策变量, 或者在构模阶段直接考虑时变的 OD 客流需求, 可以生成更高质量的列车服务产品; 当然, 也可以在列车时刻表优化阶段, 同步考虑动车组调度问题, 以获得运营成本更小的方案. 目前列车时刻表领域的研究选题, 大部分都是这样融合的结果. 下面, 归纳分析在列车时刻表优化领域, 国际学术界热门的几类研究问题.

1.2.1 新增列车运行线问题

这个问题完全来自于现实. 在轨道交通运营中, 由于旅客需求大小和时空分布发生了明显变化, 既有的列车时刻表不再满足新形势的要求, 需要在现有的列车运行图中, 增加新的列车运行线 (Additional Train), 当然要对已有的运行线进行同步调整. 在已有的运行图中插入新的列车运行线, 这一思想在我国有着广泛的应用和影响. 时至今日, 我国铁路客货共线的列车运行图, 都是先确定旅客列车运行图, 然后在图中插入尽可能多的货物列车运行线. 然而, 该问题在理论研究层面, 却是欧洲学者的工作更有系统性, 其中意大利博洛尼亚大学的研究成果最有影响.

新增列车运行线问题, 包含新增列车运行线插入以及既有列车运行线调整, 两部分内容耦合在一起, 使得问题十分复杂. 博洛尼亚大学 Caprara 等 (2002) 针对一条铁路走廊, 在固定列车停站和越行模式、允许部分列车调整到发时刻和停站时间的条件下, 构建了线性整数规划模型, 用以解决新增列车运行线的问题. 随后, Caprara 等 (2006) 进一步对该问题做了推广研究, 模型中考虑了信号系统、车站能力、运营维修等因素. 澳大利亚昆士兰理工大学 Burdett 和 Kozan (2009) 将新增列车运行线问题刻画为带有时间窗约束的作业车间调度问题, 以保证既有和新增运行线的有效融合, 并在特制的分离图上运用元启发式算法求解模型. Cacchiani 等 (2010a) 研究了在旅客列车时刻表中插入货物列车运行线的问题, 其中的旅客列车运行线固定, 目标是优化货物列车时刻表和停站方案, 建模中对每个货物列车预先指定理想时刻表, 然后在迭代求解过程中不断修改调整. Jiang 等 (2017) 以我国京沪高铁为背景, 研究了如何在繁忙列车运行图中插入新的列车运行线, 特别考虑了优化过程中允许部分列车增加停站、取消停站、延长停站时长等问题.

1.2.2 周期性列车时刻表问题

周期性列车时刻表, 是指首先生成一个周期内 (如 1 小时) 的列车时刻表架构, 然后将该架构扩展至其他剩余周期, 使得每个周期内列车开行数量、运行顺序、停站方案、到发时刻基本相同. 早期研究列车时刻表问题的重要文献, 大部分都集中在周期性类型, 基本方法源自周期性事件调度问题 (Periodic Event Scheduling Problem, PESP), 该方法最先由 Serafini 和 Ukovich (1989) 提出.

1996 年, 荷兰代尔夫特理工大学 Odijk 运用 PESP 方法研究周期性列车时刻表问题时, 将列车到达与出发视为成对的事件, 使用基于有效不等式的割平面算法求解模型, 迭代中通过对解空间不断地切割, 实现了快速获得高质量可行解的目标, 但该方法局限于求解小规模问题. 荷兰鹿特丹大学 Kroon 和 Peeters (2003) 仍以 PESP 为基本手段, 考虑了可变的列车区间运行时间对周期性时刻表的影响, 构建了相应的数学模型, 优化目标是总的列车运行时间最小. 此外, 还有部分学者采用其他方法研究周期性时刻表问题, 如 Petering 等 (2016) 在研究周期性列车时刻表及到发线运用综合优化时, 放弃了经典的 PESP 框架, 通过构建混合整数模型并采用 CPLEX 求解, 以实现周期时长和列车运行时间的最优. 最近, 为了应对周期性时刻表中频繁 "模运算" 带来的麻烦, Zhang 等 (2019) 构建了新的扩展时空网络, 提出了以列车运行时间最小的多商品网络流模型, 设计了基于交替方向乘子法的求解算法.

实践中, 周期性列车时刻表具有容易使乘客记忆、便于轨道企业组织生产的优点. 从广义的角度来讲, 几乎所有的列车运行图都是以 24 小时为单位进行重复的, 均属于周期性列车时刻表的范畴. 当然, 早期研究文献关注周期性列车时刻表问题较多, 这也体现了科学研究的普遍现象, 即优先选择相对简单的研究问题, 而在随后的数学建模和算法设计方面尽可能科学有据.

1.2.3 列车实时调度问题

轨道列车实时调度问题, 是指当前的列车运行过程受到非正常随机干扰后, 计划的列车运行图不再可行, 需要对部分或全部列车的运行计划进行实时调整, 以获得可实现且运行指标最好的列车调度方案. 从本质上讲, 列车实时调度就是根据变化的运营环境, 重新设计生成新的列车时刻表. 研究列车实时调度, 可以将原有的计划列车时刻表作为理想时刻表, 并将期望与理想时刻表之间的偏离最小为优化目标. 长期以来, 轨道列车实时调度调整, 始终是本领域热门的研究选题, 引起了众多学者的关注.

列车移动必须受限于当前车站、线路的状态, 是研究实时调度问题的基本要求, 荷兰代尔夫特理工大学 D'Ariano 等 (2007) 把受干扰的列车运行, 视为含有资源约束的无等待车间调度问题, 优化目标为调整后列车到发时刻与计划运行图的偏离最小. 进一步地, Corman 等 (2009) 针对时空网络中可能存在的瓶颈路径, 提出了基于 "绿波" 实时控制的替代图模型, 并采用分支定界算法进行求解, 该方法在运营区段稍短、列车速度差不大、车站能力富足条件下具有比较强的适用性. 意大利罗马大学 Mannino 和 Mascis (2009) 以城市轨道交通车站为背景, 目的是为受影响的列车选择新的运行路径和到发时刻, 构建了基于凸费用的无等待作业车间调度模型, 提出了新的下界确定方法. Lusby 等 (2013) 以最小化现实与计划的列车运行偏离为目标函数, 将列车实时调度描述为一类集合覆盖问题, 提出了求解模型的分支定价算法.

北京交通大学孟令云教授和亚利桑那州立大学周学松教授 (Meng and Zhou, 2011) 以单线铁路为背景, 在列车运行时间及干扰持续时间不确定的情况下, 基于不同的干扰场景建立随机优化模型, 采用滚动时域算法求解列车实时调度问题. 随后, 孟令云和周学松 (Meng and Zhou, 2014) 继续针对复杂的网络环境, 通过构建基于时空网络的多商品流模型, 综合优化列车路径与时刻表问题. Lamorgese 和 Mannino (2015) 把列车实时调度分解为线路列车运行调整及车站列车运行调整子问题, 前者在保证列车不同时占用不兼容线路的前提下, 最小化现实与计划列车时刻表之间的偏离; 后者优化列车在车站的路径和到发时刻, 利用近似 Benders 方法求解所构建的混合整数规划模型, 研发的列车调度决策系统于 2014 年在挪威 Jærbane 铁路开始应用. Dollevoet 等 (2012) 在乘客由于列车晚点延误错过接续列车的条件下, 研究了如何进行基于路径调整的晚点管理问题, 构建了以乘客总延误最小的整数规划模型, 设计了基于 CPLEX 的求解方法.

1.2.4 面向需求列车时刻表问题

在研究公共交通车辆调度问题时, 尽可能考虑旅客需求的大小及时空分布, 是不可或缺的现实需要和理论考量, 长期以来始终是国际学术界的热点研究方向. 1971 年, 美国科学院院士、著名交通学家 Newell 在研究普通公交调度问题时, 使用连续性流体模型模拟具有单个终到站的客流加载过程, 由此计算乘客的总等待时间, 从而得出公交车辆最优的调度策略. 随后, 美国科学院院士、伯克利大学 Daganzo(1997) 教授对于拥挤的公交调度系统, 提出了利用基于累计流量计数的方法捕捉时变的排队过程, 通过简化的仿真架构, 用以计算公交走廊上不同 OD 对之间的乘客排队延迟. 1986 年, 以色列 Ceder 教授对城市公交时刻表问题提出了新的建模架构, 通过不断修正车辆在始发站的出发时刻, 从而尽可能使车辆保持均衡发车时距或者均衡载客率, 并特别关注车辆时距在不同时段之间的平滑过渡.

2013 年, 本书作者和周学松教授 (Niu and Zhou, 2013) 通过定义上车乘客最晚到站临界时刻的概念, 研究了时变和超拥挤环境下列车时刻表的优化问题, 从理论上揭示了轨道列车与乘客之间的耦合关系, 建立了动车组约束条件下面向需求列车时刻表非线性整数规划模型. 加拿大蒙特利尔大学 Barrena 等 (2014a) 对于动态需求下列车时刻表问题, 提出了两种非线性规划模型, 目的是最小化每个时段内乘客的平均等待时间, 通过反复删除和添加 (或移动) 列车运行线, 建立了基于自适应邻域搜索的快速迭代算法. 伊朗学者 Hassannayebi 等 (2016a) 在列车能力和股道资源约束下, 以城市轨道交通线路为背景, 以乘客在系统中的平均等待时间最小为目标函数, 构建基于路径优化的非线性整数规划模型, 设计了求解模型的拉格朗日松弛算法, 获得了期望的列车时刻表. 2018 年, Shi 等 (2018) 针对超拥挤的城市轨道交通系统, 研究时变需求环境下列车时刻表和客流控制的协同优化问题, 目标函数为最小化乘客在车站的候车时间, 计算结果在获得最优列车时刻表的同时, 还给出了避免站台客流拥挤的控制策略.

1.2.5 列车时刻表延伸问题

在列车时刻表问题中融入线路规划的某些内容, 可以产生许多延伸问题, 最著名的是列车时刻表与停站协同优化问题. 表面上看, 列车停站应嵌套于时刻表问题中, 因为根据列车在车站的到达和出发时刻, 就可以决定列车是否在该站停车. 但从层次化规划的视角, 列车停站属于上层的线路规划问题, 而在列车时刻表问题中, 通常假设列车停站方案已经提前给定. 数学上, 如果在时刻表问题中直接考虑列车停站, 由于受列车最小停站时间的影响, 必须设置新的 0-1 停站变量, 才能构建时刻表和停站的协同优化模型.

北京交通大学杨立兴教授等 (Yang et al., 2016) 以高速铁路走廊为对象, 把列车停站决策作为约束条件嵌入到时刻表问题中, 以总的列车停站时间和延误时间最小为目标函数, 构建了列车时刻表和停站协同优化的多目标线性整数规划模型. 法国 Altazin 等 (2017) 研究了城市轨道交通列车实时调度问题, 其中嵌入了列车停站选择变量, 在考虑动车组约束条件下, 通过最小化系统恢复时间和乘客等待时间, 构建了线性整数规划模型. Shang 等 (2018) 在超拥挤的地铁线路上, 运用多维时空网络建模方法, 研究了基于乘客候车公平的列车停站优化问题. 需要特别指出的是, 在列车时刻表和停站协同优化中, 如果不直接或间接考虑客流需求大小和分布, 将无法确定合理的列车停站方案, 从而也不可能得到最优的列车时刻表.

列车时刻表优化目的, 主要在于提高旅客服务质量, 而最小化运营费用则是动车组调度的首要目标, 将列车时刻表和动车组调度结合起来寻找服务与效益之间的最佳妥协, 是该领域多年来另一个热门研究选题. 2014 年, 荷兰鹿特丹大学 Kroon 等 (2014b) 在研究周期化列车时刻表问题时, 考虑了动车组与乘客之间柔性化的耦合问题, 即预先不指定两个列车之间的连接关系, 而是通过求解所构建的数学模型, 得到期望的列车时刻表和动车组周转方案, 所开发的列车运行图编制系统 DONS (Designer of Network Schedules), 已成功应用于荷兰铁路列车调度系统. 2018 年, 丹麦理工大学 Fonseca 等为了方便乘客在不同轨道线路上的换乘, 研究了列车时刻表和动车组调度的协同优化, 以最小化旅客换乘费用和企业运营成本为目标函数, 构建了双目标混合整数规划模型, 通过调整列车出发时刻和延长列车停站时间, 设计了求解模型的元启发式算法. 荷兰埃因霍芬理工大学 Veelenturf 等 (2016) 研究了列车、动车组和乘务组实时调度协同优化, 在考虑动车组能力约束的条件下, 构建了所考虑问题的线性整数规划模型, 优化目标为取消和延误列车数量最小.

1.3 建 模 方 法

1.3.1 决策变量

合理设置问题的决策变量, 是正确构建列车时刻表数学模型的关键. 在模型化这类决策优化问题时, 现有文献常常将时间轴按 1 分钟或 0.5 分钟进行等间隔划分, 分别对应一分格和半分格的列车运行图. 假定轨道交通系统中列车的活动都发生在这些整数分割点上, 通过引入整数变量就可以表示列车在车站的到达和出发时刻, 进而用整数规划模型刻画列车时刻表问题. 需要特别说明的是, 在时变需求环境下构建列车时刻表模型时, 许多文献会选择使用其他较大 (如 1 小时) 或较小 (如 1 秒) 的时长来表示客流需求的统计间隔. 这时, 问题中会出现两种不同的时间度量单位, 前者表示列车到达和离开车站的瞬时时刻, 是待求解的决策变量, 而后者用以统计客流需求的时间长度, 不需要计算求解.

通常情况下, 基于整数规划的列车时刻表模型, 仅适用于不存在列车越行的城市轨道交通或短距离城际铁路, 如果考虑列车越行, 则需要设置用以描述列车在车站出发顺序的 0-1 变量, 才能利用数学方法描述所考虑的问题. 如 Liu 和 Dessouky (2019)、Shafia 等 (2012) 在构建含有列车越行的鲁棒时刻表模型时, 使用了表示列车出发顺序的 0-1 逻辑变量. 进一步地, 如果在列车时刻表问题中同步考虑列车停站优化, 则需要设置列车在车站是否停站的 0-1 决策变量, 如杨立兴

等 (Yang et al., 2016)、Altazin 等 (2017) 在处理这类问题时均设置了基于列车停站的二元逻辑变量.

利用 0, 1 组成的变量序列, 如 (0,0,0,1,1,···,1), 可以表示离散、时变的事件状态, 其中在事件发生前 (例子中前 3 个) 的时间点变量取值为 0(或 1), 而在事件发生及以后 (例子中第 4 个及其以后) 的时间点取值为 1(或 0), 这样的变量序列称为累计 0-1 变量. 运用累计 0-1 变量, 可以刻画许多复杂的时变离散系统. 2013 年, 基于对列车移动和乘客到站特点的深刻分析, 牛惠民和周学松 (Niu and Zhou, 2013) 用累计 0-1 变量的方法刻画超拥挤环境下的列车时刻表问题. 此后, 又有多篇研究轨道交通问题的文献, 如列车调度调整 (Meng and Zhou, 2014)、编组站作业组织 (Shi and Zhou, 2015) 等, 均使用累计变量构建相应的数学模型. 需要特别强调的是, 当直接使用商用优化软件 (如 CPLEX) 求解 0-1 混合整数规划模型时, 如果模型中 0-1 变量的数目过多, 将严重降低算法的求解效率. 因此, 累计 0-1 变量方法主要用于构建模型, 而随后的模型计算不适合直接使用优化求解器.

正如上文所述, 轨道列车运行线可以视为时空网络中的列车移动路径, 以此设置 0-1 逻辑变量, 可以构建基于时空路径的列车时刻表模型. 通常有两种变量设置方法: 一种是直接设置 0-1 路径变量, 用以表示列车是否选择某时空路径, 如 Cacchiani 等 (2008)、Fischetti 和 Monaci (2017) 在构建列车时刻表模型时, 均使用了 0-1 路径变量; 另一种则是设置 0-1 路段变量, 用以表示列车是否使用某时空路段, 从而间接表示时空网络中路径的选择结果, 如 Caprara 等 (2002, 2006)、Cacchiani 等 (2010a) 均利用了 0-1 路段变量, 构建了相应的列车时刻表模型. 不管是哪种变量设置, 由于模型包含 0-1 变量太多且约束条件过于复杂, 如果直接利用优化求解器处理模型, 计算效果非常有限. 因此, 当构建了基于路径或路段变量的 0-1 规划模型时, 后续的计算将不直接求解数学模型, 而是使用对偶分解方法, 将列车时刻表问题转化为路径问题来解决.

1.3.2 约束条件

轨道列车时刻表问题, 必须考虑多种特别的约束条件, 以保证列车运行安全及不同要素间的合理耦合, 通常需要考虑的约束包括: 单个列车在车站到达时刻、出发时刻、停留时间和区间运行时间的联系方程; 前后两个列车在车站出发、到达的最小安全间隔, 不同列车越行的合理性和安全性约束; 列车占用车站股道、列车载客能力约束; 另外, 还要考虑不同问题、环节、决策变量之间的关联性约束, 如列车时刻表变量和停站变量之间的关联约束; 如果研究需求响应的列车时刻表问题,还需特别考虑乘客流和列车流之间的关联性约束, 如列车在每个车站的乘客上车人数、下车人数和在车人数.

容易看出, 列车时刻表问题的约束条件具有种类多、数量大、强耦合的特点, 如在含有 20 个车站、150 个列车的高铁线路上, 则需要 10 万个以上描述列车越行关系的约束条件, 而且随着线路上列车数量和种类增多, 约束条件的数量和复杂性将急剧增大. 对于中、大规模应用问题, 甚至很难能找到一个可行解. 因此, 任何利用简单方法轻松求解列车时刻表问题的企图, 都是徒劳和不现实的. 为了能够求解这类复杂的组合优化问题, 列车时刻表约束中还通常包括缩小列车活动范围的限制性条件, 最常用的是列车在始发站出发时间窗约束 (D'Ariano et al., 2007; Gao and Niu, 2021). 必须承认的是, 缩小列车的活动范围是一种无奈选择, 如何使这样的限制性约束既相对合理, 又不影响随后的求解效果, 是一件非常有意义的工作, 本书第 6 章将对此问题做详细讨论.

1.3.3 优化目标

轨道列车时刻表设计, 可以从运营者和乘客两个角度设置优化目标. 从运营者角度来考虑, 总是希望基于消耗性的运营成本最小, 或者列车移动尽可能接近某种理想的方案, 具体的目标函数包括, 基于列车旅行时间 (或动车组运用) 的费用成本最小 (Zhou and Zhong, 2007), 基于列车运行和停站的能源消耗最少 (Huang et al., 2017; Yin et al., 2016), 现实与理想列车时刻表之间的偏离最小 (Burdett and Kozan, 2009; Caprara et al., 2002). 从乘客角度来考虑, 优化目标包括乘客在车站等候时间最小 (Niu and Zhou, 2013; Barrena et al., 2014a)、乘客在车内拥挤度最少 (Niu et al., 2015b)、乘客旅行时间最小 (Sparing and Goverde, 2017; Tian and Niu, 2020) 等.

对于上述优化目标, 最自然的方法是构建列车时刻表问题的多目标优化模型. 但在实际操作层面, 大部分学者却更喜欢将多目标转化为单目标优化问题, 这样会避免求解多目标模型的麻烦和不便, 而且能更多利用运筹学领域的最新优化方法. 特别注意的是, 如果在列车时刻表问题中考虑了时变的 OD 需求, 为了计算乘客在车站的等待时间, 会导致目标函数中出现二次项 (Niu et al., 2015a). 有时为了某些特殊的考虑, 模型中也有时会出现非线性表达式, 利用常规的数学转换, 可得到等价的线性模型, 如 Shi 等 (2018) 就采用增设多个线性约束替换模型中的非线性项.

1.4 求 解 算 法

列车时刻表优化具有明确的应用背景, 数学模型是大规模的 NP 问题, 任何没有进行数值测算的数学模型, 研究意义都非常有限. 学术界的基本共识是, 算法设计是列车时刻表问题最为重要和困难的部分. 以下 5 类求解算法, 是目前研究文献中最常用的方法.

1.4.1 问题简化方法

列车时刻表问题的极端复杂性, 使得对问题适当简化并设计相应的求解算法, 就成为解决此类问题最重要的方法之一. 早期列车时刻表问题的研究文献, 都是通过对原始问题进行一定简化, 如不考虑客流需求 (Liebchen, 2008)、不考虑列车越行 (Petering et al., 2016)、不考虑网络环境 (Caprara et al., 2002)、不考虑列车停站 (Niu et al., 2015a) 等, 都是这样处理的结果. 对列车时刻表问题进行简化, 除了数学建模方面的考虑, 主要还是为了问题的求解, 因为对问题的所有简化, 都会导致模型求解方法更加容易可行, 如不考虑客流需求的时刻表问题, 可以构建为线性规划模型, 从而使求解过程更加简化; 对于不考虑列车越行的情况, 将大大减少决策变量的个数, 从而有利于算法的设计.

除了在建模阶段简化问题, 该方法更多用于算法设计过程, 根据问题特点进行某种程度的简化, 从而缩小可行解的范围, 使所设计的启发式算法, 能够在可接受的时间内, 搜索到理想的近似最优解. 2017 年, 荷兰代尔夫特理工大学 Sparing 和 Goverde 针对周期性列车时刻表设计问题, 提出了基于问题导向的预处理技术用以缩减解的搜索空间, 结合 CPLEX 求解器设计了启发式的迭代求解策略. 对于列车实时调度问题, Fischetti 和 Monaci (2017) 提出了对约束条件的定界策略和对决策变量的压缩技术, 以获得更加紧凑和缩小的可行解空间, 然后利用 CPLEX 求解修改后的混合整数规划模型.

1.4.2 智能计算方法

由于列车时刻表问题内在的离散性和组合性, 运用近年来广为流行的智能搜索方法, 如遗传算法 (Genetic Algorithm, GA) 等, 就成为解决此类问题的首选, 特别是对于不考虑列车越行情况的时刻表问题, 智能算法的求解效率相当令人满意 (Niu, 2011).

1997 年, 德国学者 Nachtigall 和 Voget 在研究网络环境下周期化列车时刻表优化时, 运用基于模糊逻辑的复合遗传算法求解所构建的双目标模型. Robenek

等 (2017) 构建了面向用户的列车时刻表模型, 新时刻表继承了周期运行图的规则性和非周期运行图的灵活性, 用模拟退火算法求解模型, 算法的核心思想是在保持乘客满意度最大的条件下, 逐渐消除不同列车之间资源占用的时空冲突. 2017 年, Huang 等考虑了乘客旅行时间和列车运行中能源消耗, 构建了列车时刻表优化的多目标规划模型, 设计了禁忌搜索算法求解模型. Nitisiri 等 (2019) 以最小化乘客等待时间和列车运营成本为目标, 构建了非越行环境下轨道列车调度的双目标整数规划模型, 提出了求解模型的并行遗传算法, 其中使用了混合抽样策略和基于学习的变异操作.

对于包含有越行的列车时刻表问题, 巨大数目的 0-1 变量以及不同变量之间的强耦合特征, 导致利用染色体或其他方式生成可行解非常困难, 使智能搜索算法的求解效率明显降低. 智能计算方法的可融合性和技巧性也相对有限, 该方法还有一个难以克服的缺陷, 就是不能准确地度量当前解与最优解的偏离程度. 基于此, 利用智能算法研究列车时刻表问题的论文, 有时会遭受部分研究学者的质疑. 需要指出的是, 对于确实没有更好求解方法的列车时刻表问题, 选择智能算法仍然不失为一个明智之举.

1.4.3　模型修正方法

基于模型修正的启发式方法, 始终是求解列车时刻表问题的重要方法, 该方法就是在构建模型过程中, 通过对数学模型进行适当修改变形, 如非线性表达式的线性化, 增设新的辅助变量, 基于特殊需要的等价变换等, 然后在模型修正的基础上, 结合商用优化求解软件 (如 GAMS 等) 以及其他优化技术 (如分支定界), 设计高效的启发式求解算法.

蒙特利尔大学 Barrena 等 (2014b) 在求解动态需求下列车时刻表问题时, 通过重新定义一组流变量, 将非线性的乘客等待时间转化为线性表达式, 得到了与原问题等价的线性整数规划模型, 然后结合 CPLEX 设计了求解模型的启发式算法. Wang 等 (2015) 在研究地铁列车实时调度问题时, 针对模型中存在非光滑、非凸函数的事实, 通过修改模型设计了基于梯度的 2 次规划序列迭代求解算法. 2016 年, 杨立兴团队 (Yang et al., 2016) 在研究列车时刻表和列车停站协同优化问题时, 通过引入列车发车顺序的 0-1 变量, 来刻画列车安全间隔及列车越行约束, 通过线性加权的方法得到了单目标混合整数规划模型, 然后利用 CPLEX 优化软件求解模型.

1.4.4 直接分解方法

列车时刻表问题具有明显的离散组合特征, 数学上可以构建为整数规划模型. 从算法设计的角度讲, 利用成熟的分解技术, 将这类复杂问题分解为容易求解的子问题, 然后逐步分别求解, 最后得到期望的最优解, 是解决列车时刻表问题的基本思路. 分支定界和动态规划方法, 是两类最为常见的直接分解算法.

分支定界 (Branch and Bound, BB) 是求解整数规划问题的常用算法, 该方法把可行解空间反复地分割为越来越小的子集, 称为分支; 对每个子集内的解集计算目标函数的下界 (最小值问题), 称为定界; 每次分支后, 凡是界限超出已知可行解目标值的那些子集不再进一步分支, 从而缩小搜索范围, 称为剪枝; 反复实施上述过程直至找出最优解. 分支定界算法由于其良好的分解能力和收敛特性, 在列车时刻表研究中被广泛使用. 2005 年, 周学松教授等在研究多级列车共线运行下列车时刻表问题时, 构建了以高等级列车出发时间与理想出发时刻偏离最小以及所有列车旅行时间最少的双目标规划模型; 根据提出的优先权规则, 将第 2 个目标对应的模型分解为单列车的时刻表问题, 并将其转化为带有资源限制的多模式项目调度问题; 设计了带有有效支配准则的分支定界算法, 以获得多目标问题的帕累托解; 为了提高算法效率及获得具有代表性的非支配解集, 提出了带有效用评价准则的束搜索 (Beam Search) 策略 (Zhou and Zhong, 2005).

荷兰代尔夫特理工大学 D'Ariano 等 (2007) 将列车实时调度抽象为车间作业调度问题, 然后利用分支定界算法消解列车占用资源的冲突, 不断将多种启发式规则嵌入到算法中以加快求解速度. Mannino 和 Mascis (2009) 利用分支定界算法求解地铁列车实时调度问题, 通过隐枚举法将可行的路径加入到活动节点集合中, 将每个节点得到的可行目标值作为上界, 同时利用最小费用流模型计算下界. Shafia 等 (2012) 利用分支定界算法和束搜索技术求解鲁棒列车时刻表问题, 将每个搜索节点对应可能的列车时刻表, 并通过节点选择策略逐步更新下界. Liu 和 Dessouky (2019) 建立了列车时刻表的 2 阶段优化模型, 设计了基于分支定界的启发式求解框架, 构造的搜索树节点表示主问题和系列子问题, 设计了基于领域搜索的分支策略和基于给定阈值的定界方法.

动态规划 (Dynamic Programming, DP) 算法, 是求解列车时刻表问题另一类常用的直接分解算法. 动态规划算法根据列车时刻表问题的离散及多阶段特征, 将待求解问题分解为若干个子问题, 然后按次序求解子问题, 其中当前子问题的解为紧后子问题提供信息; 在求解每个子问题时, 不断地筛选并保留能够达到最优的局部解; 迭代求解所有的子问题, 最后得到原问题的最优解.

Niu 等 (2015b) 针对基于车内拥挤的列车时刻表优化, 运用动态规划算法获取问题的精确最优解; 算法执行过程中, 列车被作为决策阶段, 列车在始发站的出发时刻作为搜索状态, 乘客在站等待时间和在车拥挤度作为状态的评价函数. Yin 等 (2016) 利用近似动态规划算法求解列车调度调整问题, 将列车在车站之间的移动作为决策阶段, 以乘客延误时间、旅行时间和列车能源消耗为评价函数, 并通过不断近似加速问题求解效率. Tian 和 Niu (2017) 使用动态规划方法求解网络列车时刻表优化问题, 将不同线路间列车运行的协同程度作为评价函数. Chen 等 (2019) 在研究时变需求下车辆发车间隔和车辆编组的协同优化时, 设计了定制化的动态规划算法, 其中以乘客排队长度为状态变量, 车辆能耗费用和乘客等待时间为评价函数, 为了避免 "维数灾难" 的影响, 迭代中不断加入有效不等式, 以缩减可行解的状态空间.

1.4.5 对偶分解方法

将一个复杂问题分解为多个容易求解的子问题, 并在求解过程中不断利用对偶信息, 称为对偶分解算法. 拉格朗日松弛 (Lagrangian Relaxation, LR) 算法是最著名的对偶分解算法, 该方法广泛应用于求解各种交通优化问题, 如车辆调度问题 (Fisher, 1981). 拉格朗日方法的核心, 是将 "多智能耦合体约束" 进行松弛, 得到多个易求解的子问题, 然后应用对偶信息进行迭代, 并随时计算当前解距离最优解的偏离程度, 直到找到问题的最优或近似最优解为止. 在列车时刻表优化问题中, 股道能力约束要求相关的列车在同区间必须满足最小安全间隔, 用拉格朗日方法松弛 "股道能力约束", 就可以将复杂的列车时刻表问题分解为多个列车路径问题.

1998 年, 瑞典皇家理工学院 Brännlund 等在求解列车时刻表问题时, 首次应用拉格朗日松弛方法, 将一段轨道线路划分为若干个闭塞区间, 要求前后列车在任意时刻不能占用同一区间, 松弛该能力约束将原问题分解为多个路径子问题, 但由于含有大量的能力约束, 难以应对大规模问题求解的需要. 为此, Caprara 教授团队 (2002, 2006) 通过构建独特的时空网络, 将列车时刻表问题描述为多商品网络流问题; 通过引入不兼容弧来限制股道能力约束, 建立了仅依赖于时空节点的能力约束模型, 避免了拉格朗日乘子过多的弊端. 沿着这一思路, Cacchiani 等 (2010a, 2012) 应用拉格朗日松弛方法, 通过松弛股道占用唯一性约束, 求解了货物列车和鲁棒列车时刻表优化问题. 2007 年, 周学松教授等将单线铁路列车时刻表优化描述为广义资源受限调度问题, 通过松弛区段和车站能力约束, 将原问题分解为一系列列车路径子问题, 采用动态规划算法求解路径问题, 其中将分支定界策略嵌入进了搜索过程, 以生成期望的下界整数解 (Zhou and Zhong, 2007).

城市轨道交通通常采取相对简单的运行模式, 不需要考虑列车之间的越行, 股道能力约束较为简单, 在利用拉格朗日算法求解时刻表问题时, 可以考虑其他需要的约束. 如 Hassannayebi 等 (2016a) 在研究列车时刻表问题时, 就同步考虑了车底运用, 通过松弛所构建的列车接续约束, 将对偶问题分解为两类列车时刻表问题. Yin 等 (2017) 在求解基于能耗的列车时刻表问题时, 利用拉格朗日方法松弛乘客加载与列车运行耦合约束, 将问题分解为列车时刻表子问题和客流分配子问题. 杨立兴等在研究网络条件下地铁晚班列车协同优化问题时, 利用拉格朗日方法松弛乘客加载与列车运行耦合约束, 将问题分解为乘客路径子问题和列车路径子问题 (Yang et al., 2020). 作为拉格朗日松弛算法的推广, 近年来交替方向乘子法 (Alternating Direction Method of Multipliers, ADMM) 受到了越来越多的关注, Yao 等 (2019) 运用该方法成功求解了车辆调度问题, 并对其中的松弛、增广、线性化和对偶分解过程做了详细介绍.

需要指出的是, 在利用拉格朗日方法求解列车时刻表及其延伸问题时, 松弛约束条件的类型和数量将严重影响算法效率. 通常而言, 我们总是希望松弛的约束条件越少越好, 而且相互之间没有其他的耦合关系, 否则会导致不同拉格朗日算子之间互相影响并降低算法效率. 为了尽可能消除上述负面影响, Mahmoudi 和周学松 (2016) 提出了多维时空网络的构模技术, 它能将一些复杂约束条件, 如车辆载客量、时间窗和乘客上下车约束等, 自然嵌入到多维时空网络中, 从而剔除了多余的约束, 使多商品网络流模型减少拉格朗日乘子, 加快了模型的求解速度. 近期列车调度方面的一些研究文献, 如城市地铁列车停站问题 (Shang et al., 2018)、动车组维修问题 (Lu et al., 2019), 都使用了多维时空网络的构模技术. 可以相信, 通过对拉格朗日松弛和多维时空网络进行深度融合, 必然能够为列车时刻表问题带来更多有价值的研究成果.

列生成 (Column Generation, CG) 算法是另一类著名的对偶分解方法, 它将原问题分解为限制主问题和价格子问题, 通过反复求解两类子问题, 可以获得问题的最优解. 值得注意的是, 列生成算法在大多数情况下, 需要进一步集成分支切割技术以获得期望的整数解 (Barnhart et al., 2000; Desaulniers, 2010). 现有文献中, 列生成方法被广泛用于求解各类车辆配送问题 (Potthoff et al., 2010; Lusby et al., 2011). 特别地, Cacchiani 教授等 (2008) 利用列生成方法研究列车时刻表优化, 其中以列车路径为决策变量建立了集合覆盖模型, 通过分支定界获得最后的满意解. 需要指出的是, 如果研究越行条件下面向需求列车时刻表问题, 会面临价格子问题无法有效求解的困难, 本书第 5 章将对此进行详细讨论.

1.5   内 容 结 构

本书以乘客需求与列车服务的最佳匹配为导向, 系统地研究时变需求与多级列车共存的轨道交通网络中, 面向需求列车时刻表编制理论与优化方法, 分别以不同的问题场景和研究视角, 使用不同的建模手段和求解算法, 求解最优或近似最优的列车时刻表, 并从本质上揭示轨道交通供需耦合及流线协同的机理, 完善列车时刻表设计理论及方法体系.

全书共 7 章. 第 2~4 章在所有列车的始发站和终到站相同、不考虑列车越行的条件下, 从不同的侧面和关注点, 研究面向需求列车时刻表的优化问题, 其中第 2 章以短距离城际高速铁路为背景, 重点关注了列车时刻表非线性规划模型的精确求解问题; 第 3 章以城市轨道交通为背景, 关注了客流的超拥挤现象及其数学处理; 第 4 章以两条相互连通的高铁线路为背景, 研究了网络环境下列车时刻表协同优化问题; 第 5 章和第 6 章, 将关注点转向允许列车越行、每个列车可以具有不同的始发和终到站等更具普遍性、应用性的场景, 其中第 5 章研究了如何利用替换对偶变量方法消除价格子问题中的不可分割性; 第 6 章提出了柔性列车调度以解决出发时间范围设置的困局; 第 7 章研究了一个相对独立的问题, 重点讨论了车辆调度中路径决策与指派决策的协同, 提出了车辆调度问题中的对称性现象以及集成打破方法. 对于本书内容比较接近的第 2~6 章, 特别绘制了图 1.2, 分别从线路环境、列车类型、停站方案、数学模型、求解方法以及关注重点等多个方面, 全面展示了全书的研究内容和结构关系.

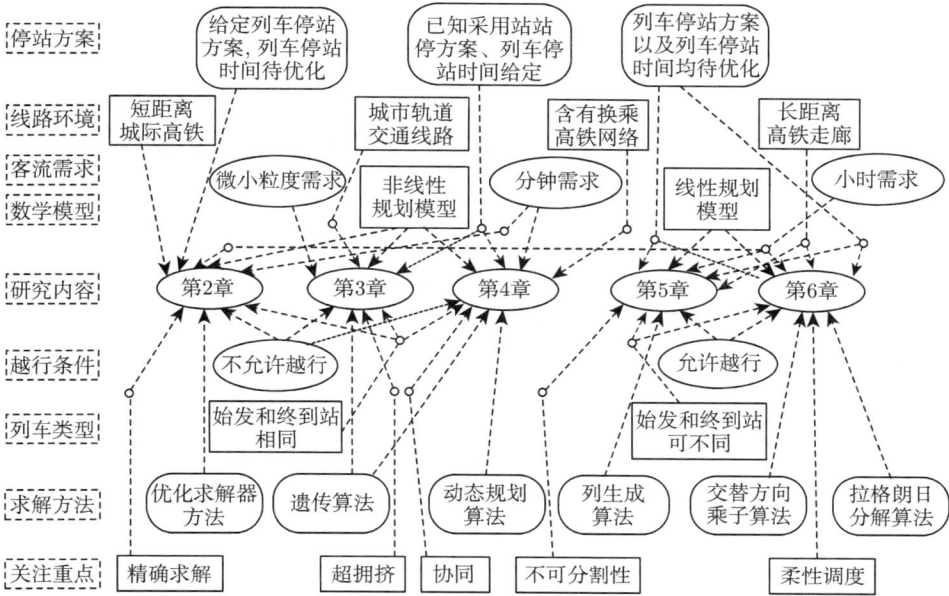

图 1.2 研究内容和结构关系

第 2 章　时变需求下列车时刻表建模及精确求解

在已知基于小时和分钟 OD 需求矩阵的条件下, 研究轨道列车时刻表建模及精确求解问题, 目的是如何通过优化列车到达和出发时刻, 最大限度地减少旅客在站等待时间. 在给定的列车停站模式下, 建立具有线性约束的集成 2 次整数规划模型, 以同步协调乘客加载时间窗和列车到发时刻. 针对不同应用场景, 分别提出 2 次和拟 2 次目标函数, 以计算分别依赖于分钟和小时需求的乘客候车时间. 对于实时调度和日常运营两种情况, 修改重建数学上严格、计算上易处理的非线性混合整数规划模型, 应用商用优化求解器 GAMS 精确求解模型, 最后通过算例检验所提方法的有效性.

2.1　引　　言

本章针对中短距离的高速铁路 (或城市轨道交通) 线路, 假定不允许出现列车之间的越行. 已知基于时变的 OD 客流需求, 并且所有的 OD 需求能够被所提供的列车全部服务, 即任意的旅客都能够乘上当前出发且符合停站条件的列车, 需要确定所有列车在每个车站的到达时刻、出发时刻和停站时长, 并考虑动态的旅客上下车行为. 这是一类复杂的作业调度排序问题, 需要系统地考虑时变的旅客需求、严格的列车能力约束和现实的铁路运营规则.

作为公共交通运营管理的核心计划, 列车时刻表问题在过去几十年备受关注. Cordeau 等 (1998) 和 Caprara 等 (2007) 从不同角度综述了这类问题的研究进展. 早先, 研究人员对跨越多个服务时段或运营日的周期化列车时刻表更感兴趣, 因为它使旅客更容易记住准确的列车出发时刻. 这种周期性列车调度, 优势在于能提供更加鲁棒、可靠的列车服务, 以响应不同的客流需求, 并兼顾乘客和运营商的不同利益. 代表性的文献有, Liebchen (2008) 提出了周期性事件驱动建模方法, 用以构建柏林地铁的列车时刻表; Goverde (2007) 通过引入 Max-Plus 理论来度量列车时刻表的稳定性, 分析了列车延误传播特性; Kroon 等 (2008) 建立了随机优化模型, 在已知的列车时刻表中分配冗余和缓冲时间, 使之具有最大的鲁棒性及抗干扰性; Wong 等 (2008) 考虑了城市地铁网络中不同线路间的协同运营问题, 以最小化旅客的换乘等待时间.

　　然而, 周期性调度的列车时刻表, 不能对时变的旅客需求做出精准敏捷的响应, 可能会导致多余的乘客等待时间和脆弱的服务可靠性, 特别是对于不规则、超饱和客流的情况. 为了不断提高旅客服务质量和水平, 轨道交通服务的提供者或运营商, 逐渐将决策重心从运营导向转到面向市场, 并对非周期、非均衡的列车时刻表产生了更多兴趣. 毫无疑问, 这类列车时刻表更强调方便、可靠及等待时间等量化指标, 能向旅客提供更符合要求、多样化的列车服务.

　　设计需求响应的公共交通运营时刻表, 是交通优化领域重要和热门的研究方向. 多年来, 许多学者对此问题进行了深入探讨. 解决这类问题的核心与关键, 是如何精准地使用时变的客流需求来度量用户对服务的响应. 代表性的研究成果有, 利用单个车站的乘客到达率 (Newell, 1971; Hurdle, 1973) 或公交线路的断面客流量 (Ceder, 1986) 来表示动态的客流需求, 但无法表现需求的始发和终到 (或 OD) 特征; 还有一些研究, 利用双层规划方法 (Hsieh, 2003; Albrecht, 2009) 来体现旅客需求对列车服务的响应, 但所考虑的公共交通系统是否达到 UE(User Equilibrium) 平衡状态, 值得进一步商榷. 毋庸置疑, 现有这些研究文献, 为深入探究面向需求的列车时刻表提供了有益尝试. 然而, 仍然缺少统一集成的建模框架, 能够充分地考虑连续性客流时空分布与离散性列车到发事件之间的相互影响和相互作用.

　　研究非周期、非均衡的列车时刻表问题, 需要在时变的 OD 需求环境下, 推导数学上容易处理的计算公式, 用于确定旅客在站的等待时间. 正如许多研究文献 (Bhat, 1995) 所指出的那样, 旅客在站等待时间和在车旅行时间, 是用来评估轨道交通或其他公共交通服务水平的主要属性和指标, 在通常情况下等待时间应该具有更大的权重. 早期的研究如 Osana 和 Newell (1972), 主要使用连续流体的方法, 来近似模拟客流的加载过程, 然后利用多种数学公式计算乘客的总等待时间, 由此得出最优的车辆调度策略. Daganzo (1997) 对于拥挤的公共交通系统, 利用累计流量计数的方法捕捉时变的排队过程, 用以推导不同 OD 对之间的乘客排队延迟. 本章将在现有研究成果的基础上, 提出计算乘客候车时间更加简洁的表达式, 目的在于能够精准地捕捉 OD 客流需求的时变特征, 同时能有效地平衡数学上的容易处理和表达上的严谨正确.

　　为了合理地平衡旅客在车旅行时间、在站候车时间以及企业运营成本, 不同的列车 "停跨站" 模式被广泛地应用于轨道交通运营实践中. 具体地, 普通列车通过 "站站停" 来运送所有的旅客; "大站快车" 通过越行部分车站, 以在客流高峰时段快速运送旅客, 而在非高峰时段降低运营成本. 为了简化问题, 本章仅考虑列车跟踪运行 (或不允许越行) 的情况, 这种模式通常适用于中短距离的城际铁路或城市轨道交通. 当然, 如果允许列车越行, 则 "停跨站" 的列车服务会进一步提升运输效率. 不难理解, 与 "站站停" 运行模式相比, "停跨站" 模式可以显著地减少乘客在车旅行时间和列车能源消耗. 以下期望解决的首要问题, 在于综合考虑列车 "停跨站" 模式和 OD 需求分布下, 精确地计算基于时间依赖的旅客候车等待时间.

　　根据铁路运营实践, 特别考虑和区分列车时刻表两种常见的应用场景, 基于短期实时调整的列车时刻表和中长期日常运营的列车时刻表. 前者通常以 1 小时为计划范围, 执行中可以动态地调整已经发布的列车时刻表, 以适应变化的短期旅客需求, 例如在发生特殊事件和极端天气的情况. 后者则以 1 天为长度期限编制列车时刻表, 所需的 OD 需求矩阵通过平均多天的旅客出行记录来获得. 本章将在统一集成的框架下, 综合考虑以上两种情况, 构建在线 (实时调整) 和离线 (日常运营) 相融合的列车调度模型, 以响应客流需求在时间和空间分布上的不均衡. 对于实时调整和日常运营两种情况, 当列车停跨站模式给定条件下, 如何在列车时刻表中无缝嵌入缓冲时间分配, 是另一个需要解决的问题, 这将有助于设计鲁棒性更强的时刻表, 以应对列车运行过程中的随机扰动.

　　本章拟采用商用优化软件来求解模型, 该方法不同于遗传算法等专门的计算架构. 为此, 需要提出多个模型修正技术, 来处理旅客等待时间和时变需求之间的复杂耦合关系, 以构建与商用优化软件平台相兼容的混合整数规划模型. 具体地, 拟使用通用建模计算系统 (GAMS) 和相关软件包, 如 AMPL (Fourer et al., 1990), 用于求解线性和非线性混合整数规划模型. 特别地, 这种通用计算平台, 需要专门的语法结构, 而普通程序设计语言中常见的 "if" 语句等将不能随意使用. 使用这种方法, 能使研究者更加关注于问题的建模, 然后根据需要选择合适的优化求解器来应对计算问题. 1994 年, 著名交通学家、英国利兹大学 Carey 教授使用 GAMS 求解了列车调度问题.

　　本章在给定 OD 客流需求和列车停站模式的条件下, 来优化单条轨道线路的列车时刻表, 重点解决以下两个问题: 首先, 建立具有线性约束的集成 2 次整数规划模型, 来协同每个车站旅客上车时间窗和列车到发时刻; 其次, 针对实时调整和日常运营两种应用场景, 修改得到数学上严格、计算上易处理的非线性混合整数规划模型, 并采用先进的优化求解器 GAMS 求解模型.

　　以下剩余部分内容安排如下: 2.2 节给出详细的问题描述和构模假设; 2.3 节利用已知的旅客需求, 建立了具有线性约束的集成 2 次整数规划模型, 用以优化设计轨道列车时刻表; 2.4 节和 2.5 节通过修正模型和添加约束条件, 得到可在 GAMS 中使用的表达式, 构建了两种用于实时调度和日常运营的改进模型; 2.6 节提供了基于真实系统的数值算例, 用于验证所建模型和算法的有效性; 最后总结了本章, 探讨了未来的研究方向.

2.2 问题分析

如图 2.1 所示, 沿复线轨道线路 (高速铁路、城市轨道) 的一个方向, 本章考虑如何设计时变需求下列车时刻表. 按列车运行方向, 车站依次编号为 1, 2, ⋯, S, 所有列车从第 1 站出发运行至最后第 S 站, 假设自由流状态下列车在同一区间的运行时间相同.

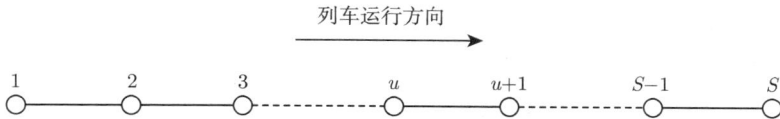

列车运行方向
→

1　2　3　⋯　u　$u+1$　⋯　$S-1$　S
○　○　○　────　○　○　────　○　○

图 2.1　轨道线路示意图

设所考虑轨道列车时刻表的编制范围 (或研究时段) 为 $[0,T]$, 用 1 分钟的时长将研究时段等间隔划分. 为了表述方便起见, 下文也将等分后 1 分钟的时间间隔称为时间. 本章使用的符号、输入参数和决策变量如表 2.1 所示.

这里需要特别指出的是, 上述定义中出现的 "时间" 具有多重含义. 在有些地方, 如 "到达或出发时间" 中的时间, 表示瞬间的 "时刻"; 在另一些地方, 如 "旅客需求 $P^{u,v}(t)$" 中的 t 时间, 指第 t 个长度为 1 分钟的 "时间区间"; 还有些地方, 如列车 "停留时间或运行时间" 中的时间, 指累加的 "时长".

至此, 本章所要研究的列车时刻表问题可以正式陈述如下. 已知: ①时变的 OD 旅客需求 $P^{u,v}(t)$; ②从始发站出发的列车总数 N, 自由流状态下列车区间运行时间 r^u; ③列车停跨站模式 μ_j^u. 需要计算: 所有列车在任意车站的到达时刻、离开时刻、停留时间以及区间缓冲时间, 用以最小化旅客在车站的总等待时间. 由于列车在区间的自由流运行时间是确定的, 优化计算列车的到达和出发时刻 TA_j^u 和 TD_j^u, 就可以同步确定列车的车站停站时间 TS_j^u 以及区间缓冲时间 TR_j^u. 这意味着, 本章的模型可以处理列车运行速度变化的调度问题. 需要特别指出的是, 时变的 OD 需求信息可以通过铁路自动售检票系统 (Rail Automatic Fare Collection Systems, RAFC) 或其他合适的预测方法获得, 该问题不属于本章的讨论范围. 为了构建合理的数学模型, 进一步做出以下假设.

表 2.1　符号、输入参数和决策变量的定义

符号	定义
t	表示时间, $t \in [0, T]$;
j	表示列车;
u, v	表示车站.

输入参数	定义
$P^{u,v}(t)$	t 时间到达 u 站前往 v 站的旅客人数, $t \in [0, T]$;
N	研究时段 $[0, T]$ 内线路上开行的列车总数;
r^u	自由流状态下从 u 站到 $u+1$ 站列车运行时间;
ε	列车起停车增加的加速或减速时间;
$\theta_{\min}^{\text{section}}$	同区间前后列车运行的最小间隔时间;
$\theta_{\min}^{\text{station}}$	同车站前后列车接发的最小间隔时间;
$\lambda_{\min}$	列车在车站的最小停留时间;
$\lambda_{\max}$	列车在车站的最大停留时间;
$\Delta_{\max}$	列车从始发站至终到站运行途中总缓冲时间的最大值;
c_j	列车 j 的能力, 即列车 j 能够容纳的最大旅客人数;
μ_j^u	列车停站标志, 如果列车 j 在车站 u 停车, 取值为 1, 否则为 0;
$\tau_j^{u,v}$	列车双停站标志, 如果列车 j 在 u 站和 v 站均停车, 取值为 1, 否则为 0;
TD_j^E	预定的列车 j 在始发站的最早出发时刻;
TD_j^L	预定的列车 j 在始发站的最晚出发时刻.

决策变量	定义
TA_j^u	列车 j 到达 u 站的时间;
TD_j^u	列车 j 离开 u 站的时间;
TS_j^u	列车 j 在 u 站的停留时间;
TR_j^u	列车 j 从 u 站到 $u+1$ 站的运行缓冲时间;
Q_j^u	列车 j 离开车站 u 时在车乘客人数;
$A^{u,v}(t)$	到时间 t 为止, u 站累计到达前往 v 站的旅客人数;
$D^{u,v}(t)$	到时间 t 为止, u 站累计出发前往 v 站的旅客人数;
$W_j^{u,v}$	从 u 站乘坐列车 j 前往 v 站的旅客总等待时间.

　　假设 1　假设线路上开行的列车总供给大于或等于旅客总需求, 并假定最后末班列车站站停车, 且在时段结束时刻 T 从第 1 站发车. 这个假设是为了确保所有旅客在计划期间都能到达目的站.

　　假设 2　在每个车站, 假设不允许出现乘客的超饱和情况, 即每个列车 j 能够使用容量 c_j 承载所有在站等候该列车的旅客. 当出现超拥挤的客流需求时, 相应的时刻表问题将在下章介绍. 由于不存在超饱和需求, 也不需要考虑有效加载时间窗滞后于相应列车出发时刻的情况. 如果需要将本章方法应用于现实中出现超饱和需求的情况时, 可以放宽严格的列车能力限制, 增加额外的惩罚来减少违背约束的可能性.

2.3 集成 2 次整数规划模型

2.3.1 有效加载时间窗

为了正确地构建列车时刻表数学模型, 首先考虑如何计算乘客的有效加载 (或上车) 时间窗, 并在给定的列车停跨站模式下, 同步计算线路上全体 OD 需求所导致的旅客总等待时间.

利用列车停跨站参数 μ_j^u, 可以计算新的 0-1 参数 $\tau_j^{u,v}$, 用以表示列车 j 是否在车站 u 和 v 都停车, 该参数的取值可以通过 $\tau_j^{u,v} = \mu_j^u \cdot \mu_j^v$ 来确定. 逻辑参数 $\tau_j^{u,v} = 1$ 表示列车 j 在车站 u 和 v 都停车, 否则等于 0. 如图 2.2 所示, 列车 $\bar{j}$, $j-2$, $j-1$ 和 j 在车站 u 和 v 处具有不同的停跨站模式. 为了计算给定 OD 客流对 (u,v) 在出发站 u 选乘列车 j (该列车在 u 站和 v 站都停车) 前往 v 站的等待时间, 引入列车 j 的匹配列车 $\bar{j}$, 它与列车 j 具有相同的停跨站模式 (同时在 u 站和 v 站停车), 并且是距离 j 最近的前行列车.

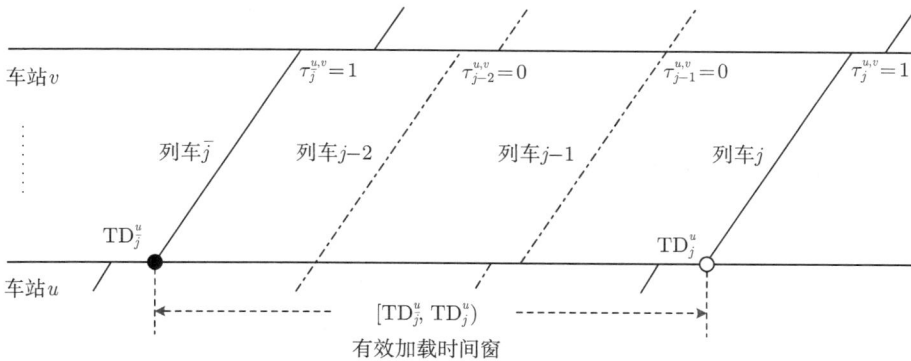

图 2.2 匹配列车示意图

显然, 列车标记 $\bar{j}$ 依赖于列车 j 以及 OD 需求对 (u,v) 相联系的车站 u 和 v. 为了能够优化研究时段内的所有列车 j, 假定每个列车 j 都存在相应的匹配列车 $\bar{j}$, 并且它们的数学描述都包含在优化模型中. 为了保证任意列车 j 都有相应的匹配列车 $\bar{j}$, 假设在研究时段的开始时刻, 有一个从始发站出发, 并且在每个车站都停靠的虚拟列车 $\bar{j}=0$. 从而, 计算匹配列车可以正式表示为 $\bar{j} = \max\{j'|j' < j, \tau_{j'}^{u,v} = \tau_j^{u,v} = 1$ 或 $j' = 0\}$.

给定列车的停跨站模式, 可以使用非常简单的预处理步骤, 计算获得每个匹配列车的标记. 具体地, 对于给定的列车 j 以及相应的停靠站 u 和停靠站 v, 从列

车 j 的当前位置开始, 逐列向前 (向左) 搜索, 直至找到在 u 站和 v 站都停靠的匹配列车 $\bar{j}$ ($\tau_{\bar{j}}^{u,v} = 1$). 对于列车在每个车站都停站的特殊情况 ($\mu_j^u = 1, \forall u, j$), 列车 j 的匹配列车就是它的前行列车, 即 $\bar{j} = j - 1$.

利用匹配列车标记, 可以确定车站 u 旅客乘坐列车 j 前往车站 v 的有效加载时间窗为 $[\mathrm{TD}_{\bar{j}}^u, \mathrm{TD}_j^u)$. 需要注意的是, 这里将匹配列车标记作为已知的输入常数, 而与列车出发时刻相关的有效加载时间窗则是待优化的变量.

2.3.2　乘客等待时间

对于任意 OD 需求对 (u, v), 需要推导数学上容易处理的表达式, 用于计算这些乘客在出发站 u 的总等待时间. 利用下面的公式, 可以计算到时刻 t 为止, 累计到达 u 站前往 v 站的乘客人数.

$$A^{u,v}(t) = \sum_{t'=0}^{t} P^{u,v}(t') \tag{2.1}$$

乘坐列车 j 从 u 站前往 v 站的乘客人数为 $B_j^{u,v}$, 可以利用下面的公式计算.

$$B_j^{u,v} = \sum_{t \in [\mathrm{TD}_{\bar{j}}^u, \mathrm{TD}_j^u)} \tau_j^{u,v} \cdot P^{u,v}(t) \tag{2.2}$$

轨道列车调度问题中, 乘客的排队过程可以视为集簇式队列, 由此可以统计乘客的离开人数. 到时刻 t 为止, 累计从 u 站出发前往 v 站的乘客人数 $D^{u,v}(t)$, 可以用以下线性阶梯或分段函数来确定.

$$D^{u,v}(t) = \begin{cases} D^{u,v}(t-1), & \mathrm{TD}_{\bar{j}}^u \leqslant t < \mathrm{TD}_j^u, \\ D^{u,v}(t-1) + B_j^{u,v}, & t = \mathrm{TD}_j^u \end{cases} \tag{2.3}$$

分段函数 (2.3) 的意义为, 如果时间点 t 位于匹配列车 j 和 $\bar{j}$ 在 u 站的出发时刻之间, 即 $\mathrm{TD}_{\bar{j}}^u \leqslant t < \mathrm{TD}_j^u$, 此时当前列车 j 尚未出发, 则到时间点 t 和到前一时间点 $t-1$ 为止, 累计离开的乘客人数 $D^{u,v}(t)$ 和 $D^{u,v}(t-1)$ 没有变化, 而在列车 j 的出发时刻 $t = \mathrm{TD}_j^u$, 前后两个时间点的累计离开人数增加了 $B_j^{u,v}$.

如图 2.3 中的阴影区域所示, 对于列车 j, 乘客有效加载时间窗为 $[\mathrm{TD}_{\bar{j}}^u, \mathrm{TD}_j^u)$, 可以得出如下计算乘客等待时间的性质.

性质 1　从 u 站乘坐列车 j 前往 v 站的旅客总等待时间是

$$\sum_{t \in [\mathrm{TD}_{\bar{j}}^u, \mathrm{TD}_j^u)} [A^{u,v}(t) - D^{u,v}(t)] = \sum_{t \in [\mathrm{TD}_{\bar{j}}^u, \mathrm{TD}_j^u)} P^{u,v}(t) \cdot (\mathrm{TD}_j^u - t) \tag{2.4}$$

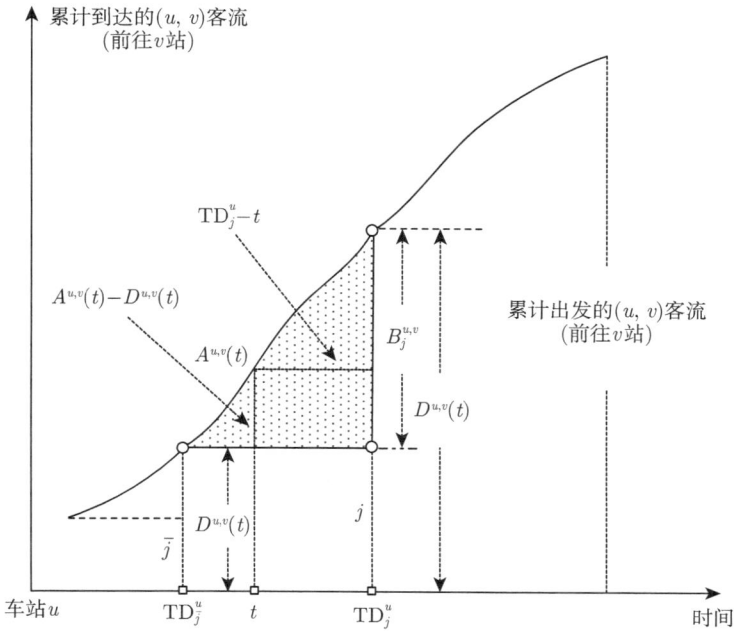

图 2.3 乘客累计到达和离开人数示意图

证明 如果某个乘客在 t 时刻到达车站 u, 则该乘客在 u 站乘坐列车 j 产生的等待时间为 $\mathrm{TD}_j^u - t$. 沿水平方向, 公式 (2.4) 右边部分可以通过在相应的有效加载时间窗 $[\mathrm{TD}_{\bar{j}}^u, \mathrm{TD}_j^u)$ 范围内, 对时刻 t 产生的等待时间 $\mathrm{TD}_j^u - t$ 以及该时段 (长度 1 分钟的时间区间) 到达 u 站前往 v 站的 OD 需求 $P^{u,v}(t)$ 进行加权求和而得到. 另外, 当沿着垂直方向计算曲边三角形面积时, t 时刻产生的等待时间为 $A^{u,v}(t) - D^{u,v}(t)$, 继续对有效加载时间窗求和, 可得到公式 (2.4) 的左边项.

应注意的是, 公式 (2.4) 的数学结构取决于给定的需求数据和离散的时间间隔, 该表达式还与列车指标 $\bar{j}$ 关联, 而指标 $\bar{j}$ 则受限于给定的列车停跨站模式, 其取值可以通过预处理过程来确定. 正如下文将要讨论的那样, 根据不同的需求特点和应用场景, 乘客等待时间的计算可以进行相应的修正.

2.3.3 目标函数

最小化全体乘客在车站的总等待时间, 是列车时刻表问题追求的优化目标. 目标函数可以通过对所有车站产生的等待时间求和获得, 具体的表达式如公式 (2.5) 所示.

$$\min \sum_{j=1}^{N} \sum_{u=1}^{S-1} \sum_{v=u+1}^{S} \sum_{t \in [\mathrm{TD}_{\bar{j}}^u, \mathrm{TD}_j^u)} \tau_j^{u,v} \cdot P^{u,v}(t) \cdot (\mathrm{TD}_j^u - t) \tag{2.5}$$

性质 2   在客流需求随时间恒定不变的条件下, 即在两个列车 $\bar{j}$ 和 j 之间, 旅客均匀地到达 u 站, 则旅客在始发站 u 等候列车 j 前往 v 站的总等待时间, 可以表示为列车出发时刻和乘客到达率的函数.

$$W_j^{u,v} = 0.5 \cdot \tau_j^{u,v} \cdot [\mathrm{TD}_j^u - \mathrm{TD}_{\bar{j}}^u]^2 \cdot P^{u,v} \tag{2.6}$$

式中, $P^{u,v}$ 表示车站对 (u, v) 之间 u 站前往 v 站的乘客到达率.

证明   对于常数的乘客需求, 如图 2.3 所示, 车站 u 等待乘坐列车 j 前往车站 v 的总等待时间, 应退化为一个直角三角形的面积, 该三角形的高等于 $B_j^{u,v} = [\mathrm{TD}_j^u - \mathrm{TD}_{\bar{j}}^u] \cdot P^{u,v}$, 底 (或宽) 等于有效加载时间窗 $\mathrm{TD}_j^u - \mathrm{TD}_{\bar{j}}^u$, 从而得到等待时间的计算表达式 (2.6). 其中, 客流需求 $P^{u,v}$ 是给定的常数, 而出发时刻 TD_j^u 和 $\mathrm{TD}_{\bar{j}}^u$ 是决策变量, 式 (2.6) 是待优化的 2 次函数.

在某些特殊情况下, 目标函数还可以进一步简化. 特别地, 如果所有列车在每个车站都停车, 也就是说 $\eta_j^u = 1$ 或 $\bar{j} = j - 1$ 时, 则线路上乘客总等待时间可以表示为

$$\min \sum_{j=1}^{N} \sum_{u=1}^{S-1} 0.5 \cdot [\mathrm{TD}_j^u - \mathrm{TD}_{j-1}^u]^2 \cdot P^u \tag{2.7}$$

上式中, $P^u = \sum_v P^{u,v}$ 表示 u 车站乘客的总到达率. 在现有的许多研究文献中, 大部分采用公式 (2.7) 来计算公共交通系统中乘客在车站的总等待时间. 对于更普通的情况, 如考虑停跨站模式和时变 OD 需求的轨道交通问题时, 必须使用公式 (2.5) 准确地计算乘客在车站的总等待时间.

2.3.4   约束条件

1. 列车能力约束

根据时间依赖的需求矩阵 $P^{u,v}(t)$ 和列车双停站参数 $\tau_j^{u,v}$, 可以得到车站 u 乘坐列车 j 前往车站 v 的乘客人数为 $\sum_{t \in [\mathrm{TD}_{\bar{j}}^u, \mathrm{TD}_j^u)} \tau_j^{u,v} \cdot P^{u,v}(t)$. 因此, 当列车离开 u 站时, j 列车上剩余的在车乘客人数为

$$Q_j^u = \sum_{u'=1}^{u} \sum_{v=u+1}^{S} \sum_{t \in [\mathrm{TD}_{\bar{j}}^{u'}, \mathrm{TD}_j^{u'})} \tau_j^{u',v} \cdot P^{u',v}(t) \tag{2.8}$$

公式 (2.8) 中, 需求矩阵 $P^{u',v}(t)$ 的求和开始下标 u' 从第 1 站遍历至所在站 u, 而终止下标 v 从车站 $u+1$ 遍历至 S 站. 显然, 当下标 u' 从第 1 站遍历至车站 $u-1$ 时, 表示列车 j 所有的在车乘客; 当下标 u' 遍历至 u 站时, 表示 u 站等候列车 j 的乘客.

假设所有的列车遵守严格的能力 (容量) 约束. 因此, 当列车 j 从车站 u 离开时, 列车在车乘客人数不能超过相应的列车能力.

$$Q_j^u \leqslant c_j, \quad \forall u, j \tag{2.9}$$

2. 关联性约束

$$\mathrm{TA}_j^u = \mathrm{TD}_j^{u-1} + r^{u-1} + \varepsilon \cdot (\mu_j^{u-1} + \mu_j^u) + \mathrm{TR}_j^{u-1}, \quad \forall u > 1, j \tag{2.10}$$

$$\mathrm{TD}_j^u = \mathrm{TA}_j^u + \mathrm{TS}_j^u, \quad \forall u, j \tag{2.11}$$

关联性约束可通过图 2.4 进行说明. 根据列车 j 从第 $u-1$ 车站的出发时刻 TD_j^{u-1} 以及列车从 $u-1$ 至 u 站的区间运行时间 r^{u-1}、运行缓冲时间 TR_j^{u-1}、在 $u-1$ 站的起车附加时分和在 u 站的停车附加时分 ε, 利用公式 (2.10) 可确定列车 j 在车站 u 的到达时刻 TA_j^u. 同理, 已知列车 j 在车站 u 的到达时刻 TA_j^u 和停站时间 TS_j^u, 利用公式 (2.11) 可以计算相应的出发时刻 TD_j^u. 公式 (2.10) 和 (2.11) 从第 1 站开始逐步向前递推, 可以得到所有列车在每个车站的到达和出发时刻, 或相应的列车时刻表.

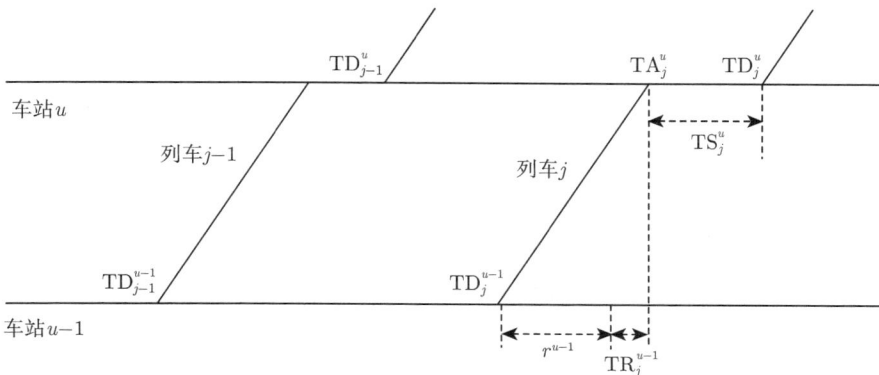

图 2.4 列车运行示意图

3. 安全间隔约束

$$\mathrm{TD}_j^u - \mathrm{TD}_{j-1}^u \geqslant \theta_{\min}^{\mathrm{section}}, \quad \forall u, j > 1 \tag{2.12}$$

$$\mathrm{TA}_j^u - \mathrm{TA}_{j-1}^u \geqslant \theta_{\min}^{\mathrm{section}}, \quad \forall u, j > 1 \tag{2.13}$$

$$\mathrm{TA}_j^u - \mathrm{TD}_{j-1}^u \geqslant \theta_{\min}^{\mathrm{station}}, \quad \forall u, j > 1 \tag{2.14}$$

公式 (2.12) 和 (2.13) 通过限制列车进入和离开区间的时刻, 来约束同一区间前后列车的安全运行间隔. 其中, $\mathrm{TD}_j^u - \mathrm{TD}_{j-1}^u$ 表示列车 $j-1$ 和 j 离开车站 u 的时间间隔, $\mathrm{TA}_j^u - \mathrm{TA}_{j-1}^u$ 表示列车 $j-1$ 和 j 到达车站 u 的时间间隔. 车站间隔约束 (2.14), 则是为了确保在很小的时段内最多只能有一个列车停在车站, 其中 $\mathrm{TA}_j^u - \mathrm{TD}_{j-1}^u$ 表示前一列车 $j-1$ 离开 u 站和后一列车 j 到达 u 站的时间间隔, 这种约束需要施加在前后列车共用同一条车站股道的情况.

4. 可行性约束

$$\lambda_{\min} \leqslant \mathrm{TS}_j^u \leqslant \lambda_{\max}, \quad \forall u, j \tag{2.15}$$

$$\sum_{u=1}^{S-1} \mathrm{TR}_j^u \leqslant \Delta_{\max}, \quad \forall j \tag{2.16}$$

公式 (2.15) 确保列车在每个车站的停留时间都在给定的可行范围内; 式 (2.16) 给出了列车总缓冲时间的上限 $\Delta_{\max}$, 以确保每个列车具有合理的运行速度.

5. 出发时间约束

理论上讲, 列车在始发站的出发时刻 (整数变量) TD_j^1 可以取 0 到 T 之间的任何整数值. 然而在实际使用中, 对于列车 j 的出发时刻 TD_j^1, 通常为其设置预定的上限和下限, 以限制列车的合理出发时间范围.

$$\mathrm{TD}_j^E \leqslant \mathrm{TD}_j^1 \leqslant \mathrm{TD}_j^L, \quad \forall j \tag{2.17}$$

不等式 (2.17) 可以有效地缩小可行解的范围, 从而提高求解整数规划模型的效率. 其中的最早和最晚出发时刻 TD_j^E 和 TD_j^L 的取值, 可以通过规划编制人员的经验, 或分析现有列车时刻表的使用情况来设置, 本书第 6 章将对此问题做进一步讨论.

根据以上分析准备, 可得到不同情况下列车时刻表问题的数学模型.

模型 M1 (简化模型, 恒定需求和站站停模式, 不考虑列车能力限制)

目标函数 (2.7);

约束条件 (2.10)~(2.17).

模型 M2 (通用模型, 时变需求和停跨站模式, 考虑列车能力约束)

目标函数 (2.5);

约束条件 (2.8)~(2.17).

很显然, 模型 M1 是具有 2 次目标函数、线性约束条件的非线性整数规划, 该模型可以利用标准的商用优化软件包 (例如 GAMS) 直接求解. 需要指出的是, 应用这样的软件包进行编程计算时, 对于某些专门的数学运算, 例如求和过程, 一个基本的要求是相应的求和下标应有预定或常量的上下界. 另外, 模型 M1 没有考虑列车能力约束, 使得应用范围非常有限.

值得注意的是, 在通用模型 M2 中, 公式 (2.5) 和 (2.8) 均包含时间指标 t 对乘客有效加载时间窗 $[\mathrm{TD}_j^u, \mathrm{TD}_j^u)$ 的遍历求和. 在时变的客流需求下, 有效加载时间窗的边界 TD_j^u 和 TD_j^u 表示一对匹配列车的出发时刻, 是待求解的决策变量. 因此, 我们无法使用优化软件包直接求解模型 M2. 下面, 将考虑如何改造模型 M2, 使得在实时调度调整和日常运营生产两种应用场景中, 修改后的模型能够容易地利用优化软件包求解. 在前一种情况下, 我们将直接使用与分钟相关的 OD 需求输入, 即假设每分钟内的 OD 需求矩阵是给定的. 对于后者, 将基于小时的需求输入数据, 具体应用时这些数据可以通过平均多日的客流需求而获得.

2.4 分钟需求下优化模型重构

2.4.1 修改加载时间窗

本节在分钟依赖的客流需求下, 来优化列车时刻表问题. 也就是说, 所有 OD 需求矩阵都是以 1 分钟为单位的客流人数. 这种高精度的数据环境, 比较适合列车实时调度调整, 它能够动态地描述当前发生和短期预测的客流需求, 以下引入两组 0-1 逻辑变量.

$z_j^u(t)$: 列车累计出发时间 0-1 变量; 意义为, 如果到时间 t 为止列车 j 离开了 u 站, 则取值为 1, 否则为 0.

$\mathrm{TL}_j^{u,v}(t)$: 旅客加载列车 0-1 变量; 意义为, 如果在时刻 t, 到达 u 站前往 v 站的乘客能够乘上列车 j, 则取值为 1, 否则为 0.

实际上, 上述变量均是依赖于时间的 0-1 向量. 对于 u 站的出发列车 j, 基于时间 t 变化的变量序列 $\{z_j^u(t)|t\in[0,T]\}$ 采用非减小的形式 $(0,0,\cdots,0,1,1,\cdots,1)$. 如图 2.5 所示, 列车 $\bar{j}$ 和列车 j 分别在第 3 和第 7 分钟离开 u 车站, 图中对应向量 $\{z_j^u(t)|t\in[0,T]\}$ 首次出现带圆圈 "1" 时间点, 表示相应列车在 u 站的出发

时刻.

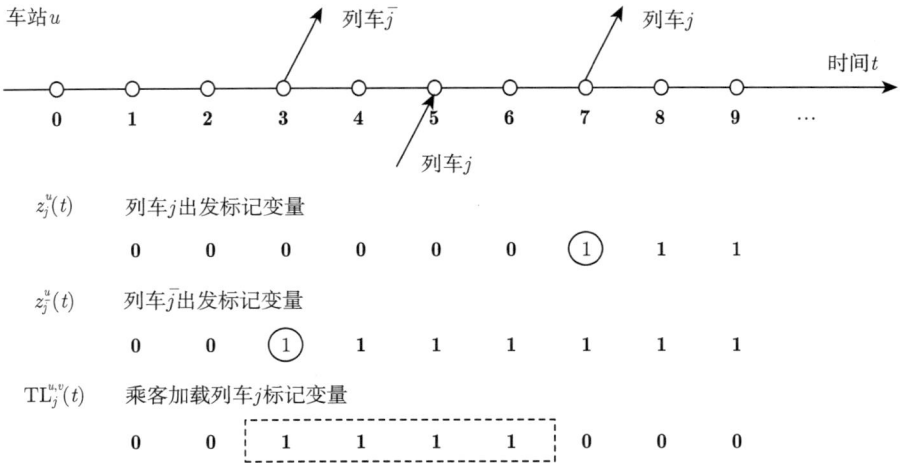

图 2.5　列车出发和乘客加载的 0-1 变量图示

性质 3　在不出现车站候车乘客超拥挤条件下 (假设 2), 乘客加载变量 $\mathrm{TL}_j^{u,v}(t)$ 可以利用出发时间变量 $z_j^u(t)$ 来计算.

$$\mathrm{TL}_j^{u,v}(t) = z_{\bar{j}}^u(t) - z_j^u(t) \qquad (2.18)$$

证明　如图 2.5 所示, 列车 $\bar{j}$ 和列车 j 的出发时刻, 分别对应于 $t=3$ 和 $t=7$. 在不出现乘客超拥挤假设条件下, 列车 j 的有效加载时间窗为 $[\mathrm{TD}_{\bar{j}}^u, \mathrm{TD}_j^u)$, 在此期间, 例如在时刻 3, 4, 5 和 6, 满足 $z_{\bar{j}}^u(t)=1$ 和 $z_j^u(t)=0$. 这意味着, 在这些时刻到达的乘客可以乘上列车 j, 而在有效加载时间窗 $[\mathrm{TD}_{\bar{j}}^u, \mathrm{TD}_j^u)$ 的外部, 方程 $z_{\bar{j}}^u(t) - z_j^u(t)=0$ 始终成立, 从而完成了性质 3 的证明.

2.4.2　添加约束条件

为了方便地使用商用优化软件如 GAMS, 还需要格外地考虑, 在利用式 (2.18) 计算加载变量 $\mathrm{TL}_j^{u,v}(t)$ 时, 如何提前确定匹配列车标志 $\bar{j}$. 为了应对这个问题, 对于特定的列车 j 和车站 OD 对 (u,v), 引入 0-1 逻辑常数 $\beta_{j',j}^{u,v}$(对应于任意列车指标 j'), 该参数取值为 1 如果列车标志满足 $j'=\bar{j}$, 否则为 0. 对于列车 j 和车站 OD 对 (u,v), 根据已知的列车停跨站模式 $\tau_j^{u,v}$, 可以很容易地确定逻辑参数 $\beta_{j',j}^{u,v}$ 的取值.

利用已知的逻辑参数 $\beta_{j',j}^{u,v}$, 可以通过式 $z_j^u(t) = \sum_{j'=1}^{j} \beta_{j',j}^{u,v} \cdot z_{j'}^u(t)$ 替换表达式 (2.18) 中的变量. 因此, 列车累计出发时刻变量 $z_j^u(t)$ 和乘客加载变量 $\mathrm{TL}_j^{u,v}(t)$ 的关联条件, 可以重新改写如下等式.

$$\mathrm{TL}_j^{u,v}(t) = \sum_{j'=1}^{j} \beta_{j',j}^{u,v} \cdot z_{j'}^u(t) - z_j^u(t) = \sum_{j'=1}^{N} \beta_{j',j}^{u,v} \cdot z_{j'}^u(t) - z_j^u(t) \tag{2.19}$$

上式变形中, 注意到当下标 j' 从 $j{+}1$ 遍历至 N 时, 相应的逻辑参数 $\beta_{j',j}^{u,v}$ 自然等于 0 的事实. 利用乘客加载变量 $\mathrm{TL}_j^{u,v}(t)$, 乘坐列车 j 从车站 u 前往车站 v 的乘客人数, 可以重新表示为 $\sum_{t \in [0,T]} \tau_j^{u,v} \cdot P^{u,v}(t) \cdot \mathrm{TL}_j^{u,v}(t)$. 显然, 这是在常数 0 和 T 之间对时间索引 t 求和, 满足商用求解器的计算要求.

另外, 列车能力约束 $Q_j^u \leqslant c_j$ 可以重新修改.

$$\sum_{u'=1}^{u} \sum_{v=u+1}^{S} \sum_{t \in [0,T]} \tau_j^{u',v} \cdot P^{u',v}(t) \cdot \mathrm{TL}_j^{u',v}(t) \leqslant c_j \tag{2.20}$$

对于确定的相邻时间指标 $t-1$ 和 t, 列车出发时间变量 $z_j^u(t-1)$ 和 $z_j^u(t)$ 之间具有非减小的关系, 可以表示为如下不等式

$$z_j^u(t-1) \leqslant z_j^u(t) \tag{2.21}$$

进一步地, 可以建立如下列车出发时刻 TD_j^u(整数变量) 和累计出发时间 $z_j^u(t)$ (0-1 变量) 之间的耦合关系.

$$\mathrm{TD}_j^u = \sum_{t \in [0,T]} t \cdot [z_j^u(t) - z_j^u(t-1)] \tag{2.22}$$

公式 (2.22) 中, 当时间点 t 恰好位于列车 j 在 u 站的出发时刻, 即 $t = \mathrm{TD}_j^u$ 时, 显然有 $z_j^u(t) - z_j^u(t-1) = 1$, 而在其他时间点, 都有 $z_j^u(t) - z_j^u(t-1) = 0$.

2.4.3　修改目标函数

通过使用乘客加载变量 $\mathrm{TL}_j^{u,v}(t)$, 可以改写位于匹配列车 j 和 $\bar{j}$ 出发时刻之间, 从车站 u 前往车站 v 的乘客总等待时间.

$$\sum_{t \in [\mathrm{TD}_{\bar{j}}^u, \mathrm{TD}_j^u)} P^{u,v}(t) \cdot (\mathrm{TD}_j^u - t) = \sum_{t \in [0,T]} P^{u,v}(t) \cdot \mathrm{TL}_j^{u,v}(t) \cdot (\mathrm{TD}_j^u - t) \tag{2.23}$$

上式之所以成立, 是因为当时刻 t 位于有效加载时间窗 $[\mathrm{TD}_j^u, \mathrm{TD}_j^u)$ 的内部时, 相应的 0-1 变量 $\mathrm{TL}_j^{u,v}(t)$ 正好等于 0.

因此, 在实时调度情况下, 模型的目标函数可以重新改写为

$$\min \sum_{j=1}^{N} \sum_{u=1}^{S-1} \sum_{v=u+1}^{S} \sum_{t \in [0,T]} \tau^{u,v} \cdot P^{u,v}(t) \cdot \mathrm{TL}_j^{u,v}(t) \cdot (\mathrm{TD}_j^u - t) \tag{2.24}$$

至此, 模型 M2 可以重新修改为如下模型 M3.

模型 M3 (基于分钟需求的实时调度模型)

目标函数式 (2.24);

约束条件 (2.10)~(2.17) 和 (2.19)~(2.22).

显然, 修改后的优化模型 M3, 是一个具有 2 次目标函数及线性约束条件的混合整数规划模型.

2.5 小时需求下优化模型重构

2.5.1 需求间隔和规划期限变化

在时变需求环境中, 基于日常运营的离线列车时刻表优化, 具有两个明显的特点: ① 较大的时间间隔以统计聚集的客流需求数据; ② 较长的方案编制期限或研究时段 T. 借鉴学术界通用的处理做法, 本章将 OD 需求矩阵的统计时间间隔设置为 1 小时 (或 60 分钟). 当然, 也可以根据数据收集的精准程度和需求变化剧烈情况, 将时间间隔设置为 15 分钟或 30 分钟. 下面, 列出改建模型所需的符号和参数, 对于给定的车站 u、列车 j 和时段 k, 特别引入反映列车和时段耦合关系的 0-1 变量 $x_j^u(k)$.

K: 规划期内小时时段的数量;

k: 时段标记, 其中第 k 个时段实际所指的时间范围是 $[60(k-1), 60k]$;

$P^{u,v}(k)$: 第 k 个时段车站 OD 对 (u,v) 客流需求的到达率, 这里的到达率指单位时间 (1 分钟) 内到达 u 站前往 v 站的乘客人数;

$x_j^u(k)$: 0-1 逻辑变量, 表示列车 j 在 u 站的出发时刻 TD_j^u 是否位于时段 k 内, 即

$$x_j^u(k) = \begin{cases} 1, & 60(k-1) \leqslant \mathrm{TD}_j^u \leqslant 60k, \\ 0, & \text{否则} \end{cases}$$

表面上看, 假定客流需求在每个小时时段保持恒定的条件下, 上述重构后的模型 M3 也可以直接应用于本节的日常运营. 具体地, 在时段 k 范围内, 可以认为

依赖于分钟的需求 $P^{u,v}(t)$, 在每个分钟时刻 $t \in [60(k-1), 60k]$ 都等于它们共同的小时需求 $P^{u,v}(k)$. 但是, 这会导致相关 0-1 变量 $z_j^u(t)$ 和 $\mathrm{TL}_j^{u,v}(t)$ 的数目非常大, 使得对应非线性整数规划模型的规模急剧增大. 例如, 对于拥有 10 个车站和 70 个列车的高铁线路, 如果 1 天的运营时长为 $T=15$ 小时, 则变量 $\mathrm{TL}_j^{u,v}(t)$ 的数目是 $10 \times 10 \times 70 \times 15 \times 60 = 6300000$ 个. 由于这样的原因, 应该摒弃上述思路, 直接利用依赖于小时的需求矩阵 $P^{u,v}(k)$, 重新构建基于日常运营需要的优化模型.

2.5.2 候车时间和在车人数修正

根据上文分析讨论, 已知列车出发时刻 TD_j^u 和 $\mathrm{TD}_{\bar{j}}^u$, 可以计算与列车 j 相关的乘客候车时间, 该等待时间依赖于基于分钟的客流需求 $P^{u,v}(t)$. 为了构建能够适用于中期的日常运营管理、数学上易处理的表达式, 需要根据已知的小时需求 $P^{u,v}(k)$, 进一步重构乘客在站等待时间的计算公式.

性质 4 在已知基于小时的需求 $P^{u,v}(k)$ 下, OD 需求对 (u, v) 在车站 u 等待列车 j 前往车站 v 的总等待时间 $W_j^{u,v}$, 可利用公式 (2.25) 进行计算.

$$
\begin{aligned}
W_j^{u,v} = 0.5 \cdot \tau_j^{u,v} \cdot \sum_{k=1}^{K} P^{u,v}(k) \cdot \Bigg\{ & \mathrm{TD}_j^u \cdot x_j^u(k) - \sum_{j'=1}^{N} \beta_{j',j}^{u,v} \cdot \mathrm{TD}_{j'}^u \cdot x_{j'}^u(k) - \Bigg[x_j^u(k) \\
& - \sum_{j'=1}^{N} \beta_{j',j}^{u,v} \cdot x_{j'}^u(k) \Bigg] \cdot \sum_{k'=1}^{K} x_j^u(k') \cdot 60(k'-1) \Bigg\}^2
\end{aligned}
\tag{2.25}
$$

证明 为了计算乘客在车站等待时间, 需要讨论以下两种情况.

情况 1 出发时刻 TD_j^u 和 $\mathrm{TD}_{\bar{j}}^u$ 位于同一时段.

如图 2.6 所示, 假定匹配列车 $\bar{j}$ 和 j 在时段 k_0 从车站 u 离开. 于是在时段 k_0 内, 满足 $x_j^u(k_0) = x_{\bar{j}}^u(k_0) = 1$, 在其他的时段 $k \neq k_0$, 则有 $x_j^u(k) = x_{\bar{j}}^u(k) = 0$, 而等式 $\sum_{k=1}^{K} x_j^u(k) = 1$ 自然满足. 根据公式 (2.6), 乘客在车站 u 等待列车 j 前往 v 站的等待时间 $W_j^{u,v}$, 就是图 2.6 中列车出发时刻 TD_j^u 和 $\mathrm{TD}_{\bar{j}}^u$ 之间矩形阴影部分面积, 从而 $W_j^{u,v} = 0.5 \cdot \tau_j^{u,v} \cdot (\mathrm{TD}_j^u - \mathrm{TD}_{\bar{j}}^u)^2 \cdot P^{u,v}(k_0)$.

在列车出发时刻变量 TD_j^u 和 $\mathrm{TD}_{\bar{j}}^u$ 未求解之前, 实际上我们不知道列车 $\bar{j}$ 和 j 究竟位于哪个时段. 为了解决这一难题, 需要借助二元逻辑变量 $x_j^u(k)$ 和 $x_{\bar{j}}^u(k)$ 同步定位出发时刻 TD_j^u 和 $\mathrm{TD}_{\bar{j}}^u$ 以及小时需求 $P^{u,v}(k)$ 所在的时段. 因此, 乘客等待时间 $W_j^{u,v}$ 的计算公式可以进一步修改为

$$W_j^{u,v} = 0.5 \cdot \tau_j^{u,v} \cdot \sum_{k=1}^{K} P^{u,v}(k) \cdot \left\{ \mathrm{TD}_j^u \cdot x_j^u(k) - \mathrm{TD}_{\bar{j}}^u \cdot x_{\bar{j}}^u(k) \right\}^2 \qquad (2.26)$$

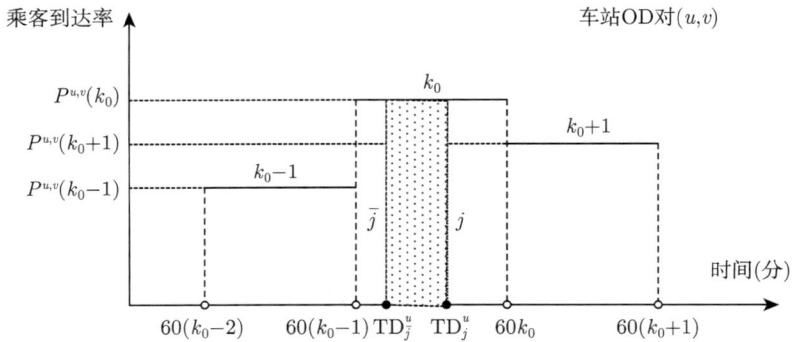

图 2.6　匹配列车出发时刻位于同一时段

对应于图 2.6 所示的情况, 只有当 $k = k_0$ 时有 $x_j^u(k) = x_{\bar{j}}^u(k) = 1$, 而对于其他的 $k \neq k_0$ 有 $x_j^u(k) = x_{\bar{j}}^u(k) = 0$. 于是, 当公式 (2.26) 中的时段下标 k 从 1 遍历至 K 时, 计算公式就变成了情况 1 期望的结果.

情况 2　出发时刻 $\mathrm{TD}_{\bar{j}}^u$ 和 TD_j^u 位于相邻时段.

由于小时时段足够长, 不失一般性, 这里假设匹配列车 $\bar{j}$ 和 j 分别位于相邻的小时时段 $k_0 - 1$ 和 k_0 之中. 如图 2.7 所示, 在给定的 $k_0 - 1$ 和 k_0 时段, 逻辑变量自然满足 $x_{\bar{j}}^u(k_0 - 1) = 1$ 和 $x_j^u(k_0) = 1$, 而在其他时段 $k \neq k_0 - 1, k_0$, 则有 $x_j^u(k) = x_{\bar{j}}^u(k) = 0$.

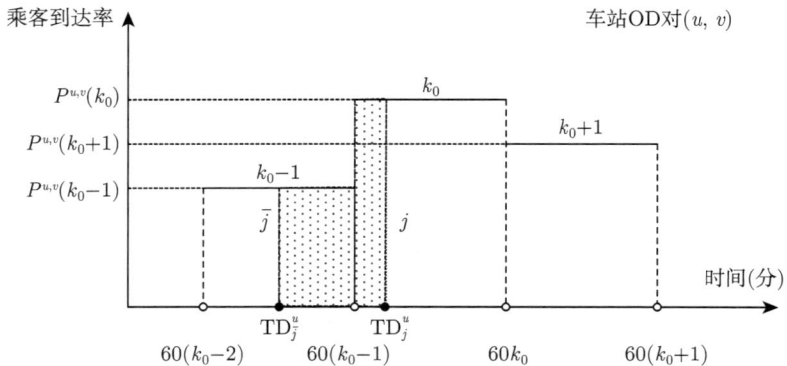

图 2.7　匹配列车出发时刻位于相邻时段

图 2.7 中, 在匹配列车 $\bar{j}$ 和 j 出发时刻 TD_j^u 和 $\mathrm{TD}_{\bar{j}}^u$ 之间, 乘客等待时间由 2 个矩形 (阴影部分) 面积组成. 由垂直线 $60(k_0-1)$ 及列车 j 组成右半部分, 根据公式 (2.6), 相应的等待时间为 $0.5 \cdot [\mathrm{TD}_j^u - 60(k_0-1)]^2 \cdot P^{u,v}(k_0)$. 由列车 $\bar{j}$ 及垂直线 $60(k_0-1)$ 组成左半部分, 乘客等待时间为 $0.5 \cdot [60(k_0-1) - \mathrm{TD}_{\bar{j}}^u]^2 \cdot P^{u,v}(k_0-1)$.

出于同样的理由, 在构造等待时间的一般性计算公式时, 不仅要对上述两部分等待时间求和, 最为困难和麻烦的是, 还需要同步确定相应列车位于哪个时段.

具体地, 对于右半部分面积 $0.5 \cdot [\mathrm{TD}_j^u - 60(k_0-1)]^2 \cdot P^{u,v}(k_0)$, 由于 0-1 变量 $x_j^u(k)|_{k=k_0} = 1$ 和 $x_j^u(k)|_{k \neq k_0} = 0$ 的事实, 可以用公式 $\sum_{k'=1}^K x_j^u(k') \cdot 60(k'-1)$ 代替 $60(k_0-1)$, 而用公式 $\sum_{k=1}^K x_j^u(k) \cdot P^{u,v}(k)$ 代替 $P^{u,v}(k_0)$. 于是, 右半部分矩形面积可表示为

$$0.5\tau_j^{u,v} \left\{ \mathrm{TD}_j^u - \sum_{k'=1}^K x_j^u(k') \cdot 60(k'-1) \right\}^2 \cdot \sum_{k=1}^K x_j^u(k) \cdot P^{u,v}(k)$$

同理, 左半部分矩形面积为

$$0.5\tau_{\bar{j}}^{u,v} \left\{ \sum_{k'=1}^K x_{\bar{j}}^u(k') \cdot 60(k'-1) - \mathrm{TD}_{\bar{j}}^u \right\}^2 \cdot \sum_{k=1}^K x_{\bar{j}}^u(k) \cdot P^{u,v}(k)$$

在图 2.7 中, 对于给定的车站 u 及列车 j, 将左右 2 个矩形的面积相加, 可以得到乘客等待时间 $W_j^{u,v}$, 具体的计算公式表示如下

$$W_j^{u,v} = 0.5\tau_j^{u,v} \left\{ \mathrm{TD}_j^u - \sum_{k'=1}^K x_j^u(k') \cdot 60(k'-1) \right\}^2 \cdot \sum_{k=1}^K x_j^u(k) \cdot P^{u,v}(k)$$

$$+ 0.5\tau_{\bar{j}}^{u,v} \left\{ \sum_{k'=1}^K x_{\bar{j}}^u(k') \cdot 60(k'-1) - \mathrm{TD}_{\bar{j}}^u \right\}^2 \cdot \sum_{k=1}^K x_{\bar{j}}^u(k) \cdot P^{u,v}(k)$$

类似于公式 (2.26), 需要利用 0-1 变量 $x_j^u(k)$ 和 $x_{\bar{j}}^u(k)$ 定位列车所在的时段, 则上式可以进一步简化如下

$$W_j^{u,v} = 0.5 \cdot \tau_j^{u,v} \cdot \sum_{k=k_0-1}^{k_0} P^{u,v}(k) \cdot \left\{ x_{\bar{j}}^u(k) \cdot \left[\sum_{k'=1}^K x_{\bar{j}}^u(k') \cdot 60(k'-1) - \mathrm{TD}_{\bar{j}}^u \right] \right.$$

$$+ x_j^u(k) \cdot \left[\mathrm{TD}_j^u - \sum_{k'=1}^{K} x_j^u(k') \cdot 60(k'-1) \right]^2 \Bigg\} \tag{2.27}$$

公式 (2.27) 中, 当 $k = k_0 - 1$ 时, 括号中后半部分为 0, 计算结果对应左边矩形面积, 而当 $k = k_0$ 时, 计算结果对应于右边矩形的面积.

以下, 先对式 (2.27) 合并同类项. 首先, 在 $k_0 - 1, k_0$ 外的其他时段, 式 (2.27) 括号内的项等于 0, 可以将求和下标从 $k_0 - 1, k_0$ 扩展至所有时段, 相应的计算公式修改如下

$$W_j^{u,v} = 0.5 \cdot \tau_j^{u,v} \cdot \sum_{k=1}^{K} P^{u,v}(k) \cdot \left\{ \mathrm{TD}_j^u \cdot x_j^u(k) - \mathrm{TD}_{\bar{j}}^u \cdot x_{\bar{j}}^u(k) \right.$$
$$\left. - [x_j^u(k) - x_{\bar{j}}^u(k)] \cdot \sum_{k'=1}^{K} x_j^u(k') \cdot 60(k'-1) \right\}^2 \tag{2.28}$$

非常幸运的是, 公式 (2.28) 对上述情况 1 也是适用的. 具体地, 当列车 $\bar{j}$ 和 j 位于同一时段 k_0 时, 括号中的最后部分取值为 0, 即当求和下标 k 遍历到 k_0 时, 公式 (2.28) 退化为情况 1 的结果; 当列车 $\bar{j}$ 和 j 分别位于两个相邻的时段, 即当求和下标 k 遍历到 $k_0 - 1$ 和 k_0 时, 表达式中不等于零的两项, 分别对应图 2.7 中左边和右边矩形的面积, 公式退化为情况 2 的结果.

例如在公式 (2.28) 中, 如果时段总长 $K = 5$, 并且匹配列车 $\bar{j}$ 和 j 都位于第 4 时段, 此时有 $\{x_j^u(k)\} = \{x_{\bar{j}}^u(k)\} = \{0,0,0,1,0\}$, 则计算公式简化为 $W_j^{u,v} = 0.5 \times \tau_j^{u,v} \times [\mathrm{TD}_j^u - \mathrm{TD}_{\bar{j}}^u]^2 \times P^{u,v}(4)$; 如果列车 $\bar{j}$ 位于第 2 时段而列车 j 位于第 3 时段, 则有 $\{x_{\bar{j}}^u(k)\} = \{0,1,0,0,0\}$ 且 $\{x_j^u(k)\} = \{0,0,1,0,0\}$, 且 $\sum_{k'=1}^{K} x_j^u(k') \cdot 60(k'-1) = 120$, 从而导致计算公式 (2.28) 转化为 $W_j^{u,v} = 0.5 \times \tau_j^{u,v} \times [120 - \mathrm{TD}_{\bar{j}}^u]^2 \times P^{u,v}(2) + 0.5 \times \tau_j^{u,v} \times [\mathrm{TD}_j^u - 120]^2 \times P^{u,v}(3)$.

最后, 在公式 (2.28) 表达式中, 将匹配列车指标 $\bar{j}$ 及相关变量进行如下替换.

$$x_{\bar{j}}^u(k) = \sum_{j'=1}^{N} \beta_{j',j}^{u,v} \cdot x_{j'}^u(k)$$

$$\mathrm{TD}_{\bar{j}}^u \cdot x_{\bar{j}}^u(k) = \sum_{j'=1}^{N} \beta_{j',j}^{u,v} \cdot \mathrm{TD}_{j'}^u \cdot x_{j'}^u(k)$$

就可得到乘客等待时间最终的计算公式 (2.25), 至此完成了性质 4 的证明.

注释 1 在公式 (2.25) 中, 通过替换 0-1 映射变量 $x_j^u(k)$, 等待时间 $W_j^{u,v}$ 可以视为列车出发时间的拟 2 次函数.

说明 很明显, 式 (2.25) 的等待时间 $W_j^{u,v}$ 是整数变量 TD_j^u 和 0-1 变量 $x_j^u(k)$ 的 4 次函数, 根据性质 4 的证明, 当 $x_j^u(k)$ 预先给定了数值时, $W_j^{u,v}$ 的取值可以通过计算 2 次函数 (2.26) 和 (2.27) 而得到. 考虑到 0-1 变量 $x_j^u(k)$, 在全部时段中仅有一个等于 1 而其他都等于 0, 即 $\sum_{k=1}^{K} x_j^u(k) = 1$, 通过有效枚举 0-1 变量 $x_j^u(k)$ 的值, 例如通过分支定界方法, 可以将目标函数 $W_j^{u,v}$ 简化为普通的 2 次函数. 因此, 可以视公式 (2.25) 的等待时间为拟 2 次函数.

性质 5 在基于小时的客流需求下, 当列车 j 离开车站 u 时, 车内从 u 站出发去往 v 站的乘客人数 $Q_j^{u,v}$, 可按如下公式计算.

$$
\begin{aligned}
Q_j^{u,v} = \tau_j^{u,v} \cdot \sum_{k=1}^{K} \Bigg\{ & \mathrm{TD}_j^u \cdot x_j^u(k) - \sum_{j'=1}^{N} \beta_{j',j}^{u,v} \cdot \mathrm{TD}_{j'}^u \cdot x_{j'}^u(k) \\
& - \Bigg[x_j^u(k) - \sum_{j'=1}^{N} \beta_{j',j}^{u,v} \cdot x_{j'}^u(k) \Bigg] \cdot \sum_{k'=1}^{K} x_j^u(k') \cdot 60(k'-1) \Bigg\} \cdot P^{u,v}(k) \quad (2.29)
\end{aligned}
$$

证明 类似于性质 4 的证明, 对于 OD 需求对 (u,v), 当列车 j 离开车站 u 时, 列车内从 u 站出发去往 v 站的乘客数量可以表示如下

$$
\begin{aligned}
Q_j^{u,v} = \tau_j^{u,v} \cdot \sum_{k=1}^{K} \Bigg\{ & \mathrm{TD}_j^u \cdot x_j^u(k) - \mathrm{TD}_{\bar{j}}^u \cdot x_{\bar{j}}^u(k) \\
& - [x_j^u(k) - x_{\bar{j}}^u(k)] \cdot \sum_{k'=1}^{K} x_j^u(k') \cdot 60(k'-1) \Bigg\} \cdot P^{u,v}(k) \quad (2.30)
\end{aligned}
$$

通过用相似的表达式替换上式中列车标志 $\bar{j}$ 及相应变量, 可知性质 5 成立. 同理, 还可以得到描述在车乘客人数的如下特性.

注释 2 通过替换 0-1 映射变量 $x_j^u(k)$, 可以视在车乘客人数 $Q_j^{u,v}$ 为拟线性函数.

2.5.3 分段线性模型修改

利用上述修改后的在车乘客人数 $Q_j^{u,v}$, 列车能力约束 (2.8) 可进一步更新.

$$
Q_j^u = \sum_{u'=1}^{u} \sum_{v=u+1}^{N} Q_j^{u',v} \leqslant c_j \quad (2.31)
$$

此外, 利用列车出发时间变量 TD_j^u, 通过下述约束条件 (2.32)~(2.34), 可以确定 0-1 变量 $x_j^u(k)$ 的取值.

$$60(k-1) - \mathrm{TD}_j^u \leqslant M \cdot [1 - x_j^u(k)] \tag{2.32}$$

$$\mathrm{TD}_j^u - 60k \leqslant M \cdot [1 - x_j^u(k)] \tag{2.33}$$

$$\sum_{k=1}^{K} x_j^u(k) = 1 \tag{2.34}$$

式 (2.32)~(2.33) 提供了 0-1 变量 $x_j^u(k)$ 和列车出发时间 TD_j^u 之间的耦合关系, 其中 M 是非常大的正数. 利用这两个不等式约束, 可以等价地表示分段线性函数 $x_j^u(k)$ 的取值情况. 具体地, 不等式 (2.32) 确保当 $\mathrm{TD}_j^u < 60(k-1)$ 时, $x_j^u(k) = 0$ 成立; 不等式 (2.33) 确保当 $\mathrm{TD}_j^u > 60k$ 时, $x_j^u(k) = 0$ 满足. 而等式 (2.34) 确保对于所有时段 k, 只有一个 $x_j^u(k)$ 等于 1. 此外, 从计算的角度看, 参数 M 数值可取为算法执行期间能够接受的不可行解.

最后, 就可得到如下目标函数:

$$\min \sum_{j=1}^{N} \sum_{u=1}^{S-1} \sum_{v=u+1}^{S} W_j^{u,v} \tag{2.35}$$

这样, 可以将模型 M2 重新修改为下面的模型 M4, 用于中期的日常运营.

模型 M4 (基于小时需求情况)

目标函数 (2.35);

约束条件 (2.10)~(2.17) 和 (2.30)~(2.34).

很明显, 通过上述数学公式的重构, 最终得到了拟 2 次的混合整数规划模型. 与以前的模型 M3 相比, 新模型 M4 具有相对复杂的目标函数 (2.35), 但模型 M4 中 0-1 变量的数目明显少于模型 M3. 例如, 在不考虑变量 $\mathrm{TL}_j^{u,v}(t)$ 的情况下, 模型 M3 中的变量 $z_j^u(t)$ 和参数 $P^{u,v}(t)$ 的个数分别是模型 M4 中变量 $x_j^u(k)$ 和参数 $P^{u,v}(k)$ 个数的 60 倍. 可以预见, 0-1 逻辑变量大幅度地减少, 使得模型 M4 能够适应于日常运营的计算需要.

2.6　数　值　算　例

经过上述两节的数学重构, 得到了新的具有线性约束的 2 次整数规划模型, 它们将不再包含前文提及的弊端, 可以直接利用高级商用优化求解器来处理. 这里选用著名的 GAMS 求解器来求解重构后的列车时刻表优化模型.

需要特别说明的是, 在利用商用优化求解器时, 若松弛 0-1 变量将会导致下限估计的失效, 故应该把 $z_j^u(t)$, $\mathrm{TL}_j^{u,v}(t)$ 和 $x_j^u(k)$ 作为纯粹的二元整数变量来看待. 在模型 M3 中, 当 $z_j^u(t)$ 是 0-1 变量时, 等式 (2.22) 能确保求得的到达、出发时刻 TD_j^u 和 TA_j^u 也是整数, 故模型 M3 可视为非线性整数规划问题. 对于模型 M4, 为了提高计算效率并确保计算的精度, 放宽对时间变量的整数要求. 具体地, 将列车到达时刻 TA_j^u 和出发时刻 TD_j^u 作为大于零的连续变量. 尽管出发时刻变量 TD_j^u 与映射变量 $x_j^u(k)$ 相关联, 但最终的 TD_j^u 仍然是特定时段内的实数值.

本节使用我国沪杭高速铁路作为测试场景, 该线路由 9 个车站组成, 在所考虑的运行方向上, 相邻车站之间列车自由流运行时间如表 2.2 所示.

表 2.2　相邻车站之间列车自由流运行时间

相邻车站对	自由流运行时间 (分)	相邻车站对	自由流运行时间 (分)
1-2	5	5-6	5
2-3	6	6-7	7
3-4	5	7-8	6
4-5	6	8-9	5

模型中的其余参数 ε, $\theta_{\min}^{\mathrm{section}}$, $\theta_{\min}^{\mathrm{station}}$, $\tau_{\min}$, $\tau_{\max}$ 和 $\Delta_{\max}$ 分别取为 1 分钟、5 分钟、5 分钟、2 分钟、4 分钟和 12 分钟. 为了简化起见, 所有列车的容量或能力视为相同, 假定等于 600 人.

2.6.1　分钟需求下案例

在基于分钟需求的情况下, 考虑从 8:00 到 9:00 的计划编制范围. 已知该时段内有 8 个列车, 表 2.3 列出了每个列车在始发站的最早和最晚出发时刻, 图 2.8 给出了每分钟车站到达的全体乘客总数, 附表 2.1 给出了基于分钟的 OD 需求矩阵.

表 2.3　列车的最早和最晚出发时刻 (分)

列车编号	1	2	3	4	5	6	7	8
最早出发时刻	8:01	8:07	8:14	8:21	8:28	8:35	8:42	9:00
最晚出发时刻	8:25	8:30	8:35	8:40	8:45	8:50	9:55	9:00

除首站和末站外, 表 2.4 给出了所有列车在每个车站的停跨站模式, 其中数字 "0" 表示 "列" 所在的列车跨越 "行" 所在的车站, 不等于 0 的数字表示最后的计算结果, 指相应列车的车站停留时间. 如列车 3 跨越车站 4, 而在车站 5 的停留时间为 4 分钟.

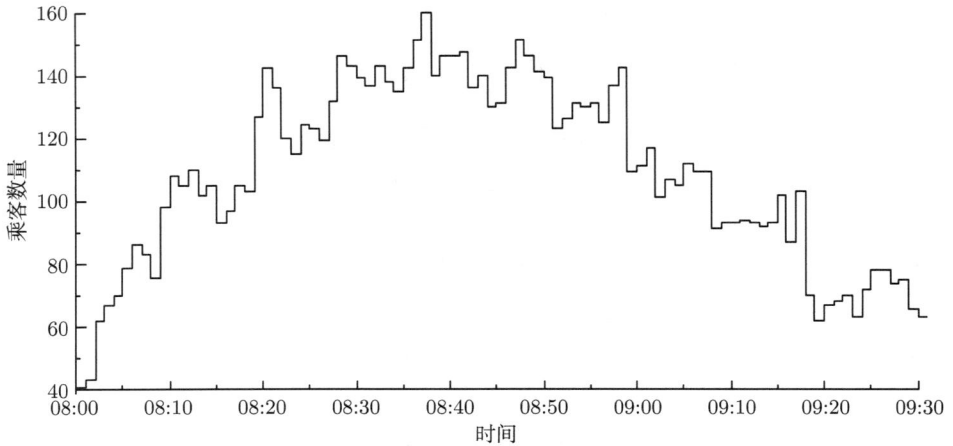

图 2.8　每分钟车站到达的全体乘客总数

表 2.4　已知的列车停跨站模式和求解后的列车停站时间

车站编号	列车编号							
	1	2	3	4	5	6	7	8
2	2	**0**	3	**0**	2	**0**	4	**0**
3	2	2	4	4	2	3	4	3
4	2	2	**0**	4	4	4	**0**	3
5	3	2	4	4	4	4	4	4
6	3	2	**0**	2	2	4	**0**	4
7	4	2	4	4	4	4	4	3
8	2	**0**	4	**0**	2	**0**	3	**0**

　　根据模型 M3 的特点, 选用 GAMS/AlphaECP 来求解分钟需求情况下的模型, 设置求解器中的 GAP 阈值为 0, 或在 GAMS 配置中取 OPTCR=0. 在没有对结果进行任何处理的情况下, 获得了模型 M3 的最优解如表 2.4、表 2.5 和表 2.6 所示, 其中使用了 NEOS (网络性能优化系统) 服务器, 程序运行时间为 2.7 分钟, 目标函数为 65906 分钟. 最优解中, 表 2.4 给出了优化后列车在车站停留时间, 表 2.5 列出了优化后列车在区间的缓冲时间, 表 2.6 显示了列车在始发站的出发时刻, 图 2.9 展示了相应的列车运行图.

表 2.5 求解后列车在每个区间的缓冲时间

相邻车站对	列车编号							
	1	2	3	4	5	6	7	8
1-2	0	0	0	1	0	1	1	0
2-3	0	3	0	1	0	1	0	0
3-4	0	2	0	4	4	5	5	0
4-5	0	5	1	0	0	0	0	1
5-6	0	0	8	0	0	0	4	2
6-7	3	0	0	4	4	3	2	0
7-8	0	0	3	1	1	1	0	9
8-9	0	1	0	0	0	1	0	0

表 2.6 列车在始发站的出发时刻

列车编号	1	2	3	4	5	6	7	8
出发时刻	08:01	08:10	08:15	08:23	08:28	08:35	08:43	09:00

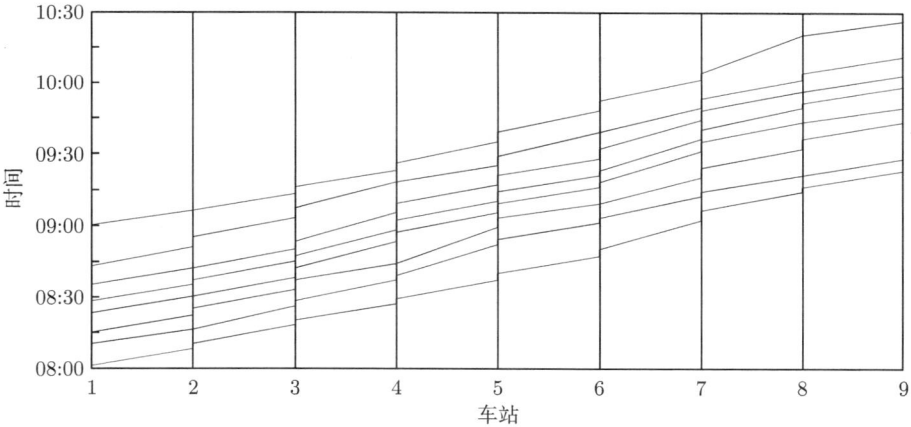

图 2.9 从 8:00 到 9:00 用于实时调度的列车运行图

容易验证, 上述算例包含 0-1 变量 $z_j^u(t)$ 和 $\mathrm{TL}_j^{u,v}(t)$ 多达 37800 个. 表 2.12 展示的模拟试验表明, 当编制时段超过 3 小时后, 程序运行时间将超出忍耐限度.

2.6.2 小时需求下案例

在基于小时需求的情况下, 设置计划编制期间为 6:00 到 21:00, 列车数量为 73, 列车在始发站的最早和最晚出发时刻见表 2.7, 编制期限内基于小时的 OD 需求数据见表 2.8.

表 2.7　列车最早和最晚出发时刻

列车编号	最早出发时刻	最晚出发时刻	列车编号	最早出发时刻	最晚出发时刻	列车编号	最早出发时刻	最晚出发时刻	列车编号	最早出发时刻	最晚出发时刻	列车编号	最早出发时刻	最晚出发时刻
1	06:01	06:11	16	09:00	09:10	31	11:48	11:58	46	15:24	15:34	61	18:10	18:20
2	06:15	06:25	17	09:10	09:20	32	12:00	12:10	47	15:36	15:46	62	18:20	18:30
3	06:30	06:40	18	09:20	09:30	33	12:15	12:25	48	15:48	15:58	63	18:30	18:40
4	06:45	06:55	19	09:30	09:40	34	12:30	12:40	49	16:00	16:10	64	18:40	18:50
5	07:00	07:10	20	09:40	09:50	35	12:45	12:55	50	16:12	16:22	65	18:50	19:00
6	07:12	07:22	21	09:50	10:00	36	13:00	13:10	51	16:24	16:34	66	19:00	19:10
7	07:24	07:34	22	10:00	10:10	37	13:15	13:25	52	16:36	16:46	67	19:15	19:25
8	07:36	07:46	23	10:12	10:22	38	13:30	13:40	53	16:48	16:58	68	19:30	19:40
9	07:48	07:58	24	10:24	10:34	39	13:45	13:55	54	17:00	17:10	69	19:45	19:55
10	08:00	08:10	25	10:36	10:46	40	14:00	14:10	55	17:10	17:20	70	20:00	20:15
11	08:10	08:20	26	10:48	10:58	41	14:15	14:25	56	17:20	17:30	71	20:20	20:35
12	08:20	08:30	27	11:00	11:10	42	14:30	14:40	57	17:30	17:40	72	20:40	20:55
13	08:30	08:40	28	11:12	11:22	43	14:45	14:55	58	17:40	17:50	73	21:00	21:00
14	08:40	08:50	29	11:24	11:34	44	15:00	15:10	59	17:50	18:00			
15	08:50	09:00	30	11:36	11:46	45	15:12	15:22	60	18:00	18:10			

表 2.8　编制期内基于小时的 OD 需求数据

车站 OD 需求对	小时时段编号														
	1	2	3	4	5	6	7	8	9	10	11	12	13	14	15
1-2	3	2	3	2	2	2	3	2	2	2	1	1	2	2	1
1-3	2	3	4	3	4	3	4	3	3	3	3	3	4	3	2
1-4	1	1	3	2	1	2	2	2	2	2	2	3	2	1	
1-5	1	2	1	2	1	1	1	2	1	3	2	3	2	1	1
1-6	2	1	1	1	1	2	2	1	1	3	1	2	3	1	1
1-7	1	1	1	2	2	1	2	2	2	2	2	3	1	1	
1-8	1	1	1	1	2	1	1	1	1	1	1	2	1	1	1
1-9	1	1	1	1	1	1	2	1	2	1	1	1	2	1	1
2-3	2	3	3	2	2	2	1	1	2	2	2	2	3	2	1
2-4	1	1	3	2	2	2	3	2	2	2	1	2	3	2	2
2-5	2	2	2	1	2	2	2	1	1	1	2	2	1	1	2
2-6	1	1	1	1	1	1	1	1	2	2	1	1	1	1	1
2-7	1	2	1	2	1	1	1	2	1	1	2	1	2	2	1
2-8	1	1	1	1	1	1	1	1	1	1	1	2	1	1	1
2-9	1	1	2	1	2	1	1	1	1	1	1	1	2	1	1
3-4	2	2	3	3	4	4	4	3	2	2	2	4	4	3	1

车站 OD 需求对	小时时段编号														
	1	2	3	4	5	6	7	8	9	10	11	12	13	14	15
3-5	1	2	2	1	1	1	1	2	2	2	1	2	2	1	1
3-6	1	1	2	2	1	1	1	1	1	1	2	2	2	1	2
3-7	1	1	2	1	2	2	2	1	1	1	2	1	2	1	1
3-8	1	1	1	1	1	1	1	1	2	1	2	1	1	2
3-9	1	1	1	2	1	2	1	2	1	2	1	1	1	1	1
4-5	2	2	4	3	2	3	3	2	1	2	4	4	3	3	2
4-6	1	1	2	1	1	1	1	2	1	1	2	1	2	1	1
4-7	1	2	1	2	1	2	1	2	2	2	2	1	2	1	1
4-8	1	1	1	1	2	1	1	1	1	1	1	2	1	1	1
4-9	1	1	1	2	1	2	1	1	1	2	1	1	1	1	1
5-6	2	3	3	3	2	4	2	3	3	2	4	2	3	2	2
5-7	1	2	3	2	2	3	2	1	2	1	2	3	3	1	1
5-8	1	1	1	1	1	2	1	1	1	1	1	2	2	1	1
5-9	1	1	1	1	1	1	2	1	2	1	1	1	1	2	1
6-7	3	2	2	2	2	2	2	2	3	2	3	3	4	4	2
6-8	1	1	1	2	1	2	1	2	1	2	1	2	3	2	1
6-9	1	1	1	1	1	1	1	1	1	2	1	1	1	1	1
7-8	2	3	2	2	3	2	2	2	3	3	2	2	3	2	1
7-9	2	2	2	2	2	2	1	2	2	1	2	2	2	2	2
8-9	2	3	5	4	4	4	3	4	4	4	5	4	4	3	2

表 2.9 给出了除首站和末站外, 列车在每个车站的 "停跨站" 模式, 其中数字 "0" 表示 "行" 所在的列车跨越 "列" 所在的车站, 不等于 0 的正数表示最后的计算结果, 指相应列车在相应站的停留时间.

在小时需求的环境下, 为了求解模型 M4, 选择优化求解器 GAMS/DICOPT, 它特别适用于仅松弛模型中部分整数变量的情况. 设置求解器中的 GAP 阈值为 0, 即 OPTCR=0, 继续使用 NEOS 服务器. 程序耗时 1.3 小时后, 得到了模型 M4 中 0-1 变量 $x_j^u(k)$ 和松弛实数变量 TD_j^u 的取值, 对应的最优目标函数是 557496 分钟. 对于所得 TD_j^u 的实数值, 通过简单的处理将它们舍入到最近的整数值, 最终结果如表 2.9、表 2.10 和表 2.11 所示. 其中, 表 2.9 提供了优化后列车在每个中间站的停留时间, 表 2.10 显示了列车在每个区间的缓冲时间, 表 2.11 给出了列车在始发站的出发时刻, 图 2.10 中显示了相应的列车运行图.

表 2.9　已知的列车停跨站模式和求解后列车在站停留时间

列车编号	车站编号							列车编号	车站编号						
	2	3	4	5	6	7	8		2	3	4	5	6	7	8
1	2	2	2	2	2	2	4	38	0	2	2	4	2	2	0
2	0	3	2	2	4	2	0	39	2	4	2	2	0	0	2
3	2	2	2	4	0	0	2	40	2	0	2	0	2	2	2
4	2	0	4	0	2	2	2	41	0	2	2	2	2	4	0
5	0	2	2	2	2	2	0	42	2	2	2	3	0	0	2
6	2	2	2	2	0	0	4	43	2	0	4	0	2	2	2
7	2	0	2	0	4	2	3	44	0	2	2	2	2	2	0
8	0	2	4	2	2	2	0	45	2	2	2	2	0	0	4
9	2	2	2	2	0	0	2	46	3	0	2	0	4	2	3
10	2	0	2	0	2	2	2	47	0	2	4	2	2	2	0
11	0	2	2	2	2	4	0	48	2	2	2	2	0	0	2
12	2	2	2	2	0	0	2	49	2	0	2	0	2	2	2
13	2	0	2	0	4	2	4	50	0	2	2	2	2	4	0
14	0	2	4	2	2	2	0	51	2	2	2	2	0	0	2
15	2	4	2	2	0	0	2	52	2	0	2	0	2	2	3
16	2	0	2	0	2	2	4	53	0	4	2	2	2	2	0
17	0	2	2	2	2	4	0	54	2	2	2	2	0	0	4
18	2	2	2	2	0	0	2	55	2	0	3	0	2	4	2
19	2	0	2	0	2	2	4	56	0	2	2	2	4	3	0
20	0	2	4	2	2	2	0	57	2	2	2	2	0	0	2
21	2	4	2	2	0	0	2	58	2	0	4	0	2	2	3
22	2	0	2	0	2	2	4	59	0	4	2	2	3	2	0
23	0	2	2	2	2	4	0	60	2	2	2	2	0	0	4
24	2	2	2	4	0	0	2	61	2	0	2	0	2	4	2
25	2	0	4	0	2	2	2	62	0	2	2	2	4	2	0
26	0	3	2	2	2	2	0	63	2	2	2	4	0	0	2
27	2	2	2	2	0	0	4	64	2	0	4	0	2	2	2
28	2	0	2	0	2	4	2	65	0	4	2	2	2	2	0
29	0	2	2	2	4	4	0	66	2	2	2	2	0	0	4
30	2	2	4	2	0	0	2	67	2	0	2	0	2	4	4
31	4	0	2	0	2	2	2	68	0	2	2	4	2	4	0
32	0	2	2	2	2	2	0	69	2	4	2	2	0	0	2
33	2	2	2	2	0	0	4	70	2	0	2	0	2	2	2
34	2	0	2	0	4	2	2	71	0	2	2	2	2	2	0
35	0	3	2	2	2	2	0	72	2	2	2	2	0	0	4
36	2	2	2	2	0	0	4	73	2	0	2	0	2	2	4
37	2	0	2	0	2	4	3								

表 2.10 优化后列车在每个区间的缓冲时间

列车编号	相邻车站 OD 对								列车编号	相邻车站 OD 对							
	1-2	2-3	3-4	4-5	5-6	6-7	7-8	8-9		1-2	2-3	3-4	4-5	5-6	6-7	7-8	8-9
1	0	0	0	0	0	0	7	0	38	0	0	0	10	0	0	0	0
2	0	0	0	0	8	0	0	0	39	0	1	0	0	0	2	0	0
3	0	0	0	5	0	0	0	0	40	0	0	0	0	0	0	0	0
4	0	1	1	0	0	0	0	0	41	0	0	0	0	0	6	0	0
5	0	0	0	0	0	0	0	0	42	0	0	0	0	0	0	0	0
6	0	0	0	0	1	0	0	0	43	0	0	0	0	0	0	0	0
7	0	0	0	1	6	0	0	0	44	0	0	0	0	0	0	0	0
8	0	0	6	0	0	0	0	0	45	0	0	0	0	1	0	0	0
9	0	0	0	0	0	4	0	0	46	0	0	0	2	5	0	0	0
10	0	0	0	0	0	0	0	0	47	0	0	6	0	0	0	0	0
11	0	0	0	0	0	2	0	0	48	0	0	0	0	0	4	0	0
12	0	0	0	0	0	2	0	0	49	0	0	0	0	0	0	0	0
13	0	0	0	4	0	0	0	0	50	0	0	0	0	0	9	0	0
14	0	0	4	0	0	0	0	0	51	0	0	0	7	0	0	0	0
15	0	0	0	0	0	2	0	0	52	0	8	0	0	0	0	0	0
16	0	0	0	0	0	0	8	0	53	6	0	0	0	0	0	0	0
17	0	0	0	0	0	6	0	0	54	0	0	0	0	0	1	7	0
18	0	0	0	0	6	2	0	0	55	0	0	0	2	0	10	0	0
19	0	0	0	2	6	0	1	0	56	0	0	0	0	9	0	0	0
20	0	0	5	0	0	0	0	0	57	0	0	0	7	0	3	0	0
21	0	2	0	0	0	1	0	0	58	0	4	1	2	0	0	0	0
22	0	0	0	0	0	0	9	0	59	4	1	0	0	0	0	0	0
23	0	0	0	0	0	8	0	4	60	0	0	0	0	0	2	5	0
24	0	0	0	8	0	0	0	0	61	0	0	0	3	0	9	0	0
25	0	4	4	0	0	0	1	0	62	0	0	0	0	9	0	0	0
26	0	8	0	0	0	0	0	0	63	0	0	0	6	0	2	0	0
27	0	0	0	0	0	3	4	0	64	0	1	6	1	0	0	0	0
28	0	0	0	2	0	10	0	0	65	4	3	0	0	0	0	0	0
29	0	0	0	0	9	0	0	3	66	0	0	0	0	0	0	7	0
30	0	0	7	0	0	0	0	0	67	0	0	0	0	0	10	2	0
31	8	0	0	0	0	0	0	0	68	0	0	0	12	0	0	0	0
32	0	0	0	0	0	0	0	0	69	0	9	0	0	0	0	0	0
33	0	0	0	0	0	1	1	0	70	0	0	0	0	0	0	0	0
34	0	0	0	3	4	0	0	0	71	0	0	0	0	0	0	0	0
35	8	0	0	0	0	0	5	0	72	0	0	0	0	0	12	0	0
36	0	0	0	0	0	2	6	0	73	0	0	0	0	0	0	0	0
37	0	0	0	0	0	11	0	0									

表 2.11　优化后列车在始发站的出发时刻

列车编号	出发时刻	列车编号	出发时刻	列车编号	出发时刻	列车编号	出发时刻	列车编号	出发时刻	列车编号	出发时刻	列车编号	出发时刻
1	06:01	12	08:20	23	10:14	34	12:32	45	15:14	56	17:20	67	19:21
2	06:18	13	08:30	24	10:24	35	12:45	46	15:24	57	17:30	68	19:30
3	06:30	14	08:40	25	10:36	36	13:07	47	15:36	58	17:40	69	19:45
4	06:45	15	08:50	26	10:48	37	13:19	48	15:48	59	17:50	70	20:09
5	07:03	16	09:04	27	11:06	38	13:30	49	16:00	60	18:04	71	20:20
6	07:14	17	09:12	28	11:16	39	13:45	50	16:12	61	18:13	72	20:40
7	07:25	18	09:20	29	11:24	40	14:00	51	16:24	62	18:21	73	21:00
8	07:36	19	09:30	30	11:36	41	14:15	52	16:36	63	18:30		
9	07:48	20	09:40	31	11:48	42	14:30	53	16:48	64	18:40		
10	08:00	21	09:50	32	12:06	43	14:45	54	17:03	65	18:50		
11	08:10	22	10:06	33	12:16	44	15:04	55	17:12	66	19:09		

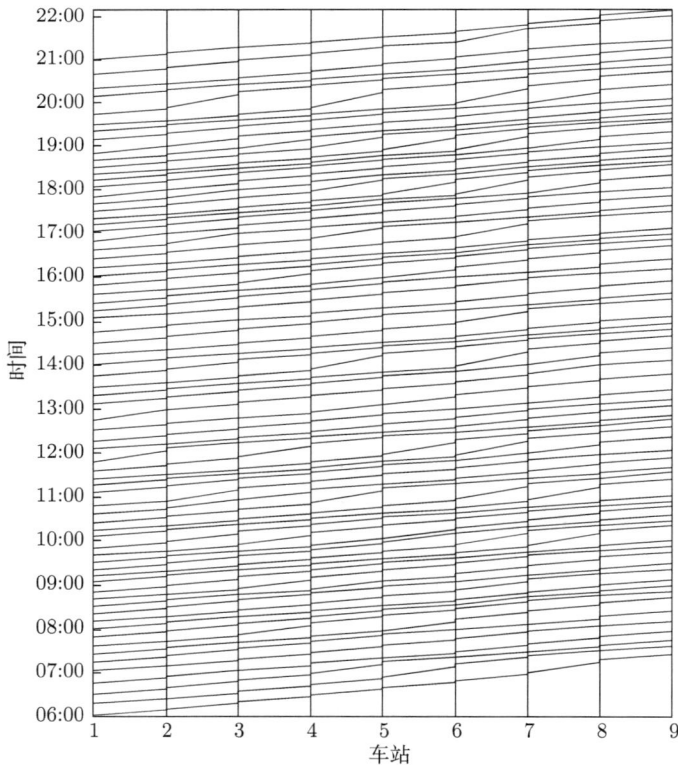

图 2.10　用于日常运营的列车运行图

在模型 M4 中, 易知 0-1 变量 $x_j^u(k)$ 的个数为 10056. 正如表 2.12 将要呈现的那样, 测试算例表明, 从 5 小时到 15 小时的规划范围内, 即使包含复杂的约束条件 (2.32) 和 (2.33), 本章所提出的方法对于日常运营的计算时间是可以接受的. 模拟结果还同时表明, 算法执行过程中不能对逻辑变量进行松弛. 反之, 如果使用中松弛了 0-1 变量, 将导致计算结果与最优解出现较大的偏差. 为此, 我们还进行了其他的额外计算实验, 模拟结果再次证实了上述结论, 即模型 M3 和模型 M4 中的 0-1 变量 $z_j^u(t)$, $\mathrm{TL}_j^{u,v}(t)$ 和 $x_j^u(k)$, 不能随意松弛为连续型的实数变量.

表 2.12　不同规划期限模型 M3 和模型 M4 的计算比较

模型	模型 M3 (基于分钟的客流需求)			模型 M4 (基于小时的客流需求)		
规划期限	1 小时	2 小时	3 小时	5 小时	10 小时	15 小时
列车数量	8	16	24	44	61	73
连续型变量的数量	38049	126257	236545	7669	10576	12336
0-1 变量的数量	37800	125760	235800	6112	8424	10056
约束条件的数量	38233	126641	237129	15127	20975	24521
计算时间	2.7 分钟	10.7 分钟	138 分钟	16.9 分钟	40.6 分钟	78 分钟

为了验证本章模型和算法的优势, 利用其他简化方法, 如基于常数的列车发车间隔, 可以获得相应的列车时刻表. 计算结果表明, 我们的方法优于任何基于经验的简化方法. 如在每个小时采用等间隔方法, 但受当前以及前、后时段需求的影响, 首先就无法设置时段内第一个列车的出发时刻. 利用本章方法得到的列车时刻表, 运行线聚集、分散与时变需求的拥挤、稀疏基本同步. 如图 2.9 和图 2.10 所示, 稠密的列车分布出现在 8:30 左右, 此时恰好对应较大的客流需求. 这些计算结果表明, 优化后的列车运行线时空分布、排列结构与客流需求分布、列车停跨站模式基本吻合.

2.7　结　束　语

本章针对中短距离高铁线路, 研究了时变需求条件下旅客列车时刻表的优化问题. 利用基于分钟和基于小时的 OD 需求矩阵, 构建了具有线性约束的集成非线性整数规划模型. 利用乘客的有效加载时间窗, 可以将两个匹配列车出发事件自然关联起来, 从而有效地协同列车运行线与客流需求之间的时空分布. 本章提出了多个数学上容易处理的表达式, 使得能够利用通用优化模型来表示乘客在车站的等待时间, 这些模型进一步可以利用 GAMS 求解器对现实案例进行测试和应用. 特别地, 通过引入 0-1 客流加载变量, 重构了基于分钟需求、用于实时调度的列车时刻表优化模型, 以及通过使用线性分段函数, 来表示较长时段的时变需求, 改建了基于小时需求、用于日常运营的列车时刻表优化模型. 根据我们所知, 本章首次提出的非线性混合整数规划模型以及精确求解方法, 可以在给定的时变需求和停跨站模式下, 有效地解决不同场景和不同需要的列车时刻表优化问题.

　　列车时刻表未来研究, 可考虑变化的列车停站模式, 联合优化列车停站和运行问题, 以应用于轨道交通实时调度调整和中期日常运营管理. 另一个重要的扩展是, 考虑更加一般结构的网络问题. 当然, 对于大规模的列车调度问题, 测试更多的场景和算例以寻找其他合适的求解器, 也是一件非常有意义的工作.

附表 2.1　基于分钟 OD 需求矩阵

分钟时段	1(0)								2(+5)							3(+14)						4(+22)					5(+33)				6(+44)			7(+54)		8(+69)
出发站 OD 对	1-2	1-3	1-4	1-5	1-6	1-7	1-8	1-9	2-3	2-4	2-5	2-6	2-7	2-8	2-9	3-4	3-5	3-6	3-7	3-8	3-9	4-5	4-6	4-7	4-8	4-9	5-6	5-7	5-8	5-9	6-7	6-8	6-9	7-8	7-9	8-9
1	8	7	7	5	3	3	3	3																												
2	9	6	8	5	3	3	4	3																												
3	9	7	8	5	3	4	4	4																												
4	9	7	8	5	3	5	4	4		2	3	2	2	2	2																					
5	9	8	8	6	4	5	4	4		2	3	3	3	2	2																					
6	9	8	8	7	4	5	4	4		3	3	3	2	3	3																					
7	9	8	9	7	4	3	4	5	3	3	3	2	3	2	3		2	1	1	1	1															
8	10	9	9	7	4	5	4	5	4	3	2	3	3	2	3		3	2	2	2	2															
9	10	9	9	8	4	5	4	5	4	3	3	2	2	3	2		3	1	2	1	1															
10	10	9	9	6	4	3	3	3	4	4	3	2	3	3	3		3	2	1	2	2															
11	10	8	6	6	4	3	3	3	6	7	5	5	5	6	4	4	4	1	2	2	2	2	1	1	0	1										
12	10	8	6	7	4	3	3	3	6	7	5	6	6	6	4	4	4	2	2	1	2	1	2	2	1	2										
13	10	8	6	6	4	4	2	3	5	7	6	6	5	7	3	5	4	2	1	2	1	1	1	1	1	1										
14	10	8	6	6	4	4	2	3	6	8	6	6	6	6	3	5	4	3	2	3	2	1	1	1	1	1										
15	10	9	6	6	6	4	2	3	5	4	4	3	4	3	3	7	5	2	2	2	3	1	1	1	1	2										
16	10	9	7	6	6	5	2	3	6	4	4	3	3	4	3	7	5	2	1	1	1	1	1	1	1	1										
17	9	9	4	4	6	6	5	3	6	4	4	3	3	3	4	7	5	2	1	4	1	2	1	1	1	2										
18	9	9	5	5	3	3	6	4	6	5	4	3	5	3	3	6	2	2	2	2	1	1	2	1	1	1										
19	9	9	7	7	3	6	2	4	7	5	4	3	3	3	3	6	1	2	1	4	5	1	1	3	1	2										
20	9	10	7	7	3	6	2	4	7	5	4	3	3	3	3	6	2	1	2	4	2	3	1	1	1	1										
21	12	11	3	7	5	7	3	4	8	5	5	3	3	4	3	7	3	3	3	8	8	1	1	1	1	1										
22	13	12	6	4	5	7	3	3	8	5	5	3	4	5	3	8	3	3	3	8	7	3	1	3	1	1										
23	14	12	6	4	5	3	3	4	8	5	5	3	4	3	5	9	6	3	4	9	7	2	2	2	2	2										
24	15	12	5	5	6	3	4	3	9	5	5	3	3	4	3	7	6	3	3	4	6	3	3	1	1	1	1	1								
25	16	12	3	4	5	5	5	3	9	3	2	2	2	2	3	9	6	3	5	3	5	6	1	1	1	1	1	1	1							
26	15	12	5	4	4	4	4	3	9	3	2	2	3	3	3	8	6	4	5	2	5	6	2	4	1	1	2	2	2	1						

续表

分钟时段/出发站 OD对	1(0)								2(+5)							3(+14)						4(+22)					5(+33)				6(+44)			7(+54)		8(+69)
	1-2	1-3	1-4	1-5	1-6	1-7	1-8	1-9	2-3	2-4	2-5	2-6	2-7	2-8	2-9	3-4	3-5	3-6	3-7	3-8	3-9	4-5	4-6	4-7	4-8	4-9	5-6	5-7	5-8	5-9	6-7	6-8	6-9	7-8	7-9	8-9
27	15	12	5	4	4	3	3	3	4	3	2	2	3	4	2	9	7	3	6	3	6	6	2	4	1	1	1	2	1	2						
28	12	12	5	5	4	4	4	3	3	3	1	3	3	3	1	10	7	4	6	3	3	3	2	4	1	2	2	2	1	1						
29	15	13	7	6	6	4	4	5	3	1	2	2	3	3	2	14	8	3	5	2	4	5	1	4	1	1	2	1	2	2						
30	16	14	3	7	6	5	5	5	2	2	2	2	2	2	3	15	7	4	8	3	4	6	5	5	2	4	2	2	2	1						
31	15	13	7	6	6	5	4	5	2	3	2	3	2	2	2	13	8	3	7	4	3	6	5	5	2	4	1	2	2	2						
32	15	13	7	7	5	4	3	5	3	1	4	2	2	2	2	12	6	4	6	3	4	5	6	2	3	4	2	2	1	3						
33	12	13	7	6	5	5	4	5	3	2	2	3	3	3	2	12	8	3	5	4	4	5	5	5	2	4	2	3	2	3	1	1				
34	16	13	7	7	5	4	4	5	3	2	2	2	2	2	2	13	7	4	4	3	4	5	5	5	2	3	2	2	1	3	1	1	1			
35	13	12	7	7	5	4	4	5	3	1	1	2	2	2	3	13	7	3	5	5	5	5	5	3	3	3	3	3	1	3	1	1	2			
36	15	10	6	6	4	5	5	4	2	2	2	2	1	2	3	12	7	4	6	4	5	5	3	4	2	3	4	3	1	3	2	1	2			
37	15	10	6	6	4	5	5	4	3	2	2	3	2	3	6	11	7	4	6	6	7	5	5	3	3	3	5	3	2	2	2	2	2			
38	15	10	6	6	5	5	4	4	3	5	4	4	3	3	6	9	4	3	4	3	6	7	3	3	1	3	5	3	3	3	3	1	1			
39	15	10	6	6	6	4	4	4	3	5	7	5	4	4	7	6	3	3	5	2	6	5	5	5	3	5	5	4	3	3	3	2	2			
40	13	9	4	5	5	4	4	4	3	5	7	4	4	4	4	4	3	2	3	2	2	6	3	5	3	3	6	6	4	5	3	3	1			
41	13	9	6	6	5	4	4	3	3	8	3	5	4	4	7	4	3	2	3	2	2	5	3	5	3	3	6	6	6	6	3	2	3			
42	13	9	6	5	5	5	3	3	2	8	5	4	4	4	4	4	2	2	5	1	2	4	3	5	2	2	5	6	4	7	2	1	2	5	5	
43	13	9	6	4	4	5	4	4	3	7	4	5	4	4	4	4	2	2	4	2	2	4	3	5	2	3	5	7	3	5	3	2	1	5	5	
44	10	7	4	4	4	3	3	3	3	7	4	5	4	4	3	4	3	3	5	5	2	7	5	3	2	3	5	5	3	5	5	3	2	5	5	
45	9	7	4	3	3	4	2	2	3	8	3	4	4	4	3	4	3	3	5	5	2	5	4	7	3	3	5	7	4	5	6	3	3	6	5	
46	10	7	4	3	3	3	3	3	2	5	5	4	4	4	4	3	2	2	4	5	3	5	6	5	3	3	4	5	3	3	5	3	2	6	5	
47	10	8	4	3	2	3	2	2	2	5	4	4	3	4	3	3	2	2	5	5	2	5	6	5	2	3	5	5	3	3	5	3	2	5	5	
48	10	8	4	3	3	3	3	2	3	4	4	4	4	4	3	6	3	3	4	5	2	7	6	6	2	3	5	4	3	3	5	4	2	6	5	
49	9	6	4	3	3	3	4	3	3	4	3	4	4	4	3	6	8	4	5	4	4	7	4	6	2	3	5	4	3	3	5	4	2	6	5	
50	9	7	4	7	4	3	2	2	3	4	3	3	4	4	3	6	5	4	4	5	4	5	5	5	3	2	5	4	4	3	6	4	2	6	5	
51	8	8	4	6	4	3	3	2	3	5	2	3	4	4	4	6	3	4	4	4	4	4	3	3	2	2	5	4	4	3	6	3	3	8	6	
52	8	8	4	7	4	3	2	2	3	5	2	3	4	4	3	6	5	3	4	4	4	3	2	2	1	2	5	3	3	3	6	3	4	8	6	
53	7	6	4	5	4	3	3	2	3	1	1	2	3	3	2	3	4	3	3	4	3	3	2	3	1	2	6	4	3	3	5	3	3	7	6	

续表

分钟时段＼OD对	1(0)								2(+5)							3(+14)						4(+22)					5(+33)				6(+44)			7(+54)		8(+69)
	1-2	1-3	1-4	1-5	1-6	1-7	1-8	1-9	2-3	2-4	2-5	2-6	2-7	2-8	2-9	3-4	3-5	3-6	3-7	3-8	3-9	4-5	4-6	4-7	4-8	4-9	5-6	5-7	5-8	5-9	6-7	6-8	6-9	7-8	7-9	8-9
54	7	7	3	4	3	3	3	2	3	3	2	2	3	3	2	4	5	3	3	3	4	5	2	2	1	3	5	3	3	4	6	3	4	7	6	
55	8	7	3	8	3	4	3	3	3	3	2	2	3	2	2	3	3	3	3	3	4	3	3	3	1	1	5	4	3	5	7	3	4	6	6	
56	8	6	3	7	3	3	3	3	3	3	2	2	3	2	2	3	3	4	3	2	4	3	3	2	2	2	4	3	3	6	6	3	3	8	8	
57	8	5	3	5	3	4	3	2	3	3	2	2	3	3	3	3	3	4	3	3	4	5	5	5	2	4	4	3	3	3	7	4	3	8	6	
58	7	4	3	5	3	3	2	2	2	4	6	2	3	2	2	2	3	2	3	1	3	5	5	4	4	3	6	4	3	3	6	3	3	6	7	
59	8	5	2	5	4	4	2	2	2	3	6	2	2	3	5	4	2	2	2	2	3	6	5	3	4	3	5	3	4	6	7	3	4	8	8	
60	8	4	3	5	4	3	2	2	2	3	6	3	2	3	4	3	2	2	2	2	3	6	5	3	4	3	6	4	5	6	7	3	5	6	8	
61									2	4	6	3	2	3	4	3	4	3	4	2	3	5	4	2	5	3	2	3	4	4	6	3	5	6	7	9
62									3	3	8	2	2	7	2	4	4	3	5	2	4	5	4	3	3	3	3	2	2	4	3	3	3	8	8	12
63									3	4	8	3	3	7	2	4	4	3	2	3	4	5	4	2	5	3	3	3	2	4	6	3	3	6	7	12
64									2	2	1	2	2	1	3	4	3	3	3	3	3	6	4	3	3	3	4	4	2	4	6	4	3	7	7	12
65									2	1	7	1	1	1	6	3	2	3	2	3	2	3	3	4	4	4	3	3	2	5	5	3	3	8	8	12
66																4	2	3	3	3	2	3	3	3	3	3	4	3	3	5	5	4	8	8	8	12
67																4	2	2	3	2	2	4	3	3	5	2	4	3	3	5	4	3	3	6	6	12
68																3	3	3	2	3	3	3	3	5	3	3	3	3	4	4	5	3	8	6	6	14
69																3	3	2	3	3		4	3	3	5	3	3	3	4	4	5	3	3	7	3	13
70																3	3	3	3	3		5	5	3	2	3	5	2	4	5	4	3	5	8	7	14
71																4	4	3	2			4	5	4	3	3	4	7	3	5	5	2	4	7	8	13
72																4	7	3				4	2	2	2	2	7	6	5	6	2	4	7	8	7	12
73																4	6	3				3	2	3	3	2	6	6	4	6	2	7	2	9	8	12
74																5	6					4	2	3	2	2	5	7	4	6	2	2	4	9	9	12
75																						4	2	2	3	1	8	6	5	6	3	2	4	7	7	10
76																						3	2	2	3	2	6	7	4	6	2	2	7	8	8	8
77																						4	2	3	3	3	5	6	5	6	3	5	5	8	7	9
78																						4	3	2	3	1	4	5	5	6	3	4	5	9	7	6
79																						3	3	2	3	2	7	5	5	8	3	5	8	8	7	9
80																						4	2	3	2	2	3	7	2	5	4	5	9	7	7	8

续表

出发站 OD对 / 分钟时段	1(0)								2(+5)							3(+14)						4(+22)					5(+33)				6(+44)			7(+54)		8(+69)
	1-2	1-3	1-4	1-5	1-6	1-7	1-8	1-9	2-3	2-4	2-5	2-6	2-7	2-8	2-9	3-4	3-5	3-6	3-7	3-8	3-9	4-5	4-6	4-7	4-8	4-9	5-6	5-7	5-8	5-9	6-7	6-8	6-9	7-8	7-9	8-9
81																						3	2	2	2	2	2	6	1	3	5	4	8	6	7	9
82																						3	2	3	3	2	3	6	2	3	5	4	8	6	8	9
83																											4	6	2	3	5	5	8	8	8	7
84																											4	6	3	2	6	5	8	8	8	7
85																											3	4	2	2	6	5	7	8	8	7
86																											4	4	3	4	7	4	8	8	9	8
87																											3	4	2	3	7	5	7	8	11	8
88																											4	4	2	3	7	4	7	8	11	9
89																											3	5	3	4	7	3	6	7	11	9
90																											3	4	3	3	6	3	5	8	11	9
91																											3	4	2	4	3	4	2	7	11	9
92																											4	5	2	3	3	3	2	6	9	8
93																											3	5	2	3	3	3	6	7	9	8
94																															4	4	6	8	9	8
95																															3	3	6	6	9	9
96																															3	3	2	8	9	8
97																															3	3	7	6	9	10
98																															3	4	6	7	9	12
99																															4	3	6	6	9	14
100																															3	3	5	6	8	14
101																															3	3	8	5	8	14
102																															3	3	8	6	8	14
103																															4	3	6	4	8	14
104																															3	3	2	4	8	13
105																																		4	8	13
106																																		4	8	13
107																																		4	7	13

续表

分钟时段	1(0)								2(+5)							3(+14)						4(+22)					5(+33)				6(+44)			7(+54)		8(+69)
OD对	1-2	1-3	1-4	1-5	1-6	1-7	1-8	1-9	2-3	2-4	2-5	2-6	2-7	2-8	2-9	3-4	3-5	3-6	3-7	3-8	3-9	4-5	4-6	4-7	4-8	4-9	5-6	5-7	5-8	5-9	6-7	6-8	6-9	7-8	7-9	8-9
108																																		5	8	12
109																																		5	8	12
110																																		6	8	12
111																																		4	7	12
112																																		6	8	12
113																																		5	7	11
114																																		6	7	12
115																																				12
116																																				12
117																																				13
118																																				12
119																																				12
120																																				13
121																																				11
122																																				12
123																																				11
124																																				10
125																																				10
126																																				12
127																																				12
128																																				12
129																																				12

注:(1) 第 1 行表示 OD 需求的始发站,括号中的数字,如第 2 站后的"+5",表示第 1 站至第 2 站之间的列车运行时间是 5 分钟;
(2) 第 1 站开始 OD 需求,是从第 1 分钟开始统计计时间间隔;而从第 2 站开始的需求,需要将时间向后延迟 5 分钟,依次类推.

第 3 章   超拥挤环境下列车时刻表优化

以一条城市轨道交通线路为背景, 研究超拥挤环境下列车时刻表的优化问题. 当高峰时段的客流需求超过列车的最大载客量时, 乘客将无法乘上当前的列车, 需要被迫排队等候下一班或更后面的列车. 通过引入累计变量, 构建嵌入乘客加载及离去的 0-1 规划模型, 以刻画所考虑问题的本质及内涵. 运用城市轨道交通自动售检票系统提取的基于时变的 OD 客流需求数据, 建立动车组数量给定条件下, 基于需求驱动的轨道列车时刻表非线性整数规划模型. 通过定义可上车乘客最晚到站临界时刻的概念, 计算确定乘客有效加载时间窗以及时变条件下乘客在站停留时间. 模型还同时得到了超拥挤环境和严格能力约束下, 客流需求在列车群上的分配. 对于单车站情形, 利用乘客累计流入及流出方法, 构造基于运行线平移的逐次调整算法. 对于一般的多车站情形, 运用遗传算法求解模型. 根据列车时刻表的特征, 设计特殊的编码方法和启发式调整策略. 仿真计算表明, 所提出的理论和方法, 能够有效地解决超拥挤环境下列车时刻表的优化问题.

3.1   引   言

本书第 2 章有一个基本假设, 每个列车都能够容纳所有在站等候的乘客. 然而, 现实情况并非完全如此, 在客流高峰时段, 部分排队等待的乘客可能无法乘上当前到达的列车, 需要被迫等候下一班或更后面的列车, 这种情况称为客流的超拥挤 (或超饱和) 现象. 在公共交通领域, 客流超拥挤现象十分常见, 特别是特大型城市轨道交通系统, 超拥挤情况尤其严重. 如北京地铁的西二旗、东直门等个别车站, 早高峰时段乘客要等待 5 次以上才能挤上期望的列车. 对于这样的轨道交通系统, 如何正确地揭示客流需求和列车服务之间的耦合关系, 设计尽可能合理的列车时刻表, 就成为非常现实的问题. 本章以一条城市轨道交通线路为背景, 研究时变需求和超拥挤环境下列车时刻表的优化.

众所周知, 研究面向需求列车时刻表问题, 核心是如何正确地计算乘客在车站的候车等待时间. 如果当前列车能够容纳所有的候车乘客, 根据第 2 章的研究讨论, 乘客有效加载时间窗就位于两个相邻列车出发时刻之间, 可以较容易地确定乘客在站等待时间. 对于本章关心的超拥挤情况, 由于受严格的列车载客能力约束, 部分乘客将不能乘上当前列车, 相应的有效加载时间窗需要后移, 因此乘客等待时间计算变得极为复杂. 该问题同时涉及乘客的排队等待行为和上车 (或列车服务) 规则, 以明确哪些乘客能够乘上当前的列车、哪些需要继续等待, 从而准确地计算上车人数、在车人数、等待人数等, 并同步完成乘客在列车群上的配流, 最终获得计算乘客等待时间的精确表达式.

当乘客到达车站的过程符合某种特殊的概率分布, 如均匀分布或泊松分布时, 基于固定车头时距的等间隔时刻表可以最小化乘客的等候时间. LeBlanc (1988) 针对多线路组成的城市公交网络, 利用模式分离的分配方法, 捕捉线路频率增大或减小产生的效果, 用以确定每条线路的最优发车频率. Banks (1990) 研究了多路径公交调度问题, 模型考虑了车辆能力、政府补贴和车队规模的约束, 以网络净效益最大为目标函数, 确定基于间隔的线路最优车头时距. 可以肯定的是, 在时变的需求情况下, 基于等间隔架构的列车时刻表, 会导致饱和时段乘客等待时间变长、非饱和时段列车能力虚糜的后果.

将一个运营日划分成多个时段, 最多见的是将全天划分为早高峰、晚高峰和平峰三种时段, 并在每个时段等间隔组织发车, 可得到基于阶段均衡的列车时刻表. 在某种程度上, 这样的列车时刻表有助于满足高峰时段的客流需求, 同时对非高峰时段的需求维持一定的服务水平. Guihaire 和 Hao (2008) 分析了公共交通方面的重要战略和策略, 讨论了基于阶段均衡的公交调度问题. Ceder (2001) 给出了基于阶段均衡的城市公交调度建模架构, 用以确定公交车辆的出发时间, 特别考虑了不同时段之间调度的平滑过渡. Hassannayebi 等 (2016b) 在动态和随机的需求环境下, 研究地铁列车时刻表的鲁棒优化问题, 目标函数是乘客期望等待时间和违反能力的惩罚, 建模使用了基于时段的乘客到达率, 以得到基于阶段均衡的列车时刻表. 这些研究, 为优化拥挤环境下列车时刻表提供了有益的尝试, 但为了更精准地协同列车时距与客流需求的分布, 还需要考虑更一般的非等间隔列车时刻表.

在公共交通时刻表问题中, 现有的研究尚没有充分考虑时变的 OD 需求, 部分归因于获取动态 OD 需求数据的困难. 个别的研究文献 (Eberlein et al., 2001), 通过使用时变的乘客到达率, 来描述每个车站的乘客到达强度及时变特征, 正如第 1 章分析的那样, 使用这样的参数设置, 将无法精确地统计乘客的下车人数. 基于此, 本章摒弃乘客到达率的建模方法, 借鉴城市道路动态交通流的研究思路, 利用时变 OD 矩阵作为客流需求输入数据.

由于智能交通系统 (Intelligent Transportation Systems, ITS) 技术的不断发展, 几乎所有的城市轨道交通都使用了自动收费系统 (Automatic Fare Collection

Systems, AFCS), 该系统在收取费用的同时, 还获取了用户精准的出行记录 (Zhao et al., 2007; Farzin, 2008), 包括持卡人的详细进站时间和地点、出站时间和地点, 因此可以生成时间间隔任意小、基于 OD 的客流需求矩阵. 这一新的客流计量技术, 为研发更加智能的地铁列车时刻表提供了丰富的数据资源, 特别是在超拥挤的情况下. 许多道路交通或城市公交研究文献中, 时变需求矩阵使用 5 分钟或 15 分钟的时间间隔, 用来刻画交通出行者的聚集选择行为. 相比之下, 城市轨道交通特有的 AFCS 数据, 提供了更加精准时间分辨 (例如到秒) 下的客流数据, 从而大大增强了拥挤环境中的建模能力.

　　需要强调的是, 在列车时刻表优化中, 现有研究文献通常假定线路上开行的列车总数是提前给定的, 且不考虑动车组周转问题. 一般情况下, 列车开行数由线路规划 (Line Planning) 来决定, 而动车组周转由随后的动车组调度问题 (Rolling Stock Scheduling Problem) 解决. 但在实际应用中, 运营部门更希望在设计列车时刻表的时候, 能同时确定具体的列车运行数量及详细的动车组周转计划, 特别是对繁忙的城市轨道交通线路, 因为这两个问题严重依赖于时变的客流需求分布. 因此, 非常有必要在优化列车时刻表时, 同时考虑更多现实的约束条件和运营需要.

　　为了全面考虑轨道交通的超拥挤现象, 设计更加面向需求的列车时刻表, 本章致力于解决以下问题: ① 在时变和超拥挤环境下, 提出计算乘客等待时间的理论公式; ② 在考虑乘客排队延误和动车组数量约束下, 精准地构建列车时刻表问题的数学模型; ③ 对于单车站的小规模情形, 设计启发式算法用以解释和描述问题; 对于多车站情形, 开发能够用于中型或大型规模的有效算法.

　　本章剩余部分安排如下: 3.2 节给出问题描述以及乘客上车行为假设; 3.3 节构造了基于累计变量的 0-1 规划模型, 用以表示乘客加载及离去事件; 3.4 节在时变需求和超拥挤的条件下, 重构列车时刻表问题的整数规划模型; 对于单车站情形, 3.5 节提出局部改进算法寻找最优的列车时刻表; 3.6 节设计基于特殊编码的改进遗传算法, 求解多车站列车时刻表问题; 3.7 节提供了详细的仿真算例以验证本章方法的正确性, 并展示了所开发的地铁供需匹配分析及列车时刻表编制系统; 3.8 节总结了本章, 探讨了未来可能的研究方向.

3.2　问 题 分 析

　　如图 3.1 所示, 本章考虑列车双向开行、含有 N 个车站的一条城市轨道交通线路. 车站按次序依次编号为 $1, 2, \cdots, 2N$, 其中车站 1 和车站 N 分别表示起始站和折返站. 从地理位置上看, 车站对 $(1, 2N), (2, 2N-1), \cdots, (N, N+1)$ 表示相反方向的同一车站, 本章视它们为不同的车站. 每个列车从第 1 站出发, 在 N 或 $N+1$ 站掉头并消耗一定的整备时间, 然后返回起始站 $2N$ 或 1 站, 接着准备下一轮出发. 这里, 假定所有列车的运行速度相同, 并具有相同的停站时间. 因此, 本章考虑的列车时刻表问题, 核心是确定每个列车在起始站的出发时刻.

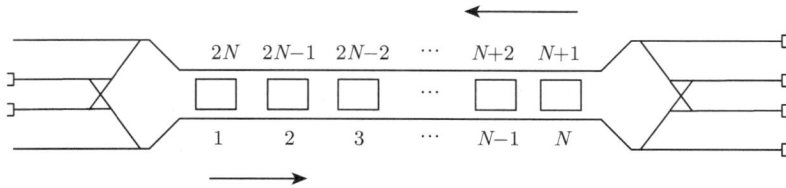

图 3.1 城市轨道交通线路示意图

城市轨道交通系统, 可视为离散性和连续性的混合体, 其中列车移动沿着稀疏时间点向前推进, 是一个离散性子系统; 乘客流入则按稠密形态到达车站, 是一个连续性子系统. 通常情况下, 乘客到达车站的时间由他 (她) 们各自不同的出行目的来决定, 如离开家庭去工作或离开家庭去购物, 并受到许多外在随机因素的影响, 如道路交通状况、乘客从家庭或工作单位到车站的步行时间.

设 $[0, T]$ 为计划编制或研究时段. 首先, 将研究时段 $[0, T]$ 等间隔分成若干个较小的时间间隔. 类似于第 2 章的讨论, 用 t 表示等分后的时间间隔, 或时间间隔末的瞬间时刻. 为了精准地刻画离散性和连续性共存的城市轨道交通系统, 本章采用两种不同的时间单位. 对于旅客需求, 使用非常小的时间间隔 (如 0.1 秒) 描述乘客行为, 这里称为微观时间; 而对于列车运行, 则选择较大的时间间隔 (如 1 分钟) 来表示, 也称为宏观时间. 显然, 宏观时间取值点要远少于微观时间取值选择.

考虑一个运营日范围内, 沿地铁列车运行方向的客流需求矩阵. 具体地, 将微观时间间隔 t 到达 u 站去往 v 站的乘客人数记为 $P^{u,v}(t)$. 首先, 沿着线路不同方向 $1 \to N$ 和 $N+1 \to 2N$, 假定旅客需求相互独立, 即所有在车乘客将在起始站或折返站全部下车. 这个假设也可表示为, 如果客流需求起始站 u 和终到站 v 满足 $u \in \{1, 2, \cdots, N\}$ 和 $v \in \{N+1, N+2, \cdots, 2N\}$, 或者 $u \in \{N+1, N+2, \cdots, 2N\}$ 和 $v \in \{1, 2, \cdots, N\}$, 则相应的客流需求 $P^{u,v}(t) = 0$. 为了方便构建数学模型, 并考虑城市轨道交通运营现实, 进一步做出如下假设.

假设 1 划分客流需求的时间长度足够小, 使得每个微观时间间隔内, 到达任意车站的乘客人数不多于 1 人, 即有 $\sum\limits_{v=u+1}^{2N} P^{u,v}(t) \leqslant 1.$

假设 1 非常重要. 否则, 如果在某时刻 t 出现 $\sum\limits_{v=u+1}^{2N} P^{u,v}(t) \geqslant 2$, 而这个时刻列车剩余能力恰等于 1. 按照严格列车能力约束, 那么这时将无法决定 t 时刻到站的多个乘客中, 究竟应该选择哪个乘客上车才算合理, 使得模型出现两难境地. 为此, 对于本章的超拥挤环境, 必须通过确保不出现多个乘客同时到站的情况. 如果实际中出现与假设 1 不符的情况, 应继续对当前的时间间隔分割, 使更小的时间间隔满足要求. 利用假设 1 可知, 时变 OD 需求 $P^{u,v}(t)$ 实际等于 0 或 1. 这意味着, 在任意微观时间间隔, 或者有一个乘客到达车站或者无乘客到站, 这是本章有别于第 2 章的主要地方.

假设 2　在任意车站, 所有候车乘客的排队过程遵循先到先服务 (First-In-First-Out, FIFO) 的上车原则.

对于普通的城市公交车站, 这个假设基本上是满足的. 对于城市轨道交通车站, 这里考虑两种情况: ① 在客流需求较少的非饱和环境下, 因为在站等候的乘客都可以乘上当前列车, 列车出发后车站再无剩余的乘客, 即使乘客上车过程不遵循 FIFO 原则, 但乘客候车时间都等于列车出发时间减去乘客到站时间; ② 在客流需求较多的超拥挤环境下, 通常早到的乘客有更多的机会登上当前的列车, 而晚到的乘客则无这样的优势. 如许多地铁车站设置的护栏设施, 就是为了能够满足这一条件. 为了简化问题, 本章假设所有车站的候车乘客, 都遵循 FIFO 的上车原则. 如果没有这个假设, 则无法合理地确定乘客的上车次序, 特别是对于多个到达站情况. 另外, 超拥挤情况下如果没有 FIFO 假设, 将很难确定哪些乘客应该上车、哪些乘客应该继续等待, 当然也就不能计算到达站的下车人数, 导致无法判断列车在这些车站的可用能力.

以下定义建模所需的符号和参数.

索引

u, v	车站索引;
j	列车索引;
t	时间索引.

符号

$[0, T]$	研究时段, $t \in [0, T]$;
K	研究时段内起始站发出的列车总数.

已知输入

$P^{u,v}(t)$ 需求矩阵, 表示 t 时间到达 u 站前往 v 站的乘客人数;

m 预先给定的动车组数量, 即车队大小;

c 列车的固定载客能力, 如 600 人;

h 前后列车之间的最小安全间隔时间, 如 2 分钟;

r^u u 站与 $u+1$ 站之间列车运行时间;

s^u 列车在 u 站的停站时间.

决策变量

① 客流加载累计变量

$$x_j^u(t) = \begin{cases} 0, & \text{至时刻 } t \text{ 列车 } j \text{ 可承载 } u \text{ 站的乘客}, \\ 1, & \text{否则} \end{cases}$$

该变量意义为, 若 τ 为 u 站乘客能够乘上 j 列车的最晚到达时刻, 则在时刻 τ 及以前的时刻, 该累计变量取值为 0, 即 $x_j^u(t) = 0\,(\forall t \leqslant \tau)$; 而在时刻 $\tau+1$ 及随后的时刻, 该变量的取值为 1, 即 $x_j^u(t) = 1\,(\forall t \geqslant \tau+1)$. 从而有, $x_j^u(\tau+1) - x_j^u(\tau) = 1$. 换言之, 关于时间的方程 $x_j^u(t+1) - x_j^u(t) = 1$ 中, 唯一解 t 为 u 站能乘上 j 列车乘客的最晚到站时间.

② 列车到达累计变量

$$y_j^u(t) = \begin{cases} 1, & \text{至时刻 } t \text{ 列车 } j \text{ 到达了 } u \text{ 站}, \\ 0, & \text{否则} \end{cases}$$

这意味着, 若列车 j 到达 u 站的时刻为 τ, 则当 $t \geqslant \tau$ 时有 $y_j^u(t) = 1$, 当 $t \leqslant \tau - 1$ 时有 $y_j^u(t) = 0$. 类似地, 如果 $y_j^u(t) - y_j^u(t-1) = 1$, 相应的 t 为列车 j 到达 u 站的时刻.

③ 列车出发累计变量

$$z_j^u(t) = \begin{cases} 1, & \text{至时刻 } t \text{ 列车 } j \text{ 离开了 } u \text{ 站}, \\ 0, & \text{否则} \end{cases}$$

若 j 列车在 τ 时刻离开 u 站, 则 $z_j^u(t) = 1\,(\forall t \geqslant \tau)$ 及 $z_j^u(t) = 0\,(\forall t \leqslant \tau - 1)$. 同理, 当 $z_j^u(t) - z_j^u(t-1) = 1$ 时, 表示列车 j 在 t 时刻离开车站 u.

需要特别说明的是, 累计变量附属的时间指标 t 具有不同的意义, 其中客流加载变量 $x_j^u(t)$ 中的 t 表示很小的微观时刻, 而列车到达、出发累计变量 $y_j^u(t)$ 和

$z_j^u(t)$ 中的 t 表示较大的宏观时刻. 另外, 定义的列车区间运行时间、车站停站时间等时间参数, 都是宏观的过程延续时间.

④ 时刻表变量

　　TA_j^u　　　　　　　　列车 j 到达车站 u 的时间;

　　TD_j^u　　　　　　　　列车 j 从车站 u 出发的时间.

⑤ 客流分配变量

　　$A^u(t)$　　　　　　　　至 t 时刻累计到达车站 u 的乘客人数;

　　$D^u(t)$　　　　　　　　至 t 时刻从车站 u 离开的累计乘客人数;

　　V_j^u　　　　　　　　　列车 j 离开车站 u 时未上车的乘客人数;

　　$B_j^{u,v}$　　　　　　　　乘坐 j 列车从 u 站出发去往 v 站的乘客人数;

　　O_j^u　　　　　　　　　乘坐 j 列车在 u 站下车的乘客人数;

　　I_j^u　　　　　　　　　在 u 站乘上 j 列车的乘客人数;

　　W_j^u　　　　　　　　　在 u 站等待乘坐 j 列车的乘客人数;

　　R_j^u　　　　　　　　　列车 j 离开 u 站时在车乘客人数.

⑥ 乘客到站临界时刻

　　L_j^u　　　　　　　　　车站 u 乘客中能乘上列车 j 的最晚到站时刻.

最后决策变量中, 列车到达时刻 TA_j^u 和出发时刻 TD_j^u 是基于宏观时间的变量, 而乘客到站临界时刻 L_j^u 是基于微观时间的变量; 另外, 累计到达乘客人数 $A^u(t)$ 和累计离开乘客人数 $D^u(t)$ 中的 t 表示微观时间指标.

3.3　基于累计变量的 0-1 规划模型

本节在累计变量基础上, 用数学方法表示超拥挤环境下城市轨道交通列车运行和乘客上下车过程, 据此构建列车时刻表问题的 0-1 整数规划模型, 用以描述和刻画这类问题的特点及本质. 为了方便文字说明, 本节暂不特别区分微观和宏观时间, 但相关的讨论适用于一般情况.

3.3.1　客流加载过程

对于不同时刻 $t \in [0,T]$、车站 u、列车 j, 逻辑变量序列 $(x_j^u(t))|_{t \in [0,T]}$, $(y_j^u(t))|_{t \in [0,T]}$ 和 $(z_j^u(t))|_{t \in [0,T]}$ 具有相似的非减形式 $(0, 0, \cdots, 0, 1, 1, \cdots, 1)$. 如图 3.2 (a) 和 (b) 所示, 列车 j 分别在时间点 4, 6 到达与离开车站. 变量序列 $(y_j^u(t))|_{t \in [0,T]}$ 和 $(z_j^u(t))|_{t \in [0,T]}$ 中, 第一个用圆围住的 "1", 分别表示列车 j 在车站 u 的到达和出发时刻.

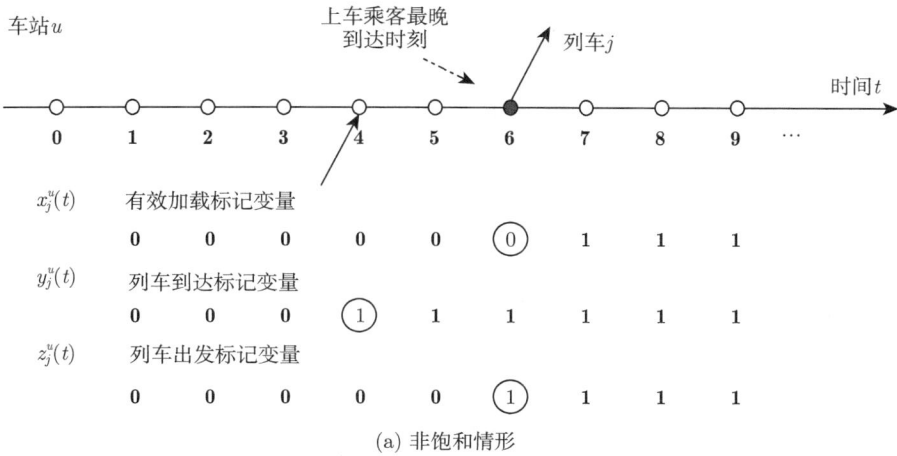

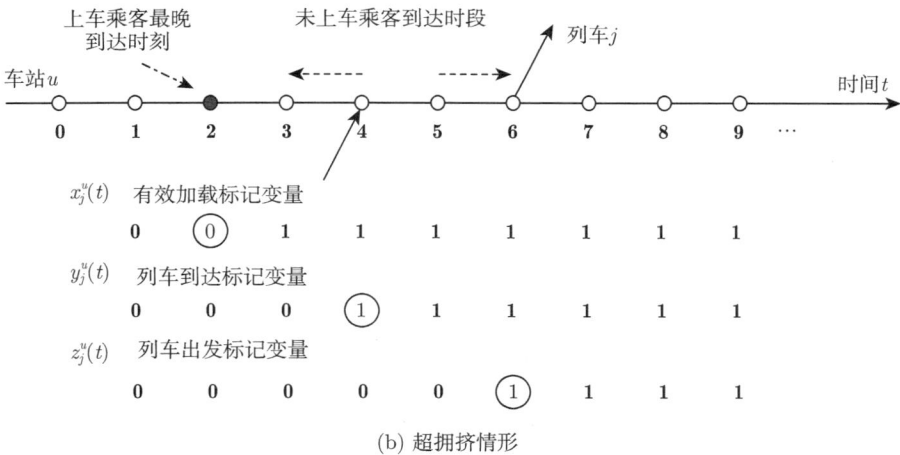

图 3.2 不同需求环境下累计变量示意图

图 3.2(a) 表示客流非拥挤的情形, 向量 $(x_j^u(t))|_{t\in[0,T]}$ 中, 最后一个用圆围住的 "0", 表示能够乘上列车 j 的乘客最晚到站时刻, 如图示的时间点 6, 乘客最晚到站临界时刻 $L_j^u = 6$. 图 3.2(b) 表示客流超拥挤的情况, 最后一个用圆围住的 "0" 在时间点 2. 这种情况下, 在时间点 2 之后到达 u 站的乘客将不能乘上列车 j, 即在 "先到先上车" 的假设下, 在时间点 3, 4, 5 和 6 到达车站的乘客, 均不能乘上当前列车, 相应的乘客到站临界时刻 $L_j^u = 2$.

特别说明的是, 为了方便问题的表述, 本章假定在列车出发时刻 (图 3.2(a)) 中的时间点 6 到达的乘客能够乘上当前列车, 这是与第 2 章不同地方, 但本质上没有原则的差异. 另外, 下文中如果需要区分微观和宏观时间, 可在时间点加密后的微观时间轴上, 对客流加载累计变量按正常时间点进行移动, 而对列车到达和出发累计变量跳跃式地进行移动. 以下利用累计变量, 进一步构建乘客加载和离去事件以及乘客和列车之间的耦合关系.

性质 1 累计变量满足下列不等式约束.

$$y_j^u(t) \geqslant z_j^u(t), \quad \forall u, j, t \tag{3.1}$$

$$x_j^u(t+1) \geqslant z_j^u(t), \quad \forall u, j, t \tag{3.2}$$

$$x_{j-1}^u(t) \geqslant x_j^u(t), \quad \forall u, j, t \tag{3.3}$$

说明 不等式 (3.1) 表示了这样的事实: 在任意一个车站, 对于每个有乘客上下车服务的列车, 列车到达时间总是早于出发时间. 对于不等式 (3.2), 如果列车 j 在时刻 t 已经离开了车站 u, 则 $x_j^u(t+1) = 1 = z_j^u(t) = 1$, 且该方程对 t 以后的时间点依然满足; 在列车 j 离开车站 u 之前, 不管是非饱和或超拥挤情况, 都有 $z_j^u(t) = 0$ 且 $x_j^u(t+1) \geqslant 0$, 从而不等式 (3.2) 对所有情况均成立. 不等式 (3.3) 表示, 前一列车 $j-1$ 的乘客有效上车时间 (或最晚到站临界时刻) 应该在后一列车 j 有效上车时间开始前结束.

性质 2 在任意车站, 相邻时间点 $t-1$ 和 t 之间累计离站的乘客人数满足下述不等式.

$$D^u(t) - D^u(t-1) \leqslant c \times [z_j^u(t) - z_j^u(t-1)], \quad \forall u, j, t \tag{3.4}$$

说明 如图 3.3 所示, 考虑图中的 3 个列车 $j-1, j$ 和 $j+1$, 其中的列车 j 和 $j+1$ 为超拥挤. 对于饱和列车, 当时间点满足 $t = \mathrm{TD}_{j+1}^u$ 或 TD_j^u 时, 则 $D^u(t) = c + D^u(t-1)$. 对于非饱和列车 $j-1$, 当 $t = \mathrm{TD}_{j-1}^u$ 时, 则有 $D^u(t) - D^u(t-1) < c$. 而当时间 t 偏离列车出发时间点, 即 $t \neq \mathrm{TD}_{j-1}^u, \mathrm{TD}_j^u, \mathrm{TD}_{j+1}^u$ 时, 必有 $D^u(t) = D^u(t-1)$. 于是, 不等式 (3.4) 恒成立.

性质 3 在车站 u, 如果乘客到站的时间点属于以下集合, 则这些乘客将不能乘上列车 j 而需等待下一班列车.

$$\{t \in [0, T] | x_j^u(t) - z_j^u(t-1) = 1\} \tag{3.5}$$

说明 如图 3.2(b) 所示, 乘客到达 u 站的时间 t, 如果晚于列车 j 最晚临界时刻 (图中临界时刻 $\tau = 2$)、早于列车 j 的出发时刻 TD_j^u, 即当 $\tau + 1 \leqslant t \leqslant \mathrm{TD}_j^u$ 时, 等式 $x_j^u(t) = 1$ 且 $z_j^u(t-1) = 0$ 满足, 从而约束条件 (3.5) 自然成立.

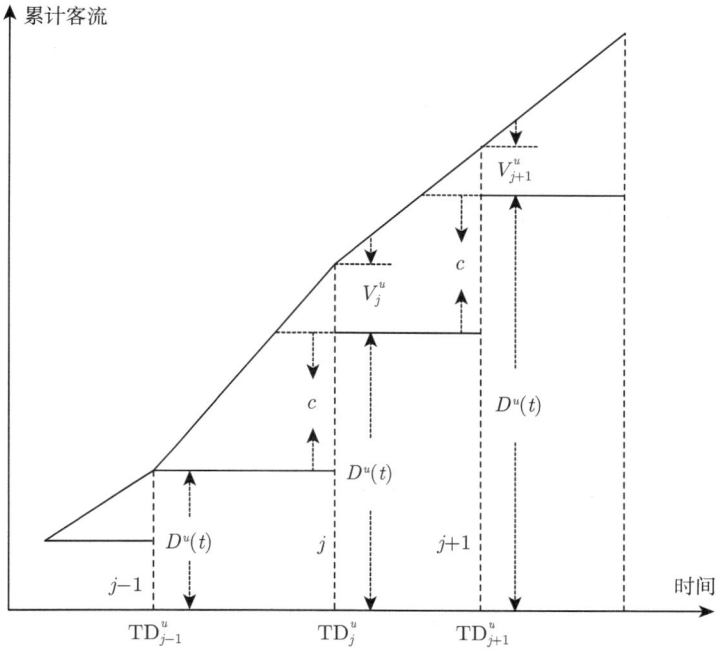

图 3.3 累计客流离开示意图

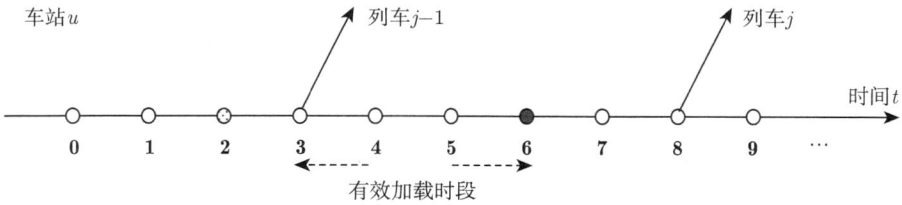

图 3.4 乘客有效加载时间窗

性质 4 列车 j 在 u 站的有效加载时间窗, 即该时段到达的乘客可以乘上当前的列车, 由下式确定.

$$\{t \in [0, T] | x_{j-1}^u(t) - x_j^u(t) = 1\} \tag{3.6}$$

说明　在图 3.4 中, 列车 $j-1$ 和 j 的最晚到站临界时刻, 分别为时间点 $\tau = 2$ 和时间点 $\tau = 6$. 而在有效加载时间点 3, 4, 5 和 6, 则满足 $x_{j-1}^u(t) = 1$ 与 $x_j^u(t) = 0$. 不难理解, 在这个时间范围内到达的乘客, 恰好可以乘上列车 j.

3.3.2　约束条件

以下继续使用累计变量, 描述与列车时刻表相关的列车到达、出发和运行以及客流加载过程事件约束. 首先, 性质 1、性质 2 提出的不等式 (3.1)~(3.4) 是必然约束, 除此之外所需的约束条件讨论如下.

1. 时刻表约束

在给定列车的车站停留时间 s^u 和区间运行时间 r^u 的情况下, 每个列车到达和离开任意车站的时间应满足以下约束:

$$\mathrm{TA}_j^u = \mathrm{TD}_j^{u-1} + r^{u-1}, \quad \forall u \geqslant 2, j \tag{3.7}$$

$$\mathrm{TD}_j^u = \mathrm{TA}_j^u + s^u, \quad \forall u, j \tag{3.8}$$

注意到本问题中所有列车在同一区间 (或相邻车站之间) 具有相同的运行速度, 并且这些列车在每个车站具有相同的停留时间. 因此, 列车运行安全间隔约束只需要在起始站施加就可满足要求.

$$\mathrm{TD}_j^1 - \mathrm{TD}_{j-1}^1 \geqslant h, \quad \forall j \geqslant 2 \tag{3.9}$$

2. 累计乘客人数

利用时变的客流需求矩阵, 可以计算至 t 时刻车站 u 累计到达的乘客人数.

$$A^u(t) = \sum_{v=u+1}^{2N} \sum_{t' \in [0,t]} P^{u,v}(t'), \quad \forall u, t \tag{3.10}$$

显然, 在车站 u 的任意时刻 t, 累计到达人数大于或等于累计离开人数.

$$A^u(t) \geqslant D^u(t), \quad \forall u, t \tag{3.11}$$

3. 变量单调性约束

根据累计变量意义, 下述单调性约束显然满足.

$$x_j^u(t) \geqslant x_j^u(t-1), \quad \forall u, j, t \tag{3.12}$$

$$y_j^u(t) \geqslant y_j^u(t-1), \quad \forall u, j, t \tag{3.13}$$

$$z_j^u(t) \geqslant z_j^u(t-1), \quad \forall u, j, t \tag{3.14}$$

4. 列车到达和出发时刻

根据累计变量的意义, 容易得到计算列车到达和出发时刻的公式如下

$$\mathrm{TA}_j^u = \sum_{t \in [0,T]} t \times [y_j^u(t) - y_j^u(t-1)], \quad \forall u, j \tag{3.15}$$

$$\mathrm{TD}_j^u = \sum_{t \in [0,T]} t \times [z_j^u(t) - z_j^u(t-1)], \quad \forall u, j \tag{3.16}$$

5. 车站滞留乘客人数

利用性质 3, 在时刻 t 到达车站 u 的乘客, 如果满足 $\{t \in [0,T] | x_j^u(t) - z_j^u(t-1) = 1\}$, 则不能乘上列车 j, 从而可以得到如下公式:

$$V_j^u = \sum_{v=u+1}^{2N} \sum_{t \in [0,T]} P^{u,v}(t) \times [x_j^u(t) - z_j^u(t-1)], \quad \forall u, j \tag{3.17}$$

根据性质 4, 在 t 时刻到达车站 u' 的乘客, 若满足 $x_{j-1}^{u'}(t) - x_j^{u'}(t) = 1$ 条件, 则能乘上当前列车 j. 因此, 当列车 j 到达车站 u 时, 该站下车的乘客的人数是

$$O_j^u = \sum_{u'=1}^{u-1} \sum_{t \in [0,T]} P^{u',u}(t) \times [x_{j-1}^{u'}(t) - x_j^{u'}(t)]$$

上式中, 从车站 u' 出发前往 u 的客流需求 $P^{u',u}(t)$, 当出发站的下标 u' 从第 1 站遍历至 $u-1$ 站时, 就统计了在 u 站下车的所有乘客. 另外, 列车 j 停留 u 站期间, 上车乘客人数是

$$I_j^u = \sum_{v=u+1}^{2N} \sum_{t \in [0,T]} P^{u,v}(t) \times [x_{j-1}^u(t) - x_j^u(t)]$$

6. 列车离站时在车乘客人数

列车到达任意车站时, 乘客下车、上车和在车人数满足 $R_j^u = R_j^{u-1} + I_j^u - O_j^u$ 流量守恒方程. 将已经得到的下车人数 O_j^u 和上车人数 I_j^u 代入守恒条件, 可得在车人数如下

$$R_j^u = R_j^{u-1} + \sum_{v=u+1}^{2N} \sum_{t \in [0,T]} P^{u,v}(t) \times [x_{j-1}^u(t) - x_j^u(t)]$$

$$- \sum_{u'=1}^{u-1} \sum_{t \in [0,T]} P^{u',u}(t) \times [x_{j-1}^{u'}(t) - x_j^{u'}(t)], \quad \forall u \geqslant 1, j \geqslant 1; R_j^0 = 0 \tag{3.18}$$

7. 列车容量约束

$$R_j^u \leqslant c, \quad \forall u, j \tag{3.19}$$

3.3.3　目标函数

本章的优化目标, 是最小化乘客总等待时间和加权滞留乘客人数, 具体表示如下

$$\min \sum_{u=1}^{2N-1} \sum_{t\in[0,T]} [A^u(t) - D^u(t)] + \beta \times \sum_{u=1}^{2N-1} \sum_{j=1}^{K} V_j^u \tag{3.20}$$

其中 β 是滞留乘客的惩罚系数.

利用 GAMS 商用优化软件, 可求解上述基于 0-1 累计变量的列车时刻表模型. 然而, 对于有 10 个车站、80 个时间间隔和 6 个列车的实例, 将有 16000 个 0-1 变量和 39000 个方程. 如果用 GAMS 直接求解这样的 0-1 规划模型, 计算时间将超出我们的忍受范围. 另外, 考虑到微观时间的因素, 太多的 0-1 变量将使问题无法求解.

通过松弛累计变量 $x_j^u(t)$, $y_j^u(t)$ 和 $z_j^u(t)$ 为 0~1 的非负连续变量, 使用成熟的商用优化软件包, 求解所松弛的 0-1 混合整数规划模型. 正如第 2 章讨论那样, 求解效果远达不到期望的要求. 故从本质上讲, 以上 0-1 规划模型主要为所考虑的问题提供了理论描述, 而松弛问题的解可作为进一步应用其他搜索方法, 如分支定界算法等, 求解 0-1 整数规划模型时提供较好的初始解.

为了避免求解大规模实际问题产生的巨大复杂性, 同时能够处理其他一些现实的运营约束条件, 我们需要进一步重建另外的替代模型, 以避免出现数目众多的 0-1 变量, 进而设计能够应对现实案例的有效求解算法.

3.4　面向现实的整数规划模型

3.4.1　乘客最晚到站临界时刻

为了准确地捕捉每个列车的有效载客时间, 引入基于微观时间的新参数 L_j^u, 表示 u 车站乘客中能够乘上 j 列车的最晚到站临界时刻, 即客流加载累计变量序列 $x_j^u(t)$ 中, 最后一个 "0" 对应的乘客可加载时段的结束时刻.

图 3.5 所示的累计流量图, 说明了客流需求和列车供给之间的耦合关系以及时间依赖的超拥挤现象. 图 3.5 中有 4 列从车站 u 连续出发的列车 $j, j+1, j+2$ 和 $j+3$. 在车站 u, 等待列车 j 和 $j+3$ 的乘客, 均可登上相应的列车; 但等待列

车 $j+1$ 和 $j+2$ 的部分乘客, 准确地说是客流量 V_{j+1}^u 和 V_{j+2}^u, 必须等待下一班列车, 因为列车容量 c 不能容纳所有候车乘客. 显然, 对于列车 j 和 $j+3$, 乘客最晚到站临界时刻与相应的列车出发时刻一致. 然而, 在列车 $j+1$ 和 $j+2$ 情况下, 有效载客时段早于列车出发时刻. 特别地, 在图示的超拥挤情况下, 列车 $j+1$ 只能容纳在 L_j^u 和 L_{j+1}^u 之间到达车站的乘客. 同理, 列车 $j+2$ 有效加载时间窗是从 L_{j+1}^u 到 L_{j+2}^u 的时段.

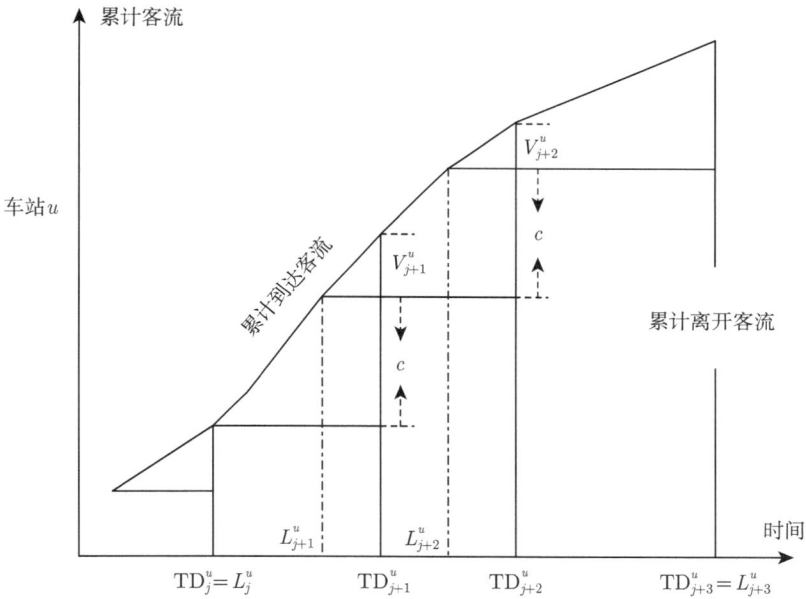

图 3.5 车站 u 客流累计流入和流出示意图

图 3.5 所示的单车站累计流量示意图中, 累计到达流量曲线由需求矩阵 $P^{u,v}(t)$ 从外部给定, 而累计离开流量曲线可根据列车出发时间序列 TD_j^u 计算得到. 对应地, 在非饱和与超饱和情况下, 需要递归地计算乘客最晚到站临界时刻 L_j^u 和其他参数的取值. 如果某乘客到达 u 站的时间 t 满足 $P^{u,v}(t)=1$ 和 $t \in (L_{j-1}^u, L_j^u]$, 则这个乘客能乘上当前列车 j. 在多车站的情况下, 需要从第一班列车 $j=1$ 以及起点站 $u=1$ 开始, 按顺序递归计算有效加载时间窗 $(L_{j-1}^u, L_j^u]$. 值得注意的是, 本章视动车组数量 m 为预先给定的输入. 相比较地, 从起始站实际出发的列车总数 K 是待优化的决策变量, 该变量与列车到达时间 TA_j^u、出发时间 TD_j^u 同步获得. 这里出现了不同类型的时间变量, 其中列车到达和出发时间 TA_j^u 和 TD_j^u 是宏观时间变量, 而临界时刻 L_j^u 是微观时间变量.

利用乘客最晚到站临界时刻 L_j^u, 可以在不依赖复杂的累计变量 $x_j^u(t), y_j^u(t)$ 和 $z_j^u(t)$ 的情况下, 重建列车时刻表问题的新模型, 以下给出模型的基本约束条件, 重点是捕捉基于 OD 客流的多车站耦合关系.

3.4.2　时刻表问题的基本约束

列车时刻表问题的基本约束, 首先是确定每个列车在任意车站的到达与出发时刻, 这可以借助等式 (3.7) 和 (3.8) 来完成, 并继续留用不等式 (3.9) 以保证前后列车运行安全.

利用乘客在 u 车站的有效加载时间窗 $(L_{j-1}^u, L_j^u]$, 可以计算从车站 u 出发乘坐列车 j 前往车站 v 的乘客人数, 具体公式如下

$$B_j^{u,v} = \sum_{t \in (L_{j-1}^u, L_j^u]} P^{u,v}(t), \quad \forall u = 1, 2, \cdots, 2N-1$$

$$v = u+1, u+2, \cdots, 2N; \quad j = 1, 2, \cdots, K; \quad L_{j=0}^u = 0 \tag{3.21}$$

进一步地, 可以计算 u 车站的下车人数 O_j^u 和上车人数 I_j^u.

$$O_j^u = \sum_{u'=1}^{u-1} B_j^{u',u}, \quad \forall u = 2, 3, \cdots, 2N; j = 1, 2, \cdots, K \tag{3.22}$$

$$I_j^u = \sum_{v=u+1}^{2N} B_j^{u,v}, \quad \forall u = 1, 2, \cdots, 2N-1; j = 1, 2, \cdots, K \tag{3.23}$$

作为边界条件, 对于公式 (3.22) 和 (3.23) 中的每个列车 j, 首站的下车人数 O_j^1 和末站的上车人数 I_j^{2N} 等于零.

在车站 u, 将时间指标 t 从前行列车 $j-1$ 乘客最晚到站临界时刻 L_{j-1}^u 开始, 扫描至当前列车 j 的出发时刻 TD_j^u, 就可以计算该车站等待 j 列车的所有乘客人数如下所示

$$W_j^u = \sum_{v=u+1}^{2N} \sum_{t \in (L_{j-1}^u, \mathrm{TD}_j^u]} P^{u,v}(t), \quad \forall u = 1, 2, 3, \cdots, 2N$$

$$j = 1, 2, \cdots, K; \quad L_{j=0}^u = 0 \tag{3.24}$$

在车站等候的乘客中, 部分将乘上当前到站的列车 j, 直到车上的乘客数量达到额定能力 c 为止. 当列车 j 从车站出发时, 车内剩余的乘客人数如下

$$R_j^u = \min\{c, R_j^{u-1} - O_j^u + W_j^u\}, \quad \forall u = 1, 2, \cdots, 2N-1; j = 1, 2, \cdots, K; \quad R_j^0 = 0 \tag{3.25}$$

根据图 3.6 所示的列车运行和乘客排队过程, 每个列车上的客流应遵循如下流量守恒条件.

$$R_j^u = R_j^{u-1} + I_j^u - O_j^u, \quad \forall u = 2, 3, \cdots, 2N; j = 1, 2, \cdots, K \qquad (3.26)$$

公式 (3.25) 和 (3.26) 表明, 如果列车出发时刻滞后于相应的乘客最晚到站临界时刻, 即 $L_j^u < \text{TD}_j^u$ 时, 则在车站 u 等待的总计 w_j^u 个乘客中, 其中的 $w_j^u - I_j^u$ 部分将不能乘上当前列车 j 而必须等待下一班列车 $j + 1$.

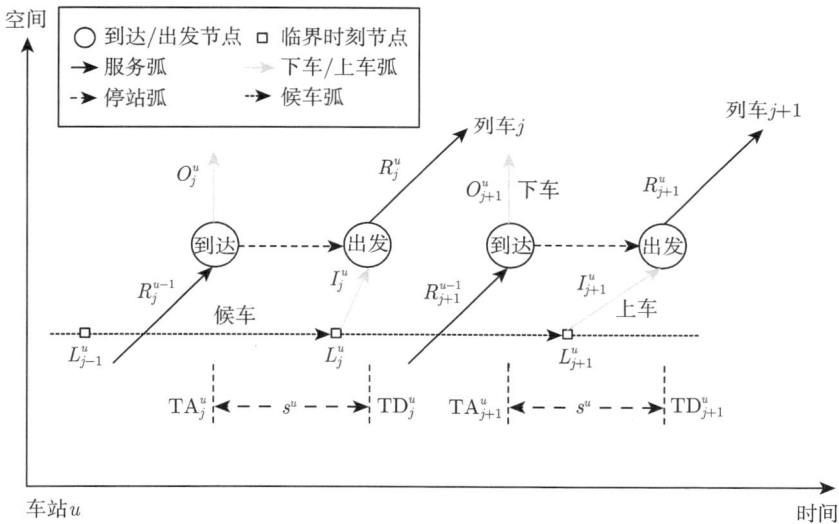

图 3.6 列车运行和旅客上下车示意图

利用时空网络表示方法, 图 3.6 显示了两个相邻列车之间客流的到达、离开以及有效上车乘客人数的计算过程. 时刻网络中的到达和出发节点, 代表列车在该站的到达和离开. 利用乘客最晚到站临界时刻构成的节点 (对应于 L_j^u) 序列, 可以将整个时间轴划分为若干个彼此互不相交的有效加载时间窗. 图中的服务弧表示列车从出发节点至到达节点之间的运行过程, 停留弧表示列车在车站的停留, 而下车和上车弧则表示乘客下车和上车事件, 候车弧表示乘客在车站的等待过程.

3.4.3 乘客有效加载时间窗

如果在列车 j 出发时刻之前, 该列车有足够的能力容纳车站所有的候车乘客, 即 $W_j^u \leqslant c - R_j^{u-1} + O_j^u$, 那么乘客最晚到站临界时刻 (对于车站 u 及列车 j), 实际上就等于相应的列车出发时刻, 即有 $L_j^u = \text{TD}_j^u$. 而在客流超饱和条件下, 乘客最晚到站临界时刻早于列车出发时刻, 具体取值根据下式确定.

$$L_j^u = \max\left\{\tau \,\bigg|\, \sum_{t\in(L_{j-1}^u,\tau]}\sum_{v=u+1}^{2N} P^{u,v}(t) \leqslant c - R_j^{u-1} + O_j^u\right\}, \quad \forall u; j=1,2,\cdots,K \tag{3.27}$$

式 (3.27) 中, 列车 j 在 u 站容纳乘客的能力为 $c - R_j^{u-1} + O_j^u$. 该式表明, 位于时间窗 $(L_{j-1}^u,\tau]$ 内到达车站的所有乘客, 都能乘上当前的列车 j, 对其中的 τ 求最大值, 就可确定相应的临界时刻 L_j^u. 上述计算中, 边界条件为 $L_{j=0}^u = 0$, $R_j^0 = 0$. 需要特别指出的是, 计算乘客最晚到站临界时刻 L_j^u 的公式 (3.27) 中, 需要假设 1 来做保证, 即任意微观时间间隔内, 最多只有 1 个乘客到达车站. 这样, 如果列车能力尚有富余, 将选择最后到站的 1 个乘客上车; 如果能力已经饱和, 则这个乘客需要排队等待下一班列车. 否则, 如果没有假设 1 的条件支撑, 即同时到站的乘客多余 1 人时, 将无法确定哪个乘客应该上车.

最后, 在客流非饱和与超饱和两种情况下, 计算乘客到站最晚临界时刻 L_j^u 的统一公式表示如下

$$L_j^u = \min\left\{\mathrm{TD}_j^u, \max\left\{\tau \,\bigg|\, \sum_{t\in(L_{j-1}^u,\tau]}\sum_{v=u+1}^{2N} P^{u,v}(t) \leqslant c - R_j^{u-1} + O_j^u\right\}\right\}, \tag{3.28}$$
$$\forall u; \quad j=1,2,\cdots,K; \quad L_{j=0}^u = 0$$

计算乘客最晚到站临界时刻 L_j^u, 还可以通过累计到达流量方程的反函数来确定, 但该方法不适用于包含多个车站的线路情况. 应该注意的是, 上述公式 (3.21)~(3.28), 实际上是在给定列车时刻表和严格能力约束下, 将客流需求加载到了相应的列车群上.

3.4.4　列车供给约束

在构建了列车时刻表基本约束的基础上, 还需要考虑列车供给约束, 主要包括可用动车组数量、列车满载率要求和末班列车运行等约束, 下面依次讨论这些约束条件.

1. 可用动车组数量

对于一条高密度行车的城市轨道交通线路, 在起始站的任意时刻, 是否有准备好的动车组 (或车底) 用于列车的出发任务, 将显得非常重要, 这是限制列车时刻表优化的关键约束条件. 为了简化问题, 本章忽略其他可能的因素, 如起始站

可用的股道数等, 认为动车组数量 (车队规模) 是影响时刻表设计最主要的限制因素. 如图 3.7 所示, 假定所有的动车组和列车类型相匹配, 并且可用动车组的总数为 m. 在所研究线路的起始站, 只有在承担列车任务的动车组返回车站并进行完整备作业之后, 对应的匹配列车才能从起始站再次出发.

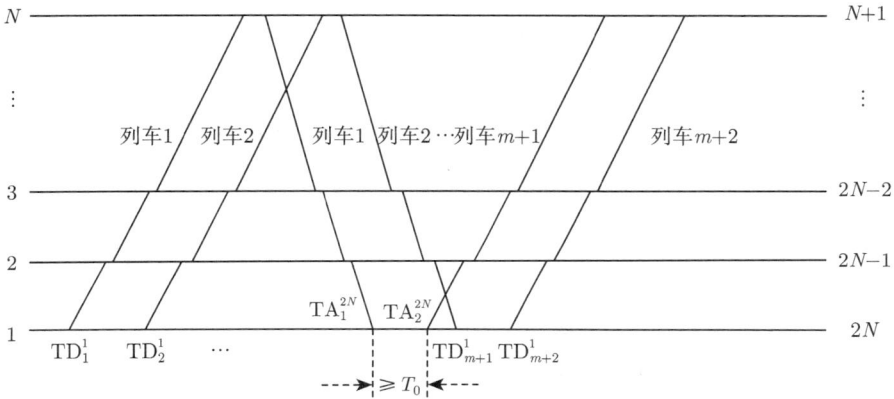

图 3.7 匹配列车对在起始站的出发接续关系

按照动车组先到先出发的原则, 依次考虑起始站发出的所有列车, 可以得到列车与动车组匹配如下约束.

$$\mathrm{TD}_{j+m}^1 - \mathrm{TA}_j^{2N} \geqslant T_0, \quad \forall j = 1, 2, \cdots, K - m \tag{3.29}$$

其中 T_0 表示返回的动车组在起始站承担新列车服务前需要的最小整备时间, j 和 $j+m$ 是起始站的一对匹配列车. 不等式 (3.29) 意味着, 只有在承担列车 j 的动车组到达起始站并完成整备作业之后, 由该动车组承担的新列车 $j+m$ 才能出发离开. 换句话说, 从起始站出发的列车总数 K (变量) 受到动车组规模 m (常数) 的制约. 换言之, 列车在起始站的出发选择不仅受到最小车头时距的限制, 还受到动车组数量的约束.

2. 列车满载率要求

轨道交通运营企业或列车服务提供者, 总是不希望发出太多的列车或希望使用较少的动车组来降低运营成本; 反之, 乘客则期望开行更多的列车使排队等待时间变小. 这是两个互相矛盾的博弈目标, 本章通过将列车满载率限制在一个合理的范围内, 来平衡列车服务提供者和使用者之间的不同利益. 这意味着, 轨道运营企业需要为大多数列车预先设置一个载客量最低标准, 以保证企业基本利益.

特别地, 列车载客率标准用总载客人数与总列车能力的比率来衡量. 同时, 为了满足乘客清晨和深夜的出行, 这些时段的少数列车允许以低于标准的载客量运行. 注意的是, 列车在 $[N, N+1]$ 和 $[2N, 1]$ 区间是空载运行, 即 $R_j^N = 0$ 和 $R_j^{2N} = 0$.

基于以上考虑, 列车满载率约束可表示如下不等式.

$$\frac{1}{(2N-2) \times c} \times \sum_{u=1}^{2N} R_j^u \geqslant \alpha, \quad \forall j \in \bar{J} \tag{3.30}$$

式 (3.30) 中, α 表示给定的最低载客率标准, $2N-2$ 是每个列车在 1 个服务周期内经历的区间个数, 其中排除的两个区间是 $[N, N+1]$ 和 $[2N, 1]$, $\bar{J}$ 是要求满足最小载客率的列车集合, 通常 $\bar{J}$ 不包括清晨和深夜运行的少数列车. 不等式 (3.30) 能够确保轨道企业的运行成本限制在给定的可接受范围内.

3. 末班列车运行

本章假设总的列车供给能够满足总的客流需求, 这意味着等待末班列车的乘客都可以乘上最后的列车. 为此, 假定末班列车在当天运营时段的结束时刻从起始站出发, 即 $\mathrm{TD}_K^1 = T$. 例如轨道交通运营时段是从 6:00 到 21:00, 则末班列车在 21:00 从起始站出发. 为了保证最后候车乘客都能够乘上末班列车, 需要每个站的候车人数不超过可用的列车能力, 具体的约束条件可表示为

$$W_K^u \leqslant c - R_K^{u-1} + O_K^u, \quad \forall u = 1, 2, \cdots, 2N - 1 \tag{3.31}$$

约束条件 (3.31) 等价于 $L_K^u = \mathrm{TD}_K^u$, 其中 $u = 1, 2, \cdots, 2N - 1$. 这表明, 对于最后末班列车, 任意车站的乘客最晚到站临界时刻等于列车的出发时刻.

3.4.5 目标函数

在任意车站 u, 如果某个乘客满足 $P^{u,v}(t) = 1$, 且相应的到站时间位于 $t \in (L_{j-1}^u, L_j^u]$, 则该乘客的等待时间为 $\mathrm{TD}_j^u - t$. 运营期内, 乘客总等待时间为

$$\sum_{j=1}^{K} \sum_{u=1}^{2N-1} \sum_{v=u+1}^{2N} \sum_{t \in (L_{j-1}^u, L_j^u]} P^{u,v}(t) \times (\mathrm{TD}_j^u - t).$$

如果不考虑对超时延误的额外惩罚, 则目标函数可表示如下

$$\min \ Z = \sum_{j=1}^{K} \sum_{u=1}^{2N-1} \sum_{v=u+1}^{2N} \sum_{t \in (L_{j-1}^u, L_j^u]} P^{u,v}(t) \times (\mathrm{TD}_j^u - t) \tag{3.32}$$

其中, $L_0^u = 0$ 表示系统的开始时间. 与公式 (3.17) 相似, 对于列车 j, 当 $\mathrm{TD}_j^u > L_j^u$ 时, 乘客在 u 站的超时延误时间为 $\mathrm{TD}_j^u - L_j^u$, 而乘客总超时延误是

$$\sum_{j=1}^{K} \sum_{u=1}^{2N-1} \sum_{v=u+1}^{2N} \sum_{t \in (L_j^u, \mathrm{TD}_j^u]} P^{u,v}(t) \times (\mathrm{TD}_j^u - L_j^u).$$

如果优化目标对超时延误部分施加额外的惩罚, 则目标函数可进一步修改为

$$\min \ Z = \sum_{j=1}^{K} \sum_{u=1}^{2N-1} \sum_{v=u+1}^{2N} \sum_{t \in (L_{j-1}^u, L_j^u]} P^{u,v}(t) \times (\mathrm{TD}_j^u - t)$$

$$+ \beta \times \sum_{j=1}^{K} \sum_{u=1}^{2N-1} \sum_{v=u+1}^{2N} \sum_{t \in (L_j^u, \mathrm{TD}_j^u]} P^{u,v}(t) \times (\mathrm{TD}_j^u - L_j^u) \tag{3.33}$$

其中 β 是超时延误的惩罚系数. 显然, 如果设置惩罚系数 β 等于 0, 则一般性的目标函数 (3.33) 等价于简化的目标函数 (3.32).

3.5 用于单车站的启发式算法

3.5.1 局部改进算法

通过精准地计算客流需求、可用动车组资源和现实运营规则, 3.4 节构建了具有复杂约束的非线性整数规划模型, 该模型能够捕捉时变的乘客排队过程和计算相应的乘客等待时间. 为了对超拥挤环境下列车时刻表问题提供进一步的真知灼见, 对于仅含单个车站的简单情况, 本节展示列车出发时刻和乘客候车时间的耦合关系.

为了更好地理解超拥挤环境下, 列车运行线移动对于整个系统的影响, 首先给出关于数值梯度 (或乘客到达率) 的性质. 为了表示方便, 在以下单车站情况中忽略参数的上标, 如客流需求 $P^{u,v}(t)$、出发时刻 TD_j^u 中的 u 和 v. 类似于 3.3 节, 本节不特别区分微观时间和宏观时间单位.

性质 5 如果将非饱和列车 j 的出发时间 TD_j^u 向右移动或拖后 ρ 个单位, 并且移动中满足条件 (3.34)~(3.36), 则乘客车站等待时间将获得 $[\mathrm{TD}_{j+G} - (\mathrm{TD}_j + \rho)] \times \Omega(j, \rho) - R_j \times \rho$ 的节省.

$$\mathrm{TD}_{j+1} - (\mathrm{TD}_j + \rho) \geqslant h \tag{3.34}$$

$$R_j + \Omega(j, \rho) \leqslant c \tag{3.35}$$

$$\sum_{t\in(L_{j+g},\mathrm{TD}_{j+g}]} P(t) \geqslant \Omega(j,\rho), \quad \forall g = 1,2,\cdots,G-1 \tag{3.36}$$

上式中 G 表示 j 列车后超饱和列车的数量, $\Omega(j,\rho) = \sum\limits_{t\in(\mathrm{TD}_j,\mathrm{TD}_j+\rho]} P(t)$ 表示列车 j 延迟 ρ 个单位发车后, 在相应时段 $(\mathrm{TD}_j,\mathrm{TD}_j+\rho]$ 到达车站的额外乘客人数.

说明 如图 3.8 所示. 首先, 当列车 j 延迟 ρ 个单位发车后, 约束条件 (3.34) 用以保证列车 j 和 $j+1$ 运行的安全. 其次, 当列车 j 延后发车时, 该列车在车乘客为 R_j, 拖延期内到站的额外乘客为 $\Omega(j,\rho)$, 约束条件 (3.35) 用以保证额外和原有乘客数不超过列车能力. 最后, 列车 j 延后发车多承载了 $\Omega(j,\rho)$ 名乘客, 可为后续列车 $j+1$ 节约相同数量的可用能力, 而列车 $j+1$ 出发滞留的乘客人数为 $\sum\limits_{t\in(L_{j+1},\mathrm{TD}_{j+1}]} P(t)$, 该滞留人数应该不小于节省的容量, 否则列车 $j+1$ 将变为非饱和状态. 同理, 约束条件 (3.36) 是为了确保所有列车 $j+g(g=2,3,\cdots,G-1)$ 仍然都是饱和列车. 值得注意的是, 超拥挤环境下约束条件 (3.36) 通常成立.

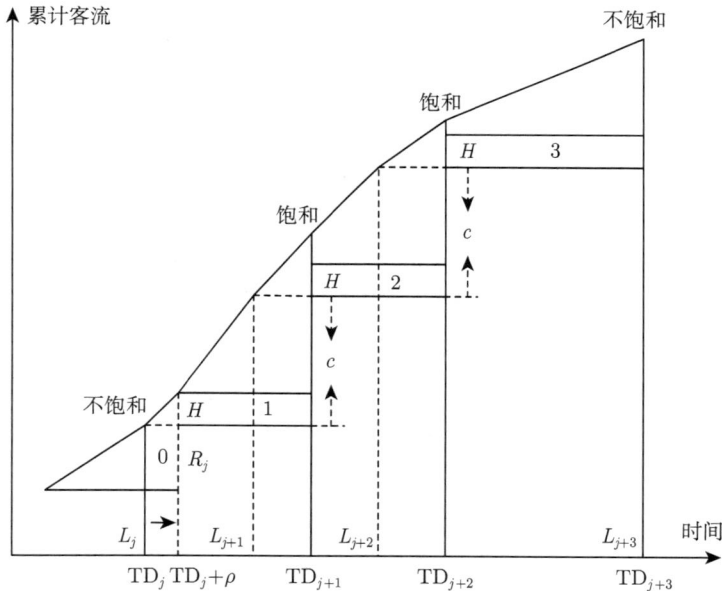

图 3.8   拥挤时段前延迟发车引起的到达率变化

图 3.8 中, 对于非饱和列车 j, 考虑将发车时间 TD_j 延迟发车 ρ 个单位, 额外增加的乘客等待时间为矩形区域 0 的面积 $R_j \times \rho$. 对应地, 列车 j 延迟发车将

导致等待时间减少, 其值为矩形 1 的面积 $\Omega(j, \rho) \times [\text{TD}_{j+1} - (\text{TD}_j + \rho)]$. 另外, 列车 $j+1$ 和 $j+2$ 仍然是超拥挤列车 $(G=3)$, 所以列车 $j+1, j+2$ 可多载 $\Omega(j, \rho)$ 数量的乘客, 该值等于矩形 1, 2 和 3 的共同高度 H. 换言之, 在超拥挤时段 $\text{TD}_{j+2} - \text{TD}_{j+1}$ 和 $\text{TD}_{j+3} - \text{TD}_{j+2}$ 内, 减少相同的候车乘客人数. 这样的时段相互连接, 直至 TD_{j+G} 结束, 总节省为 $[\text{TD}_{j+G} - (\text{TD}_j + \rho)] \times \Omega(j, \rho) - R_j \times \rho$, 从而解释了性质 5.

性质 5 表明, 如果 1 个非饱和列车排列在若干个超拥挤列车之前, 如果将该非饱和列车延迟发车, 则这样的调整总是有益的. 为了最大限度地减少乘客的等待时间, 列车延迟发车时间数值 ρ 应取为

$$\rho = \min\left\{\text{TD}_{j+1} - \text{TD}_j - h, \max\left\{\rho' \Big| R_j + \sum_{t \in (\text{TD}_j, \text{TD}_j + \rho']} P(t) \leqslant c\right\}\right\}$$

性质 6 将一组超拥挤最末列车 j 的发车时间 TD_j 向左移动或提前 ρ 个单位, 并且移动中满足条件 (3.37) 和 (3.38), 则等待时间获得 $c \times \rho$ 的节省.

$$(\text{TD}_j - \rho) - \text{TD}_{j-1} \geqslant h \tag{3.37}$$

$$\text{TD}_j - \rho \geqslant L_j \tag{3.38}$$

说明 类似地, 当列车 j 提前 ρ 个单位发车后, 约束条件 (3.37) 确保列车 $j-1$ 和 j 运行安全. 约束条件 (3.38) 用来保证, 当列车 j 的发车时间提前后, 列车 $j-1$ 的有效加载时间窗 $(L_{j-1}, L_j]$ 不能改变, 即新发车时刻 $\text{TD}_j - \rho$ 位于临界时刻 L_j 的右侧. 显然, 图 3.9 中的矩形区域 0 为节省的乘客等待时间, 取值等于 $c \times \rho$.

根据性质 6, 对于超拥挤时段最末列车, 将该列车提前发车总是有益的. 为了最大化节省车站的乘客等待时间, ρ 的值应尽可能大, 可取为 $\min\{\text{TD}_j - \text{TD}_{j-1} - h, \text{TD}_j - L_j\}$. 值得注意的是, 向右移动超拥挤时段的其他单个列车, 如图 3.9 中的列车 $j-1$, 并不能减少乘客等待时间. 但是, 如果把该列车和随后的列车同步前移, 如图 3.9 中的列车 $j-1$ 和 j, 则最末列车能获得更大的偏移值, 从而使系统节省更多的乘客等待时间. 基于这样的考虑, 在向左移动超拥挤列车的发车时刻时, 总是多个列车 (从第 2 个列车开始) 一起平移, 以获得最多的等待时间节省.

基于上述两个性质, 将非饱和列车延后发车, 或将几个超饱和列车提前发车, 则总是有利的. 如图 3.10 所示, 应该将非饱和列车 1 向右移动, 而将超饱和列车

3、4 向左移动至相邻列车 2. 这是预料中的结论, 因为推迟一个非饱和列车的发车时间, 可以使其承载更多的乘客; 而让已经满载的列车提前出发, 则是为了减少已上车乘客的延误. 下面提出的局部改进算法 3.1, 用以搜索单车站情况下的最优列车时刻表. 在每一步, 需要计算相应列车基于梯度 (或到达率) 的乘客人数, 以调整发车时间获得最大的净利润. 不断地向左、向右或保持当前位置不变, 直到不能做出进一步的改进为止.

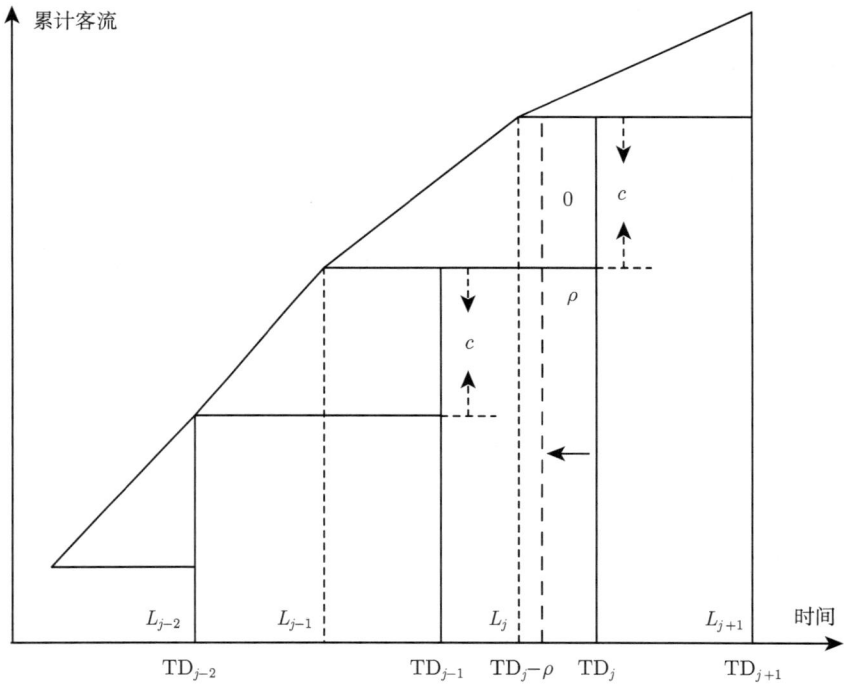

图 3.9　拥挤时段列车提前出发引起的到达率变化

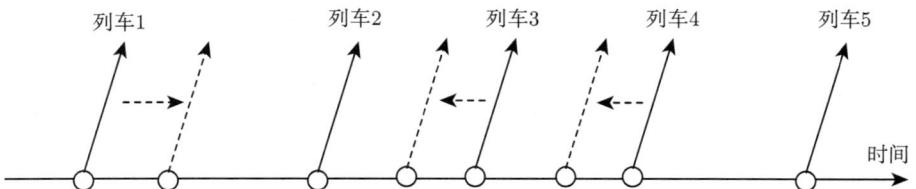

图 3.10　移动列车出发时间示意图

算法 3.1 局部改进算法

步骤 1 (设置初始值)

根据客流需求和可用动车组数构造均衡列车时刻表.

步骤 2 (迭代计算)

对于列车 $j = 1$ 直至 K

如果列车 j 处于非饱和状态, 则

将发车时间 TD_j 延迟 ρ_{opt} 个单位, 其中

$$\rho_{\mathrm{opt}} = \min\left\{\mathrm{TD}_{j+1} - \mathrm{TD}_j - h, \max\left\{\rho'\,\middle|\,R_j + \sum_{t \in (\mathrm{TD}_j, \mathrm{TD}_j + \rho']} P(t) \leqslant c\right\}\right\}$$

如果列车 j 处于超饱和状态, 则

将发车时间 TD_j 提前 ρ_{opt} 个单位, 其中

$$\rho_{\mathrm{opt}} = \min\{\mathrm{TD}_j - \mathrm{TD}_{j-1} - h, \mathrm{TD}_j - L_j\}$$

结束 $//j$

3.5.2 简单算例

以下求解非常简单的算例, 其中包含 1 个始发站和 7 个出发列车, 来验收局部改进算法 3.1. 客流需求按 2 分钟为一组进行数据统计, 在 [0, 20] 期间每个乘客到达车站的时间如表 3.1 所示, 其中用十进制数表示时间取值, 以区分差异很小的时间点.

表 3.1 单车站算例乘客到站情况记录

序号	分组	需求人数	乘客到达时刻
1	[0, 2]	6	0.33/ 0.67/ 1.00/ 1.33/ 1.67/ 2.00
2	(2, 4]	8	2.25/ 2.50/ 2.75/ 3.00/ 3.25/ 3.50/3.75/4.00
3	(4, 6]	10	4.20/ 4.40/ 4.60/ 4.80/ 5.00/ 5.20/ 5.40/ 5.60/ 5.80/ 6.00
4	(6, 8]	14	6.14/ 6.29/ 6.43/ 6.58/ 6.72/ 6.86/ 7.01/ 7.15/ 7.29/ 7.44/ 7.58/ 7.73/7.87/8.00
5	(8, 10]	12	8.17/ 8.33/ 8.50/ 8.67/ 8.83/ 9.00/ 9.17/ 9.33/ 9.50/ 9.67/ 9.83/ 10.0
6	(10, 12]	7	10.28/ 10.57/ 10.85/ 11.14/ 11.42/ 11.71/ 12.00
7	(12, 14]	5	12.40/ 12.80/ 13.20/ 13.60/ 14.00
8	(14, 16]	4	14.50/ 15.00/ 15.50/ 16.00
9	(16, 18]	2	17.00/ 18.00
10	(18, 20]	2	19.00/ 20.00

算例中, 列车容量为 10 人, 安全间隔时间为 1 分钟, 末班列车发车时刻第 20 分钟. 利用局部改进算法 (算法 3.1), 通过调整图 3.11 上部的初始均衡列车时刻

表, 可以得到最优的列车时刻表如图 3.11 下部所示. 在均衡列车时刻表中, 产生的总等待时间是 259.94 分钟, 并且第 2 班列车滞留 27 名乘客, 第 3 班列车滞留 15 名乘客. 然而, 在优化后的列车时刻表中, 总等待时间为 119.94 分钟, 且测试时段期间仅出现了 10 名滞留乘客.

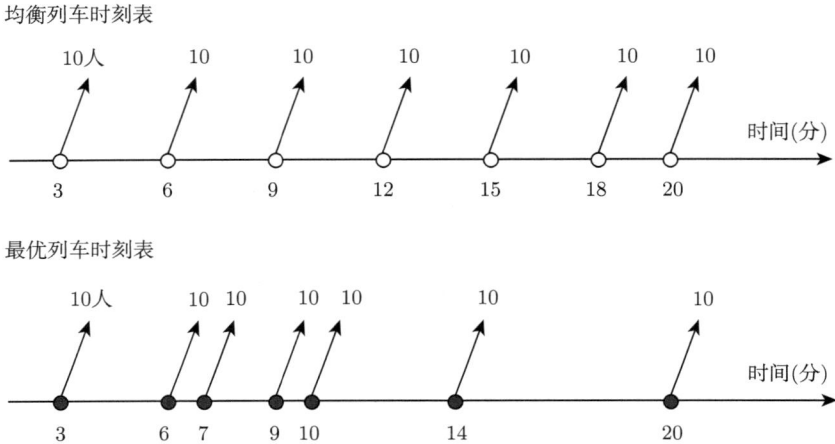

图 3.11　局部改进算法得到的最优列车时刻表

　　上述启发式搜索算法 3.1, 是在遵守列车运营要求的条件下, 寻求乘客等待时间最小的方案. 对于早高峰时段或者客流需求服从单驼峰分布的运营日内, 可以在均衡列车时刻表的基础上, 通过从两边到中间不断调整列车运行线, 得到最优的列车时刻表. 从理论上讲, 对于多车站情况, 可以首先识别线路走廊上的瓶颈, 然后在瓶颈站应用所提出的求解算法, 直至不能进行系统的改进或等待时间的节省. 实际上, 单车站情况下旅客能否乘上列车仅依赖于在站等待乘客人数, 但如果线路上有多个车站, 由于乘客上、下车事件的相互作用, 问题的复杂性将急剧增大, 因此局部改进算法难以应用到大规模的多车站环境.

3.6　用于多车站的遗传算法

3.6.1　染色体编码

　　容易看出, 3.4 节构建的整数规划模型是一个复杂的非线性规划问题, 很难用基于梯度的启发式方法或者商用优化软件直接求解. 基于此, 本节选用遗传算法求解所构建的列车时刻表模型. 遗传算法是一种基于生物界自然选择原理和自然遗传机制的随机搜索算法, 具有强大的智能搜索能力. 算法的主要思想是将每个列车在起始站的发车时刻 (宏观时间), 视为决策变量并组成相应的染色体, 而将乘客上下车人数、乘客到站临界时刻 (微观时间) 等视为衍生参数, 迭代计算基于乘客等待时间的染色体适应度, 反复执行交叉、变异和选择操作, 直至找到满意的列车时刻表为止.

考虑到列车移动的离散性特点, 这里提出一种新的二进制编码方法. 具体地, 随机生成的基因对应可能的时间点, 用于表示运营时段内列车在起始站是否发车的决策结果, 其中的 "1" 表示在对应时刻发车, "0" 表示不发车. 本章将列车出发时刻视为宏观时间, 即 1 分钟是列车的时间跨度单位, 每个列车在起始站的发车时刻是 1 分钟的整数倍. 如果将 6:00 到 8:10 作为缩短后的运营时段, 则 1 个染色体对应 131 个可能的时间点. 染色体基因序列如图 3.12 所示, 其中末班列车在8:10 出发.

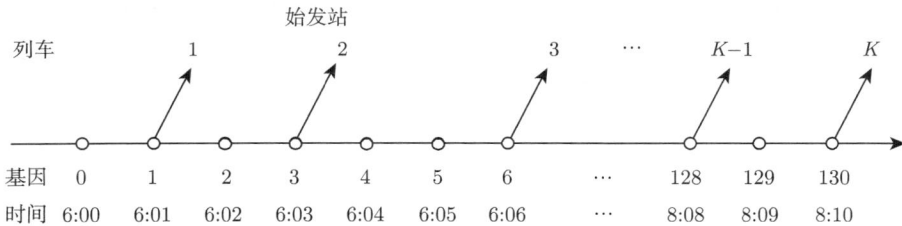

图 3.12 遗传算法染色体的编码示意图

图 3.12 所示的发车时间方案, 对应的染色体为 (0, 1, 0, 1, 0, 0, 1, $\cdots$, 1, 0, 1), 表示列车在起始站的发车时刻分别是 6:01, 6:03, 6:06, $\cdots$, 8:08, 8:10. 通过将遗传操作应用到这样的染色体, 可以迭代得到新的列车发车时间方案. 很显然, 生成的新解有可能不满足安全间隔约束 (3.9) 和动车组数量约束 (3.29). 为此, 遗传算法中特别嵌入了简单的检查和修正功能, 用来随时检测上述两个约束条件, 以得到可行的列车时刻表.

3.6.2 计算适应度

遗传算法从起始站第 1 班列车开始迭代, 通过计算目标函数和求解约束 (3.7), (3.8) 和 (3.21)~(3.28), 同步确定乘客上下车人数、在车人数、候车时间和其他参数. 但是, 满载率约束和末班列车运行约束可能无效. 为此, 需要构造如下增广目标函数 E, 该函数是将满载率约束 (3.30) 和末班列车运行约束 (3.31) 松弛引进原目标函数 Z 而来.

$$E = Z + \sum_{j \in \bar{J}} \lambda_j \times \max \left\{ 0,\ 2 \times (N-1) \times c \times \alpha - \sum_{u=1}^{2N-1} R_j^u \right\}$$

$$+ \sum_{u=1}^{2N-1} \gamma_u \times \max \left\{ 0, W_K^u - (c - R_K^{u-1} + O_K^u) \right\} \tag{3.39}$$

式 (3.39) 中, λ_j 和 γ_u 表示惩罚系数, 其中的第 1 项 Z 是来自方程 (3.32) 或 (3.33) 的乘客总候车时间, 第 2 项是违反满载率约束 (3.30) 的惩罚, 第 3 项是不满足末班列车运行约束 (3.31) 的惩罚. 最后, 按如下方法计算遗传算法的适应度函数.

$$\text{fitness} = \frac{E_{\max} - E}{E_{\max} - E_{\min}} \tag{3.40}$$

其中 E 是利用方程 (3.39) 得到的增广目标函数值, $E_{\max}$ 和 $E_{\min}$ 分别表示当前染色体群对应 E 的最大和最小值.

本节采用的其他操作和步骤, 类似于标准的遗传算法, 感兴趣的读者可参阅相关的研究文献, 如 Gen 和 Cheng (2000). 另外, 在遗传算法执行过程中, 还可以在列车时刻表问题中嵌入其他的影响因素, 例如可以考虑不同的旅客到达概率以及不同月份、某些特殊事件对编制方案的影响.

3.7　数 值 算 例

3.7.1　已知数据和设置参数

利用本章提出的模型与算法, 用以优化设计广州地铁 8 号线 (其中一段) 的列车时刻表, 该线段包括 13 个车站. 表 3.2 给出了车站输入数据, 包括车站名称和列车在站停留时间, 其中车站 13 的停留时间为 5 分钟, 该数值包含完成折返作业所需的时间. 表 3.3 给出了列车在相邻车站之间的区间运行时间.

表 3.2　车站输入数据

车站编号	车站名称	停站时间 (分)	车站编号	车站名称	停站时间 (分)
1	凤凰新村	0.50	8	客村	0.75
2	沙园	0.50	9	赤岗	0.50
3	宝岗大道	0.50	10	磨碟沙	0.50
4	昌岗	0.50	11	新港东	0.75
5	晓港	0.50	12	琶洲	0.50
6	中大	0.75	13	万胜围	5.00
7	鹭江	0.50			

　　表 3.2 和表 3.3 仅显示了沿一个方向列车停站时间和区间运行时间, 列车沿相反方向运行时的取值完全与显示方向相同. 下面考虑一个典型工作日列车时刻表优化问题, 运营时段从 6:00 至 21:00 为限, 该时段内基于总到达乘客人数的时变需求如图 3.13 所示.

表 3.3　相邻车站之间的区间运行时间

相邻车站对	运行时间 (分)	相邻车站对	运行时间 (分)
1-2	2.20	7-8	1.80
2-3	1.70	8-9	2.30
3-4	1.90	9-10	2.45
4-5	2.15	10-11	2.50
5-6	2.40	11-12	2.25
6-7	3.20	12-13	1.75

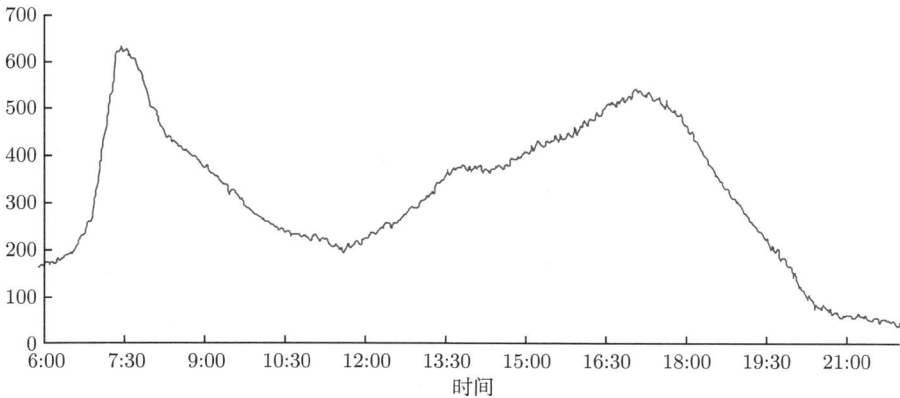

图 3.13　案例日内乘客到达总数随时间变化的曲线

　　本算例中, 动车组数量为 9, 列车在起始站牵出及整备时间为 10 分钟, 其他参数 h, c 和 α 分别设置为 2 分钟、600 人和 50%, 符合满载率约束的列车数 $\bar{J}$ 占总数的 60%, 惩罚系数 λ_j 和 γ_u 取当前染色体种群中对应目标函数的最大值. 另外, 遗传算法的种群规模取为 40, 交叉概率为 0.98, 变异概率为 0.15.

3.7.2　数值计算

　　这里, 选用乘客总候车时间 (3.32) 为目标函数的情况, 通过所提出的遗传算法, 在英特尔® 酷睿™i5-2400 处理器上历时 2.5 小时、482 次迭代之后, 得到

表 3.4 给出的列车在起始站的最终发车时刻, 相应的列车运行图如图 3.14 所示.

表 3.4　优化后列车在起始站出发时刻

车次	动车组	出发时刻	车次	动车组	出发时刻	车次	动车组	出发时刻	车次	动车组	出发时刻	车次	动车组	出发时刻
1	1	6:08	19	1	8:52	37	1	12:12	55	1	14:56	73	1	17:40
2	2	6:18	20	2	9:02	38	2	12:22	56	2	15:06	74	2	17:50
3	3	6:28	21	3	9:13	39	3	12:31	57	3	15:15	75	3	17:59
4	4	6:37	22	4	9:21	40	4	12:41	58	4	15:25	76	4	18:09
5	5	6:43	23	5	9:28	41	5	12:49	59	5	15:33	77	5	18:17
6	6	6:49	24	6	9:37	42	6	12:57	60	6	15:41	78	6	18:27
7	7	6:56	25	7	9:46	43	7	13:05	61	7	15:49	79	7	18:37
8	8	7:12	26	8	9:58	44	8	13:15	62	8	15:59	80	8	18:44
9	9	7:17	27	9	10:11	45	9	13:24	63	9	16:08	81	9	18:52
10	1	7:30	28	1	10:23	46	1	13:34	64	1	16:18	82	1	19:02
11	2	7:40	29	2	10:36	47	2	13:44	65	2	16:28	83	2	19:12
12	3	7:51	30	3	10:50	48	3	13:53	66	3	16:37	84	3	19:22
13	4	7:59	31	4	11:01	49	4	14:03	67	4	16:47	85	4	19:38
14	5	8:06	32	5	11:15	50	5	14:11	68	5	16:55	86	5	19:58
15	6	8:13	33	6	11:29	51	6	14:19	69	6	17:03	87	6	20:20
16	7	8:22	34	7	11:41	52	7	14:27	70	7	17:11	88	7	20:43
17	8	8:34	35	8	11:51	53	8	14:37	71	8	17:21	89	8	21:00
18	9	8:39	36	9	12:02	54	9	14:46	72	9	17:30			

图 3.14 显示的列车发车时间间隔分布, 与图 3.12 给出的时变需求基本吻合. 例如, 19:30 之后乘客需求较小, 对应的列车发车时间间隔较大, 7:00 左右客流需求大, 相应的发车间隔很小. 算例中, 从起始站总共发出的列车数为 89, 列车平均满载率为 56.98%, 乘客平均等候时间为 7.34 分钟.

实践中, 城市轨道交通常采用基于阶段均衡的列车时刻表. 为了比较, 阶段均衡的发车间距从 6:00 到 7:00、20:00 到 21:00 之间设置为 15 分钟, 其他从 7:00 到 20:00 范围内发车间距为 10 分钟. 然而, 由于动车组数量的约束, 这样基于阶段均衡的列车时刻表仅能在起始站发出 86 班列车. 为了进行公平比较, 所施行的数值计算还求解了始发站发出 86 班列车的时刻表, 具体的计算结果展示在表 3.5 中.

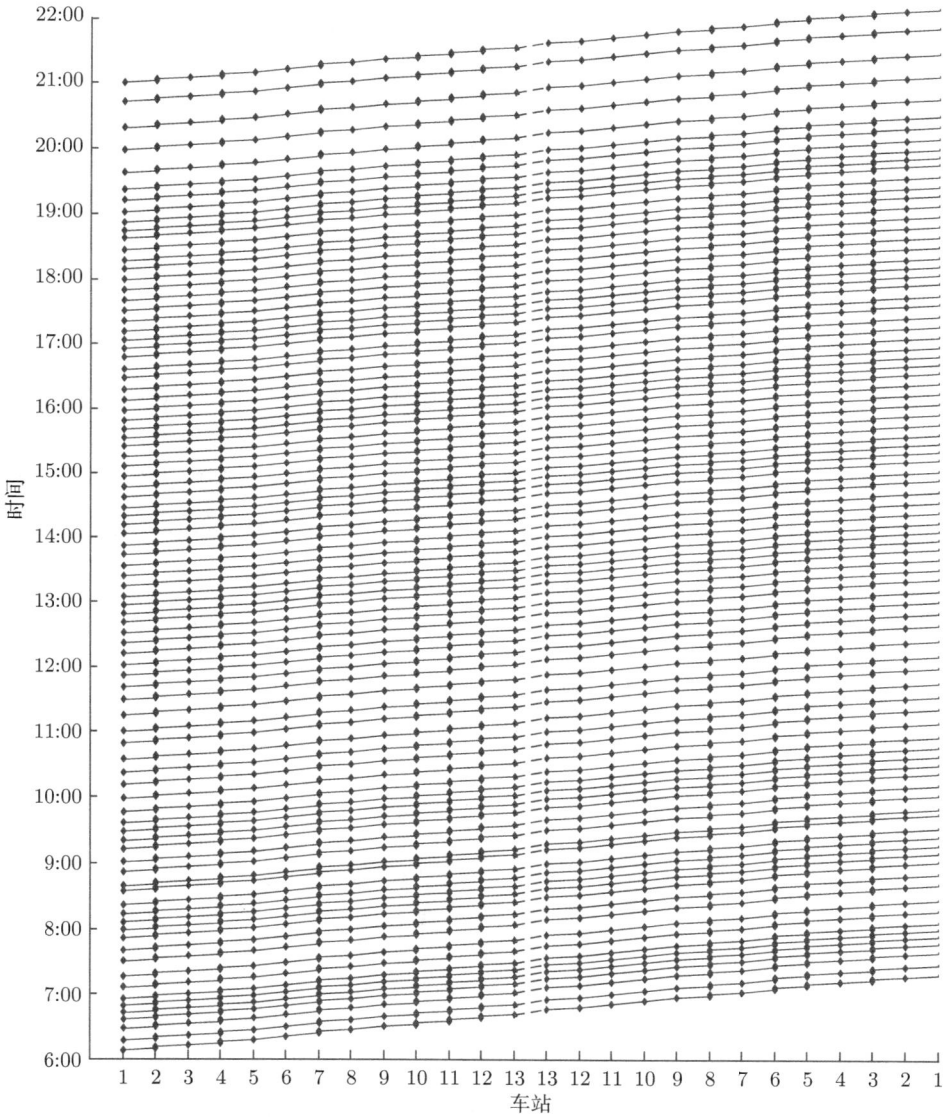

图 3.14 优化后的列车运行图

与基于阶段均衡的列车时刻表相比较, 使用本章方法得到的列车时刻表平均等待时间减少近 40%, 这充分说明了在超拥挤客流环境下, 需求驱动列车时刻表编制方法的优越性和有效性, 它在减少旅客等待时间的同时还能提高动车组的利用率. 进一步的测试表明, 参数 β 的取值改变会导致优化后的列车时刻表发生变化, 这表明所提出的方法对于滞留旅客加重惩罚是敏感的.

表 3.5　均衡时刻表与本章方法时刻表的比较

列车时刻表	列车总数	总等待时间 (分)	平均等待时间 (分)	平均载客率 (%)
基于阶段均衡的给定列车时刻表	86	1827233	12.11 (100%)	58.96
不固定列车数下优化后列车时刻表	89	1107905.92	7.34 (60.6%)	56.98
固定列车数下优化后列车时刻表	86	1210259.92	8.02 (66.2%)	58.96

以上从数学描述和数值计算不同层面, 解释说明了城市轨道交通客流超拥挤现象. 为了进一步展示超拥挤需求对列车运营的影响, 作者还根据不同的需求模式, 计算比较了优化列车时刻表和均衡列车时刻表在乘客等待时间等方面的指标取值. 结果表明, 超拥挤情况越严重的城市轨道交通线路, 本章方法的效果将越显著.

3.7.3　系统研发

利用本章提出的理论和方法, 以国内某特大型城市地铁为背景, 研发了 "城市地铁供需匹配分析及列车时刻表编制系统", 系统含有运营环境、客流需求、列车供给、供需匹配和列车时刻表编制等 5 大模块.

1. 运营环境

全景式展示当前城市地铁系统的运营环境和装备参数, 显示具有放大、缩小、拖动等地图操作功能, 也可以查询车站和区间等详细信息, 如图 3.15 所示.

2. 客流需求

通过对海量地铁 IC 卡数据进行存储、转换和处理, 得到了基于时变的客流需求, 并为后续供需匹配分析与列车时刻表优化提供基础数据支持. 海量的 IC 卡数据对计算带来了挑战, 采用文件流与内存流结合的处理技术和方法, 确保客流需求数据快速高效地处理. 研发的系统中, 利用该地铁单日 900 万人次的客流数据, 反复测试验证算法的有效性和系统的稳定性, 图 3.16 展示了数据处理后线路客流需求的变化情况.

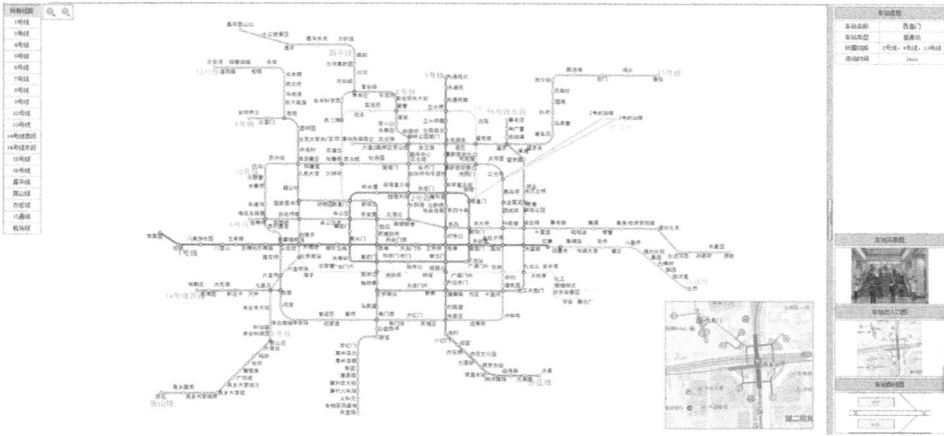

图 3.15 运营环境显示图 (见文后彩图)

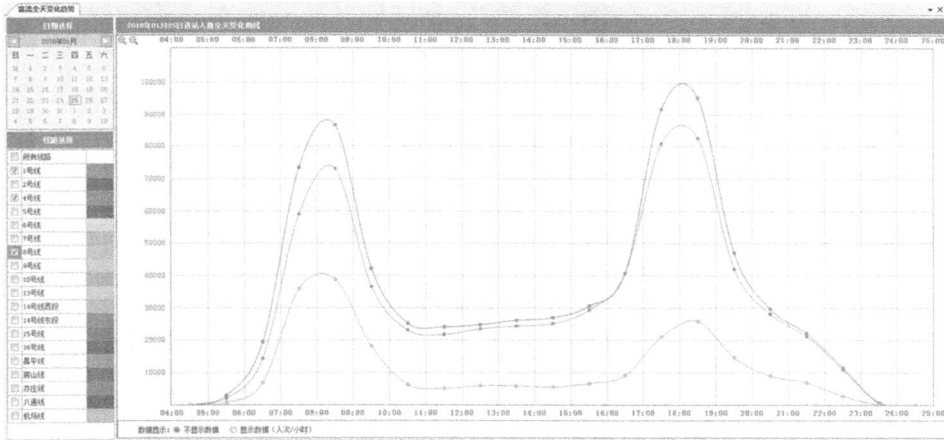

图 3.16 客流需求变化情况显示图 (见文后彩图)

3. 列车供给

提供列车时刻表数据的组织、存储、管理和显示, 可以根据不同的场景, 实现对多种数据的导入、导出、浏览、编辑和保存等功能以及列车运行图的显示和编辑, 图 3.17 展示了基于线路的列车时刻表及相应列车运行图.

4. 供需匹配

该子系统主要用于评价时变 OD 客流需求与列车供给之间的耦合程度. 根据

微观、中观和宏观不同的维度, 依次计算基于运行线供需匹配、基于车站和区间
供需匹配以及基于网络供需匹配度量指标, 通过全景式的显示, 清晰准确地展现
需求与供给在空间和时间维度上的匹配程度.

在微观层面, 列车运行线供需匹配展现了列车在不同区间在车人数与列车能
力之间的耦合情况, 如图 3.18 所示, 其中不同灰度表示列车在车人数的饱和
程度.

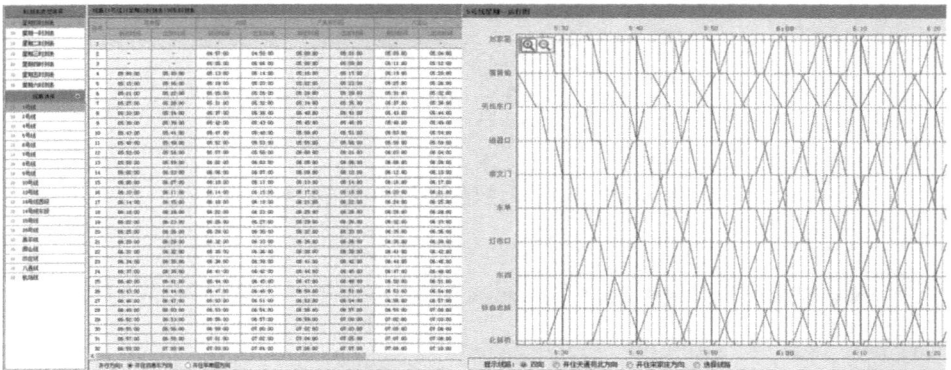

图 3.17   列车时刻表及相应运行图 (见文后彩图)

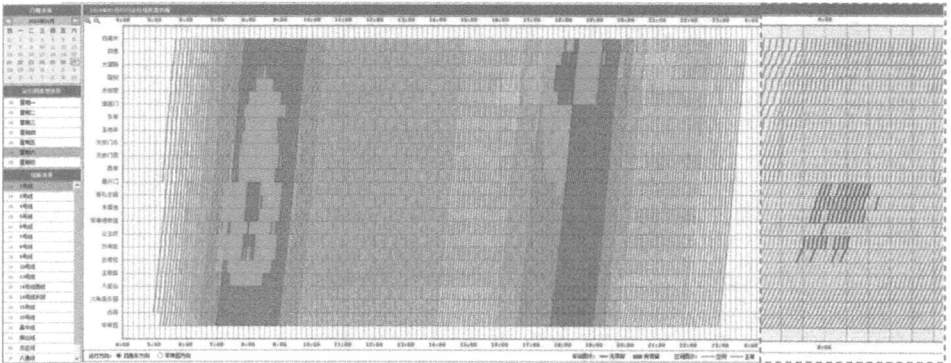

图 3.18   列车运行线供需匹配显示图 (见文后彩图)

中观层面包括区间和车站情况, 其中的区间供需匹配展示了每小时通过区间
人数与该小时列车供给能力之间的耦合程度, 车站供需匹配展示了每分钟在站乘
客人数与站台容纳能力的匹配程度. 在宏观层面, 网络供需匹配从全局的角度, 动
态显示地铁网络中所有车站和区间的匹配状态, 具体如图 3.19 所示.

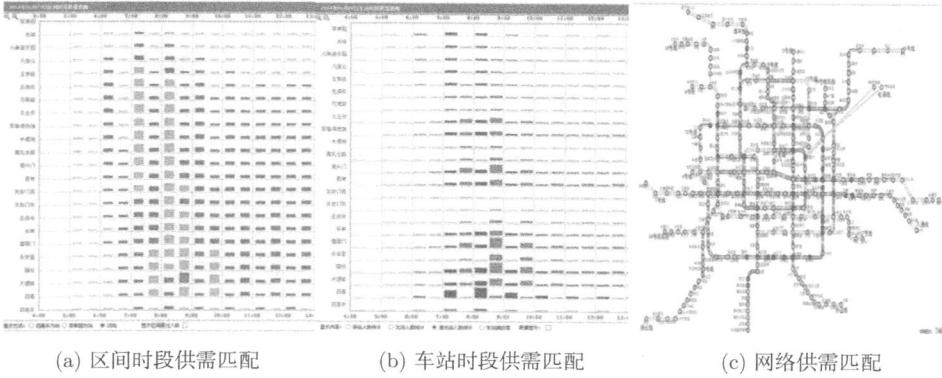

(a) 区间时段供需匹配   (b) 车站时段供需匹配   (c) 网络供需匹配

图 3.19　区间、车站和网络供需匹配显示图 (见文后彩图)

5. 列车时刻表编制

利用所提出的模型和算法, 计算时变需求和超拥挤环境下的列车时刻表. 具体地, 根据已知的列车时刻表和客流需求, 计算当前的供需匹配评价指标, 判断是否需要生成新的列车时刻表; 如果需要, 则启动求解算法重新计算列车时刻表, 输出的新列车时刻表及对应的列车运行图见图 3.20.

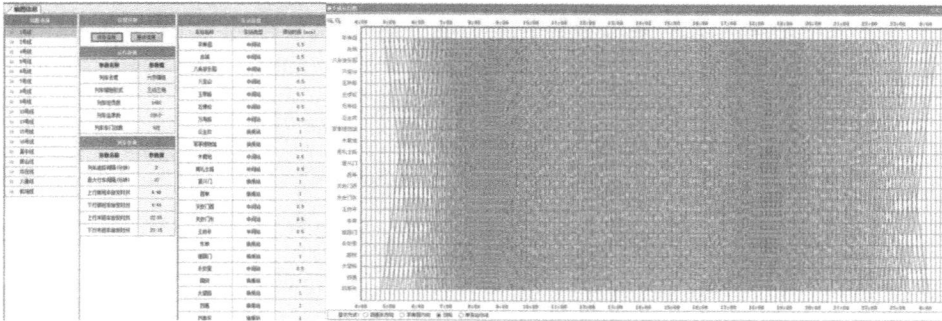

图 3.20　优化的列车时刻表 (见文后彩图)

3.8 　结 束 语

本章以一条城市轨道交通线路为对象, 系统地分析了超拥挤环境下时变需求的特征, 构建了基于累计变量的 0-1 规划模型, 从理论上描述乘客的加载和离去过程. 为了求解现实轨道交通网络和处理动车组限制等复杂的约束条件, 引入了乘客有效加载时间窗的概念, 用来计算超拥挤环境下能够上车的乘客数量. 以乘客等待时间最小为目标函数, 提出了数学上严密、实践中有效的整数规划模型, 用于刻画基于需求响应和拥挤敏感的列车时刻表问题. 提出的 0-1 规划模型和整数规划模型, 从本质上揭示了旅客加载与列车到发事件之间的耦合关系. 模型的客流加载部分, 自然给出了超拥挤需求环境和先到先上车的服务规则下, 具有严格能力约束的公共交通客流分配结果. 可以肯定的是, 这些方法可靠性依赖于对客流需求的准确预测. 需求的不确定性如何影响模型性能和适应度, 是未来一个有趣的研究方向.

对于单车站情形, 本章提出了基于局部改进策略的启发式算法, 用于求解最优的列车时刻表. 对于多车站情形, 提出了基于特殊二进制编码的定制遗传算法, 其中染色体的基因对应于每个可能的时间发车点. 最后, 通过真实算例验证了模型和算法的正确性. 结果表明, 本章提出的方法能够有效解决时变需求和超拥挤的环境下, 城市轨道列车时刻表的优化问题. 未来的研究, 应该进一步考虑乘客对优化后列车时刻表的响应, 并将数学模型扩展至网络情形.

第 4 章   多线路列车时刻表协同优化

本章以两条相互连接的高铁线路为背景, 充分考虑本线路上直达客流以及不同线路之间换乘客流的大小和时空分布, 研究网络环境下列车时刻表的协同优化问题. 在时变 OD 客流需求条件下, 以最小化乘客在车站的等待时间和在车内的拥挤费用为目标函数, 建立基于单条线路、非均衡发车的非线性整数规划模型, 自然展示列车时刻表问题的建模架构. 接着, 通过精准地计算换乘站乘客的上车人数及下车人数, 将模型扩展至含有换乘的两线路情况. 通过使用状态空间表示方法, 设计基于有限状态序列决策的动态规划算法, 以确定单线路情况下模型的精确最优解. 对于复杂的两线路情形, 设计基于整数编码的遗传算法求解模型. 数值算例表明, 优化后的网络列车时刻表, 对于直达乘客与中转乘客都是有利的.

4.1   引   言

不同于第 2、3 章仅考虑单条轨道交通线路的情形, 本章以两条相互连接的高铁线路为背景, 研究多线路列车时刻表的协同优化问题, 内容属于网络列车时刻表 (Network-Wide Train Timetable) 的范畴. 现实中, 许多轨道交通的出行者, 往往需要经过至少一次的中转换乘才能到达目的地, 这种现象在特大型城市轨道交通中尤其严重, 导致乘客在不同列车之间换乘所耗费的时间, 占据了整个旅行时间相当的比重. 基于此, 轨道交通运营服务商, 不仅要为本线路上的直达客流提供优质的列车服务, 还必须协调不同线路上的列车运行, 尽可能减少中转乘客的换乘延误, 使列车服务的所有使用者共同受益. 从理论的角度讲, 对于由多线路组成的轨道交通网络, 需要更加科学有效的列车时刻表设计方法和技术, 以精准地协同不同线路上列车到发换乘站的时间安排.

高速铁路具有列车运行速度快、安全准时、节能环保的特点, 已成为促进区域经济发展和进一步改善城市空间可达性的重要引擎. 近年来, 许多发达国家和发展中国家, 特别是中国, 高速铁路建设取得了快速发展. 与普通铁路的客流需求相比较, 乘坐高铁的旅客更关注时间价值和服务可靠性. 为了响应出行者对时间价值的重视, 铁路运营商通过优化重要枢纽站或换乘站的列车时刻表, 成为增加运营收入、服务更多乘客的主要手段和目标. 轨道交通成网条件下列车时刻表优化, 不仅应该减小乘客在车旅行时间, 而且应尽可能实现出行途中的便捷、顺畅和无缝, 使轨道运营企业吸引更多的需求、获得更高的收益, 并不断增强市场竞争力. 相比较于短距离的城市轨道交通, 高速铁路具有较大的行车间隔, 列车协同运行能为乘客节省更多的换乘时间.

不同线路上的列车时刻表, 如果没有在统一的模型架构下协同优化, 那么旅客在换乘站的中转延误时间将会变得很大. 现有公共交通时刻表问题的文献, 从不同的视角研究网络环境下列车或车辆的运行, 以减少乘客的中转延误时间. 为了简化问题, 这些研究常采用两阶段优化方法, 即先确定基于等间隔调度的单线路列车时刻, 然后 "合线成网" 生成网络列车 (或车辆) 时刻表. 考虑到乘客的满意度和便利性, Ceder 等 (2001) 提出了混合线性整数规划模型, 优化目标是同步到达换乘节点的公交车数量最大, 从而使乘客能够以最小等待时间从一条路线换乘到另一条路线. 采用精准的车辆定位技术, Dessouky 等 (1999) 研究了如何协同公交换乘枢纽不同车辆的到发时刻, 以最小化乘客的中转延误时间. Wong 等 (2008) 以城市轨道交通为背景, 提出了基于列车协同运行的混合整数规划模型, 目标是最小化乘客的换乘等待时间. Liebchen (2008) 采用了周期性事件调度和图论方法, 来研究考虑直达和换乘客流需求的柏林地铁时刻表问题. Ibarra-Rojas 和 Rios-Solis (2012) 构建了城市公交车辆的协同调度模型, 目标函数为最大化车辆在换乘站的有效接续次数, 以方便乘客换乘并避免车辆的聚集现象. Ting 和 Schonfeld (2005) 研究了联合优化车辆发车时距和缓冲时间的问题, 以实现公交乘客同步换乘和网络运营成本最小. Nachtigall 和 Voget (1997) 研究了基于固定车头距的网络列车时刻表协同优化问题, 目标是最小化乘客换乘等待时间和系统维持费用. 这些成果, 为研究网络环境下列车时刻表协同优化提供了广阔的建模方法和求解策略.

在网络列车时刻表优化中, 同步考虑所有列车将导致问题异常复杂. 基于此, 有些研究文献转向优化少数特殊性质的列车, 其中考虑最多的是地铁早班和晚班列车. 众所周知, 乘坐早班列车或晚班列车出行的乘客, 由于较大的列车行车间隔或最后的乘车机会, 如果错过了期望的换乘列车, 将引起格外的出行成本, 如产生较大的等待时间、被迫改乘其他交通方式等. 基于这些原因, 优化地铁早班或晚班列车时刻表问题, 成为近年来许多学者, 特别是我国学者的关注议题 (Zhou et al., 2013). 这些研究, 大多以特大型城市 (如北京) 轨道交通为案例, 研究网络环境下早晚班列车时刻表协同优化 (Kang et al., 2015), 优化目标是实现更多的有效换乘和更少的中转延误时间. 必须承认的是, 这类研究成果在优化早班或晚班列车时, 通常只考虑一个方向早班车的有效换乘连接, 而忽略相反方向的列车换乘, 为此需要预先指定较重要的换乘方向. 另外, 由于仅考虑少数列车的最优换乘接续, 很有可能会牺牲其他列车的利益. 从这种角度来考虑, 只有考虑了全天所有列车运行组织, 所优化的网络列车时刻表才更有现实意义.

基于等间隔发车的均衡列车时刻表, 无法有效地满足异质的客流需求. 网络环境和单线路环境下列车时刻表优化, 主要差异是前者需要考虑不同线路间中转乘客的换乘要求, 而后者仅考虑本线路上直达乘客的出行需求. 因此, 考虑时变的客流需求就成为研究这类问题的最佳选择, 因为只有在这样的环境中才能精准地计算乘客的换乘等待时间, 从而优化不同线路上列车的运行安排. 近年来, 面向需求列车时刻表问题逐渐成为国际学术界的研究热点. 学者们研究关注的重心, 主要集中在时变的需求环境下, 城市轨道交通、高速铁路列车时刻表设计和列车实时调度等问题 (Niu and Zhou, 2013; Barrena et al., 2014a; Wang et al., 2015). 容易发现, 这些研究成果大部分只针对单条轨道交通线路, 而在时变需求环境下, 研究网络列车时刻表的文献则比较少见, 主要原因是列车时刻表、时变需求和网络环境联合影响, 导致问题异常复杂.

与城市轨道交通比较, 高速铁路具有相对简单的拓扑结构. 为了既能简化数学模型的表现形式, 又能抓住乘客换乘这一最重要的问题特征, 本章仅考虑由两条高铁线路组成、具有一个换乘节点的简化网络, 全方位探索时变需求条件下列车时刻表的协同优化问题, 重点解决以下问题和挑战. 首先, 针对两条相互连接的高速铁路, 构建列车时刻表协同优化的数学模型, 用以平衡乘客在车站等待时间、车内拥挤费用以及在连接站的换乘延误时间. 其次, 基于新的状态空间表示和有限状态的决策, 对离散和序列性列车移动方案设计动态规划算法, 在单线路情况下寻找问题的精确最优解. 最后, 对于大规模的两线路情况, 构建基于启发式策略的复合遗传算法.

4.2 问题分析

4.2.1 研究背景

本章考虑早高峰时段, 含一个换乘站的两条城际高速铁路列车时刻表优化问题. 如图 4.1 所示, 用线路 1 和线路 2 分别表示所考虑的高铁线路. 利用已知的 OD 需求矩阵, 可以准确地捕获每条线路上客流需求的方向不均衡性, 表现为研究时段内一个方向客流需求大于另外方向的需求, 因为该时段内大多数乘客都是前往吸引度更大的人口、商业中心所在地或车站. 为了简化问题, 本章仅考虑每条线路上需求较大方向的列车调度问题.

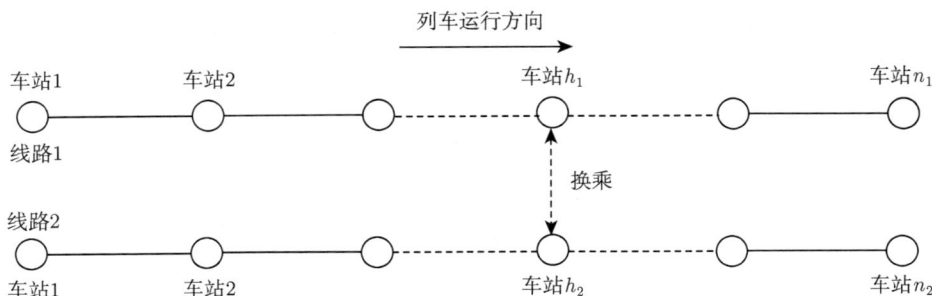

图 4.1　两条相互连接的高铁线路示意图

在线路 s ($s = 1, 2$) 列车运行方向上, 车站按次序编号为 $1, 2, \cdots, h_s, \cdots, n_s$, 其中 1, h_s 和 n_s 分别代表 s 线路起始站、连接站 (或换乘站) 和终点站. 在地理位置上, 车站 h_1 和车站 h_2 对应同一个铁路车站. 为了表示乘客的换乘过程, 这里在节点 h_1 和 h_2 之间引入一段虚拟连接线 (图 4.1). 需要说明的是, 对于不同线路 s, 相应的 h_s 和 n_s 具有不同的取值. 为了尽可能简化数学表达, 当下文中出现符号 h_s 或 n_s 时, 意味着当前考虑的对象是 s 线路上相关的参数, 如参数 n_{3-s} 表示线路 $3 - s$ 上车站总数. 注意的是, 这里若用 s ($s = 1, 2$) 表示其中一条线路, 此时 $3 - s$ 取值为 1 和 2, 表示另外的一条线路, 反之亦然. 不失一般性, 本章给出以下假定:

(1) 在任意线路上, 所有列车在两个邻接车站之间以相同的速度运行;

(2) 在每条线路上, 采取 "站站停" 的列车停站模式, 所有列车在同一个车站的停站时间相同;

(3) 在研究范围内, 每条线路上从始发站发出的列车总数预先给定.

从而, 本章讨论的网络列车时刻表优化设计, 可以简化为确定每条线路上所有列车在各自始发站 (或车站 1) 的发车时刻问题.

高速铁路成网环境下时变的 OD 客流需求, 通过铁路自动售检票系统 (RAFC), 可以获得精确的乘客出行数据记录. 为了度量客流需求和刻画列车运行, 本章将研究时段 $[0, T]$ 以 1 分钟为单位进行等间隔划分, 等分后的时间间隔也称为时间, 以下用 t 对其进行索引. 类似地, 假定系统的全部活动都发生在 1 分钟的整数倍上, 即用正整数表示所有的时间. 不同于第 3 章的时间表示, 本章用相同的时间单位 (分钟) 度量需求和列车的时变属性.

4.2.2　符号设置

定义建模所需的索引、参数和决策变量如表 4.1 所示.

表 4.1 索引、参数和变量的定义

索引	定义
s	线路索引, $s \in \{1, 2\}$;
t	时间索引, $t \in [0, T]$;
u, v	车站索引, $u, v \in \{1, 2, \cdots, n_s\}$, $s \in \{1, 2\}$;
k	列车索引.

参数	定义
$P_{u,v}^s(t)$	时间 t 到达 s 线路 u 站、前往同一线路 v 站的直达乘客人数, $t \in [0, T]$, $u, v \in \{1, 2,$ $\cdots, n_s\}$, $u < v$, $s \in \{1, 2\}$;
$\bar{P}_{u,v}^s(t)$	时间 t 到达 s 线路 u 站、前往另一线路 $3-s$ 上 v 站的中转乘客人数, $t \in [0, T]$, $u \in \{1, 2,$ $\cdots, h_s\}$, $v \in \{h_{3-s}+1, h_{3-s}+2, \cdots, n_{3-s}\}$, $s \in \{1, 2\}$;
m_s	研究时段内给定的线路 s 从始发站发出的列车数, $s \in \{1, 2\}$;
τ_u^s	线路 s 上列车在 u 站的停站时间, $u \in \{1, 2, \cdots, n_s\}$, $s \in \{1, 2\}$;
r_u^s	线路 s 上列车在 u 站至 $u+1$ 站的区间运行时间, $u \in \{1, 2, \cdots, n_s-1\}$, $s \in \{1, 2\}$;
$\theta_{\min}$	给定的相邻列车在车站的最小发车间隔;
$\theta_{\max}$	给定的相邻列车在车站的最大发车间隔;
c	列车的额定载客人数.

变量	定义
$A_u^{s,k}$	线路 s 上列车 k 在 u 站的到达时刻, $u \in \{2, 3, \cdots, n_s\}$, $\forall k$, $s \in \{1, 2\}$;
$D_u^{s,k}$	线路 s 上列车 k 在 u 站的出发时刻, $u \in \{1, 2, \cdots, n_s-1\}$, $\forall k$, $s \in \{1, 2\}$;
$I_u^{s,k}$	线路 s 上 u 站乘上列车 k 的乘客人数, $u \in \{1, 2, \cdots, n_s-1\}$, $\forall k$, $s \in \{1, 2\}$;
$O_u^{s,k}$	线路 s 上 u 站从列车 k 下车的乘客人数, $u \in \{2, 3, \cdots, n_s\}$, $\forall k$, $s \in \{1, 2\}$;
$Q_u^{s,k}$	列车 k 从线路 s 上 u 站出发时在车乘客人数, $u \in \{1, 2, \cdots, n_s-1\}$, $\forall k$, $s \in \{1, 2\}$.

4.3 优 化 模 型

4.3.1 单线路情况

为了展示列车时刻表问题的建模框架, 本节暂时忽略多线路网络环境和相应的乘客换乘问题, 而将注意力集中到单线路 s ($s = 1$ 或 2) 上列车移动和乘客上下车的过程.

1. 约束条件

对于所考虑的 s 线路, 按如下公式计算列车在每个车站的到达和离开时刻.

$$A_u^{s,k} = D_{u-1}^{s,k} + r_{u-1}^s, \quad u \in \{2, 3, \cdots, n_s\}, \quad \forall k \tag{4.1}$$

$$D_u^{s,k} = A_u^{s,k} + \tau_u^s, \quad u \in \{1, 2, \cdots, n_s-1\}, \quad \forall k \tag{4.2}$$

由于列车的区间运行时间和车站停站时间给定, 可知列车在始发站的出发时刻 $D_1^{s,k}$ 是模型中唯一的决策变量; 根据约束 (4.1) 和 (4.2), 可以递归地得到所有列车在任意站的到发时刻. 利用以下不等式, 能够确保线路上相邻列车之间合理的运行间隔.

$$\theta_{\max} \geqslant D_1^{s,k+1} - D_1^{s,k} \geqslant \theta_{\min}, \quad k \in \{1,2,\cdots,m_s-1\} \tag{4.3}$$

其中, 最小间隔时间标准 $\theta_{\min}$ 用以保证列车运行安全, 最大间隔时间标准 $\theta_{\max}$ 用以保证乘客候车时间不要太长. 容易发现, 本章讨论的列车时刻表属于平行运行图的范畴, 约束条件 (4.3) 只需要对始发站的出发列车加以限制即可.

利用如下公式, 计算列车 k 在 u 站上车、下车的乘客人数.

$$I_u^{s,k} = \sum_{v=u+1}^{n_s} \sum_{t \in (D_u^{s,k-1}, D_u^{s,k}]} P_{u,v}^s(t), \quad u \in \{1,2,\cdots,n_s-1\}, \quad \forall k \tag{4.4}$$

$$O_u^{s,k} = \sum_{u'=1}^{u-1} \sum_{t \in (D_{u'}^{s,k-1}, D_{u'}^{s,k}]} P_{u',u}^s(t), \quad u \in \{2,3,\cdots,n_s\}, \quad \forall k \tag{4.5}$$

公式 (4.4) 中时变 OD 需求 $P_{u,v}^s(t)$, 其中时间 t 的求和范围是 $(D_u^{s,k-1}, D_u^{s,k}]$, 表示出发列车 $k-1$ 和 k 之间到达车站 u 的乘客; 出发站 u 固定、终到站 v 从 $u+1$ 站遍历到 n_s 站, 表示前往 u 站及其以远的上车乘客. 公式 (4.5) 中需求 $P_{u',u}^s(t)$, 终到站 u 固定、出发站 u' 是从 1 站遍历至 $u-1$ 站, 表示在途经站上车至 u 站下车的乘客. 公式 (4.4) 和 (4.5) 中, 出现了虚拟列车 "0", 对应的出发时刻 $D_u^{s,0}$ 等于零.

最后, 列车 k 离开 $u-1$ 站时的在车人数 $Q_{u-1}^{s,k}$, 减去在 u 站的下车人数 $O_u^{s,k}$、加上在 u 站的上车人数 $I_u^{s,k}$, 就等于该列车离开 u 站时的在车乘客人数 $Q_u^{s,k}$, 从而得到如下的流量守恒方程.

$$Q_u^{s,k} = Q_{u-1}^{s,k} + I_u^{s,k} - O_u^{s,k}, \quad u \in \{1,2,\cdots,n_s-1\}, \quad \forall k \tag{4.6}$$

2. 目标函数

本书第 2 章在严格的能力约束条件下, 假定所有候车乘客都能乘上当前的列车, 乘客出行成本主要表现为在站等待时间; 第 3 章放松了乘客都能上车的假设, 允许乘客可以乘不上当前列车的延迟等待现象, 需要在目标函数中考虑这些未上车乘客产生的额外候车成本. 本章考虑另一种建模架构, 假定所有的乘客都能乘上当前的列车, 但会出现在车乘客人数超过列车能力的车内拥挤现象. 在这样的场景下, 乘客的出行成本包括两部分: 一部分为乘客在车站的等待时间, 另一部分为乘客在车内的拥挤费用.

对于不考虑换乘的单线路情况, 最小化总的乘客在站等待时间和车内拥挤费用, 是模型的优化目标. 类似地, 对于同一个时间间隔 (长度为 1 分钟) 到达车站的所有乘客, 本章假设这些乘客到达车站的瞬时时刻相同, 具体取值为时间间隔的开始时刻或结束时刻 (不影响最后的优化结果). 基于这样的考虑, 乘客在站总等待时间如下所示.

$$\sum_{k=1}^{m_s} \sum_{u=1}^{n_s-1} \sum_{v=u+1}^{n_s} \sum_{t\in(D_u^{s,k-1},D_u^{s,k}]} P_{u,v}^s(t) \times (D_u^{s,k}-t) \tag{4.7}$$

众所周知, 当在车乘客人数超过列车额定载客量时, 就会引起车内拥挤. 基于此, 引入车内拥挤度或拥挤费用来度量这种不舒适程度. 具体地, 定义 $Q_u^{s,k} \times r_u^s \times \delta(Q_u^{s,k}-c)$ 为乘客从 s 线路的 u 站到 $u+1$ 站的拥挤度, 其中 $\delta(x)$ 是符号函数, 如果 $x>0$, $\delta(x)$ 取值为 1, 否则等于 0. 从而, 当 $Q_u^{s,k}>c$ 时, 即列车 k 在 u 站到 $u+1$ 站期间在车人数超过列车能力, 此时 $\delta(Q_u^{s,k}-c)=1$, 则列车 k 上在车乘客 $Q_u^{s,k}$ 要经历时长为 r_u^s 的车内拥挤, 并用 $Q_u^{s,k} \times r_u^s$ 来量化具体的拥挤度; 而当 $Q_u^{s,k} \leqslant c$ 时, $\delta(Q_u^{s,k}-c)=0$, 相应的车内拥挤度为 0. 于是, 可得到线路 s 上所有列车运行产生的总拥挤费用.

$$\sum_{k=1}^{m_s} \sum_{u=1}^{n_s-1} Q_u^{s,k} \times r_u^s \times \delta(Q_u^{s,k}-c) \tag{4.8}$$

显然, 上述等待时间和拥挤费用具有相同的量纲. 不失一般性, 假定它们具有相同的权重, 则最终的目标函数 (线路 s) 表示为如下形式.

$$\min Z = \sum_{k=1}^{m_s} \sum_{u=1}^{n_s-1} \sum_{v=u+1}^{n_s} \sum_{t\in(D_u^{s,k-1},D_u^{s,k}]} P_{u,v}^s(t) \times (D_u^{s,k}-t)$$
$$+ \sum_{k=1}^{m_s} \sum_{u=1}^{n_s-1} Q_u^{s,k} \times r_u^s \times \delta(Q_u^{s,k}-c) \tag{4.9}$$

需要说明的是, 目标函数 (4.9) 考虑了乘客在车的拥挤费用, 目的是尽可能减少车内拥挤的数量和程度. 正如后文算例展示的那样, 在单线路情况, 求解上述模型得到的最优列车时刻表, 对应的车内拥挤费用等于零.

4.3.2 两线路情况

对于上文构建的单线路模型, 以下将其扩展到具有连接站的两线路情况. 首先, 列车到发时刻关联约束 (4.1) 和 (4.2)、列车运行间隔约束 (4.3) 以及流量守恒

方程 (4.6), 仅涉及本线路上的列车和乘客, 这些条件对两线路情况依然适用. 但是, 由于两条线路之间存在中转换乘客流, 车站上车和下车乘客人数要进行相应的修改.

1. 上车乘客人数

在线路 s 上车站 u, 由于受中转换乘客流的影响, 应按照 u 站位于连接站 h_s 后方、前方和本站, 分别计算相应的上车乘客人数.

首先, 按照列车运行方向, 当 u 站位于连接站 h_s 的后方, 即 $u = 1, 2, \cdots, h_s - 1$ 时, 在列车 $k-1$ 和 k 出发时刻之间, 即时段 $(D_u^{s,k-1}, D_u^{s,k}]$ 内, 需要在该站上车乘坐列车 k 的乘客包括两部分, 其一是前往本线路 s 从 $u+1$ 站到 n_s 站的直达乘客, 人数为 $\sum_{v=u+1}^{n_s} \sum_{t \in (D_u^{s,k-1}, D_u^{s,k}]} P_{u,v}^s(t)$; 其二是前往另一条线路 $3-s$ 上从 $h_{3-s}+1$ 到 n_{3-s} 的中转乘客, 人数为 $\sum_{v=h_{3-s}+1}^{n_{3-s}} \sum_{t \in (D_u^{s,k-1}, D_u^{s,k}]} \bar{P}_{u,v}^s(t)$, 这部分中转乘客将在连接站 h_s 下车, 然后换乘线路 $3-s$ 上的列车到达目的站.

其次, 当 u 站位于连接站 h_s 的前方, 即 $u = h_s + 1, h_s + 2, \cdots, n_s$ 时, 此时该站上车乘客中没有跨线路的中转乘客, 仅有本线直达乘客, 总的上车人数为 $\sum_{v=u+1}^{n_s} \sum_{t \in (D_u^{s,k-1}, D_u^{s,k}]} P_{u,v}^s(t)$.

最后, 为了计算在连接站 h_s 的上车乘客人数, 引入换入列车的概念. 如图 4.2 所示, 对于线路 s 上列车 k, 换入列车表示线路 $3-s$ 上若干个列车, 从这些列车下车的中转乘客能在连接站顺利乘上线路 s 上列车 k, 但无法乘上前行列车 $k-1$. 图 4.2 中, 线路 $3-s$ 上列车 k_1' 由于换乘时间 t_0 不足, 无法乘上列车 $k-1$ 而只能乘坐列车 k. 这样, 线路 s 上列车 k 的换入列车, 包括线路 $3-s$ 上位于列车 k_1' 与 k_2' 之间的所有列车, 即乘坐这些列车到达连接站 h_s 的中转乘客, 都需要再次乘坐列车 k 到达线路 s 上的目的站. 在下文中, 用 $\Re(k,s)$ 来表示线路 s 上列车 k 的换入列车集合, 定义如下

$$\Re(k,s) = \{k' \mid D_{h_s}^{s,k-1} < A_{h_{3-s}}^{3-s,k'} + t_0 \leqslant D_{h_s}^{s,k}\} \tag{4.10}$$

式 (4.10) 中, t_0 表示在连接站不同线路之间换乘所需的最小时间. 上式表明, 线路 $3-s$ 上乘坐列车 k' 到达连接站 h_{3-s} 的时刻加上最小换乘时间 t_0, 如果位于列车 k 和 $k-1$ (不包括 $k-1$) 出发时刻之间, 则这样的列车 k' 属于换入列车集合.

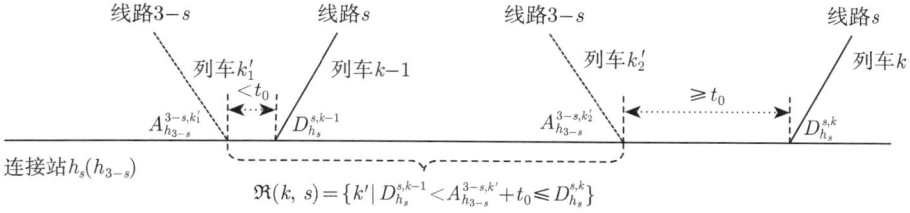

图 4.2 换入列车示意图

在连接站 h_s, 即当 $u = h_s$ 时, 乘坐列车 k (在线路 s) 前往 $u+1$ 站至 n_s 站的直达乘客人数为 $\sum\limits_{v=u+1}^{n_s} \sum\limits_{t \in (D_u^{s,k-1}, D_u^{s,k}]} P_{u,v}^s(t)$. 除此之外, 那些乘坐换入列车 $k' \in \Re(k,s)$ 从另一条线路 $3-s$ 上的 $u' \in \{1, 2, \cdots, h_{3-s}-1\}$ 站而来、前往线路 s 上 $v \in \{h_s+1, h_s+2, \cdots, n_s\}$ 站的中转乘客, 也属于在 h_s 站乘坐列车 k 的上车人数, 以下是具体的计算公式.

$$\sum_{k' \in \Re(k,s)} \sum_{u'=1}^{h_{3-s}-1} \sum_{v=h_s+1}^{n_s} \sum_{t \in (D_{u'}^{3-s,k'-1}, D_{u'}^{3-s,k'}]} \bar{P}_{u',v}^{3-s}(t) \tag{4.11}$$

综合上述讨论, 在线路 s 上的 u 站, 选乘列车 k 的上车乘客人数 $I_u^{s,k}$ 可进行如下修改.

$$I_u^{s,k} = \begin{cases} \sum\limits_{v=u+1}^{n_s} \sum\limits_{t \in (D_u^{s,k-1}, D_u^{s,k}]} P_{u,v}^s(t) + \sum\limits_{v=h_{3-s}+1}^{n_{3-s}} \sum\limits_{t \in (D_u^{s,k-1}, D_u^{s,k}]} \bar{P}_{u,v}^s(t), & u < h_s, \\[3mm] \sum\limits_{v=u+1}^{n_s} \sum\limits_{t \in (D_u^{s,k-1}, D_u^{s,k}]} P_{u,v}^s(t) + \sum\limits_{k' \in \Re(k,s)} \sum\limits_{u'=1}^{h_{3-s}-1} \sum\limits_{v=h_s+1}^{n_s} \sum\limits_{t \in (D_{u'}^{3-s,k'-1}, D_{u'}^{3-s,k'}]} \bar{P}_{u',v}^{3-s}(t), & \\[3mm] & u = h_s, \\[3mm] \sum\limits_{v=u+1}^{n_s} \sum\limits_{t \in (D_u^{s,k-1}, D_u^{s,k}]} P_{u,v}^s(t), & u > h_s \end{cases}$$

$$\tag{4.12}$$

2. 下车乘客人数

同理, 在线路 s 上的车站 v, 沿列车运行方向, 按照 v 站位于连接站 h_s 的后方、前方和本站, 分别计算相应的下车乘客人数.

首先, 当 v 站位于连接站 h_s 的后方, 即 $v = 1, 2, \cdots, h_s - 1$ 时, 列车 k 在线路 s 上 v 站下车乘客只有本线路的直达乘客, 数值为 $\sum\limits_{u=1}^{v-1} \sum\limits_{t \in (D_u^{s,k-1}, D_u^{s,k}]} P_{u,v}^s(t)$.

其次, 在连接站 h_s, 即当 $v = h_s$ 时, 本线路直达客流 $\sum\limits_{u=1}^{v-1} \sum\limits_{t \in (D_u^{s,k-1}, D_u^{s,k}]} P_{u,v}^s(t)$ 需要在 v 站下车; 除此之外, 在 s 线路上 $u \in \{1, 2, \cdots, h_s - 1\}$ 站上车, 乘坐列车 k 前往 $3-s$ 线路上 $v' \in \{h_{3-s}+1, \cdots, n_{3-s}\}$ 站的中转乘客, 也需要在连接站 h_s 下车, 这部分乘客的人数为 $\sum\limits_{u=1}^{h_s-1} \sum\limits_{v'=h_{3-s}+1}^{n_{3-s}} \sum\limits_{t \in (D_u^{s,k-1}, D_u^{s,k}]} \bar{P}_{u,v'}^s(t)$.

最后, 当 v 站位于连接站 h_s 的前方车站, 即 $v = h_s + 1, h_s + 2, \cdots, n_s$ 时, 除了乘坐列车 k 在 s 线路上 v 站下车的直达乘客, 另外下车乘客还包括来自线路 $3-s$ 上 $u \in \{1, 2, \cdots, h_{3-s}\}$ 站乘坐接入列车 $k' \in \Re(k,s)$, 但需要在连接站 h_s 换乘列车 k 的中转乘客, 人数为 $\sum\limits_{k' \in \Re(k,s)} \sum\limits_{u=1}^{h_{3-s}} \sum\limits_{t \in (D_u^{3-s,k'-1}, D_u^{3-s,k'}]} \bar{P}_{u,v}^{3-s}(t)$.

基于上述考虑, 在线路 s 上 v 站从列车 k 下车的乘客人数可按修改后的下式确定.

$$O_v^{s,k} = \begin{cases} \sum\limits_{u=1}^{v-1} \sum\limits_{t \in (D_u^{s,k-1}, D_u^{s,k}]} P_{u,v}^s(t), & v < h_s, \\ \sum\limits_{u=1}^{v-1} \sum\limits_{t \in (D_u^{s,k-1}, D_u^{s,k}]} P_{u,v}^s(t) + \sum\limits_{u=1}^{h_s-1} \sum\limits_{v'=h_{3-s}+1}^{n_{3-s}} \sum\limits_{t \in (D_u^{s,k-1}, D_u^{s,k}]} \bar{P}_{u,v'}^s(t), \\ & v = h_s, \\ \sum\limits_{u=1}^{v-1} \sum\limits_{t \in (D_u^{s,k-1}, D_u^{s,k}]} P_{u,v}^s(t) + \sum\limits_{k' \in \Re(k,s)} \sum\limits_{u=1}^{h_{3-s}} \sum\limits_{t \in (D_u^{3-s,k'-1}, D_u^{3-s,k'}]} \bar{P}_{u,v}^{3-s}(t), \\ & v > h_s \end{cases}$$

$$(4.13)$$

对于经过以上修改后的上车人数 $I_u^{s,k}$ 和下车人数 $O_u^{s,k}$, 可以利用公式 (4.6) 对应修改在车乘客人数 $Q_u^{s,k}$.

3. 目标函数

对于两线路情况, 由于要考虑不同线路上列车协同运行和乘客中转换乘, 模型的目标函数将变得相对复杂. 首先, 按如下公式计算乘客在车站的总等待时间

W_1 以及对应的候车乘客人数 β_1.

$$W_1 = \sum_{s \in \{1,2\}} \sum_{k=1}^{m_s} \sum_{u=1}^{n_s-1} \sum_{v=u+1}^{n_s} \sum_{t \in (D_u^{s,k-1}, D_u^{s,k}]} P_{u,v}^s(t) \times (D_u^{s,k} - t)$$
$$+ \sum_{s \in \{1,2\}} \sum_{k=1}^{m_s} \sum_{u=1}^{h_s} \sum_{v=h_{3-s}+1}^{n_{3-s}} \sum_{t \in (D_u^{s,k-1}, D_u^{s,k}]} \bar{P}_{u,v}^s(t) \times (D_u^{s,k} - t) \qquad (4.14)$$

$$\beta_1 = \sum_{s \in \{1,2\}} \sum_{k=1}^{m_s} \left\{ \sum_{u=1}^{n_s-1} \sum_{v=u+1}^{n_s} \sum_{t \in (D_u^{s,k-1}, D_u^{s,k}]} P_{u,v}^s(t) \right.$$
$$\left. + \sum_{u=1}^{h_s} \sum_{v=h_{3-s}+1}^{n_{3-s}} \sum_{t \in (D_u^{s,k-1}, D_u^{s,k}]} \bar{P}_{u,v}^s(t) \right\} \qquad (4.15)$$

式 (4.14) 中, W_1 中的第 1 项为直达乘客的总候车时间, 第 2 项为中转乘客的总候车时间; β_1 中的求和项为 W_1 中的对应乘客人数.

利用修改后的在车乘客人数 $Q_u^{s,k}$, 可以计算总的在车拥挤费用 W_2 以及拥挤状态下总的在车乘客人数 β_2.

$$W_2 = \sum_{s \in \{1,2\}} \sum_{k=1}^{m_s} \sum_{u=1}^{n_s-1} Q_u^{s,k} \times r_u^s \times \delta(Q_u^{s,k} - c) \qquad (4.16)$$

$$\beta_2 = \sum_{s \in \{1,2\}} \sum_{k=1}^{m_s} \sum_{u=1}^{n_s-1} Q_u^{s,k} \times \delta(Q_u^{s,k} - c) \qquad (4.17)$$

式 (4.17) 中的总乘客人数 β_2, 只有当出现车内拥挤时, 才需要统计相应的在车乘客人数, 并计算相应的乘客拥挤费用.

除了最小化乘客等待时间和拥挤费用, 通常还希望尽量减少乘客在换乘站的额外等待时间. 为此, 这里引入换出列车的概念. 如图 4.3 所示, 在连接站从线路 s 上列车 k 下车的中转乘客, 将乘坐线路 $3 - s$ 上的换出列车 $\bar{k}$, 但不愿意选择该线路上后续列车. 具体地, 换出列车是给定 s 线路上列车 k, 在连接站满足不同线路间最小换乘时间中, 在另一条线路 $3 - s$ 上距离 k 最近的列车, 该列车记为 $\bar{k}$. 不同于多个换入列车情况, 换出列车数量只有一个.

另外, 当临近研究时段结束时, 部分列车可能没有相应的换出列车, 此时用 0

表示虚拟换出列车. 最后, 按以下公式确定换出列车标记 $\bar{k}$.

$$\bar{k} = \begin{cases} \min\{k'|D_{h_{3-s}}^{3-s,k'} \geqslant A_{h_s}^{s,k} + t_0\}, & D_{h_{3-s}}^{3-s,k'} - A_{h_s}^{s,k} - t_0 \geqslant 0 \\ 0, & \text{否则} \end{cases} \tag{4.18}$$

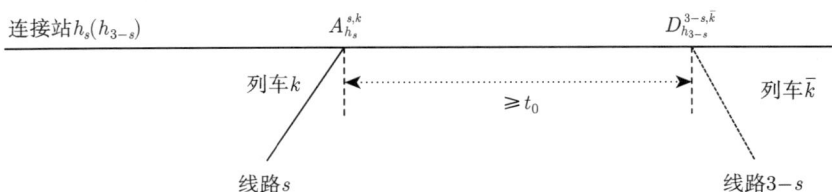

图 4.3　换出列车示意图

公式 (4.18) 中的换出列车标记 $\bar{k}$, 是线路 $3-s$ 上距离给定列车 k 最近的列车 k'. 在换乘站 h_s 或 h_{3-s}, 列车 k 与 $\bar{k}$ 之间, 中转乘客额外等待延误为 $D_{h_{3-s}}^{3-s,\bar{k}} - A_{h_s}^{s,k} - t_0$. 因此, 可计算中转乘客总的等待时间 W_3 和相应的乘客人数 β_3.

$$W_3 = \sum_{s \in \{1,2\}} \sum_{k=1}^{m_s} \sum_{u=1}^{h_s-1} \sum_{v=h_{3-s}+1}^{n_{3-s}} \sum_{t \in (D_u^{s,k-1}, D_u^{s,k}]} \bar{P}_{u,v}^s(t) \times (D_{h_{3-s}}^{3-s,\bar{k}} - A_{h_s}^{s,k} - t_0)^+ \tag{4.19}$$

$$\beta_3 = \sum_{s \in \{1,2\}} \sum_{k=1}^{m_s} \sum_{u=1}^{h_s-1} \sum_{v=h_{3-s}+1}^{n_{3-s}} \sum_{t \in (D_u^{s,k-1}, D_u^{s,k}]} \bar{P}_{u,v}^s(t) \times \delta(D_{h_{3-s}}^{3-s,\bar{k}} - A_{h_s}^{s,k} - t_0) \tag{4.20}$$

其中, $D_{h_{3-s}}^{3-s,0} = 0$, $(x)^+ = \max\{0, x\} = x \cdot \delta(x)$.

当 $D_{h_{3-s}}^{3-s,\bar{k}} - A_{h_s}^{s,k} > t_0$ 时, 可利用公式 (4.19) 和 (4.20), 计算统计中转乘客额外等待时间和相应的乘客人数; 当 $D_{h_{3-s}}^{3-s,\bar{k}} - A_{h_s}^{s,k} \leqslant t_0$ 时, 没有产生额外等待时间或者形成有效换乘, 相应的等待时间和乘客人数为 0.

最优的列车时刻, 应最小化乘客在站等待时间、车内拥挤度以及额外换乘延误. 为了统一量纲, 本章用基于乘客人数的平均值度量目标函数.

$$\min \quad Z = \sum_{l=1}^{3} \frac{W_l}{\beta_l} \tag{4.21}$$

应该注意的是, 目标函数 (4.21) 是在最小化 3 个指标的相对值, 而这些值均依赖于所设计的列车时刻表. 另外在 (4.21) 中, 如果出现 β_2 或 $\beta_3 = 0$, 则将相应

的 W_2/β_2 或 W_3/β_3 取值为 0. 容易看出, 上述构建的针对单线路和两线路情况的列车时刻表数学模型, 都是非线性整数规划问题, 属于 NP 难问题.

4.4 求解单线路的动态规划算法

根据前文分析, 单线路列车时刻表优化问题, 实际上就是确定列车在始发站的最优出发时刻, 这是一个典型的离散系统优化问题, 选择合适的分解算法, 是求解这类大规模案例的首选. 动态规划 (Dynamic Programming, DP) 是经典的分解算法, 该方法适合于求解具有如下特点的系统, 这类系统可分成若干互相联系的阶段, 每一阶段都需要作出决策, 从而使整个过程达到最好的效果. 对于某个给定的阶段状态, 它以前各阶段的状态无法直接影响未来的决策, 而只能通过当前的这个状态, 产生最优决策序列. 以下应用 DP 算法, 求解单线路列车时刻表优化问题.

为方便起见, 暂时忽略线路的上标或下标. 通常情况下, 列车在始发站的出发时间点是离散且有限的. 如前所述, 本章将分钟作为时间跨度单位. 很显然, 就始发站的列车出发时刻而言, 按次序枚举可以找到一组完整的最优可行解, 但实践中无法直接使用这种全枚举方法求解大规模案例. 根据单线路列车运行决策的离散化特征, 以下将列车时刻表问题分解为一系列列车的状态选择问题, 这是确定型有限状态决策问题的特殊情况.

仔细分析单线路列车时刻表优化模型, 一个重要的特点是, 所考虑的列车运行选择仅对紧后的列车产生影响, 而不会影响前行列车及相关的目标函数. 也就是说, 在该离散时间调度系统中, 随着时间推移产生的成本费用仅取决于当前列车状态和控制行为. 更确切地, 以下用 "列车 k" 表示 DP 算法的 "阶段", 用 "列车 k 在始发站出发时刻选择 D_1^k" 表示 "状态", 用 "从阶段 (列车) k 的当前决策 D_1^k 到阶段 (列车) $k+1$ 下一个决策 D_1^{k+1} 的状态转移" 表示 "控制行为".

为了确保列车总供给能够满足客流总需求, 假设最后末班列车在研究时段的结束时刻从始发站出发. 这意味着, 状态 $D_1^m = T$, 其中 T 是末班列车 m 在始发站的发车时刻. 如图 4.4 所示, 从初始状态 ($D_1^0 = 0$) 开始, 运用递归的方法, 通过控制行为不断地从当前状态过渡到下一状态, 并由此构建状态空间网络, 其中状态对应于节点, 控制行为对应于连接弧. 图 4.4 中, 在阶段 k 的当前节点 D_1^k 处, 阶段 $k+1$ 所有可行的节点为 $j \in [D_1^k + \theta_{\min}, \min\{D_1^k + \theta_{\max}, T\}]$, 对应的关联弧为 $\{(D_1^k, j) | D_1^k + \theta_{\min} \leqslant j \leqslant \min\{D_1^k + \theta_{\max}, T\}\}$. 具体执行中, 应重复地将所有这样的弧添加到网络中. 显然, 一个可行的列车时刻表可以视为一条从初始状态

(节点 0) 到结束状态 (节点 16) 的时空路径.

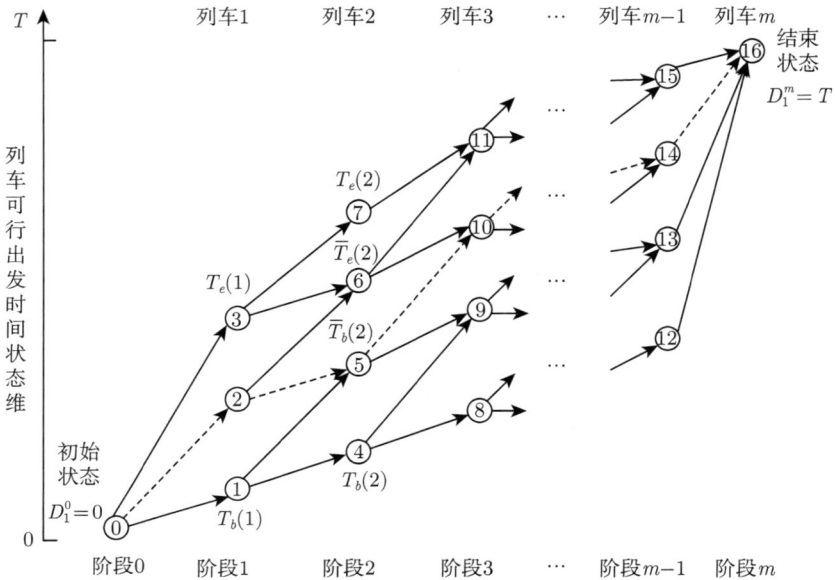

图 4.4 状态空间网络示意图

图 4.4 中, 分别用 $T_b(k)$ 和 $T_e(k)$ 来表示阶段 k 可行的最早和最晚出发时刻. 在算法实施过程中, 列车 k 所有可能的发车时刻应该从 $T_b(k)$ 开始遍历到 $T_e(k)$. 容易理解, 最早和最晚出发时刻可以按以下方程递归确定.

$$T_b(k) = \min\{D_1^{k-1}\} + \theta_{\min} \tag{4.22}$$

$$T_e(k) = \min\left\{T, \max\{D_1^{k-1}\} + \theta_{\max}\right\} \tag{4.23}$$

进一步地, 提出具体的过程递归计算公式, 用以在单线路情形下确定列车时刻表的精确最优解. 以下, 用 $Z(k, D_1^k)$ 表示状态 D_1^k 在阶段 k 下, 总的乘客在站等待时间和车内拥挤度的最优值, 也称为列车 k 从始发站在时刻 D_1^k 出发时的评价函数. 通过考虑列车 k 的出发时刻 D_1^k 以及列车 $k+1$ 的出发时刻 D_1^{k+1}, 对应于图 4.4 中两个状态节点之间的连接弧, 可以计算从 $Z(k, D_1^k)$ 过渡到 $Z(k+1, D_1^{k+1})$ 时如下边际评价函数的增加值.

$$\sum_{u=1}^{n-1} \sum_{v=u+1}^{n} \sum_{t \in (D_u^k, D_u^{k+1}]} P_{u,v}(t) \times (D_u^{k+1} - t) + \sum_{u=1}^{n-1} Q_u^k \times r_u \times \delta(Q_u^k - c) \tag{4.24}$$

式 (4.24) 中, 用 n 简化表示线路上车站的数量 n_s, 其中在已知列车 k 和 $k+1$ 在始发站出发时刻 D_1^k 和 D_1^{k+1} 条件下, 先递归求得列车在其他站的出发时刻及在车人数, 并由此计算评价函数的增加值.

DP 算法, 目的在于将复杂的整体问题, 分解为多个便于计算的子问题. 利用递归公式 (4.21), 可以确定局部解 (k, D_1^k) 和 $(k+1, D_1^{k+1})$ 对应目标函数的增加值, 从而最终计算总的在站等待时间和车内拥挤度. 进一步地, 建立如下贝尔曼方程.

$$Z(k+1, D_1^{k+1}) = \min_{D_1^k} \left\{ Z(k, D_1^k) + \sum_{u=1}^{n-1} Q_u^k \times r_u \times \delta(Q_u^k - c) \right.$$
$$\left. + \sum_{u=1}^{n-1} \sum_{v=u+1}^{n} \sum_{t \in (D_u^k, D_u^{k+1}]} P_{u,v}(t) \times (D_u^{k+1} - t) \right\} \tag{4.25}$$

有一个细节非常重要, 在本章使用的 DP 算法中, 将列车作为阶段, 相对应的时间指标 D_1^k 作为唯一的状态变量. 但在大部分动态规划表示中, 通常是将离散化的时间点作为分解的阶段.

算法具体执行过程中, 在当前的状态, 应该向后搜索时间指标, 以获取并记录递归过程中前一列车的最佳出发时刻. 特别地, 如果知道列车 $k+1$ 的出发时刻 D_1^{k+1}, 可以用下面的公式确定状态空间网络中, 列车 k 的最早和最晚出发时刻 $\overline{T}_b(k)$ 和 $\overline{T}_e(k)$.

$$\overline{T}_b(k) = \max\{D_1^{k+1} - \theta_{\max}, 0\} \tag{4.26}$$

$$\overline{T}_e(k) = D_1^{k+1} - \theta_{\min} \tag{4.27}$$

在当前状态下, 例如位于图 4.4 所示的节点 10 处, 我们可以从最早时刻 (节点 5) 开始遍历至最晚时刻 (节点 6), 通过比较判断得到最佳的出发时刻 (节点 5), 继续向后迭代直至开始节点 0. 最后, 从状态结束节点 (节点 16) 反向追踪, 可以得到从节点 0 到节点 16 的最短时空路径 (图 4.4 中虚线所示的路径), 对应于期望的最优列车时刻表, 详细的 DP 算法描述如下.

算法 4.1 DP 算法

步骤 1 (初始化)

初始化乘客等待时间和拥挤度的评价函数值为 $Z(k, D_1^k) = \infty$, $Z(k=0, D_1^0 = 0) = 0$.

For 列车 $k = 1$ **do**

For 所有可行出发时间 $D_1^1 = T_b(1), T_b(1) + 1, \cdots, T_e(1)$ **do**, 计算如下评价函数

$$Z\left(1, D_1^1\right) = \sum_{u=1}^{n-1} \sum_{v=n+1}^{n} \sum_{t \in \left[0, D_u^1\right]} P_{n,v}(t) \times \left(D_u^1 - t\right) + \sum_{n=1}^{n-1} Q_u^1 \times r_u \times \delta\left(Q_u^1 - c\right)$$

End for$//D_1^1$

步骤 2 (递归计算)

　　For 列车 $k + 1 = 2, 3, \cdots, m$//阶段 **do**

　　　For 列车 $k + 1$ 每个可行的出发时间 $D_1^{k+1} = T_b(k+1), T_b(k+1) + 1, \cdots, T_e(k+1)$
　　　//状态 **do**

　　　　For 列车 $k+1$ 对应的紧后列车 k 每个可能的出发时间 $D_1^k = \overline{T}_b(k), \overline{T}_b(k) + 1, \cdots,$
　　　　$\overline{T}_e(k)$ **do**

　　　　步骤 2.1　计算总的累计等待时间和拥挤度

$$Z\_\text{temp}\left(k + 1, D_1^{k+1}\right) = Z\left(k, D_1^k\right) + \sum_{u=1}^{n-1} Q_u^k \times r_u \times \delta\left(Q_u^k - c\right)$$

$$+ \sum_{u=1}^{n-1} \sum_{v=u+1}^{n} \sum_{t \in \left(D_u^k, D_u^{k+1}\right]} P_{u,v}(t) \times \left(D_u^{k+1} - t\right)$$

　　　步骤 2.2　更新

　　　If $Z\_\text{temp}(k + 1, D_1^{k+1}) < Z(k + 1, D_1^{k+1})$ **then**
　　　置　$Z(k + 1, D_1^{k+1}) = Z\_\text{temp}(k + 1, D_1^{k+1})$
　　　记录后向节点　$pd(k + 1, D_1^{k+1}) = D_1^k$.
　　Endif
　　　Endfor $//D_1^k$
　　　Endfor $//D_1^{k+1}$
　　Endfor $// k+1$.

步骤 3 (回溯最优解)

　　确定 $Z(k = m, D_1^k = T)$ 的最小值, 作为最优解输出. 具体地, 利用列车 $k+1$ 的记录信息 $pd(k + 1, D_1^{k+1})$, 对于所有的 $k = m - 1, m - 2, \cdots, 1$, 向后递归地追踪到列车 k 的最佳出发时刻.

4.5　求解两线路的遗传算法

　　实际上, 4.4 节提出的 DP 算法, 仅适用于单线路情况. 对于更复杂的两线路情况, 各自线路上列车分别发车, 并通过连接站的中转客流相互影响, 使得问题的复杂性急剧增加. 为此, 需要进一步开发有效可行的算法, 来应对一般的两线路情况, 使所提出的方法能够求解现实应用问题. 遗传算法 (Genetic Algorithm, GA)

是一种智能化的群体搜索算法 (Gen and Cheng, 2000; Bielli et al., 2002), 在处理非线性数学模型方面具有强大的优势, 特别适合求解上文的两线路问题.

为了提高遗传算法的计算效率, 以下提出特殊的整数编码方法. 如图 4.5 所示, 这种编码中每个染色体分为两部分. 具体地, 染色体前半部分长度为 $m_1 - 1$ 的基因段, 代表研究时段内线路 1 的决策结果, 后半部分长度为 $m_2 - 1$ 的基因段代表线路 2 的决策结果. 每个基因位置的数值, 对应于从当前列车与前行列车可能的发车时间间隔, 其大小在最小间隔 $\theta_{\min}$ 和最大间隔 $\theta_{\max}$ 之间. 例如, 图 4.5 所示的第二个数字 "4" 表示线路 1 上的第一个和第二个列车之间的发车间隔为 4 分钟.

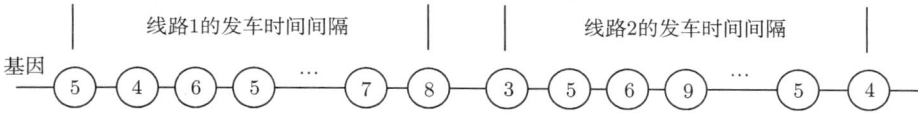

图 4.5　染色体编码示意图

在染色体基因序列中, 用 $\pi_s^k(k = 1, 2, \cdots, m_s - 1; s = 1, 2)$ 表示对应于 s 线路上第 k 个位置的正整数. 那么, 线路 s 上列车 k 在始发站的具体出发时刻 $D_1^{s,k}$, 可以按如下公式递归计算得到.

$$D_1^{s,k} = D_1^{s,k-1} + \pi_s^k, \quad k \in \{1, 2, \cdots, m_s - 1\}, \quad s \in \{1, 2\} \tag{4.28}$$

$$D_1^{s,0} = 0, \quad D_1^{s,m_s} = T, \quad s \in \{1, 2\} \tag{4.29}$$

公式 (4.29) 是边界条件, 已知 $D_1^{s,0} = 0$ 和当前基因值 π_s^k, 利用式 (4.28) 可以递归地求得每个列车在始发站的出发时刻 $D_1^{s,k}$.

从初始种群或遗传操作中获得的染色体, 对应的列车出发时刻有可能违反列车运行间隔约束 (4.3), 从而导致相应的解不可行. 通常情况下, 表现为 s 线路上最后的两个列车 $m_s - 1$ 和 m_s (在始发站的出发时刻为 T) 之间不满足所需的间隔约束, 出现 $T - D_1^{s,m_s-1} < \theta_{\min}$ 或者 $T - D_1^{s,m_s-1} > \theta_{\max}$ 的现象. 对此, 应根据不同的情况, 通过以下方法对当前的解进行修改.

情况 1　如果出现 $T - D_1^{s,m_s-1} < \theta_{\min}$

修改置 $k = m_s, D_1^{s,m_s} = T$, 反复执行

$$\{D_1^{s,k-1} = D_1^{s,k} - \theta_{\min}, k = k - 1\} \text{ 直至 } D_1^{s,k} - D_1^{s,k-1} \geqslant \theta_{\min} \text{ 满足}.$$

情况 2　如果出现 $T - D_1^{s,m_s-1} > \theta_{\max}$

修改置 $k = m_s, D_1^{s,m_s} = T$, 反复执行

$\{D_1^{s,k-1} = D_1^{s,k} - \theta_{\max}, k = k - 1\}$ 直至 $D_1^{s,k} - D_1^{s,k-1} \leqslant \theta_{\max}$ 满足.

　　经过上述方法修改后得到的列车出发时刻, 可用于计算目标函数和其他的参数. 在计算过程中, 可同时得到总的乘客在站等待时间、车内拥挤费用和其他相关的参数. 整个求解过程, 是从每条线路的第 1 个列车和第 1 站 (始发站) 开始, 逐步递归调用所提出的公式. 进一步地, 利用下式计算适应度函数.

$$\text{Fitness} = \frac{Z_{\max} - Z}{Z_{\max} - Z_{\min}} \tag{4.30}$$

上式中 Z 是由式 (4.21) 求得的目标函数值, $Z_{\max}$ 和 $Z_{\min}$ 分别表示当前染色体群体中目标函数的最大和最小值.

　　在遗传算法实施过程中, 选择算子和交叉算子与普通整数编码的遗传算法相同. 对于变异算子, 如图 4.6 所示, 设计了专门方法处理整数编码带来的可行解问题. 首先, 利用等式 (4.28) 和 (4.29), 根据父代染色体的基因值确定列车在始发站的出发时刻, 由此执行变异算子操作. 具体地, 在期望的第 k 个基因位置, 从列车 $k - 1$ 和 $k + 1$ 出发时刻所决定的闭区间 $[D_1^{s,k-1} + \theta_{\min}, D_1^{s,k+1} - \theta_{\min}]$ 中, 随机选择一个正整数作为列车 k 的出发时刻, 利用这样得到的出发时刻 $D_1^{s,k}$ 和已知的出发时刻 $D_1^{s,k-1}$, $D_1^{s,k+1}$, 可以很容易得到更新后的 π_s^k 和 π_s^{k+1}, 并作为子代染色体基因值.

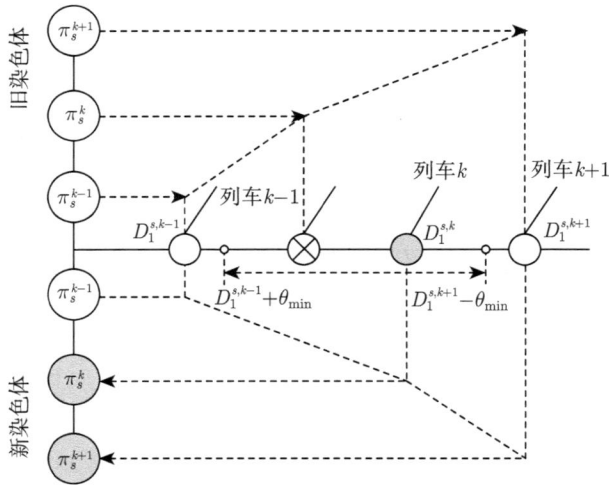

图 4.6　变异算子示意图

4.6 数值算例

4.6.1 数据输入

利用 C++ 编制了上述所有算法的计算机程序, 应用一个简化后的案例, 计算期望的最优列车时刻表. 如表 4.2 所示, 列出了所需符号和相应解释.

表 4.2 算法符号和解释

缩写	算法解释	目标函数
DP-S	单线路动态规划算法	公式 (4.9)
GA-S	单线路遗传算法	公式 (4.9)
DP-M	先用 DP 求解单线路情况, 然后合成为两线路时刻表	公式 (4.9)
GA-M	两线路遗传算法	公式 (4.21)

图 4.7 显示了简化算例的网络结构, 其中线路 1 上含有 3 个车站、线路 2 上有 2 个车站, 线路 2 上的始发站 (车站 2) 也是连接站; 在车站 2, 线路 1 上的列车在该车站的停留时间和最小中转换乘时间分别为 1 分钟和 4 分钟; 列车在两条线路上其他相邻车站之间的区间运行时间如图 4.7 所示.

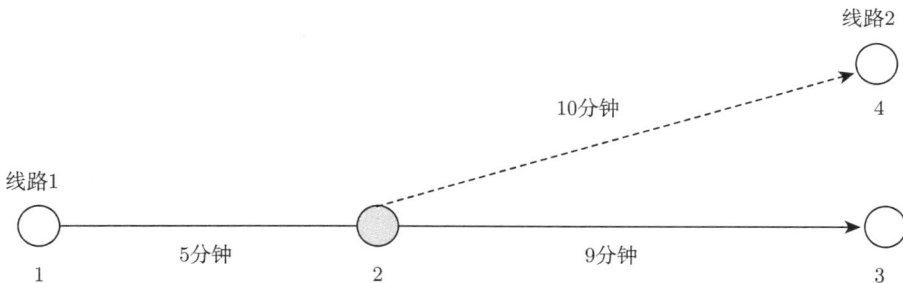

图 4.7 算例的网络结构和区间运行时间

设置线路上最小间隔时间 $\theta_{\min}$ 为 2 分钟, 最大间隔时间 $\theta_{\max}$ 为 15 分钟, 列车载客量标准为 50 人; 在研究时段内, 分别在线路 1 和线路 2 上有 10 列和 6 列列车从始发站发出; 表 4.3 列出了 [0, 50] 期间内, 以 1 分钟为间隔统计的 OD 需求矩阵.

表 4.3 以 1 分钟为间隔统计的 OD 需求矩阵

时间	1-2	1-3	2-3	1-4	2-4	时间	1-2	1-3	2-3	1-4	2-4
1	1	1	0	1	1	26	7	7	7	3	8
2	1	1	1	1	1	27	7	6	7	4	7
3	2	2	0	1	1	28	6	6	7	4	6
4	1	2	1	1	2	29	6	5	6	4	5
5	2	2	0	2	1	30	4	4	7	5	4
6	1	2	1	2	2	31	5	4	7	3	4
7	2	1	2	2	1	32	3	3	5	3	5
8	1	2	1	1	2	33	3	3	4	2	4
9	2	3	0	2	1	34	2	4	4	3	3
10	2	2	1	1	2	35	2	2	3	4	3
11	2	2	2	2	1	36	3	2	3	2	4
12	2	2	2	1	3	37	2	3	4	3	2
13	2	4	1	1	2	38	2	3	2	3	2
14	1	2	2	2	2	39	2	1	2	3	2
15	2	1	2	2	2	40	1	1	3	2	2
16	1	3	3	3	1	41	2	2	1	1	2
17	2	4	2	3	2	42	1	2	2	2	1
18	2	1	4	4	2	43	2	2	1	1	2
19	3	2	5	3	2	44	1	2	2	1	1
20	4	4	4	3	5	45	1	2	1	2	1
21	3	5	3	5	5	46	2	1	1	1	2
22	4	7	4	5	5	47	1	1	2	1	1
23	5	7	4	4	6	48	1	1	1	1	1
24	6	6	5	4	7	49	1	2	2	1	1
25	7	6	6	3	7	50	2	1	1	2	2

4.6.2 单线路情况

使用 DP-S 算法求解相应的模型, 在个人计算机英特尔® 酷睿™ i5-3210M 上, 可以分别得到线路 1 和线路 2 精确的最优列车时刻表; 图 4.8 显示了列车在始发站最优的发车时刻, 其中线路 1 从下斜向上发车, 线路 2 从上斜向下发车; 特别地, 最后求得的最优解对应拥挤费用为 0.

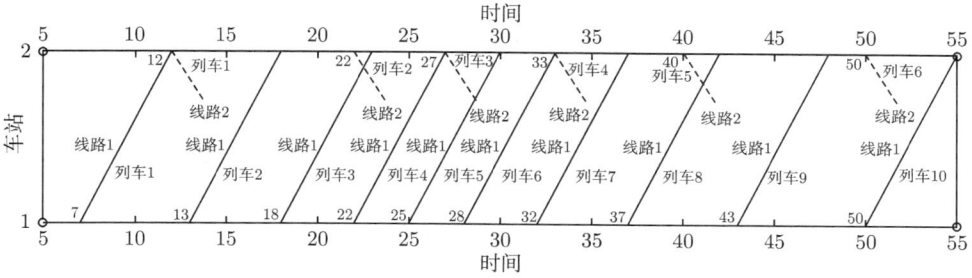

图 4.8 利用 DP-S 算法得到的线路 1 和线路 2 的列车时刻表

为了比较 DP-S 算法的优越性, 在相同输入参数下, 分别根据优化后的列车时刻表和均衡列车时刻表, 计算相应的目标函数、平均等待时间和平均拥挤度. 对线路 1, 使用 5 分钟的时间间隔生成均衡列车时刻表; 对线路 2, 取 10 分钟作为第一个时间间隔、其余时间间隔都为 8 分钟, 最后的结果比较见表 4.4.

表 4.4 单线路计算比较列表

线路	线路 1		线路 2	
列车时刻表	均衡时刻表	优化时刻表 DP-S	均衡时刻表	优化时刻表 DP-S
目标函数	2444 (100%)	978 (40.02%)	504 (100%)	447 (88.69%)
平均等待时间	2.07 (100%)	1.83 (88.41%)	3.57 (100%)	3.17 (88.69%)
平均拥挤度	2.05 (100%)	0.00 (0.00%)	0.00 (100%)	0.00 (100%)

从表 4.4 可以发现, 与基于均衡的列车时刻表相比, 动态规划算法得到的列车时刻表在所有 3 个目标中均取最小值. 另外, 以程序运行时间为基准, 记录了单线路情况下 DP-S 算法和 GA-S 算法的性能比较, 如图 4.9 所示. 显然, 对于单线路情况, 精确的 DP-S 算法的收敛速度比 GA-S 算法的收敛速度快许多, 这进一步说明了所提模型和算法的有效性.

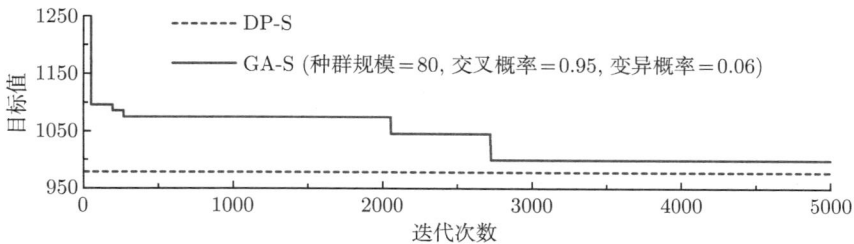

图 4.9 单线路情况 DP-S 算法和 GA-S 算法的收敛比较

4.6.3 两线路情况

对于图 4.7 所示的含有一个换乘站的两线路情况, 首先, 利用 DP-S 算法分别求解各自线路的最优列车时刻表, 再将这两个独立的列车时刻表直接合并, 集成为两线路情况的列车时刻表; 然后, 用上文提出的 GA-M 算法求解相应的两线路情况, 为了加快遗传算法的收敛速度, 将 DP-S 算法得到的合成列车时刻表对应的染色体作为必选, 加入到初始群体中, 求解期望的列车时刻表.

由于两条线路从始发站发出的列车总数为 16, 从而可以由 14 个基因构成的染色体表示相应的解. 遗传算法中, 设置种群数量为 80, 交叉概率为 0.95, 变异概率为 0.06. 通过使用 GA-M 算法, 迭代 618 次后得到期望的最优解, 该解对应的列车时刻表, 即列车在始发站出发时刻如图 4.10 所示. 特别地, 为了突出显示在换乘站不同列车之间的匹配关系, 图中标记了线路 1 上的换入列车、线路 2 上的换出列车. 可以发现, 线路 1 的最末列车没有匹配的换出列车.

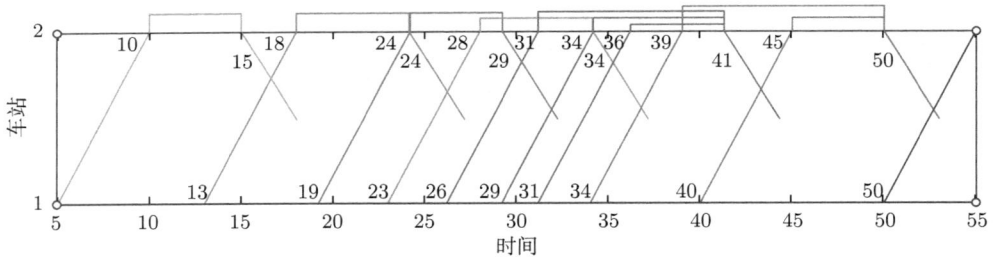

图 4.10 利用 GA-M 算法求得的两线路列车时刻表 (见文后彩图)

算法 DP-M 是一种集成方法, 该方法首先计算单线路的最优解, 然后将两个列车时刻表直接组合在一起, 形成两线路情况的列车时刻表, 如图 4.8 所示. 需要说明的是, 算法 DP-M 通过简单合并, 产生的列车时刻表不考虑目标函数中换乘等待时间, 而由算法 GA-M 得到的列车时刻表直接利用公式 (4.21), 其中考虑了等待时间、拥挤费用、换乘延误等 3 个度量指标. 表 4.5 列出了利用不同方法得到的结果, 可以发现, 与组合 DP-M 方法相比, GA-M 算法的目标函数、平均换乘等待时间分别改进了 76.41% 和 62.44%, 而在直达乘客等待时间方面, GA-M 稍微出现了稍许增大.

进一步地, 在不同的客流需求环境下, 对 DP-M 和 GA-M 算法进行灵敏度测试, 以比较不同算法下目标函数 (4.21) 的变化情况, 结果如图 4.11 所示. 显示表明, 当中转乘客人数较少时, 由 DP-M 方法合成的解可适用于两线路情况, 而当中转乘客人数较大时, GA-M 方法则表现出了明显的优势. 实践中, 如果面临更大的换乘客流时, 应该考虑在两线路之间开行直达列车, 将这些跨线客流以最快方式送达目的站.

表 4.5　两线路情况列车时刻表计算比较

比较指标	集成时刻表 (DP-M)	优化时刻表 (GA-M)
目标函数	6.57 (100%)	5.02 (76.41%)
本线路平均等候时间	2.11 (100%)	2.30 (109.00%)
平均拥挤费用	0.60 (100%)	0.30 (50.00%)
平均换乘等待时间	3.86 (100%)	2.41 (62.44%)

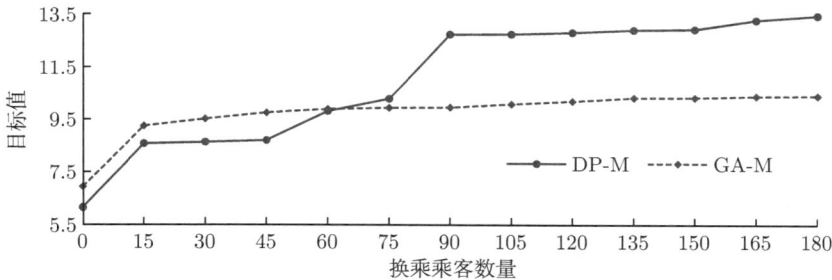

图 4.11　两线路情况下 DP-M 和 GA-M 算法计算比较

4.7　结　束　语

在时变的需求环境下, 提出了求解基于换乘的两线路列车时刻表协同优化的方法, 目的是使更多的直达和中转乘客尽可能快地同步到达目的站. 对于单条线路的情况, 构建了非线性整数规划模型, 用以优化每条线路上列车在始发站的出发时刻. 在考虑列车之间协同运行的约束下, 通过引入换入列车和换出列车的概念, 将模型扩展到了两线路情况. 模型直接使用基于分钟的需求矩阵, 使得列车时刻表能够充分地识别和响应时变的 OD 需求. 通过对单线路状态空间的离散表示, 构建了动态规划算法寻找问题的精确最优解. 对于更复杂的两线路情况, 提出了基于整数编码的改进遗传算法, 来求解满意的网络列车时刻表. 数值算例表明, 本章提出的模型和算法能够有效解决含有换乘的列车调度协同优化问题.

　　进一步研究需求驱动列车时刻表问题包括下列可能的方向. 首先, 从乘客出行满意度的角度出发, 采用多准则决策方法确定等待时间与拥挤度之间的不同权重; 其次, 研究方法应扩展到更加复杂的网络环境, 并对出现不同列车停站时间和区间运行时间的情况, 进行更加全面的考虑.

第 5 章   越行环境下列车时刻表优化及列生成方法

本章研究允许列车越行环境下列车时刻表优化问题. 利用所构建的时空网络, 将时变需求下列车时刻表和停站决策描述为线性整数规划模型. 具体地, 设计了专门的约束条件, 将基于小时的 OD 客流需求精准地加载到了停站灵活的列车群上. 分配过程会同步绑定 OD 需求的起始站和终到站, 使得需求加载约束从属的对偶变量或对偶价格依赖于两个相互关联的车站. 在列生成计算框架下, 这种双车站关联的对偶变量, 会导致标准的动态规划算法无法处置价格子问题, 由此成为有效求解模型的最大障碍. 为了消除这类列车时刻表问题中固有的不可分割性或强耦合性, 本章首次提出了用单车站对偶变量替换双车站对偶变量的解决方法. 进一步地, 为了获得期望的整数解, 应用分支定价切割算法, 并通过在限制主问题中添加有效不等式, 以缩减可行解的搜索空间. 最后, 进行一系列数值测算, 验证了所提方法的有效性.

5.1   引   言

本章及第 6 章, 将列车时刻表问题的研究范围扩展至含有列车越行的情况, 这是轨道交通最普通、应用最多的列车运营模式. 在中长距离的轨道交通线路上, 通常有不同速度等级的列车运行, 这必然会出现高速列车越行低速列车的情况. 正如后文将要展示的那样, 即使在列车速度等级单一的轨道线路上, 也会出现列车越行的情况, 以适应不同停站模式带来的影响, 而且这种现象还有进一步推广至城市轨道交通的趋势. 当然, 正是由于列车越行的存在, 轨道交通的运输能力和效率有了很多的提高. 不可否认的是, 对于含有列车越行的时刻表问题, 模型构建和算法设计的难度都会明显增大.

列车时刻表优化设计, 尤其在允许列车越行的情况下, 首要任务是如何消解多列车占用轨道资源引发的时空冲突. 由于列车时刻表和列车停站的紧密相关性, 进一步增加了这类决策问题的复杂性. 如果在优化过程中, 关注重心主要集中在必须强制遵守的列车追踪、越行等安全间隔方面, 而不直接考虑客流需求大小及时空分布, 相应的问题称为面向供给的列车时刻表优化. 过去几十年里, 大部分研究属于这类列车时刻表问题, 其间提出了许多的理论和方法 (Brännlund et al.,

1998; Carey and Crawford, 2007), 以获得运营收益最大或旅行时间最小的列车时刻表. 大多数的研究文献, 都将时刻表问题构造为包含大量决策变量和约束条件的整数规划模型, 使得快速求解大规模案例非常困难 (Odijk, 1996; Cai et al., 1998; Xu et al., 2017; Tian and Niu, 2019).

在大规模时空网络中, 系统集成列车运行和需求分布, 会面临许多棘手的难题. 这类问题的彻底解决, 有赖于如何正确地将动态 OD 需求分配到移动灵活的列车上. 为了化解这一困难, 早期研究文献 (Newell, 1971; Hurdle, 1973) 常使用乘客在始发站的到达率, 来获得车辆发车频率的解析表达式. 对于含有不同 OD 对的普通公交调度系统, Daganzo (1997) 通过利用累计流量的方法, 研究了流量溢出条件下乘客的瞬态排队过程. 还有一些文献, 使用基于小时 OD 需求来优化列车时刻表, 以满足时间和空间维度上不同的需求分布 (Chang et al., 2000; Kaspi and Raviv, 2013; Lin and Ku, 2014; Jamili and Aghaee, 2015). 然而, 这些研究主要关注基于周期和均衡的列车时刻表.

面向需求列车时刻表研究文献, 通常利用时变的 OD 客流需求, 将乘客候车时间作为目标函数, 这样得到的列车时刻表更加关注出行者的利益, 能在时间和空间维度上体现供给与需求之间的互动关系. 近年来, 数据收集和处理方面技术的进步, 使得研究学者能够利用丰富而又准确的乘客出行数据, 来优化面向需求的列车时刻表. 例如, 在基于分钟或小时的客流需求条件下, 研究轨道列车时刻表优化 (Niu and Zhou, 2013; Barrena et al., 2014a; Barrena et al., 2014b; Yin et al., 2017). 但是, 时变需求条件下的列车时刻表模型, 大部分属于非线性最优化问题 (Niu et al., 2015a). 为了简化所考虑的系统, 现有研究大多以单一速度等级列车为对象, 假定不存在列车越行现象 (Sun et al., 2014; Niu et al., 2015b; Chen et al., 2019).

众所周知, 轨道列车时刻表问题可以构建为大规模 0-1 混合整数规划模型. 对于这样的 NP 完全问题, 对偶分解算法是求解模型最有效的方法. 对偶分解算法的核心, 是将复杂问题分解为多个容易求解的子问题. 拉格朗日松弛 (Lagrange Relaxation, LR) 算法, 就是其中最著名的对偶分解算法, 该算法已广泛应用于许多重要的交通优化问题, 如车辆调度问题 (Fisher, 1981; Mahmoudi and Zhou, 2016; Niu et al., 2018). 利用拉格朗日分解算法, 可以在时空网络平面上, 将列车时刻表问题分解为多个路径子问题. 特别地, 意大利博洛尼亚大学 Caprara 研究团队, 通过松弛复杂的股道能力约束 (Caprara et al., 2002, 2006), 成功求解了越行环境下列车时刻表问题.

列生成 (Column Generation, CG) 算法, 是另一类著名的对偶分解方法, 该算法将复杂问题分解为一个限制主问题和多个价格子问题, 通过迭代求解这两类问题, 以获得原问题的近似最优解. 大多数情况下, 为了获得期望整数解, 还需要将列生成过程嵌入到分支定界框架下 (Barnhart et al., 2000; Fukasawa et al., 2006; Desaulniers, 2010). 关于 CG 算法的详细介绍, 可以参看 Desrosiers 和 Lübbecke (2005) 的文献. 通过嵌入先进的加速技术, 列生成算法在求解大规模线性整数规划时, 表现出了巨大的优势和潜力, 被广泛应用于各种实际问题, 如车辆路径问题 (Desrochers et al., 1992; Ropke and Cordeau, 2009; Wang and Sheu, 2019)、公交网络设计问题 (Chu, 2018) 等. 在轨道列车调度与路径优化方面, 列生成方法近年来也得到了广泛的应用 (Potthoff et al., 2010; Lusby et al., 2011; Min et al., 2011; Lin and Kwan, 2016a). 特别值得一提的是, Cacchiani 等 (2008) 利用列生成方法研究了轨道列车时刻表问题, 目标函数为最小化实际与理想列车时刻表的偏离, 其中的理想时刻表隐含给定了列车停站模式, 模型没有考虑客流需求对时刻表的响应.

在应用对偶分解方法时, 主要的计算代价是处理各种类型的分解子问题, 如列生成算法中的价格子问题. 基于这样考虑, 现有文献提出了许多巧妙的预处理和解空间压缩技术, 以应对子问题求解的麻烦, 其中主要集中在求解最短路径问题的各种改进措施. 例如, Feillet 等 (2004) 扩展了经典的标号修正算法, Lozano 等 (2016) 提出了脉冲算法以缩减搜索空间, Lübbecke (2005) 提出了基于对偶变量的推理准则以减小动态规划 (Dynamic Programming, DP) 算法的状态空间, Righini 和 Salani (2008) 设计了双向搜索动态规划算法求解具有资源约束的路径问题. 正如下文将要讨论的那样, 如果将标准动态规划算法直接应用于本章的价格子问题, 将面临难以逾越的求解障碍.

这样的计算困难, 实际上来自问题中所含对象之间的不可分割性或强耦合性. "不可分割性" 概念是诺贝尔经济学奖获得者 Koopmans 和著名运筹学家 Beckmann (1957) 在研究工厂选址问题时首先提出的, 他们在论文中指出, 在解决多工厂选址问题时, 如果工厂之间存在某种性质的关联, 如运输材料或产品, 则系统的 "不可分割性" 将会相伴而生, 利用价格方法求解所构建的 2 次指派模型, 必然出现巨大的计算困难. 随后, 又有许多学者致力于识别和消除各类应用问题中的不可分割性 (Graves and Whinston, 1970; Banks et al., 1989; Sutter, 1996). 众所周知, 在轨道列车时刻表问题中, 由于考虑列车之间安全间隔约束, 不同列车之间会相互影响和关联. 面向需求列车时刻表优化, 除了处理列车之间的关联性, 还需要将客流需求合理加载到列车群上, 这会同步绑定 OD 需求的始发和终到站, 导致难以避免的不可分割性, 并使模型的求解陷入困境. 例如, 如果给定一组从 s 到 s'

站的 OD 需求, 则这些旅客只能选择乘坐在车站 s 和 s' 都停站的列车. 进而, 这种不可分割性使得动态规划算法无法有效地求解大规模的价格子问题. 面对这种非常棘手的不可分割性, 如何制定数学上严格、方法上易处理的应对策略, 将显得尤为重要和有意义.

本章将利用列生成方法, 求解时变需求和允许越行环境下轨道列车时刻表优化问题. 所建模型含有大量的 0-1 路径变量和整数指派变量, 采用分支定价切割架构求解模型. 相比于 Cacchiani 等 (2008) 的工作, 有两个明显的不同点: 第一, 在构模过程中, 充分考虑了列车时刻表对客流需求的响应; 第二, 采用了灵活的列车停站模式, 以满足列车越行和 OD 客流加载的要求. 表 5.1 提供了相关文献与本章内容的详细比较. 概括起来, 主要的创新体现在以下两方面.

表 5.1　相关研究文献的比较

论文	列车类型	停站方案	有无越行	客流需求	决策变量	目标函数	求解方法
Chang (2000)	单类型	灵活	无	基于小时	列车时刻表、停站方案、需求分配	最小化运营费用和旅行时间	LINDO
Caprara (2002)	多类型	固定	有	无	列车时刻表	最大化收益	LR
Cacchiani (2008)	多类型	固定	有	无	列车时刻表	最大化收益	CG
Sun (2014)	单类型	固定	无	基于分钟	列车时刻表、需求分配	最小化乘客等待时间	CPLEX
Barrena (2014a)	单类型	固定	无	基于分钟	列车时刻表	最小化乘客等待时间	启发式
Niu (2015a)	单类型	固定	无	基于分钟和小时	列车时刻表、需求分配	最小化乘客等待时间	GAMS
Yang (2016)	多类型	灵活	有	全天依赖	列车时刻表、停站方案	最小化运行成本	GAMS
Yin (2017)	单类型	固定	无	基于分钟	列车时刻表、速度、需求分配	最小化能源消耗和等待时间	基于 LR
本章	多类型	灵活	有	基于小时	列车时刻表、停站方案、需求分配	最小化列车费用	CG

(1) 在时变需求条件下, 将多等级的列车时刻表与停站决策问题, 构造为线性整数规划模型. 利用所提出的时空网络, 设计了一组定制化的约束条件, 同步绑定了 OD 需求的起始和终到站, 将基于小时的 OD 需求准确地加载到停站灵活的列车群上.

(2) 基于 Koopmans 和 Beckmann 研究的启迪, 精心设计了基于列生成和分支定价切割的算法, 求解允许越行和时变需求条件下列车时刻表优化问题. 特别地, 为了能够利用动态规划算法有效地求解价格子问题, 消除问题中隐含的不可分割性, 设计了基于对偶变量替换的改进方法.

本章希望在更广泛的研究范围内, 通过使用所提出的列生成方法, 为消除交通优化问题中的不可分割性 (或强耦合性) 提供更多的见解和思路. 进一步地, 在大规模整数规划模型中, 能够更有效地应对棘手的 0-1 变量和易处理的整数变量. 剩余内容组织如下, 5.2 节详细描述了面向需求列车时刻表问题, 给出建模所需的基本假设, 构建了相应的时空网络; 5.3 节将问题构造为线性整数规划模型, 用以最小化实际与理想出发时刻偏离、列车旅行时间和运营成本; 5.4 节介绍了基于对偶变量替换的列生成方法; 5.5 节给出伴随的分支定价切割算法; 5.6 节计算测试了一系列数值例子; 5.7 节总结本章, 列举了未来进一步的研究方向.

5.2 问 题 分 析

5.2.1 问题描述

本章考虑一条双线高速铁路, 优化设计其中一个方向的列车时刻表. 用 S 表示所有车站的集合, $S = \{1, 2, \cdots, m\}$, 其中 1 和 m 分别表示相应的首站和末站, 如图 5.1 所示. 假定高速和低速两种速度等级的列车运行在线路上, 列车集合表示为 $I = \{1, 2, \cdots, n\}$. 对于列车 $i \in I$, 预先指定起始站 $o(i)$ 和终到站 $d(i)$, 并用 $S_i = \{o(i), o(i) + 1, \cdots, d(i)\}$ 表示该列车沿途经过的所有车站. 根据客流分布和列车运行的要求, 任意列车 i 在中间车站 $s \in S_i \setminus \{o(i), d(i)\}$ 可以采用灵活的停站模式, 并且允许同等级列车之间和不同等级列车之间在途经站发生越行作业.

图 5.1 高速铁路线路示意图

本章不考虑优化过程中取消或停运部分列车的情况, 即所有列车都将被使用, 服务于全部基于小时的 OD 客流需求. 类似于现有研究文献的处理方法 (Odijk, 1996; Cacchiani et al., 2008; Yang et al., 2016), 假设同种速度等级列车在同一区间的运行时间相同, 并要求所有列车严格遵守载客能力约束.

在面向需求的列车时刻表设计中, 一个重要问题是如何准确地度量客流需求对列车运行的影响. 为了既表现旅客需求的时空分布, 又易于后文的模型求解, 这里将基于小时的 OD 需求作为构模的基础输入数据. 还有许多研究文献 (Chang et al., 2000; Lin and Ku, 2014), 都采用基于小时的 OD 需求, 并通过加载需求到相应的列车上, 以反映列车服务对时变需求的响应. 在此, 用 $[0, T]$ 表示研究时段, 以 1 小时为单位将研究时段等间隔地划分成若干个 1 小时长的时段, 用 K 表示全天时段集合, 记为 $K = \{1, 2, \cdots, g\}$. 在此基础上, 用 $q_k^{s,s'}$ 表示 k 时段 $(k \in K)$ 从 s $(s \in S \setminus \{m\})$ 站前往 s' $(s'>s, s' \in S \setminus \{1\})$ 站的乘客人数. 以下, 先给出 3 个关于客流需求的假设, 用以保证客流加载的合理与可行.

假设 1　基于小时的 OD 需求能够被该时段提供的列车全部服务, 即任意时段内的乘客, 都能够乘上从该时段出发且符合停站条件的列车.

在列车时刻表问题中, 假设 1 被广泛应用于许多研究文献中 (Chang et al., 2000; Niu et al., 2015a; Yin et al., 2017). 该假设要求, 时段 k 内从 s 站前往 s' 站的乘客, 必能乘上 $[60(k-1), 60k)$ 时间窗内从 s 站出发且在 s 和 s' 都停车的列车. 假设 1 明确了每个时段内全部客流需求都能被符合条件的列车所服务. 实际上, 根据给定的小时 OD 需求, 本章的方法能够最终确定每个时段使用的列车数、停站方案以及相应的列车到发时刻. 这当然意味着, 客流需求较大的车站, 必然有更多的列车在该车站停留.

应该指出的是, 轨道交通有时会出现不满足假设 1 的情况. 首先是超饱和客流, 在超饱和时段内, 即使提供最大列车服务能力或列车按最小间隔发车, 也不能满足该时段内乘客出行要求, 这属于本书第 3 章的研究内容; 其次是不确定客流, 即在规划编制阶段, 所用客流需求尚不完全确定, 只是实际客流的估计值. 毫无疑问, 在不确定的需求环境下, 最大化所能服务乘客的数量, 是一个比较好的选择 (Cacchiani et al., 2020).

假设 2　假设每个小时的 OD 客流需求, 均在时段开始时刻到达始发站, 这些乘客可以自由选乘符合条件的任意列车 (Sun et al., 2014).

假设 3　在模型的优化目标中, 假设不考虑乘客在车站的等待时间. 为了简化问题, 该假设被许多研究文献所采纳 (Lin and Ku, 2014). 否则, 如果在列车时刻表问题中, 考虑乘客在车站的等待时间, 必然导致计算上特别复杂的非线性表达式.

如图 5.2 所示, 时段 k 和 $k+1$ 内从 s 站到 s' 站的乘客分别为 80 人和 180 人, 有 6 列能力为 100 的列车服务这些乘客. 列车 $i-2$ 既满足从 s 站出发的时刻在 k 时段内, 又符合在 s 和 s' 站停车的要求, 而列车 $i-1$ 不在 s' 站停车, 于是时段 k 内的乘客只能乘坐列车 $i-2$. 同理, 时段 $k+1$ 内的乘客能够乘坐符合

条件的列车 $i+1$ 和 $i+3$, 分别加载 100 人和 80 人. 为了使基于小时时段的需求与供给相匹配, 首要条件是每个时段提供的有效列车服务应大于等于相应的客流需求.

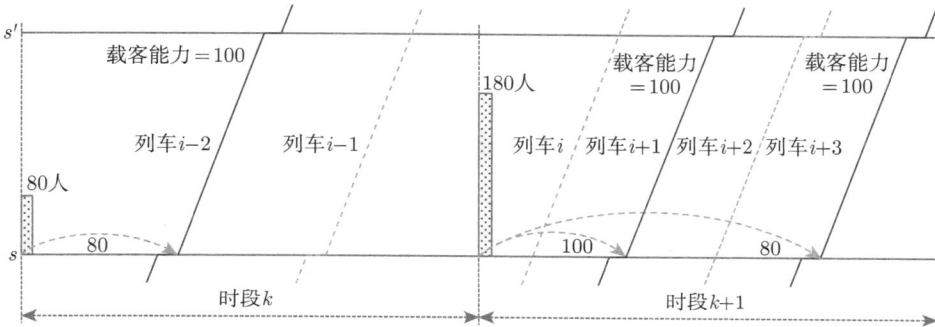

图 5.2   基于小时时段的客流需求和列车供给

5.2.2   时空网络构建

时空网络能准确反映列车在时间和空间上的变化过程, 已成为解决列车时刻表问题最重要的工具 (Harrod, 2011; Meng and Zhou, 2014; Zhou et al., 2017). 为了构建合理的时空网络, 本章首先用固定长度的微小时长 σ (取 $\sigma = 1$ 分钟) 均匀地等分研究时段 $[0, T]$, 从而使每个物理车站对应若干个时空节点. 其次, 连接相邻车站上满足运行时间要求的前后时空节点对生成运行弧, 连接同一车站上相邻时空节点对生成等待弧, 如图 5.3 所示. 本章考虑两种不同速度等级的列车, 对应于时空网络中的两类运行弧. 图 5.3 中, 分别用实线和虚线表示高速列车运行弧和低速列车运行弧. 需要特别强调的是, 本章对研究时段 $[0, T]$ 施行了不同时长的间隔划分, 前者是小时时长, 用以刻画客流需求; 后者是分钟时长, 用以构造时空网络并描述列车移动.

以下用 $G = (V, A)$ 表示所建立的时空网络, 其中 A 表示时空弧段的集合, V 表示时空节点的集合. 为了方便起见, 对于时空节点 $v \in V$, 引入 2 元数组 $v = (l(v), t(v))$, 其中 $l(v)$ 表示节点 v 所在的车站, $t(v)$ 表示节点 v 对应的时刻. 在车站 s, 相应的全体时空节点用集合 V_s 表示, 即 $V_s = \{v|0 \leqslant t(v) \leqslant T, l(v) = s\}$, $V_s \subset V$.

在时空网络 G 中, 对于每个列车, 相应的列车时刻表可以表示为一条由弧段与节点交错序列组成的时空路径. 反过来, 沿着给定的时空路径, 就能准确地定位列车在每个车站的到达和出发时刻. 所以, 列车时刻表和时空路径是一一对应的关系. 如果已知时空路径中列车在某个站的出发时刻, 根据给定的区间运行时间, 就能容易地确定列车到达下一站的时刻. 如图 5.3 所示, 列车沿粗线表示的路径 $p3$ 在车站 1,2 和 3 的出发时刻依次为 $60k+1$, $60k+4$ 和 $60k+5$, 就可以推算得到列车在车站 2 到达时刻为 $60k+2$、停站时间为 2 分钟, 同时在车站 3 不停车. 基于此, 用时空路径中各站出发时刻对应的节点序列, 就能唯一地表示列车运行轨迹, 例如图 5.3 中粗线表示的路径 $p3$, 可以表示为节点序列: $(1,60k+1) \rightarrow (2,60k+4) \rightarrow (3,60k+5) \rightarrow (4,60k+6)$. 为了方便建模, 用 p 标记路径, V_p^{dep} 表示路径 p 沿途经过所有出发节点的集合.

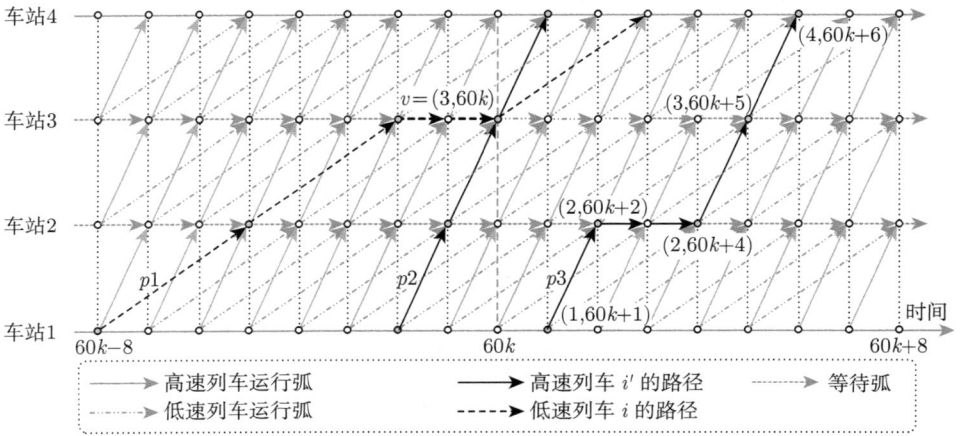

图 5.3　列车时空路径图示

实际上, 每个列车在时空网络中对应多条时空路径, 或者可在多条时空路径中选择其中的一条. 在此, 用 P_i 表示列车 i 对应的时空路径集合, P^v 表示经过节点 v 的时空路径, P_i^v 表示列车 i 的路径集合中经过节点 v 的部分, $P_i^v = P^v \cap P_i$. 图 5.3 中, $p1$ 和 $p2$ 分别是列车 i 和 i' 对应的一条时空路径, 并且都通过节点 $v = (3, 60k)$ 处, 从而有 $p1 \in P_i^v$, $p2 \in P_{i'}^v$.

5.3　数学模型

5.3.1　符号与变量

由 5.2 节讨论可知, 时空网络 G 中的每条路径表示列车可能的一种运行轨迹, 其中包含了列车在各站的到发时刻和相应的停站模式. 从本质上讲, 列车时刻表问题中包含了列车的停站选择, 因为根据列车在车站的到发时刻就能确定列车是否在该站停车. 优化列车时刻表, 等价于在时空网络中筛选一组满足约束条件且目标函数最小的路径. 基于这样的考虑, 定义路径决策变量如下:

x_p: 等于 1 表示时空路径 p 被选用, 否则等于 0.

为了将客流需求加载至列车时刻表或运行线上, 定义客流分配或加载变量如下:

$y_{k,i}^{s,s'}$: 时段 k 内从 s 站到 s' 站的客流分配至列车 i 的人数.

表 5.2 列举了建模过程中使用的集合、参数和对偶变量.

表 5.2 集合、参数和对偶变量定义

集合	定义
S	车站集合, $S=\{1,2,\cdots,m\}$;
S_i	列车 i 经过的车站集合, $S_i=\{o(i),\ o(i)+1,\cdots,d(i)\}$;
I	列车集合, $I=\{1,2,\cdots,n\}$;
I_s	经过 s 站的列车集合;
K	时段集合, $K=\{1,2,\cdots,g\}$;
V	时空节点集合;
V_s	s 站时空节点集合;
V_i^s	列车 i 途经 s 站时空节点集合;
A	时空弧段集合;
P_i	列车 i 的时空路径集合;
P^v	经过出发节点 v 的时空路径集合;
P_i^v	列车 i 经过出发节点 v 的时空路径集合;
V_p^{dep}	路径 p 的出发时空节点集合.

索引	定义
s	车站索引, $s \in S$;
i	列车索引, $i \in I$;
k	时段索引, $k \in K$;
v	时空节点索引, $v \in V$;
a	时空弧段索引, $a \in A$;
p	时空路径索引, $p \in P_i$.

参数	定义
m	车站数量;
n	列车数量;
g	时段数量;
$o(i)$	列车 i 的起始车站;
$d(i)$	列车 i 的终到车站;

集合	定义
$l(v)$	时空节点 v 所在车站;
$t(v)$	时空节点 v 所在时刻;
$h(v)$	时空节点 v 所在时段;
p^-	路径 p 的起始节点;
$c_{i,p}$	列车 i 使用路径 p 的费用;
c_i	列车 i 的固定费用;
$b_{k,p}^{s,s'}$	如果路径 p 在 k 时段离开车站 s 且在 s 和 s' 站都停车, 则等于 1, 否则等于 0;
$\bar{b}_{k,p}^{s}$	如果路径 p 在 k 时段离开 s 站, 则等于 1, 否则等于 0;
$\tilde{b}_{p}^{s}$	如果路径 p 在 s 站停车, 则等于 1, 否则等于 0;
w_{p}^{s}	路径 p 在 s 站的停站时间;
$w_{s,i}^{\min}$	列车 i 在 s 站的最小停站时间;
$w_{s,i}^{\max}$	列车 i 在 s 站的最大停站时间;
d_i^{ideal}	列车 i 在起始 $o(i)$ 的理想出发时刻;
$t_{s,i}^{E}$	列车 i 在 s 站的最早出发时刻;
$t_{s,i}^{L}$	列车 i 在 s 站的最晚出发时刻;
$q_{k}^{s,s'}$	k 时段从 s 站去往 s' 站的乘客需求;
h_{s}^{arr}	相邻列车在 s 站的到达安全间隔;
h_{s}^{dep}	相邻列车在 s 站的出发安全间隔;
$h_{i,i'}^{s}$	列车 i 和 i' 在 s 站的最小出发间隔, 由到达与出发安全间隔、区间运行时间确定;
r_{i}^{s}	列车 i 从 s 到 $s+1$ 的区间运行时间;
Cap_i	列车 i 的额定载客能力.

决策变量	定义
x_p	如果路径 p 被选择, 则等于 1, 否则等于 0;
$y_{k,i}^{s,s'}$	时段 k 内从 s 站去往 s' 站的乘客选择列车 i 的人数.

辅助变量	定义
$\text{Rc}_{i,p}$	列车 i 使用路径 p 的检验数.

对偶变量	定义
α_i	约束 (5.3) 的对偶变量;
$\beta_{i,i'}^{v}$	约束 (5.4) 的对偶变量;
$\phi_{k,i}^{s,s'}$	约束 (5.5) 的对偶变量;
$\gamma_{k,i}^{s}$	约束 (5.13) 的对偶变量;
ξ_i^s	约束 (5.14) 的对偶变量.

5.3.2　目标函数

研究列车时刻表问题非常重要的一环, 是为所考虑的对象构建合理的优化目标. 在时空网络中, 每个列车可以选择符合条件的任意路径移动. 列车时空路径的不同选择, 可能会产生与期待理想出发时刻的偏离, 使乘客产生不同的旅行时间, 也有可能使轨道企业付出不同的运营成本. 最小化所导致的时间偏离、旅行时间和运营成本, 是列车运行图优化追求的目标, 以下分别讨论每项指标的具体含义.

首先, 对于所考虑的轨道交通运营环境, 许多研究文献常常假定有一个预先给定的理想列车时刻表 (Caprara et al., 2002; Cacchiani et al., 2016; Jiang et al., 2017), 优化目标是实际列车时刻表尽可能接近理想时刻表. 例如, 在列车实时调度优化问题中, 可以将已有的计划列车时刻表作为理想时刻表. 然而在许多情况下, 这种理想时刻表很难预先设置, 尤其是对运营繁忙的高速铁路. 为此, 一些研究改用列车在起始站的理想出发时刻, 来代替全部的列车时刻表 (Carey, 1994; Niu et al., 2015a; Yang et al., 2016). 同样道理, 这里假设预先知道列车 i 在起始站的理想出发时刻表, 用 d_i^{ideal} ($i \in I$) 表示. 因此, 列车在起始站实际与理想出发时刻的总偏离, 作为问题的首要优化目标.

其次, 列车选择不同时空路径会耗费不同的旅行时间, 从出行者的角度来考虑, 最小化乘客旅行时间及其对应的列车运行时间, 是面向需求列车时刻表优化的必选目标, 也是轨道交通提高服务质量的永恒追求. 由于列车区间运行时间固定, 列车旅行时间实质上等价于总停站时间, 这是本章时刻表问题的次要优化目标.

最后, 从轨道企业的角度来考虑, 优化目标还应考虑列车的运营成本, 这是列车时刻表设计中不可或缺的因素. 一般而言, 列车沿不同时空路径移动会导致不同的运营成本, 这些运营成本通常体现为动车组运动产生的电能消耗, 其数值主要依赖于列车运行途中出现的停站次数, 因为在列车空间距离和运行速度相同的条件下, 列车起停车能耗就成为决定成本的主要因素. 基于此, 本章将列车停站次数作为时刻表设计的另一个优化目标.

根据以上分析, 如果列车 i 选择了时空路径 p, 用 $|t(p^-) - d_i^{\text{ideal}}|$ 表示该列车在起始站的出发偏离时间, 用 $\sum_{s \in S_i \setminus \{o(i), d(i)\}} w_p^s$ 表示列车 i 移动途中的总停留时间, 用 $\sum_{s \in S_i} \tilde{b}_p^s$ 表示列车 i 选择路径 p 产生的总停站次数. 此外, 本章用 $c_{i,p}$ 表示列车 i 选择路径 p 导致的出发偏离、旅行时间和运营成本的总和, 也称为总费

用, 以下是具体的计算公式.

$$c_{i,p} = e_1 \cdot |t(p^-) - d_i^{\text{ideal}}| + e_2 \cdot \sum_{s \in S_i \setminus \{o(i),d(i)\}} w_p^s + e_3 \cdot \sum_{s \in S_i} \tilde{b}_p^s + c_i \tag{5.1}$$

式 (5.1) 中, e_1 和 e_2 为偏离时间和停站时间的费用转换系数, e_3 是平均每次停站的成本费用, c_i 是列车 i 的固定成本, 而 $e_3 \cdot \sum_{s \in S_i} \tilde{b}_p^s$ 则表示变化的运营成本. 于是, 列车时刻表问题的目标函数可表示为如下形式

$$\min \sum_{i \in I} \sum_{p \in P_i} c_{i,p} \cdot x_p \tag{5.2}$$

5.3.3　约束条件

1. 路径选择约束

在时空网络中, 每个列车对应多条可选路径, 在时刻表优化过程中, 只能从中选择唯一的路径, 不等式 (5.3) 用来约束每个列车在时空网络中的路径选择.

$$\sum_{p \in P_i} x_p = 1, \quad i \in I \tag{5.3}$$

2. 安全间隔约束

列车运行安全是时刻表问题最为重要的约束, 用以消除所有可能的列车占用车站或区间股道资源冲突. 如图 5.4(a) 中, 列车 $i-1$ 和 $i-2$ 在车站 s 的出发间隔小于给定的安全间隔标准 h_s^{dep}, 列车 $i-1$ 和 i 在 $s+1$ 站的到达间隔小于标准 h_{s+1}^{arr}, 列车 $i+1$ 和 $i+2$ 在 s 到 $s+1$ 的区间交汇, 这些列车的时间分布不满足运行安全要求. 为了保证轨道列车运行安全, 必须使相邻列车在同一车站的出发和到达间隔不小于标准间隔 h_s^{dep} 和 h_s^{arr}, 同时禁止列车在区间交汇或越行.

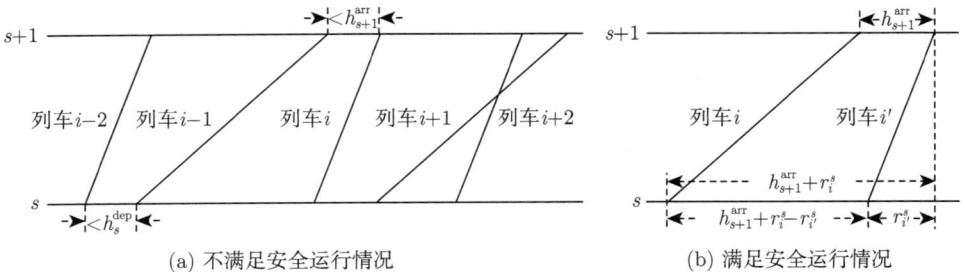

(a) 不满足安全运行情况　　　　　　(b) 满足安全运行情况

图 5.4　相邻列车安全间隔图示

容易理解, 通过调整列车的车站出发间隔, 可以保证列车运行安全性. 如图 5.4(b) 所示, 以下考虑如何修正相邻列车 i 和 i' 在车站 s 的出发时刻, 以实现所需的安全. 首先, 要保证列车 i 和 i' 在 s 站的出发间隔大于或等于 h_s^{dep} 的要求; 其次, 对于本章讨论的区间运行时间固定的情况, 当列车 i 和 i' 在 s 站的出发间隔不小于 $h_{s+1}^{\mathrm{arr}} + r_i^s - r_{i'}^s$ 时, 就能保证列车 i 和 i' 在 $s+1$ 站的到达安全以及在区间 s 到 $s+1$ 不发生交汇. 需要特别说明的是, 对于区间运行时间不固定的情况, 上述方法将不再有效, 此时可以通过在相应区间 (长大区间) 添加虚拟车站的方法, 解决列车的区间交汇问题 (Kroon and Peeters, 2003; Zhang et al., 2019). 合并上述两种情况, 如果列车 i 和 i' 在 s 站的出发间隔大于或等于 $\max\{h_s^{\mathrm{dep}}, h_{s+1}^{\mathrm{arr}} + r_i^s - r_{i'}^s\}$, 就能实现期望的目标. 以下为了表述方便, 进一步引入参数 $h_{i,i'}^s$, 取值为 $h_{i,i'}^s = \max\{h_s^{\mathrm{dep}}, h_{s+1}^{\mathrm{arr}} + r_i^s - r_{i'}^s\}$.

借鉴一些文献的表示方法 (Caprara et al., 2002; Cacchiani et al., 2008), 以下用专门符号表示时空节点集合, 用以简化数学公式. 具体地, 用 $\Delta(v,v') := t(v') - t(v)$ 表示节点 v 与 v' 之间的时间差, 并且 $\Delta(v,v') \geqslant 0$ 表示节点 v 先于 (早于) 节点 v'. 例如, 给定时空节点 v 及时间长度 δ, 用 $\{v' : 0 \leqslant \Delta(v,v') < \delta\}$ 表示从 $t(v)$ 时刻到 $t(v)+\delta$ 时刻之间的所有时空节点, 即 $\{v' : 0 \leqslant \Delta(v,v') < \delta\}$ $= \{v' : t(v) \leqslant t(v') < t(v)+\delta, l(v') = l(v)\}$. 运用这样的符号体系, 可建立保证列车运行安全的约束条件 (5.4).

$$\sum_{p\in P_i^v} x_p + \sum_{v':0\leqslant\Delta(v,v')<h_{i,i'}^s} \sum_{p\in P_{i'}^{v'}} x_p \leqslant 1, \quad v\in V_s, s\in S_i\setminus\{d(i)\}, i\neq i', i,i'\in I$$

$$(5.4)$$

上式中, 如果列车 i 经过出发节点 v $\left(\sum_{p\in P_i^v} x_p = 1\right)$, 则列车 i' 就不能经过集合 $\{v' : 0 \leqslant \Delta(v,v') < h_{i,i'}^s\}$ 内的任何出发节点 v', 即 $\sum_{v':0\leqslant\Delta(v,v')<h_{i,i'}^s}\sum_{p\in P_{i'}^{v'}} x_p = 0$; 相反地, 如果等式 $\sum_{p\in P_i^v} x_p = 0$ 成立, 则 $\sum_{v':0\leqslant\Delta(v,v')<h_{i,i'}^s}\sum_{p\in P_{i'}^{v'}} x_p \leqslant 1$. 简言之, 不等式 (5.4) 避免了列车 i 在节点 v 和列车 i' 在节点 v' 同时出发.

3. 列车加载条件

设计面向需求的列车时刻表, 需要将每个小时的 OD 需求合理分配到符合条件的多个列车上. 根据假设 1, 每个时段的客流需求应该被该时段满足停站要求的列车全部服务. 对于时段 k 内从 s 站前往 s' 站的客流需求 $q_k^{s,s'}$, 只能被加载到 k 时段从 s 站出发且在 s 和 s' 站都停车的列车 i 上. 这样的列车 i, 称为满足加载客流 $q_k^{s,s'}$ 的条件.

　　每个列车在时空网络中只能选择其中一条路径, 当列车 i 在 P_i 中选择了路径 p 时, 意味着列车 i 按照路径 p 的轨迹安排移动过程. 为了识别列车 i 是否具有条件承载时段 k 内从 s 站前往 s' 站的客流需求 $q_k^{s,s'}$, 需要判断列车 i 选择的路径 p 是否满足时段 k 从 s 站出发, 且在 s 和 s' 站都停车.

　　为此, 引入参数 $b_{k,p}^{s,s'}$ 表示路径 p 是否满足上述条件, 等于 1 表示路径 p 在时段 k 从 s 站出发且在 s 和 s' 站停车, 否则等于 0. 如图 5.5 所示, 列车 i 的可选路径为 $p-2$, $p-1$, p, $p+1$ 和 $p+2$. 在这些路径中, 只有路径 p 在时段 k 从 s 出发, 且在 s 和 s' 都停站 ($b_{k,p}^{s,s'}=1$), 其他路径都不满足要求, 即 $b_{k,p'}^{s,s'}=0, p' \in P_i \backslash \{p\}$.

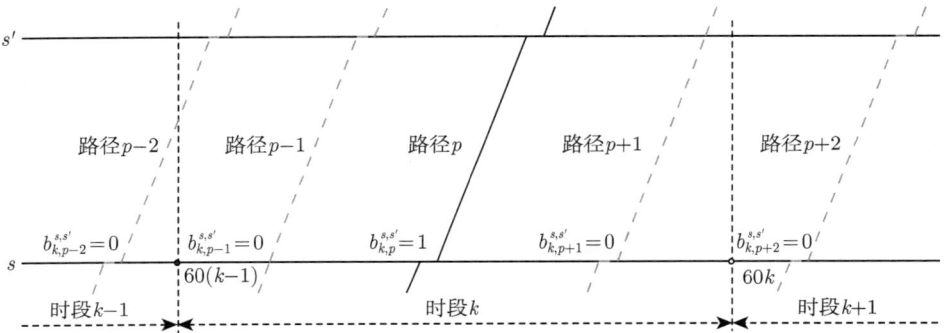

图 5.5　列车加载客流 $q_k^{s,s'}$ 条件示意图

　　对于列车 i, 如果存在一条时空路径 p $(p \in P_i)$, 使得 $x_p=1$ 且 $b_{k,p}^{s,s'}=1$, 则表明列车 i 选择了路径 p, 且具有加载客流 $q_k^{s,s'}$ 的资格条件. 由于列车 i 只能在集合 P_i 中选择其中的一条路径 $\left(\sum_{p \in P_i} x_p = 1\right)$, 可以用 $\sum_{p \in P_i} b_{k,p}^{s,s'} \cdot x_p$ 表示列车 i 选择路径 p 后是否具有承载客流 $q_k^{s,s'}$ 的条件. 基于此, 用不等式 (5.5) 筛选列车 i 是否具有加载 OD 需求 $q_k^{s,s'}$ 的条件.

$$y_{k,i}^{s,s'} \leqslant q_k^{s,s'} \cdot \sum_{p \in P_i} b_{k,p}^{s,s'} \cdot x_p, \quad s' > s, \ s',s \in S_i, \ k \in K, \ i \in I \qquad (5.5)$$

式 (5.5) 中, 当 $\sum_{p \in P_i} b_{k,p}^{s,s'} \cdot x_p = 0$ 时, 客流加载变量 $y_{k,i}^{s,s'} = 0$; 相反, 当 $\sum_{p \in P_i} b_{k,p}^{s,s'} \cdot x_p = 1$ 时, 客流加载变量 $0 \leqslant y_{k,i}^{s,s'} \leqslant q_k^{s,s'}$, 表明列车 i 具有承载客流 $q_k^{s,s'}$ 的条件.

4. 需求分配约束

不等式 (5.5) 不能保证每个时段内的客流全部被服务. 为此, 建立如下约束来保证每个时段的所有 OD 客流都能够被满足条件的列车全部服务.

$$\sum_{i\in I_s\cap I_{s'}} y_{k,i}^{s,s'} = q_k^{s,s'}, \quad s' > s, \, s \in S\setminus\{m\}, \, k \in K \tag{5.6}$$

5. 列车能力约束

列车能力约束进一步确保需求分配结果的合理性. 通过不等式 (5.7), 可以保证列车 i 从车站 s 出发时在车人数不超过列车额定能力.

$$\sum_{\substack{s'\leqslant s\\ s'\in S_i}} \sum_{\substack{s<s''\\ s''\in S_i}} \sum_{k\in K} y_{k,i}^{s',s''} \leqslant \mathrm{Cap}_i, \quad s \in S_i\setminus\{d(i)\}, \, i \in I \tag{5.7}$$

不等式 (5.7) 中, 下标 s 表示当前列车出发站, 下标 s' 遍历列车途径的所有上车站 (包括 s 车站), 下标 s'' 遍历所有 s 以远的下车站 (不包括 s 车站). 至此, 可构建如下面向需求列车时刻表优化模型.

原始模型 (Original Model, OM)

优化目标 (5.2);

约束条件 (5.3)~(5.7);

$y_{k,i}^{s,s'}$ 是整数变量, $s' > s, s' , s \in S_i, k \in K, \, i \in I$;

x_p 是 0-1 变量, $p \in P_i, i \in I$.

显然, OM 是一个线性 0-1 整数规划模型, 具有两个显著特点: 第一, 模型的 0-1 变量对应于列车时空路径选择结果, 每个列车在时空网络中具有大量的可选路径, 随着网络规模的增加, 模型中 0-1 路径变量 x_p 的数目将会井喷式增大; 第二, 为了保证列车运行安全, 约束条件 (5.4) 需要对任意一对列车在每个时空节点施加约束, 这使得模型包含非常多的约束条件. 受到上述两个因素的影响, 常规的方法 (如直接使用优化求解器) 无法在可接受的时间内获得最优或近似最优解. 为此, 本章应用具有超强求解能力的列生成方法求解模型.

5.4 基于对偶变量替换的列生成算法

5.4.1 检验数计算

根据前文分析, 对于所构建的数学模型 OM, 数目巨大的 0-1 路径变量使得直接求解对应的线性规划松弛问题不太现实. 为了应对这个棘手难题, 我们可以在列生成分解的框架下构建限制主问题. 具体地, 用 $\bar{P}_i$ 表示 P_i 中的部分路径, 具体对象在算法迭代过程中逐步确定, 然后对 OM 模型中 0-1 变量 x_p 和整数变量 $y_{k,i}^{s,s'}$ 进行松弛, 就可以得到如下限制主问题.

限制主问题 (Restricted Master Problem, RMP)

目标函数 (5.2);

约束条件 (5.3)~(5.7);

$y_{k,i}^{s,s'} \geqslant 0,\ s' > s, s', s \in S_i, k \in K,\ i \in I$;

$0 \leqslant x_p \leqslant 1,\ p \in \bar{P}_i, i \in I$.

在限制主问题 RMP 中, 集合 $\bar{P}_i$ 中的路径在列生成迭代过程中动态产生. 算法启动阶段, $\bar{P}_i$ 的初始路径由 OM 的任意可行解构成. 算法迭代阶段, 模型 RMP 首先被求解, 用于获得对偶价格, 然后求解基于对偶变量的价格子问题发现每个列车潜在最优路径, 并将符合要求的路径添加至集合 $\bar{P}_i$, 以更新模型 RMP. 如果没有检验数为负的路径被发现, 则终止迭代过程.

为了构建价格子问题, 对于给定的列车 i, 需要确定该列车选择路径 p 的检验数 (Reduced Cost) $\mathrm{Rc}_{i,p}$, 具体的表达式, 可以在模型 RMP 中, 通过计算每个约束对应的对偶变量和 x_p 系数的乘积来完成, 表示为如下形式的计算公式.

$$\mathrm{Rc}_{i,p} = c_{i,p} - \sum_{j:关联i} 第\ j\ 个约束的对偶变量 \times 变量\ x_p\ 系数$$

计算过程中, 需要对与列车 i 关联的所有约束分别计算相应的乘积. 稍显麻烦的是, 在大部分模型中, 每个约束条件通常对应多个形式上相同的一类约束, 为此需要对这类约束条件所有可能的乘积进行累加. 例如约束条件 (5.4) 中, 许多其他的列车都与列车 i 存在某种联系, 计算时应将所有的情况进行枚举. 以下对于给定的列车 i, 根据不同的约束类型, 详细分析和展示检验数的计算过程.

1. 路径选择约束

用 α_i 表示约束 (5.3) 对应的对偶变量, 其中变量 x_p 的系数为 1, 从而所需的乘积为 $1 \cdot \alpha_i$.

2. 安全间隔约束

用 $\beta_{i,i'}^v$ 表示约束 (5.4) 对应的对偶变量, 且 $\beta_{i,i'}^v \leqslant 0$. 约束 (5.4) 包含两项, 应该逐项计算对偶变量与 x_p 系数的乘积. 第 1 项 $\sum_{p \in P_i^v} x_p$ 中, 当列车 i 从节点 v 出发, 且列车 i' 遍历 $I_s \backslash \{i\}$ 时, 对偶变量 $\beta_{i,i'}^v$ 和系数 1 的乘积之和为

$\sum_{i'\in I_s\setminus\{i\}} 1\cdot\beta_{i,i'}^v$; 第 2 项 $\sum_{v':0\leqslant\Delta(v,v')<h_{i,i'}^s}\sum_{p\in P_{i'}^{v'}} x_p$ 中, 如果列车 i' 从 v 左侧任意

节点 $\tilde{v}$ $(0\leqslant\Delta(\tilde{v},v)<h_{i',i}^s)$ 出发, 会对列车 i、节点 v 发生关系和影响, 当 i' 遍历

$I_s\setminus\{i\}$ 时, 相应的对偶变量 $\beta_{i',i}^{\tilde{v}}$ 和 1 乘积之和为 $\sum_{i'\in I_s\setminus\{i\}}\sum_{\tilde{v}:0\leqslant\Delta(\tilde{v},v)<h_{i',i}^s} 1\cdot\beta_{i',i}^{\tilde{v}}$.

从而, 安全间隔约束 (5.4) 对应的乘积总和为 $\sum_{i'\in I_s\setminus\{i\}}\beta_{i,i'}^v + \sum_{i'\in I_s\setminus\{i\}}$

$\sum_{\tilde{v}:0\leqslant\Delta(\tilde{v},v)<h_{i',i}^s} 1\cdot\beta_{i',i}^{\tilde{v}}$, 下文用 β_i^v 表示该数值.

进一步地, 由于列车 i 的路径 p 在每个站都对应一个出发节点, 故在检验数 $\mathrm{Rc}_{i,p}$ 中, 由安全间隔约束 (5.4) 产生的对偶变量与 x_p 系数乘积之和为 $\sum_{v\in V_p^{\mathrm{dep}}}\beta_i^v$, 其中 V_p^{dep} 表示路径 p 在各站出发节点组成的集合.

3. 客流加载约束

客流加载由约束条件 (5.5)~(5.7) 共同构成, 其中只有列车加载条件 (5.5) 包含路径变量 x_p, 故只需对这组约束进行对偶化. 首先, 将不等式 (5.5) 移项变形为 $y_{k,i}^{s,s'}/q_k^{s,s'} - \sum_{p\in P_i} b_{k,p}^{s,s'}\cdot x_p \leqslant 0$, 并用 $\varphi_{k,i}^{s,s'}$ 表示对应的对偶变量, 且 $\varphi_{k,i}^{s,s'}\leqslant 0$. 约束 (5.5) 中变量 x_p 的系数为 $-b_{k,p}^{s,s'}$, 类似地, 当时段 k、车站 s 和 s' 在相应范围内遍历时, 约束 (5.5) 产生的乘积之和为 $-\sum_{k\in K}\sum_{s\in S_i\setminus\{d(i)\}}\sum_{s'>s,s'\in S_i} b_{k,p}^{s,s'}\cdot\varphi_{k,i}^{s,s'}$.

综合以上讨论, 列车 i 选择路径 p 导致的检验数 $\mathrm{Rc}_{i,p}$ 可表示为

$$\mathrm{Rc}_{i,p} = c_{i,p} - \alpha_i - \sum_{v\in V_p^{\mathrm{dep}}}\beta_i^v + \sum_{k\in K}\sum_{s\in S\setminus\{d(i)\}}\sum_{s':s'>s} b_{k,p}^{s,s'}\cdot\varphi_{k,i}^{s,s'} \tag{5.8}$$

如何为价格子问题设计有效可靠的求解算法, 是列生成方法能够成功实施的关键 (Irnich and Desaulniers, 2005). 应用动态规划算法求解本章构建的价格子问题时, 可自然地按车站将搜索过程划分为不同的阶段. 进一步地, 利用公式 (5.8) 得到的检验数, 可以寻找每个阶段检验数最小的列车路径.

很显然, 0-1 参数 $b_{k,p}^{s,s'}$ 将车站对 s 和 s' 绑定在了一起, 使得它们之间相互关联、不可分割. 这种不可分割性的存在导致标准动态规划算法难以求解对应的价格子问题. 如图 5.6 所示, 如果列车沿着路径 p 在 s 和 s' 站停车, 则对应的乘积项 $b_{k,p}^{s,s'}\cdot\varphi_{k,i}^{s,s'}$ 必须出现在检验数中. 相反地, 图 5.6 中的路径 p' 在 s 站不停车, 相应的对偶变量 $\varphi_{k,i}^{s,s'}$ 不包含在检验数中. 由此可知, 路径在 s 站与 s' 站的停站状态, 影响着对偶变量 $\varphi_{k,i}^{s,s'}$ (双车站依赖) 在检验数中的取值. 在 DP 算法的搜索过程中, 任何车站都可能作为客流需求的出发站和终到站, 使得当前车站的停站状态会关联它的前向和后向车站的停站选择.

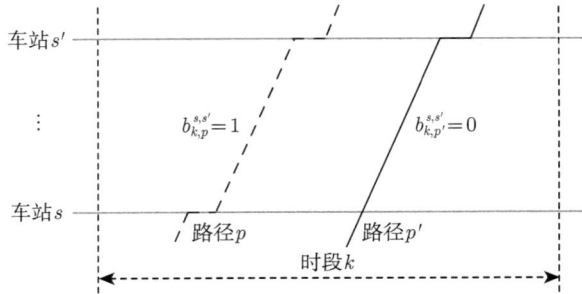

图 5.6　停站状态对检验数计算的影响

　　如图 5.7 所示, 为了计算经过节点 v (位于车站 3) 的路径检验数, 需要枚举车站 1, 2 和 3 所有的停站状态, 以构成全部的停站组合方案. 如假设所有列车都在车站 1 停车, 则每个列车有如图 5.7 所示的 4 种停站组合. 根据这些枚举的停站方案, 经过节点 v 的路径检验数就能随之确定. 这表明, 为了搜索每个阶段的最优路径, 不仅需要知道当前所在车站的停站状态, 还要判断前向和后向车站的状态. 利用动态规划方法, 计算最短路径的详细过程见算法 5.1, 以下首先给出相关的符号说明.

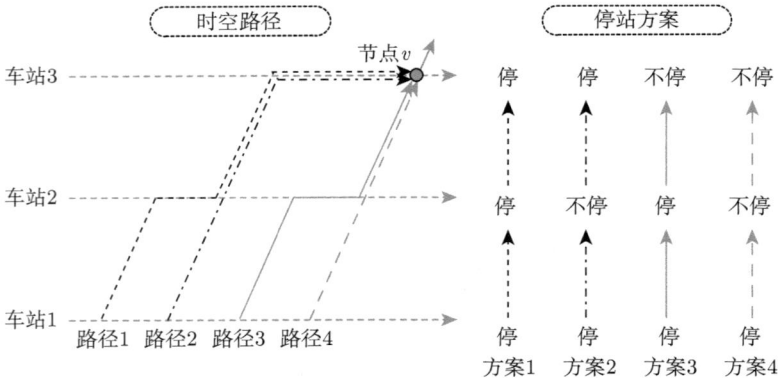

图 5.7　停站方案和搜索阶段

　　为了清楚起见, 用有序集合 f 表示列车 i 从起始站 $o(i)$ 到途中站 $s(s<d(i))$ 的停站组合方案, $f = \{f^{o(i)}_{k(o(i)),i}, f^{o(i)+1}_{k(o(i)+1),i}, \cdots, f^{s}_{k(s),i}\}$, 其中 $k(s)$ 表示列车 i 离开 s 站的所在时段, $f^{s}_{k(s),i}$ 等于 1 表示列车 i 在 s 站的 $k(s)$ 时段停车, 否则等于 0; 用 (v, f) 表示搜索状态, F^{s}_{i} 表示列车 i 在 s 站的所有状态, $\Omega_{v,f}$ 表示状态 (v, f)

的下游状态, 具体取值按 (5.9) 式确定.

$$\Omega_{v,f} = \{(v',f')|v' \in \{\bar{v}\} \cup \{v'' : w_{l(\bar{v}),i}^{\min} \leqslant \Delta(\bar{v},v'') \leqslant w_{l(\bar{v}),i}^{\max}\},$$
$$f' = f \cup \{f_{h(v'),i}^{l(v')}\}\} \tag{5.9}$$

式 (5.9) 中, $\bar{v} = (l(v)+1, t(v)+r_i^{l(v)})$ 表示列车 i 从 v 出发到达下游车站的时空位置. 显然当 $t(v') = t(v)+r_i^{l(v)}$ 时, 有 $f_{h(v'),i}^{l(v')} = 0$, 否则为 1. 用 $Z(s,v,f)$ 表示 s 站状态 (v,f) 的指标函数. 由于所有列车在起始站都停站, 因此列车 i 在起始站 $o(i)$ 对应的节点 $v(v \in V_i^{o(i)})$ 具有唯一停站状态, 即 $f = \{f_{h(v),i}^{o(i)} = 1\}$, 导致指标函数初始化为 $Z(o(i),v,f) = c_i - \alpha_i + e_1 \cdot |t(v) - d_i^{\text{ideal}}| - \beta_i^v$. 对于下游状态, 相应的指标函数可通过下式递归计算.

$$Z(s+1,v',f') = Z(s,v,f) - \beta_i^v + e_2 \cdot [t(v') - t(v) - r_i^s]$$
$$+ \sum_{s'<s+1} (\varphi_{k(s'),i}^{s',s+1} \cdot f_{k(s'),i}^{s'} \cdot f_{k(s+1),i}^{s+1}) + e_3 \cdot f_{k(s+1),i}^{s+1} \tag{5.10}$$

以下, 用 $\text{pre}(s,v,f)$ 表示 s 站当前状态 (v,f) 的最优前向标号, $\bar{Z}(s,v,f)$ 表示临时指标函数, 双车站关联最短路径的动态规划算法如算法 5.1 所示.

算法 5.1 双车站关联最短路径 (对列车 i) 的动态规划算法

步骤 1(初始化)

置 $F_i^s = \emptyset$, $Z(s,v,f) = +\infty$, $\bar{Z}(s,v,f) = +\infty$, $\text{pre}(s,v,f) = -1$, $(v,f) \in F_i^s$, $s \in S_i$;

For 节点 $v \in V_i^{o(i)}$ **do**

置 $f = \{f_{h(v),i}^{o(i)} = 1\}$;

$Z(o(i),v,f) = c_i - \alpha_i + e_1 \cdot |t(v) - d_i^{\text{ideal}}| - \beta_i^v$;

添加状态 (v,f) 到 $F_i^{o(i)}$;

Endfor

步骤 2(标号更新)

For 车站 $s = o(i)$ 到 $d(i) - 1$ **do**

For 状态 $(v,f) \in F_i^s$ **do**

通过约束 (5.9) 推导下游状态 $\Omega_{v,f}$;

For 状态 $(v',f') \in \Omega_{v,f}$ **do**

通过约束 (5.10) 计算 $\bar{Z}(s+1,v',f')$;

If $\bar{Z}(s+1,v',f') < Z(s+1,v',f')$ **then**

$Z(s+1,v',f') = \bar{Z}(s+1,v',f')$, $\text{pre}(s+1,v',f')=(s,v,f)$;

Endif

If 状态 (v',f') 不在集合 F_i^{s+1} 内 **then**

添加 (v', f') 到 F_i^{s+1};
　　　　　Endif
　　　　Endfor // (v', f')
　　　Endfor // (v, f)
　　Endfor //s
步骤 3 (回溯最优解)
　　使用 $\mathrm{pre}(s, v, f)$ 回溯筛选期望的最优路径.

算法 5.1 的步骤 2 中, 对状态 $(v, f) \in F_i^s$ 枚举将会耗费太多的时间, 导致该算法不能有效求解大规模应用案例. 实际上, 每个 OD 需求将它们的起始站和终到站绑定在了一起. 本章的核心目标, 是如何把每个 OD 需求加载到具有灵活停站方案的多个列车上, 同时应用动态规划算法求解基于列车的价格子问题. 相比之下, Jiang 等 (2017) 在确定列车的区间运行时间时, 也枚举了可能的停站组合与相应的加减速时间, 以求解列车最短路径问题; 对于给定车站 s, 确定区间运行时间仅需要考虑前方的相邻车站 s' 即可. 然而在本章的问题中, 任意两个车站都能组合形成车站对, 例如车站 s 可以与任意不相同的车站 s' $(s' \neq s)$ 构成 OD 需求对, 可见本章考虑的组合情况要远比上述文献复杂.

值得注意的是, 随着车站数目的增多, 列车停站组合方案数呈指数级增长. 假设列车在每个车站可以灵活选择 "停" 或 "不停" 2 个状态, 于是, 从车站 1 到车站 s 则有 2^s 个停站组合方案. 另外, 考虑到车站 s 实质上含有 $|V_s|$ 个时空节点, 从而导致 DP 算法需要搜寻的状态数将异常巨大, 严重影响算法的执行效率. 因此, 非常有必要寻找更加有效的改进措施, 以应对上述困难和挑战.

5.4.2　对偶变量替换

为了使约束条件 (5.5) 中不再出现双车站依赖的对偶变量, 以下引入 0-1 参数 $\bar{b}_{k,p}^s$ 和 $\tilde{b}_p^s$, 其中 $\bar{b}_{k,p}^s$ 等于 1 表示路径 p 在 k 时段从 s 站停车出发, 否则等于 0; $\tilde{b}_p^s$ 等于 1 表示路径 p 在 s 站停车, 否则等于 0. 利用这两组 0-1 参数, 不等式 (5.5) 可以改写为如下等价的不等式 (5.11) 和 (5.12).

$$\sum_{s'>s, s' \in S_i} y_{k,i}^{s,s'} \leqslant \sum_{s'>s, s' \in S_i} q_k^{s,s'} \cdot \sum_{p \in P_i} x_p \cdot \bar{b}_{k,p}^s, \quad s \in S_i \backslash \{d(i)\}, k \in K, i \in I \quad (5.11)$$

$$\sum_{k \in K} \sum_{s'<s, s' \in S_i} y_{k,i}^{s',s} \leqslant \sum_{k \in K} \sum_{s'<s, s' \in S_i} q_k^{s',s} \cdot \sum_{p \in P_i} x_p \cdot \tilde{b}_p^s, \quad s \in S_i \backslash \{o(i)\}, i \in I \quad (5.12)$$

不等式 (5.11) 要求, 每个时段的乘客能够乘上在起始站出发且符合条件的列车. 具体地, 如果列车 i 选择了路径 p 即 $x_p = 1$, 且路径 p 在 k 时段从 s 站停车

出发即 $\bar{b}_{k,p}^s = 1$, 则客流上车条件满足, 相应变量 $y_{k,i}^{s,s'}$ 的最大取值等于 $q_k^{s,s'}$; 反之, 如果 x_p 和 $\bar{b}_{k,p}^s$ 中有一项为 0, 则列车 i 不能服务 k 时段 s 站出发的乘客, 指派变量 $y_{k,i}^{s,s'}$ 等于 0.

不等式 (5.12) 用以确保, 每个在车乘客能够在各自的目的站下车. 类似地, 如果路径 p 在 s 站不停车, 即 $\tilde{b}_p^s = 0$, 这时的乘客下车条件不满足, 客流指派变量 $y_{k,i}^{s',s} = 0$.

比较于以前的约束 (5.5), 不等式 (5.11) 和 (5.12) 分别判断列车在乘客的出发站和终到站是否满足客流加载条件, 其中每个约束仅依赖于单个车站. 具体地, 不等式 (5.11) 判断 k 时段内从车站 s $(s<m)$ 去往后方站的乘客, 能否在 s 站乘上列车 i; 不等式 (5.10) 判断从 s $(s>1)$ 站前方站已上车的乘客, 是否具有在 s 站下车的条件. 显然, 这两组不等式共同发挥作用, 能够起到与不等式 (5.5) 相同的效果. 显然, 不等式 (5.11) 和 (5.12) 对应的对偶变量仅依赖于单个车站, 从而消除了以前问题中的不可分割性. 至此, 可利用不等式 (5.11) 和 (5.12) 替换不等式 (5.5), 生成新的限制主问题.

替换对偶变量的限制主问题 (Surrogate-dual-variable Restricted Master Problem, SRMP)

目标函数 (5.2);

约束条件 (5.3)~(5.7), (5.11) 和 (5.12);

$y_{k,i}^{s,s'} \geqslant 0$, $s' > s, s', s \in S_i, k \in K, i \in I$;

$0 \leqslant x_p \leqslant 1$, $p \in \bar{P}_i, i \in I$.

在替换对偶变量的限制主问题 SRMP 中, 首先对约束条件 (5.11) 和 (5.12) 做如下移项处理, 以方便后续检验数的计算.

$$\sum_{s'>s,s'\in S_i} y_{k,i}^{s,s'} \Big/ \sum_{s'>s,s'\in S_i} q_k^{s,s'} - \sum_{p\in \bar{P}_i} x_p \cdot \bar{b}_{k,p}^s \leqslant 0 \tag{5.13}$$

$$\sum_{k\in K}\sum_{s'<s,s'\in S_i} y_{k,i}^{s',s} \Big/ \sum_{k\in K}\sum_{s'<s,s'\in S_i} q_k^{s',s} - \sum_{p\in \bar{P}_i} x_p \cdot \tilde{b}_p^s \leqslant 0 \tag{5.14}$$

用 $\gamma_{k,i}^s (\gamma_{k,i}^s \leqslant 0, s \in S_i \backslash \{d(i)\}, i \in I, k \in K)$ 和 $\xi_i^s (\xi_i^s \leqslant 0, s \in S_i \backslash \{o(i)\}, i \in I)$ 分别表示不等式 (5.13) 和 (5.14) 对应的对偶变量. 为了方便计算, 当 $s = d(i)$ 时, 假定 $\gamma_{k,i}^s = 0$; 当 $s = o(i)$ 时, 假定 $\xi_i^s = 0$. 类似地, 在计算列车 i 选择路径 p 的检验数时, 由不等式 (5.13) 引起的乘积项是 $-\sum_{s\in S_i}\sum_{k\in K} \bar{b}_{k,p}^s \cdot \gamma_{k,i}^s$, 由不等式

(5.14) 产生的项是 $-\sum_{s \in S_i} \tilde{b}_p^s \cdot \xi_i^s$. 最后, 检验数计算公式可以修改为

$$\mathrm{Rc}_{i,p} = c_{i,p} - \alpha_i - \sum_{v \in V_p^{\mathrm{dep}}} \beta_i^v + \sum_{s \in S_i} \left(\sum_{k \in K} \bar{b}_{k,p}^s \cdot \gamma_{k,i}^s + \tilde{b}_p^s \cdot \xi_i^s \right) \tag{5.15}$$

与之前双车站依赖的对偶变量 $\varphi_{k,i}^{s,s'}$ 比较, 替换对偶变量 $\gamma_{k,i}^s$ 和 ξ_i^s 依赖于单车站 s. 具体地, 利用等式 (5.15) 计算检验数 $\mathrm{Rc}_{i,p}$, 只要搜索单个车站状态, 而非双车站联合状态, 这就大幅度提高了动态规划的求解效率. 进一步地, 对偶变量 $\gamma_{k,i}^s$ 和 ξ_i^s 通过检索当前车站状态就可正确计算检验数, 无须考虑其他状态, 极大地缩减了最优路径的搜索空间. 例如, 如果车站 s 含有 $|V_s|$ 个时空节点, 则仅仅需要在该站搜索 $2|V_s|$ 个可能的状态. 相比于 5.4.1 节所示的搜索过程, 替换对偶变量的方法具有显著的优势.

另外, 相比于约束条件 (5.5), 约束 (5.11) 和 (5.12) 对应的个数也明显地减少. 对于包含 m 个车站、g 个时段、n 个列车的问题, 如果这些列车都是从 1 站运行到 m 站, 则模型 RMP 中约束 (5.5) 实际包含 $\dfrac{m \cdot (m-1)}{2} \cdot g \cdot n$ 个约束, 而模型 SRMP 中的约束条件 (5.11) 和 (5.12) 仅含有 $(m-1) \cdot (g+1) \cdot n$ 个, 前者的数量明显大于后者. 例如, 当 $g = 16, n = 50, m = 23$ 时, 前者含有 202400 个约束, 后者仅有 14250 个. 换言之, 用不等式 (5.11) 和 (5.12) 代替原约束条件 (5.5) 后, 不仅易于有效求解价格子问题, 而且能够产生更少约束条件的 SRMP 模型.

最后说明的是, 随着所考虑时空网络增大, SRMP 模型所含约束条件 (5.4) 的数量也会随之增大, 导致算法求解效率降低. 针对这个困难, 本章将在 5.5.2 节通过新增有效不等式的方法予以化解.

5.4.3　动态规划算法

1. 价格子问题

正如后文将要分析的那样, 如果列车 i 选择了路径 p, 则检验数 $\mathrm{Rc}_{i,p}$ 可转化为路径 p 上旅行时间、等待时间和停站相关的费用. 相应地, 列车 i 的价格子问题是在时空网络中寻找检验数最小的路径. 在求解价格子问题时, 需要考虑以下三类约束.

可行区域约束 C1　根据列车在起始站的最早、最晚发车时间范围以及固定的区间运行时间, 这类约束目的是为每个列车在时空网络中规定有限的移动区域.

流量平衡约束 C2　确保每个列车只能选择从起始站到终到站的时空路径, 同时要保证在中间车站的流入量等于流出量.

停站时间约束 C3 要求每个列车在中间站的停站时间, 满足预定的最小时间和最大时间限制.

进一步地, 建立基于列车 i 的价格子问题.

价格子问题 (Pricing Subproblem, PSP)

$$\min_{p \in P_i} \mathrm{Rc}_{i,p}$$

约束条件 C1, C2 和 C3.

对于以上价格子问题 PSP, 采用动态规划算法进行求解, 以下分析详细计算过程.

2. 状态转移

在 DP 算法中, 通过预先指定列车 i 在起始站的出发时间窗 $[t_{1,i}^E, t_{1,i}^L]$, 可以有效地缩小路径搜索空间. 对于列车 i, 利用时间窗 $[t_{1,i}^E, t_{1,i}^L]$、已知的区间运行时间 r_i^s 和车站停站时间范围 $[w_{s,i}^{\min}, w_{s,i}^{\max}]$, 可以推算出列车 i 在其他车站 s $(o(i) < s < d(i))$ 的可行发车范围. 如图 5.8 所示, 假设列车 i 在 $s-1$ 站的出发时刻为 $t_{s-1,i}^E$, 很容易得出, 如果列车在 s 站不停车, 则它的出发时刻为 $t_{s,i}^E = t_{s-1,i}^E + r_i^{s-1}$; 如果列车停车, 则发车时间范围为 $[t_{s,i}^E + w_{s,i}^{\min}, t_{s,i}^E + w_{s,i}^{\max}]$. 此外, 如果列车 i 在 $s-1$ 站从时间窗 $[t_{s-1,i}^E + 1, t_{s-1,i}^E + w_{s,i}^{\min} - 1]$ 内出发, 可以得到在 s 站的时间点 $t_{s,i}^E + 1, \cdots, t_{s,i}^E + w_{s,i}^{\min} - 1$, 它们可作为列车 i 在该站不停车时可能的出发时刻. 因此, 当列车在 $s-1$ 站的发车范围为 $[t_{s-1,i}^E, t_{s-1,i}^L]$, 则它在 s 站的发车时间窗为 $[t_{s-1,i}^E + r_i^{s-1}, t_{s-1,i}^L + r_i^{s-1} + w_{s,i}^{\max}]$. 从而, 列车 i 在 s 站可使用的时空点集为 $V_i^s = \{v | l(v) = s, t_{s,i}^E \leqslant t(v) \leqslant t_{s,i}^L\}$, 其中 $t_{s,i}^E = t_{s-1,i}^E + r_i^{s-1}$, $t_{s,i}^L = t_{s-1,i}^L + r_i^{s-1} + w_{s,i}^{\max}$. 如图 5.9 所示, 列车 i 可以在非阴影区域自由移动.

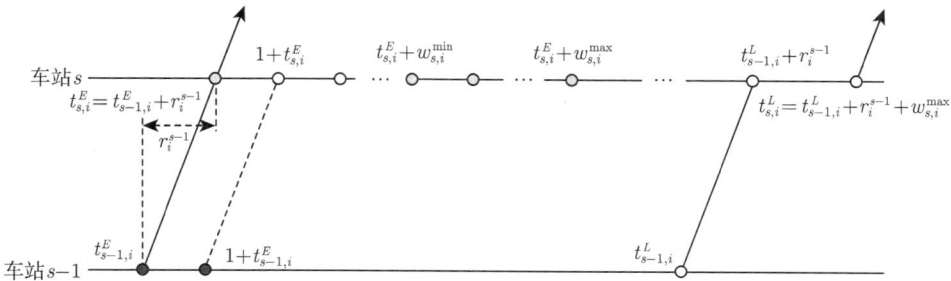

图 5.8 列车 i 在 s 站的发车时间范围

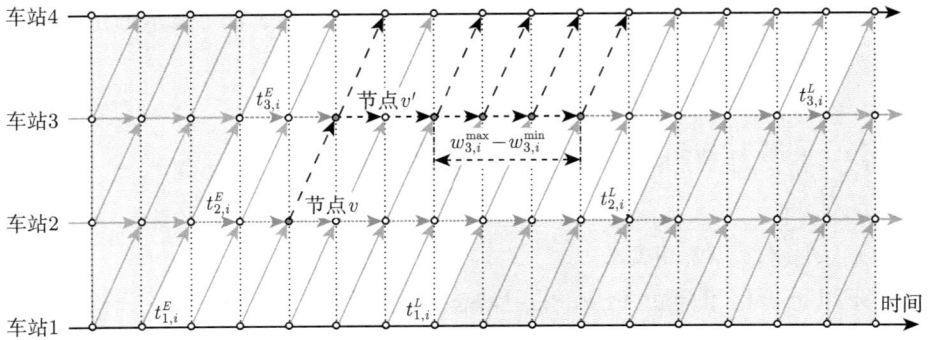

图 5.9　列车 i 在时空网络中的使用区域

如前所述, 动态规划算法中, 列车路径能够被各站的出发节点唯一定位. 基于此, 本章将可能的出发节点作为每个阶段的搜索状态. DP 算法的核心任务, 是在两个相邻的阶段上设计正确的状态转移方程. 实质上, 状态转换的目的在于从一个车站的出发节点确定下一个车站的出发节点.

如果列车 i 在车站 s 离开节点 v, 通过已知的运行时间和停站时间范围, 能够很容易得到列车在 $s+1$ 站的可能出发时刻. 值得注意的是, 在 $s+1$ 站的停站时间可通过不同的停站方案来区分. 用 f_i^{s+1} 表示列车 i 在 $s+1$ 站的停站选择, 如果列车 i 在 $s+1$ 站不停车, 则 $f_i^{s+1}=0$, 对应的停站时间等于 0; 否则 $f_i^{s+1}=1$, 且停站时间满足时间窗约束. 如图 5.9 所示, 从两个方面阐述状态转移.

(1) 不停站情况 ($f_i^3=0$). 当列车 i 离开车站 2 上的节点 v 时, 列车经过弧 (v,v') 到达车站 3, 其中 $v'=(l(v)+1,t(v)+r_i^{l(v)})$. 如果列车 i 在车站 3 不停车, 则它在车站 3 的出发节点就是节点 v'.

(2) 停站情况 ($f_i^3=1$). 如果列车 i 在车站 3 停车, 则它的可能出发节点 v'' 范围为 $\{v'':w_{3,i}^{\min}\leqslant\Delta(v',v'')\leqslant w_{3,i}^{\max}\}$.

为了清晰起见, 用 Ω_v 表示由节点 v 扩展得到、位于车站 $l(v')=l(v)+1$ 时空节点集合, 即 $\Omega_v=\{v'\}\cup\{v'':w_{l(v'),i}^{\min}\leqslant\Delta(v',v'')\leqslant w_{l(v'),i}^{\max}\}$. 相反地, 给定车站 s 的节点 v 和它在 $s+1$ 的下游节点 $v'\in\Omega_v$, 相应的停站方案 f_i^{s+1} 也能唯一确定.

3. 评价函数

根据上述状态转移过程, 需要递归计算每个状态的评价函数, 以寻求检验数最小的时空路径. 在这个过程中, 最为关键的是通过检验数正确地构造评价函数. 利用式 (5.1) 替换式 (5.15) 中的路径费用, 可得到计算检验数的如下表达式.

$$\mathrm{Rc}_{i,p} = e_1 \cdot |t(p^-) - d_i^{\mathrm{ideal}}| + e_2 \cdot \sum_{s \in S_i \setminus \{o(i), d(i)\}} w_p^s + e_3 \cdot \sum_{s \in S_i} \tilde{b}_p^s + c_i - \alpha_i$$

$$- \sum_{v \in V_p^{\mathrm{dep}}} \beta_i^v + \sum_{s \in S_i} \left(\sum_{k \in K} \bar{b}_{k,p}^s \cdot \gamma_{k,i}^s + \tilde{b}_p^s \cdot \xi_i^s \right) \tag{5.16}$$

很显然, 如果路径 p 在 k 时段离开 s 站, 且在该站停车 ($\bar{b}_{k,p}^s = 1$), 则路径 p 不可能在 s 站其他时段停车 ($\bar{b}_{k',p}^s = 0$, $k' \in K \setminus \{k\}$). 因此, 等式 $\sum_{k \in K} \bar{b}_{k,p}^s = \tilde{b}_p^s$ 成立. 于是, 检验数 $\mathrm{Rc}_{i,p}$ 整理为如下计算公式.

$$\mathrm{Rc}_{i,p} = c_i - \alpha_i + e_1 \cdot |t(p^-) - d_i^{\mathrm{ideal}}| + e_2 \cdot \sum_{s \in S_i \setminus \{o(i), d(i)\}} w_p^s - \sum_{v \in V_p^{\mathrm{dep}}} \beta_i^v$$

$$+ \sum_{s \in S_i} \sum_{k \in K} \bar{b}_{k,p}^s (\gamma_{k,i}^s + \xi_i^s + e_3) \tag{5.17}$$

式 (5.17) 中, 检验数由 4 部分构成: 第 1 部分为 $c_i - \alpha_i + e_1 \cdot |t(p^-) - d_i^{\mathrm{ideal}}|$, 取值与列车 i 所选路径在起始站的出发节点相关; 第 2 部分依赖于停站时间 w_p^s, 能够被每个站的到达和出发时刻确定; 第 3 部分由对偶变量 β_i^v 确定, 依赖于路径上的出发节点; 最后部分与各站的停站状态相关.

显然, 上述各项能够转化为路径出发节点相关的费用. 如图 5.10 所示, 由于不考虑列车在起始站的停站时间, 节点 $v1$ 的费用可设置为 $c_i - \alpha_i + e_1 \cdot |t(v1) - d_i^{\mathrm{ideal}}| - \beta_i^{v1} + \gamma_{h(v1),i}^1 + \xi_i^1 + e_3$; 在车站 2, 节点 $v2$ 的费用为 $e_2 \cdot [t(v2) - t(v1) - r_i^1] - \beta_i^{v2} + \gamma_{h(v2),i}^2 + \xi_i^2 + e_3$, 其中 $t(v2) - t(v1) - r_i^1$ 是停站时间; 类似地, 节点 $v3$ 的费用为 $e_2 \cdot [t(v3) - t(v2) - r_i^2] - \beta_i^{v3} + f_i^3 \cdot (\gamma_{h(v3),i}^3 + \xi_i^3 + e_3)$, 其中 $t(v3) - t(v2) - r_i^2 = 0$ 和 $f_i^3 = 0$; 最后, 由于终到站也不统计停站时间, 节点 $v4$ 的费用是 $\gamma_{h(v4),i}^4 + \xi_i^4 + e_3$.

容易看出, 在起始站、中间站和终到站的时空节点具有不同的费用要素. 对于这 3 类车站, 在 DP 算法实施过程中, 需要为每种搜索状态构造不同的评价函数. 用 $Z(s, v)$ 表示在车站 s 选择节点 v 的评价函数. 首先, 当列车 i 选择起始站 $o(i)$ 的节点 v 时, 评价函数如下

$$Z(o(i), v) = c_i - \alpha_i + e_1 \cdot |t(v) - d_i^{\mathrm{ideal}}| - \beta_i^v + \gamma_{h(v),i}^{o(i)} + \xi_i^{o(i)} + e_3 \tag{5.18}$$

其次, 当路径从 s 节点 v 过渡到 $s+1$ ($s+1 \neq d(i)$) 站节点 $v' \in \Omega_v$ 时, 节点 v' 的评价函数按下式递归计算

$$Z(s+1, v') = Z(s, v) - \beta_i^{v'} + e_2 \cdot [t(v') - t(v) - r_i^s] + f_i^{s+1} \cdot (\gamma_{h(v'),i}^{s+1} + \xi_i^{s+1} + e_3) \tag{5.19}$$

最后, 当路径终止于车站 $d(i)$ 的节点 v' 时, 对应的评价函数 $Z(d(i), v')$ 计算如下

$$Z(d(i), v') = Z(d(i) - 1, v) + \gamma_{h(v'),i}^{d(i)} + \xi_i^{d(i)} + e_3 \qquad (5.20)$$

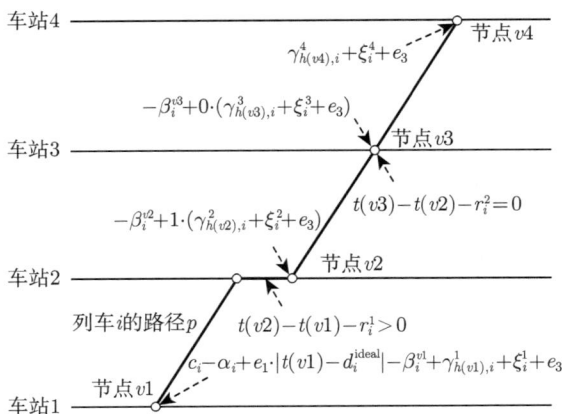

图 5.10　检验数计算示意图

4. 算法步骤

对于车站 s 的节点 v, 以下用 $\mathrm{pre}(s, v)$ 表示它的最优前驱节点, 用 $\bar{Z}(s, v)$ 表示临时评价函数, 求解价格子问题的具体步骤描述如算法 5.2.

算法 5.2　动态规划求解列车 i 的最短路径

步骤 1 (初始化)

置 $Z(s, v) = +\infty$, $\bar{Z}(s, v) = +\infty$, $\mathrm{pre}(s, v) = -1$, $s \in S_i$, $v \in V_i^s$;

利用式 (5.18) 初始化 $Z(o(i), v)$, $v \in V_i^{o(i)}$.

步骤 2 (更新标号)

For 车站 $s = o(i)$ 至 $d(i) - 1$ **do**

　For 节点 $v \in V_i^s$ **do**

　　计算节点 v 的下游节点集 Ω_v;

　　For 节点 $v' \in \Omega_v$ **do**

　　　If $s = d(i) - 1$ **then**

　　　　利用式 (5.20) 计算 $\bar{Z}(d(i), v')$;

　　　　If $\bar{Z}(d(i), v') < Z(d(i), v')$ **then**

　　　　　$Z(d(i), v') = \bar{Z}(d(i), v')$,　$\mathrm{pre}(d(i), v') = v$;

　　　　Endif

　　　Else

　　　　利用式 (5.19) 计算 $\bar{Z}(s + 1, v')$;

　　　　If $\bar{Z}(s + 1, v') < Z(s + 1, v')$ **then**

$$Z(s+1,v') = \bar{Z}(s+1,v'), \quad \mathrm{pre}(s+1,v') = v;$$

        Endif

        Endif

      Endfor // v'

    Endfor // v

  Endfor //s

步骤 3 (回溯最优解)

    通过 $\mathrm{pre}(s,v)$ 回溯确定最优解, 输出相应的检验数.

5.5 分支定价切割算法

首先, 介绍分支定价切割算法的基本框架; 然后, 利用定制化的两类列车安全间隔有效不等式, 求解相应的限制主问题; 最后, 为了快速得到期望的整数解, 提出上下界生成过程及分支策略.

5.5.1 算法框架

为了便于描述, 本节用 u 表示分支树中的节点, ANL 表示分支过程中可激活的节点集合, $\mathrm{LB}(u)$ 表示节点 u 的下界, $\mathrm{UB}(u)$ 表示节点 u 的上界, LB 表示全局最优下界, UB 表示全局最优上界, 算法流程如图 5.11 所示.

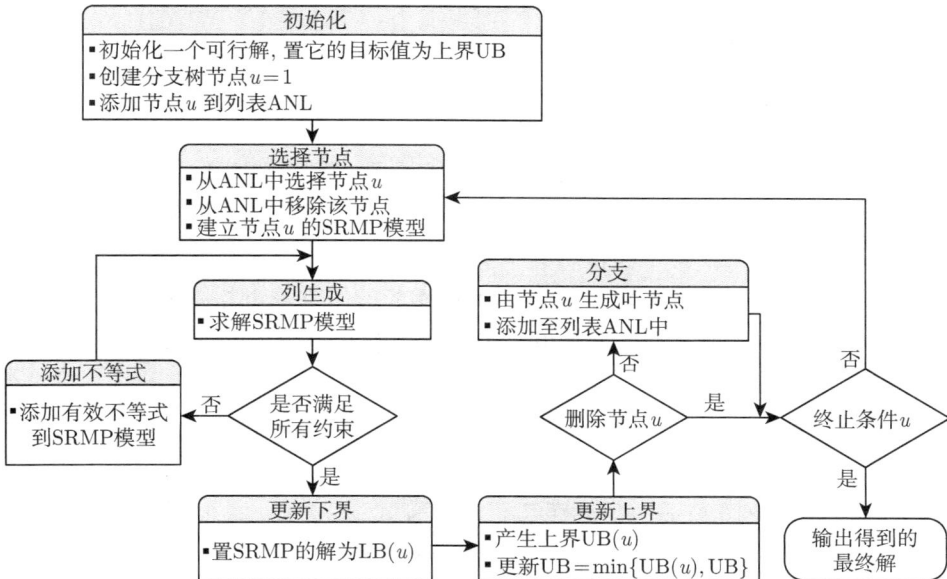

图 5.11 算法流程框架图

图 5.11 中, 通过求解原始模型 OM 得到一个可行解, 初始化分支树的根节点 ($u = 1$) 和全局最优上界 UB, 并将节点 u 添加至 ANL 中. 在根节点中, ANL 只包含一个节点, 但随着分支步骤的执行, ANL 中的激活节点数随之增加. 每次迭代中, 可以依据深度或宽度优先搜索原则, 从 ANL 中选择当前节点 u 进行计算.

需要指出的是, 由于 SRMP 中列车安全间隔约束数量远大于列车能力和需求分配约束数量, 因此我们对限制主问题仅松弛安全间隔约束, 并将其他约束在模型中保留不变. 对于当前分支节点 u, 下界 LB(u) 计算过程如下：首先, 建立不包含安全间隔约束的模型 SRMP 并求解; 然后, 从得到的最优松弛解中, 识别违背安全间隔的约束, 如果存在, 则将其添加至 SRMP 中继续求解, 否则得到原问题的最优松弛解 LB(u), 停止求解过程, 详细计算过程描述于 5.5.3 节.

在得到节点 u 的松弛解之后, 需要进一步得到它的整数可行解或上界 UB(u), 用于更新最优上界 UB $=$ min{UB(u), UB}. 利用得到的 LB(u) 和 UB, 对节点 u 进行修剪枝操作. 具体地, 如果 LB(u) $\geqslant$UB, 减掉节点 u, 不再对其分支, 否则对节点 u 按照 5.5.4 节的规则继续分支.

在算法执行过程中, 采用以下三个条件作为算法终止规则：① ANL 为空; ② 当前最优偏离 gap 值小于等于给定的阈值, 其中 gap 定义为 $\dfrac{\text{UB} - \text{LB}}{\text{UB}} \times 100\%$; ③ 计算时间超过了预先给定的时长.

5.5.2　有效不等式

如前文所述, 由于受大量安全间隔约束的影响, 模型 SRMP 在列生成 CG 分解框架下难以有效求解. 实质上, 这些约束的大多数没有对最优解起任何作用. 有一种更好的处理方法, 就是仅使用其中的部分有效不等式, 而不是 SRMP 中所有的约束 (5.4). 此外, 安全间隔约束 (5.4) 在相应的线性规划松弛问题中表现出较弱的约束能力, 导致所获得的松弛解与整数最优解相差较远. 因此, 有必要进一步构造更加强劲的有效不等式, 以加快松弛问题的求解.

如图 5.12 所示, 给定同等级列车 i, i' 和 i'' 以及对应的路径 p, p' 和 p'', 为了确保列车运行安全间隔, 需要利用不等式 (5.4), 即列车 i 和 i' 在节点 v 的不等式 $x_p + x_p' \leqslant 1$, 列车 i 和 i'' 在节点 v 的不等式 $x_p + x_{p''} \leqslant 1$ 以及列车 i' 和 i' 在节点 v' 的不等式 $x_{p'} + x_{p''} \leqslant 1$. 构造新的聚集型不等式 $x_p + x_{p'} + x_{p''} \leqslant 1$, 相比之下, 约束 (5.4) 对应的不等式具有明显弱点. 首先, 在 0-1 变量情况下, 只有这 3 个不等式共同作用, 才会保证最多只能从 p, p' 和 p'' 中选择一条路径. 对比地, 聚集型不等式也能达到相同的作用. 然而, 在松弛环境下, 上述两类不等式将具有不同的约束结果. 例如, 对于 $x_p = 0.5$, $x_{p'} = 0.4$ 和 $x_{p''} = 0.3$ 的松弛解, 它们满足原有约束 (5.4) 对应的 3 个不等式, 但却不能满足聚集型不等式 $x_p + x_{p'} + x_{p''} \leqslant 1$. 换言之, 相比于约束 (5.4), 新的聚集型不等式具有更加紧凑的约束能力.

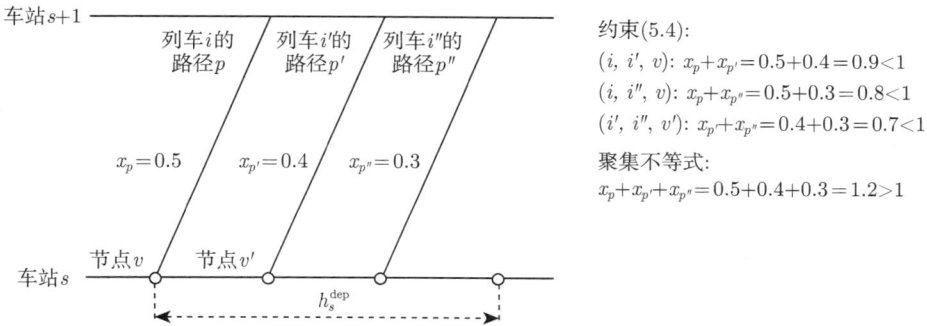

图 5.12 同等级列车松弛解示意图

基于上述考虑, 为了阻止多个列车在基于安全间隔的时间窗内同时出发, 建立如下聚集型不等式.

$$\sum_{v':0 \leqslant \Delta(v,v') < h_s^{\max}} \sum_{p \in P_{v'}} x_p \leqslant 1, \quad s \in S \backslash \{m\}, \ v \in V_s \tag{5.21}$$

式 (5.21) 能确保列车从 s 到 $s+1$ 运行安全, 其中 $h_{s+1}^{\max} = \max\{h_s^{\text{dep}}, h_{s+1}^{\text{arr}}\}$. 实际上, 该约束只能保证同速度等级列车的运行安全, 无法排除不同速度列车之间可能的冲突; 对于不同速度等级列车的情况, 还需进一步借助不等式 (5.4) 检查是否满足安全间隔要求. 特别说明的是, 由于不等式 (5.21) 要求最多只能有一条路径在安全间隔范围内选择, 该约束成为稳定集问题的另一种表现形式. 具体地, 集合 $\{v' : 0 \leqslant \Delta(v,v') < h_s^{\max}\}$ 中的任意一对元素, 不能同时选择作为两条可行路径的出发节点.

由于不等式 (5.21) 的数量巨大, 以下将从 SRMP 的松弛解中动态识别该约束条件. 具体地, 在下界生成过程中, 需要添加有效不等式 (5.4) 和 (5.21) 到 SRMP 中, 其中约束 (5.4) 用于限制不同速度等级的列车, 约束 (5.21) 用于限制相同速度等级的列车. 用 x_p^* 表示得到的松弛解, 以下描述有效不等式识别的详细过程.

首先, 检查车站 s 的时空节点, 是否存在 $\sum_{v'\in[v,v+h_s^{\max})}\sum_{p\in P_{v'}}x_p^* > 1$, 如果存在, 则将相应的约束 (5.21) 添加至 SRMP 中. 类似地, 逐一检查每个低速度列车与随后的高速度列车是否满足约束 (5.4), 并将发现的违背者添加至 SRMP 中.

将不等式 (5.21) 添加至 SRMP 模型中, 会产生新的对偶变量及检验数. 为此, 用 $\bar{\beta}^v$ 表示不等式 (5.21) 对应的对偶变量. 对于 s 站的 v 节点, 相应的对偶变量与 x_p 系数乘积之和为 $\sum_{\tilde{v}:0\leqslant\Delta(\tilde{v},v)<h_s^{\max}}\bar{\beta}^{\tilde{v}}$. 进一步地, 将对偶变量 β_i^v 修改为 $\beta_i^v = \beta_i^v + \sum_{\tilde{v}:0\leqslant\Delta(\tilde{v},v)<h_s^{\max}}\bar{\beta}^{\tilde{v}}$, 并以此更新检验数 (5.16).

5.5.3　下界生成

通过迭代使用 CG 算法和有效不等式, 可以获得分支树中当前节点的下界. 具体地, 在不考虑约束 (5.4) 和 (5.21) 的情况下, 利用 CG 算法求解 SRMP 对应的主问题; 然后, 判断是否存在有效不等式, 如果没有则算法终止, 否则求解添加了有效不等式的 SRMP 模型; 重复上述过程, 直至不能发现新的有效不等式产生为止, 详细计算过程如算法 5.3 所示.

算法 5.3　分支树中节点 u 的下界生成

步骤 1 (初始化)

　　为每个列车生成初始时空路径, 即初始化 $\bar{P}_i$;

　　根据当前节点 u 信息刷新 SRMP 模型.

步骤 2 (列生成过程)

　　While (True) **do**

　　　　求解 SRMP 模型;

　　　　更新对偶变量;

　　　　For 列车 $i \in I$ **do**

　　　　　　求解列车 i 的价格子问题, 得到新路径 p^*;

　　　　　　If 路径 p^* 的检验数为负 **then**

　　　　　　　　添加变量 x_{p^*} 到 SRMP 模型中;

　　　　　　　　更新路径集 $\bar{P}_i = \bar{P}_i \cup \{p^*\}$;

　　　　　　Endif

　　　　Endfor

　　　　If 没有发现检验数为负的路径 **then**

　　　　　　转至步骤 3;

　　　　Endif

　　Endwhile

步骤 3 (添加有效不等式)

识别约束 (5.4);

识别约束 (5.21);

If 没有发现违背约束 **then**

得到节点 u 的最优下界, 即 $\mathrm{LB}(u)$, 终止算法;

Else

添加违背约束到 SRMP 模型;

转至步骤 2.

Endif

5.5.4 分支策略

在求解松弛性 SRMP 模型时, 通常会得到许多小数解. 通过对其中的路径 0-1 变量进行简单的取整运算, 很难得到期望的可行解. 为了获得所需要的整数解, 设计更加有效的分支定界策略显得尤为重要. 借鉴已有研究文献 (Barnhart et al., 1998a; Desaulniers et al., 1998; Feillet, 2010), 以下在 "分支-定价-切割" 的架构下, 采用分支弧变量的策略.

在 SRMP 解中, 会出现列车 i 在多条路径取值大于 0 的情况, 用 z_i^a 表示这些路径经过弧段 a 的累计值. 从所有的非整数解中, 挑选路径变量为小数且数值最大的路径, 将此路径对应的列车作为需要分支的列车, 表示为 $\bar{i}$. 然后, 计算列车 $\bar{i}$ 对应的弧变量值 $z_{\bar{i}}^a$, 筛选 $z_{\bar{i}}^a$ 为小数且取值最大的弧段作为待分支的弧 $\bar{a}$.

确定列车 $\bar{i}$ 和弧 $\bar{a}$ 之后, 将弧 $\bar{a}$ 分为两种情况: $z_{\bar{i}}^{\bar{a}} = 0$ 和 $z_{\bar{i}}^{\bar{a}} = 1$. 换言之, 给定当前节点 u, 可以分支出 2 个叶节点 u_1 ($z_{\bar{i}}^{\bar{a}} = 0$) 和 u_2 ($z_{\bar{i}}^{\bar{a}} = 1$). 在节点 u_1 中, 列车 $\bar{i}$ 的所有路径不通过弧 $\bar{a}$; 相反, 节点 u_2 中, 保留列车 $\bar{i}$ 经过弧 $\bar{a}$ 的路径.

在路径筛选过程中, 如何避免价格子问题产生无效路径是个重要的问题, 以下采用修改时空网络的方法来应对. 如图 5.13 所示, 对叶节点 u_1 ($z_{\bar{i}}^{\bar{a}} = 0$), 相应的弧 $\bar{a}$ 从网络中被移除; 对叶节点 u_2 ($z_{\bar{i}}^{\bar{a}} = 1$) 中, 唯一的弧 $\bar{a}$ 则被保留.

注意的是, 叶节点需要继承父节点中的路径作为初始路径, 用于启动 CG 算法. 为了保证继承路径满足分支要求, 需要移除部分不符合条件的路径. 图 5.14(a) 中, 列车 $\bar{i}$ 包含 4 条路径, 其中路径 1 和路径 4 没有通过弧 $\bar{a}$, 路径 2 和路径 3 穿越了弧 $\bar{a}$. 对弧 $\bar{a}$ 进行分支时, 产生叶节点 u_1 ($z_{\bar{i}}^{\bar{a}} = 0$) 和 u_2 ($z_{\bar{i}}^{\bar{a}} = 1$), 其中叶节点 u_1 继承路径 1 和路径 4 (图 5.14(b)), 叶节点 u_2 继承了路径 2 和路径 3 (图 5.14(c)).

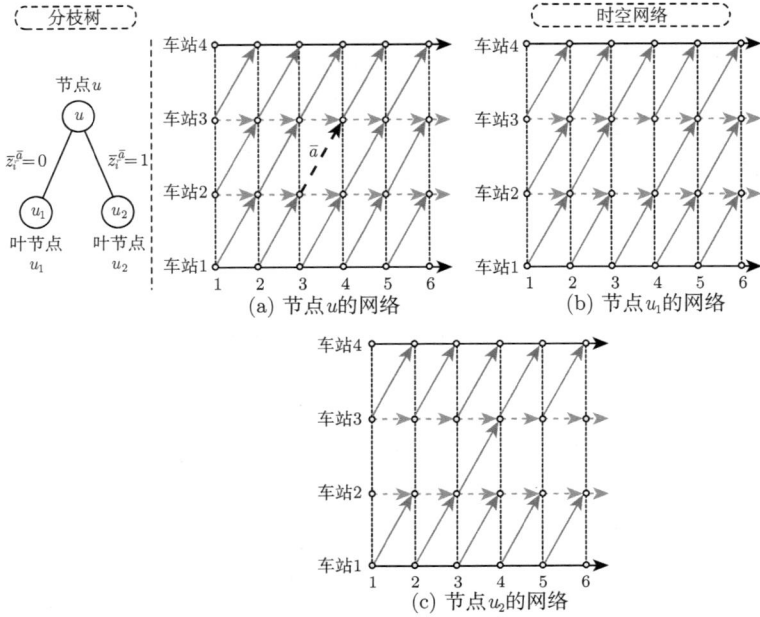

图 5.13　不同分支节点网络结构

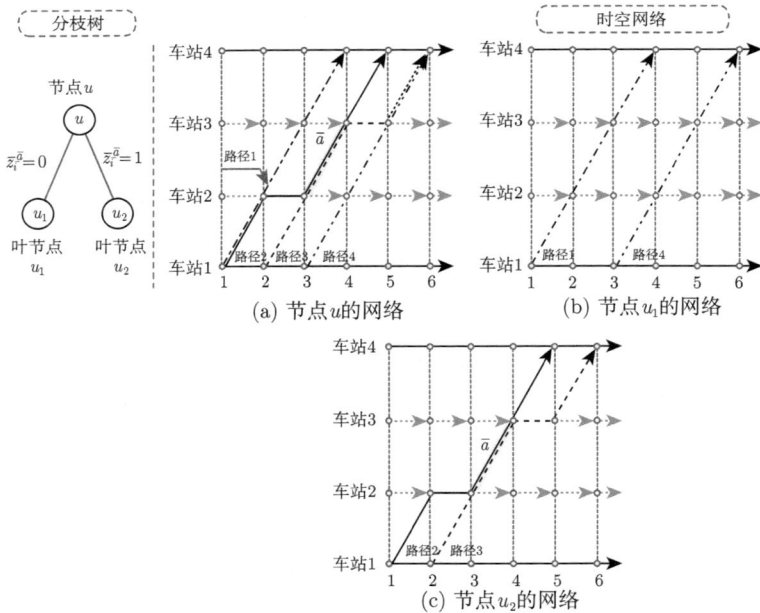

图 5.14　叶节点路径继承示意图

5.5.5 上界生成

在搜索树中, 应该为每个分支节点确定一个整数解来作为原问题的上界. 通常而言, 列生成算法会为每个列车生成许多可能的路径. 确定上界一种直接的方法是, 从这些路径中为每个列车挑选出一条最合理路径, 由此构成列车时刻表. 但由于约束条件的复杂性, 这样得到的解很可能不可行. 为此, 下文提出序列性的局部优化方法, 基本思路是有序固定部分路径变量以快速求解模型.

根据列车在起始站的发车顺序, 首先将所有列车平均分成若干个组. 然后, 独立求解每组列车的可行路径, 其中, 要利用上次迭代得到的最优路径, 固定其他组所在的列车. 为了计算简单起见, 在迭代过程中采用分组方式固定, 且分组过程不考虑对偶变量的影响. 以下利用图 5.15 阐述迭代求解过程, 其中包含 9 个列车, 每组 3 个列车; 在第 1 次迭代中, 仅需要优化第 1 组列车.

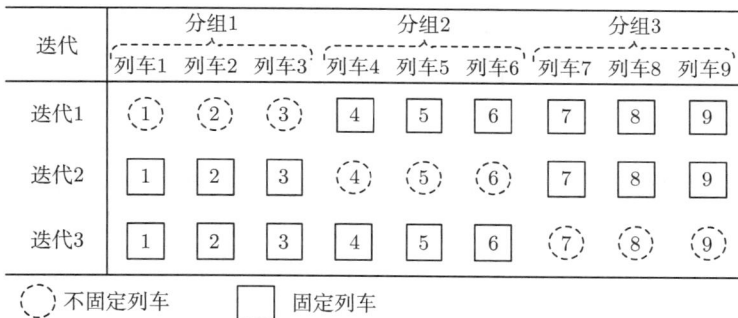

图 5.15 上界生成中列车分组及迭代过程

每次迭代中, 利用 CG 算法得到的潜在路径和 UB (初始化而来) 对应的当前最优路径, 可以构建一个路径集合. 在这个路径集合中, 至少包含一个可行解, 即 UB 对应的当前最优解. 使用所得到的路径, 不断更新相应的整数规划模型 OM. 显然, 该模型具有较少的 0-1 变量, 通过迭代求解每组列车, 可以获得优于或等于 UB 的可行解.

为了清晰描述, 用 sol_best 表示 UB 对应的列车时刻表, gt 标记列车分组, $I(gt)$ 表示第 gt 组列车集合, 具体执行步骤如算法 5.4 所示

算法 5.4 分支树中节点 u 的上界生成

步骤 1 (初始化)

从 CG 算法中获得潜在路径;

使用潜在路径建立模型 OM.

步骤 2 (迭代)

    For 列车分组 gt **do**

        For 列车 $i \notin I(\text{gt})$ **do**

            在 sol_best 中寻求列车 i 的路径 p;

            置 $x_p = 1$;

        Endfor // i

        求解更新的整数规划模型;

        置 UB(u) 等于求得的解;

        If UB(u)<UB **then**

            置 UB=UB(u);

            利用得到的解更新 sol_best;

        Endif

        释放整数规划模型中固定的 0-1 变量.

    Endfor // gt

5.6　数值算例

为了验证本章方法的有效性, 这里提供了解释性小规模算例、京沪高铁大规模算例 (我国最繁忙高速铁路) 以及多个比较性的算例. 所有算例用 Python 语言编码, 限制主问题用 Gurobi 8.1 求解, 程序在英特尔® 酷睿™i5-4430 3.00 GHz CPU, 8 GB RAM 和 Windows 8.1 操作系统个人计算机上执行.

5.6.1　小规模算例

为了清晰展示本章算法的执行过程, 首先考虑小规模算例, 包含 3 个车站、3 个列车和 1 个时段, 假设所有列车都从车站 1 运行到车站 3. 表 5.3 给出了每个列车的类型、理想出发时刻、最早和最晚出发时刻、最小和最大停站时间以及区间运行时间, 其中 "0" 表示高速列车类型, "1" 表示低速列车类型.

表 5.3　列车输入参数

列车编号	列车类型	理想出发时刻	最早出发时刻	最晚出发时刻	最小停站时间 (分)	最大停站时间 (分)	每个区间运行时间 (分)
1	1	5	1	10	1	4	8
2	0	9	5	15	1	2	5
3	0	15	15	15	1	2	5

在研究时段内, 从车站 1 到车站 2、车站 1 到车站 3、车站 2 到车站 3 的客流需求分别为 700, 1000 和 400. 列车在每个车站的安全到达和出发间隔均为 1 分钟, 列车能力为 600 人, 固定运行成本为 120, 目标函数中的权重系数分别为 1.0, 0.1 和 0.5.

利用列生成方法, 首先需要有 1 个可行解作为 SRMP 模型在不包含安全间隔约束的初始解. 如图 5.16(a) 所示, 利用图中的 3 条路径, 即路径 1-1、路径 2-2 和路径 3-3 作为初始解, 其中每条路径用路径和列车的编号联合标识, 例如标号 1-1 表示第 1 条路径对应的第 1 个列车. 为了清晰起见, 图 5.16 标记了每条路径在各站的出发节点.

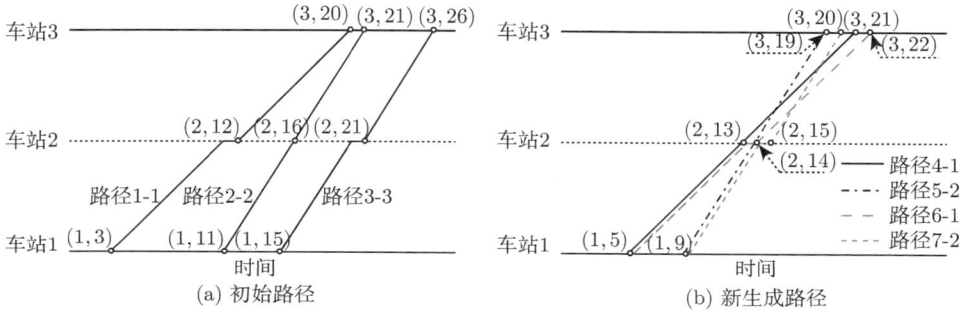

图 5.16   初始路径及新生成路径

接着, 将 CG 方法用于求解初始 SRMP 模型, 可得到 4 条路径 4-1, 5-2, 6-1 和 7-2, 如图 5.16(b) 所示. 至此, 算例共考虑了 7 条路径, 其中列车 1 考虑了路径 1-1、4-1 和 6-1, 列车 2 考虑了路径 2-2、5-2 和 7-2, 列车 3 考虑了路径 3-3. 对于不含有安全间隔约束 (5.4) 和 (5.21) 的 SRMP 模型, 此时再不能产生检验数为负的新路径, 当前解已是模型的最优解.

表 5.4 列出了详细的计算过程. 在分支节点 1 中, 第 1 次 CG 求解不含有安全间隔约束的 SRMP, 得到目标值为 363.69 的松弛解, 如图 5.17 所示, 其中路径 4-1, 5-2 和 6-1 在时空节点 (2,13) 处违背了约束 (5.4), 即有 $x_4 + x_5 + x_6 = 2 > 1$. 于是, 添加对应的有效不等式 $x_2 + x_4 + x_5 + x_6 + x_7 \leqslant 1$ 到 SRMP 模型中. 通过求解更新的 SRMP 模型, 得到目标值为 366.20 的新解.

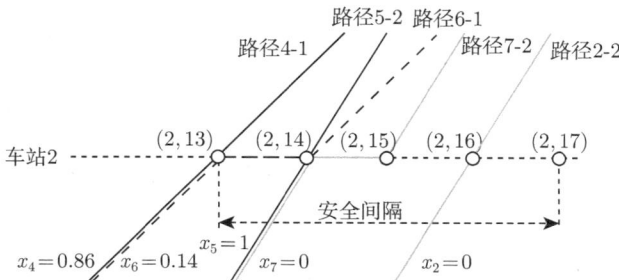

图 5.17   松弛解中有效不等式的识别过程

表 5.4　小规模算例分支过程

分支树	求解方法	SRMP 模型中的路径/约束		变量值	下界	上界
节点 1	列生成算法	初始路径	1-1: $(1,3)\rightarrow(2,12)\rightarrow(3,20)$	$x_3=1.00$	363.69	365.30
			2-2: $(1,11)\rightarrow(2,16)\rightarrow(3,21)$	$x_4=0.86$		
			3-3: $(1,15)\rightarrow(2,21)\rightarrow(3,26)$	$x_5=1.00$		
		新路径	4-1: $(1,5)\rightarrow(2,13)\rightarrow(3,21)$	$x_6=0.14.$		
			5-2: $(1,9)\rightarrow(2,14)\rightarrow(3,19)$			
			6-1: $(1,5)\rightarrow(2,14)\rightarrow(3,22)$			
			7-2: $(1,9)\rightarrow(2,15)\rightarrow(3,20)$			
	有效不等式	约束 (4)	$x_2+x_4+x_5+x_6+x_7\leqslant1$	$x_1=1.00$	366.20	
				$x_3=1.00$		
				$x_5=1.00$		
	列生成算法	新路径	8-1: $(1,4)\rightarrow(2,12)\rightarrow(3,20)$	$x_3=1.00$ $x_4=0.14$	364.69	
			9-2: $(1,7)\rightarrow(2,12)\rightarrow(3,17)$	$x_5=0.86$ $x_6=0.14$		
			10-2: $(1,10)\rightarrow(2,17)\rightarrow(3,22)$	$x_8=0.72$ $x_9=0.14$		
	有效不等式	约束 (4)	$x_1+x_5+x_7+x_8+x_9\leqslant1$	$x_3=1.00$ $x_4=0.50$	364.93	
			$x_4+x_6+x_9\leqslant1$	$x_5=0.50$ $x_6=0.25$		
				$x_8=0.25$ $x_9=0.25$		
				$x_{10}=0.25$		
节点 2 $(z_1^{\bar{a}}=0)$	列生成算法	从节点 1 继承的路径	1-1: $(1,3)\rightarrow(2,12)\rightarrow(3,20)$	$x_3=1.00$	365.30	365.30
			2-2: $(1,11)\rightarrow(2,16)\rightarrow(3,21)$	$x_8=1.00$		
			3-3: $(1,15)\rightarrow(2,21)\rightarrow(3,26)$	$x_{12}=1.00$		
			5-2: $(1,9)\rightarrow(2,14)\rightarrow(3,19)$			
			7-2: $(1,9)\rightarrow(2,15)\rightarrow(3,20)$			
			8-1: $(1,4)\rightarrow(2,12)\rightarrow(3,20)$			
			9-2: $(1,7)\rightarrow(2,12)\rightarrow(3,17)$			
			10-2: $(1,10)\rightarrow(2,17)\rightarrow(3,22)$			
		新路径	11-1: $(1,6)\rightarrow(2,14)\rightarrow(3,22)$			
			12-2: $(1,9)\rightarrow(2,16)\rightarrow(3,31)$			
节点 3 $(z_1^{\bar{a}}=1)$	列生成算法	从节点 1 继承的路径	2-2: $(1,11)\rightarrow(2,16)\rightarrow(3,21)$	$x_3=1.00$	365.30	365.30
			3-3: $(1,15)\rightarrow(2,21)\rightarrow(3,26)$	$x_4=1.00$		
			4-1: $(1,5)\rightarrow(2,13)\rightarrow(3,21)$	$x_{10}=1.00$		
			5-2: $(1,9)\rightarrow(2,14)\rightarrow(3,19)$			
			6-1: $(1,5)\rightarrow(2,14)\rightarrow(3,22)$			
			7-2: $(1,9)\rightarrow(2,15)\rightarrow(3,20)$			
			9-2: $(1,7)\rightarrow(2,12)\rightarrow(3,17)$			
			10-2: $(1,10)\rightarrow(2,17)\rightarrow(3,22)$			

　　经过计算, 在分支节点 1, 得到目标值为 364.93 的松弛最优解, 可将其作为原始模型的下界, 其中计算产生了 10 条路径, 从中选择 3 条路径 3-3, 4-1 和 10-2, 构成目标函数值为 365.30 的可行列车时刻表, 由此作为分支数中节点 1 的上界.

　　进一步地, 可对松弛最优解分支以获得期望的整数最优解. 在节点 1, 通过

分支弧 $\bar{a} = ((1,5),(2,13))$, 产生两个新节点 2 ($z_1^{\bar{a}} = 0$) 和 3 ($z_1^{\bar{a}} = 1$). 在这个过程中, 两个叶节点都从节点 1 继承了符合条件的路径. 如表 5.4 所示, 路径 4-1 和 6-1 包含弧 $\bar{a}$, 路径 1-1 和 8-1 不包含弧 $\bar{a}$. 此外, 节点 2 没有继承路径 4-1 和 6-1, 节点 3 排除了路径 1-1 和 8-1. 利用相同的方法, 可以计算得到节点 2、节点 3 的上界和下界, 它们对应于同一目标值 365.30, 此时已经得到了问题的最优解.

5.6.2　大规模算例

为了检验模型与算法对大规模问题的计算效能, 本节以京沪高铁为背景进行测算, 该线路连接北京到上海, 沿途经过 23 个车站, 如表 5.5 所示, 这里仅考虑从北京到上海方向列车时刻表的优化.

表 5.5　车站索引表

站名	编号	站名	编号	站名	编号
北京南	1	滕州东	9	镇江南	17
廊坊	2	枣庄	10	丹阳南	18
天津南	3	徐州东	11	常州北	19
沧州西	4	宿州东	12	无锡东	20
德州东	5	蚌埠南	13	苏州北	21
济南西	6	定远	14	昆山南	22
泰安	7	滁州	15	上海虹桥	23
曲阜东	8	南京南	16		

在京沪高铁线路上, 开行有多种类型的列车, 如全程列车和短途列车, 它们运行在各自的始发和终到站之间, 以满足不同乘客的出行需求. 根据 2018 年 7 月的列车时刻表, 这里考虑含 211 个列车、17 类运行区段的情况, 如表 5.6 所示.

表 5.6　列车开行区段及数量

开行区段	ID 标识	列车数量	开行区段	ID 标识	列车数量
北京南-济南西	1-6	24	济南西-徐州东	6-11	6
北京南-徐州东	1-11	3	济南西-蚌埠南	6-13	2
北京南-蚌埠南	1-13	11	济南西-南京南	6-16	6
北京南-南京南	1-16	14	济南西-上海虹桥	6-23	8
北京南-上海虹桥	1-23	44	徐州东-蚌埠南	11-13	6
天津南-徐州东	3-11	1	徐州东-南京南	11-16	15
天津南-蚌埠南	3-13	1	徐州东-上海虹桥	11-23	27
天津南-南京南	3-16	2	南京南-上海虹桥	16-23	31
天津南-上海虹桥	3-23	10			

每小时从各站发出的乘客人数如图 5.18 所示, 相比于其他车站, 北京、天津、济南和南京具有更大的客流需求. 同时, 在 11:00 至 12:00 时段和 18:00 至 19:00 时段, 乘客出行需求比较大. 详细的基于小时的 OD 需求输入和最后求解得到的列车时刻表输出见链接 https://www.researchgate.net/profile/Huimin_Niu/publication/335991135.

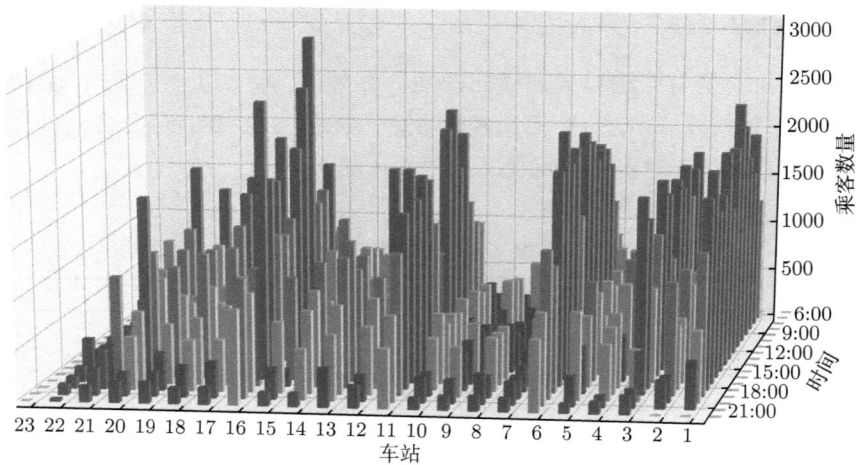

图 5.18   基于小时的车站客流需求 (见文后彩图)

算例中, 研究时段为 6:00 至 24:00, 时段内共有 156 列高速列车和 55 列低速列车. 另外, 假定列车在起始站的理想出发时刻均匀分布在每个时段, 沿理想出发时刻向左右各偏离 15 分钟, 设置每个列车在起始站的最早和最晚出发时刻. 表 5.7 中, 给出了每个列车的类型 (TT)、载客能力 (Cap)、理想出发时刻 (IT) 和开行区段 (ST), 其中分别用 0 和 1 表示列车类型 TT 中的高速列车和低速列车, 表 5.8 给出了不同速度列车的区间运行时间.

表 5.7   列车类型、载客能力、理想出发时刻和运行区间

列车	TT	Cap	IT	ST	列车	TT	Cap	IT	ST	列车	TT	Cap	IT	ST	列车	TT	Cap	IT	ST
1	0	600	6:00	1-6	6	0	1000	7:00	1-23	11	0	1000	7:43	1-23	16	0	600	8:18	1-16
2	0	1000	6:12	1-23	7	0	1000	7:08	1-23	12	1	1000	7:52	1-23	17	0	1000	8:24	1-23
3	0	600	6:24	1-6	8	0	1000	7:16	1-23	13	0	1000	8:00	1-23	18	0	600	8:30	1-23
4	1	600	6:36	1-6	9	0	600	7:25	1-23	14	0	1000	8:06	1-11	19	0	600	8:36	1-23
5	0	1000	6:48	1-23	10	0	600	7:34	1-23	15	0	1000	8:12	1-23	20	1	1000	8:42	1-23

续表

列车	TT	Cap	IT	ST	列车	TT	Cap	IT	ST	列车	TT	Cap	IT	ST	列车	TT	Cap	IT	ST
21	0	600	8:48	1-6	57	0	1000	14:34	1-13	93	0	600	20:00	1-6	129	1	1000	18:30	6-23
22	0	600	8:54	1-6	58	0	1000	14:43	1-23	94	1	600	20:30	1-6	130	0	600	19:00	6-23
23	0	1000	9:00	1-23	59	1	600	14:52	1-6	95	1	600	21:00	1-6	131	0	1000	21:30	6-11
24	0	1000	9:10	1-23	60	0	1000	15:00	1-23	96	1	600	21:30	1-6	132	1	1000	22:00	6-11
25	0	1000	9:20	1-23	61	0	600	15:12	1-13	97	0	600	7:00	3-16	133	0	600	6:00	11-16
26	1	1000	9:30	1-23	62	1	1000	15:24	1-16	98	0	1000	9:00	3-23	134	0	600	6:20	11-16
27	0	1000	9:40	1-23	63	0	1000	15:36	1-23	99	1	1000	10:10	3-13	135	0	1000	6:40	11-23
28	0	600	9:50	1-16	64	0	1000	15:48	1-23	100	0	600	11:00	3-23	136	0	600	7:00	11-16
29	0	600	10:00	1-16	65	1	600	16:00	1-6	101	0	1000	12:00	3-11	137	1	1000	7:20	11-16
30	0	600	10:10	1-6	66	0	600	16:10	1-6	102	0	600	12:20	3-16	138	1	1000	7:40	11-23
31	1	600	10:20	1-6	67	0	600	16:20	1-16	103	0	1000	12:40	3-23	139	0	600	8:00	11-16
32	0	1000	10:30	1-23	68	0	1000	16:30	1-23	104	0	1000	13:30	3-23	140	0	600	8:12	11-13
33	0	1000	10:40	1-13	69	0	1000	16:40	1-23	105	0	1000	14:00	3-23	141	0	600	8:24	11-16
34	0	600	10:50	1-23	70	0	1000	16:50	1-23	106	0	1000	14:40	3-23	142	1	600	8:36	11-13
35	0	1000	11:00	1-23	71	0	600	17:00	1-23	107	1	1000	15:30	3-23	143	0	1000	8:48	11-23
36	0	600	11:07	1-13	72	1	600	17:08	1-6	108	0	1000	16:30	3-23	144	0	1000	9:00	11-23
37	0	600	11:14	1-13	73	0	1000	17:16	1-23	109	0	1000	17:00	3-23	145	1	600	9:12	11-13
38	0	600	11:21	1-13	74	0	1000	17:25	1-13	110	0	600	17:30	3-23	146	0	600	9:24	11-23
39	0	1000	11:29	1-13	75	0	1000	17:34	1-23	111	0	600	6:00	6-11	147	0	1000	9:36	11-23
40	0	600	11:37	1-13	76	0	1000	17:43	1-23	112	1	600	6:30	6-13	148	0	600	9:48	11-13
41	0	1000	11:45	1-16	77	1	600	17:52	1-6	113	0	1000	7:00	6-11	149	0	1000	10:20	11-23
42	1	600	11:53	1-13	78	0	1000	18:00	1-23	114	1	600	7:15	6-16	150	0	1000	10:40	11-23
43	0	1000	12:00	1-23	79	0	600	18:12	1-11	115	0	1000	7:30	6-16	151	1	1000	11:20	11-23
44	0	1000	12:15	1-23	80	1	600	18:24	1-11	116	1	600	7:45	6-16	152	1	1000	11:30	11-23
45	0	1000	12:30	1-16	81	0	600	18:36	1-6	117	0	1000	8:30	6-23	153	0	1000	11:40	11-23
46	1	600	12:45	1-6	82	0	1000	18:48	1-16	118	0	600	9:00	6-11	154	1	1000	12:00	11-23
47	0	1000	13:00	1-23	83	0	1000	19:00	1-23	119	0	600	9:10	6-16	155	0	600	12:30	11-16
48	0	600	13:10	1-6	84	0	1000	19:06	1-13	120	0	1000	9:30	6-23	156	1	1000	13:00	11-16
49	0	600	13:20	1-6	85	0	1000	19:12	1-16	121	1	1000	10:10	6-11	157	0	600	13:30	11-23
50	1	600	13:30	1-6	86	0	1000	19:18	1-16	122	0	1000	11:30	6-23	158	0	1000	14:00	11-23
51	0	1000	13:40	1-23	87	0	600	19:24	1-16	123	0	1000	12:30	6-23	159	0	600	14:20	11-13
52	0	600	13:50	1-6	88	1	600	19:30	1-16	124	1	1000	14:30	6-13	160	0	1000	14:40	11-23
53	0	1000	14:00	1-23	89	1	600	19:36	1-16	125	0	1000	16:00	6-23	161	0	1000	15:00	11-23
54	0	1000	14:08	1-23	90	0	1000	19:42	1-23	126	0	1000	16:40	6-23	162	1	1000	15:20	11-23
55	0	600	14:16	1-23	91	0	600	19:48	1-6	127	0	1000	17:00	6-16	163	0	1000	15:50	11-23
56	0	1000	14:25	1-16	92	0	600	19:54	1-6	128	0	600	17:30	6-16	164	1	1000	16:00	11-23

列车	TT	Cap	IT	ST	列车	TT	Cap	IT	ST	列车	TT	Cap	IT	ST	列车	TT	Cap	IT	ST
165	0	1000	16:30	11-23	177	0	600	22:30	11-16	189	1	600	9:15	16-23	201	0	600	15:00	16-23
166	0	600	16:45	11-23	178	1	600	22:45	11-16	190	0	600	9:30	16-23	202	0	600	15:10	16-23
167	0	1000	17:00	11-16	179	0	600	23:00	11-16	191	1	600	9:45	16-23	203	1	1000	15:20	16-23
168	0	600	17:20	11-23	180	0	600	23:15	11-16	192	0	1000	10:00	16-23	204	0	600	15:30	16-23
169	1	1000	17:30	11-23	181	1	1000	6:30	16-23	193	0	600	10:30	16-23	205	0	600	15:40	16-23
170	0	1000	18:00	11-23	182	0	1000	7:00	16-23	194	1	1000	11:00	16-23	206	0	1000	16:00	16-23
171	0	1000	18:30	11-23	183	0	600	7:30	16-23	195	0	600	11:30	16-23	207	1	600	17:30	16-23
172	0	1000	19:40	11-23	184	1	1000	8:00	16-23	196	0	1000	12:00	16-23	208	0	1000	18:40	16-23
173	0	600	20:20	11-16	185	0	600	8:15	16-23	197	1	1000	12:30	16-23	209	1	1000	18:40	16-23
174	1	1000	20:40	11-23	186	0	600	8:30	16-23	198	0	600	13:00	16-23	210	0	600	19:00	16-23
175	1	600	21:00	11-16	187	1	1000	8:45	16-23	199	0	1000	13:30	16-23	211	0	600	22:30	16-23
176	1	600	21:15	11-13	188	0	1000	9:00	16-23	200	1	1000	14:30	16-23					

表 5.8　区间长度、不同速度列车的运行时间

区间	长度 (千米)	高速列车 运行时间 (分)	低速列车 运行时间 (分)	区间	长度 (千米)	高速列车 运行时间 (分)	低速列车 运行时间 (分)
1-2	59	12	14	12-13	77	15	18
2-3	72	14	17	13-14	53	11	13
3-4	88	18	21	14-15	62	12	15
4-5	108	22	26	15-16	59	12	14
5-6	92	18	22	16-17	69	14	17
6-7	59	12	14	17-18	25	5	6
7-8	70	14	17	18-19	32	6	8
8-9	56	11	13	19-20	57	11	14
9-10	36	7	9	20-21	26	5	6
10-11	63	13	15	21-22	32	6	8
11-12	79	16	19	22-23	43	9	10

　　所有列车在各车站的最小和最大停站时间分别为 2 分钟和 10 分钟, 最小安全出发和到达间隔时间为 3 分钟. 与小规模算例相同, 假定固定运营成本为 120, 目标函数中的权重系数为 1.0, 0.1 和 0.5.

　　当 CPU 运行时间达到预定时间长度 10000 秒时, 得到近似最优的可行解, 此时 UB = 27368.80, LB = 25873.98, Gap = 5.46%, 详细的列车时刻表信息见前述网址, 对应的列车运行图如图 5.19 所示.

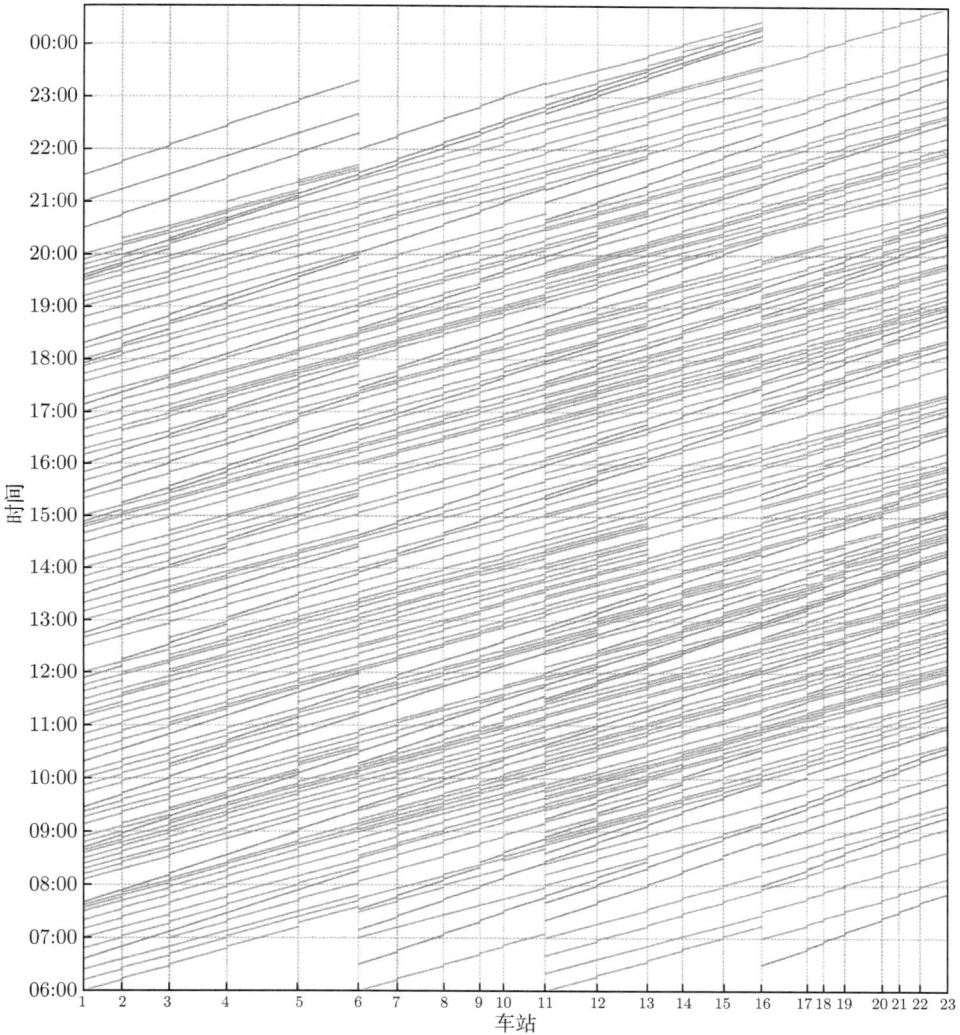

图 5.19　大规模算例优化后的列车运行图 (见文后彩图)

5.6.3　比较性算例

为了进一步验证所提方法的有效性, 以下进行 3 组比较性测试实验.

1. 现实与优化时刻表比较

本组测试设置 "北京-济南"、"南京-上海" 和 "北京-上海" 3 个不同的场景案例, 如表 5.9 所示, 用于比较现实列车时刻表和优化后的列车时刻表.

表 5.9   案例的设置

案例 ID	设置参数		
	车站数	列车数量	客流需求
北京-济南	6	(110, 0)	截断需求
南京-上海	8	(120, 0)	截断需求
北京-上海	23	(211, 0)	原始需求

表 5.9 中, 第 1 列 "案例 ID" 包括所考虑方向上的起始站和终到站, 第 3 列 "列车数量" 由高速列车和低速列车的数量组成, 第 4 列中, "原始需求" 表示上节使用的需求, 而 "北京-济南" 案例中的 "截断需求", 表示如果 "原始需求" 的目的站在济南以远, 则将这些超过济南的远程需求统一截断加载至济南站. 对于上述 3 个案例, 分别利用本章方法计算相应的最优列车时刻表, 并分别抽取 3 种情况下京沪高铁现实列车时刻表, 最终的现实与优化列车时刻表见链接 https://www.researchgate.net/profile/ Huimin_Niu/publication/335991150.

为了比较现实与优化列车时刻表所呈现的不同服务质量, 引入 "等待时间" 和 "剩余人数" 衡量指标, 其中的 "等待时间" 是指部分乘客必须选择到达时段之外列车所产生的候车时间, 计算方法为, 如果某个乘客不能乘上所在时段的任何列车, 该乘客将额外等待 60 分钟, 而 "剩余人数" 则表示当天不能乘上任何列车的旅客人数. 表 5.10 中给出了详细的比较结果, 很显然, 优化后的列车时刻表提供了更好的服务质量. 另外, 我们还测试了在客流需求均匀分布的条件下, 求解得到了近似均衡的列车时刻表. 这进一步表明, 本章所提方法在求解时变需求列车时刻表方面具有明显优势.

表 5.10   现实和优化列车时刻表比较

案例 ID	实际列车时刻表		优化列车时刻表					
	等待时间 (分)	剩余人数	等待时间 (分)	剩余人数	LB	UB	Gap (%)	CPU 计算时间 (秒)
北京-济南	1655760	3654	0	0	13361.67	13407.80	0.34	518.42
南京-上海	22017540	27051	0	0	14605.07	14891.30	1.92	905.82
北京-上海	45079020	74709	0	0	25827.85	27079.70	4.62	8951.32

2. 替换对偶变量与标准列生成比较

在进行的第 2 组测试中, 通过比较 6 个不同规模的案例, 以验证替换对偶变量列生成方法的优势. 比较结果如表 5.11 所示, 其中 "案例 ID" 由车站、列车和时段数量组成, 例如, "3-(77, 19)-17" 表示该案例具体包括 3 个车站、77 个高速列车和 19 个低速列车、17 个时段. 表 5.11 中的前 5 个案例, 均在上节大规模算例的基础上修改而来, 具体地, 这些案例都从第 1 个车站开始, 终止于某个中间站. 类似于前文, 对客流需求进行了截断处理, 得到相应的需求矩阵, 而其他参数设置与大规模算例相同. 为了展示替换对偶变量列生成方法的优势, 表 5.11 还列举了标准 CG 算法求解上述 6 个案例的情况.

如表 5.11 所示, 替换对偶变量列生成方法总是在合理的计算时间内得到最优解. 相比之下, 对于后 4 个算例, 标准的 CG 算法无法在 3 小时内获得任何下界 (表中 "N" 表示), 这进一步表明, 替换对偶变量列生成方法能够有效地消除问题中存在的不可分割性.

表 5.11 替换对偶变量与标准列生成比较

案例 ID	替换对偶变量的 CG 算法					无替换对偶变量的标准 CG 算法				
	LB	UB	Gap (%)	CPU 时间 (秒)	算法 5.2 耗费 CPU 时间 (秒)	LB	UB	Gap (%)	CPU 时间 (秒)	算法 5.1 耗费 CPU 时间 (秒)
3-(77,19)-17	11628.81	11629.30	4×10^{-5}	104.86	1×10^{-3}	11629.13	11633.40	4×10^{-5}	130.17	2×10^{-3}
7-(104,28)-17	16050.11	16267.40	1.33	851.34	5×10^{-3}	16154.23	16418.10	1.61	3654.07	0.19
11-(104,28)-18	16103.13	16471.00	2.23	3009.35	0.04	N	N	N	>10800	42.06
15-(137,43)-18	21986.11	22764.10	3.42	5068.24	0.04	N	N	N	>10800	>3600
19-(156,55)-18	25805.90	27038.50	4.56	7167.21	0.04	N	N	N	>10800	>3600
23-(156,55)-18	25873.98	27368.80	5.46	10000	0.05	N	N	N	>10800	>3600

3. 不同规模算例比较

为了进一步测试算法的性能, 本组实验测试了另外 6 个具有不同车站、列车和需求的案例, 详细计算结果如表 5.12 所示. 从表中可以看出, 相同速度列车之间、不同速度列车之间均存在列车越行的情况. 相比于速度等级相同的算例, 具有不同速度列车的案例计算需要更多的时间, 同时会产生更多的越行次数. 一般而言, 随着研究对象规模的增大, 列车之间的越行次数也相应增加.

表 5.12 不同规模案例的比较

案例 ID	下界 LB	上界 UB	Gap (%)	CPU 计算时间 (秒)	路径数量	有效不等式数量	分支节点数量	同速度列车间越行次数	不同速度列车间越行次数
17-(131,0)-15	15971.00	16409.10	2.67	2740.33	3479	1219	62	15	0
17-(116,15)-15	15973.58	16596.40	3.75	3323.39	3864	1856	62	15	8
20-(171,0)-18	20894.05	21697.40	3.70	7875.42	4713	2075	40	13	0
20-(136,35)-18	20916.25	22024.00	5.03	8153.19	6564	2815	40	20	17
23-(211,0)-18	25827.85	27079.70	4.62	8951.32	5668	2553	22	11	0
23-(156,55)-18	25873.98	27368.80	5.46	10000	8423	4191	22	30	41

为了在时间维度上更好地节省有限的股道资源, 无越行的追踪运行常常应用在短距离的城际铁路和城市轨道交通上. 对于长距离高速铁路走廊, 如果允许列车选择灵活停站方案, 则含有越行的列车运行, 特别是不同速度之间的列车越行,

能更有效地提升轨道交通的运行效率和能力利用率.

　　另外, 在模型求解过程中, 仅需要添加有限个潜在路径和有效不等式. 例如, 在最大规模案例 23-(156, 55)-18 中, 实际搜索了 22 个分支节点、8423 条路径和 4191 个有效不等式. 通常而言, 单一列车速度的案例会含有更少的路径和有效不等式. 对于大规模的算例, 每次分支会耗费较多的计算时间, 而实际执行的分支过程则相对较少.

5.7   结　束　语

　　本章提出了一体化的建模和计算架构, 用于求解越行环境下面向需求高速铁路列车时刻表的优化问题. 为了满足列车越行和 OD 客流需求加载, 采用了灵活的列车停站方案. 利用精心设计的时空网络, 将问题描述为含有 0-1 路径变量和整数指派变量的线性规划模型, 采用列生成和分支定价切割的集成算法求解模型. 数值测试表明, 对于大规模算例, 所提方法具有很好的计算性能, 能够获得高质量最优或近似最优解. 据我们所知, 本章是首次利用列生成方法, 求解包含列车越行、灵活停站和需求响应的列车时刻表优化问题. 为了有效消除问题中存在的不可分割性, 特别提出了替换对偶变量的改进方法, 希望能够为今后研究列车时刻表以及相关问题贡献新的见解和思路.

　　未来进一步的研究, 应该主要考虑以下两个问题. 首先, 解决超饱和或不确定需求条件下的列车时刻表问题; 其次, 在列车时刻表设计中嵌入更多现实要求, 如动车组运用、车站能力和装备维修等问题.

第 6 章　柔性架构下列车时刻表及 ADMM 算法

在拥挤的高速铁路走廊上, 对于多等级列车共线、允许列车越行的情况, 为了简化列车时刻表问题的求解, 现有文献通常为每个列车在始发站预先指定狭窄的出发时间窗. 实践中, 这类时间窗的设置非常困难和费力. 更为严重的是, 许多情况下不合理的设置会导致后期的计算不能得到期望的解. 为了从根本上解决这个棘手的难题, 本章将狭窄的出发时间窗扩展为 1 小时时段的柔性列车运行框架. 在每个扩展后的时段内, 列车可灵活地选择任意时刻出发. 进一步地, 构建更加紧凑的不相容约束, 以刻画不同列车之间的安全性和均匀性间隔约束. 毫无疑问的是, 当利用标准的拉格朗日分解方法时, 这种对列车出发时间窗的松弛, 会增加获得最优或者近似最优解的难度. 基于此, 提出改进的交替方向乘子法, 以应对问题复杂度增加导致的计算障碍. 特别地, 在依次求解列车路径子问题过程中, 提出基于对偶费用的优先权搜索策略. 最后, 通过一系列数值测算, 验证本章所提方法的有效性和有用性.

6.1　引　　言

在复杂的时间和空间维度内, 以无冲突的移动方式, 调度具有不同速度等级、不同始发与终到站的异质列车流, 是一项非常困难的挑战. 尤其在拥挤的高速铁路走廊上, 庞大数目的多等级列车共享有限的时空资源, 使得列车时刻表和列车停站问题的协同优化变得更加复杂. 通常情况下, 轨道列车时刻表问题可以构建为整数规划模型 (Cordeau et al., 1998; Wong et al., 2008; Niu and Zhou, 2013; Louwerse and Huisman, 2014; Robenek et al., 2016). 由于这类问题内在的组合复杂性, 对于大规模的应用案例, 很难在较短时间内求得模型的最优解, 尤其是多等级列车共线运行的情况. 在过去的几十年里, 大量的研究文献致力于构建计算上有效的各类算法, 以求解各种各样的列车时刻表优化问题 (Odijk, 1996; Niu et al., 2015b; Lamorgese et al., 2017).

不可否认的是, 由于巨大的计算复杂性, 现有的方法还不能从根本上应对列车时刻表问题. 为了简化问题, 在模型的构建阶段, 为每个列车预先指定狭窄的出发时间范围 (或时间窗), 是较为普遍的做法 (D'Ariano et al., 2007; Harrod, 2012;

Luan et al., 2017). 具体的实施中, 列车出发时间窗大多通过指定列车出发时间的左右边界, 或者中心时刻 (又称为理想出发时刻) 及偏移值来完成 (Ghoseiri et al., 2004; Tian and Niu, 2019). 例如, Cacchiani 等 (2010a) 在提前已知理想出发时刻的基础上, 分别为旅客列车、货物列车指定了 10 分钟和 20 分钟的偏离值; Jamili 等 (2012) 为每个列车规定了 20 分钟及 40 分钟宽度的时间窗. 这类时间窗设置的目的, 实质上是预先将每个列车的活动范围限制在时空网络中相对较小的范围内. 从资源利用的角度看, 该方法是将位于同一物理空间内的多个列车, 从时间维度上进行某种程度的分离. 正是这样的处理, 使得现有方法能够在可接受的时间内, 成功求解许多复杂的列车时刻表问题.

实际执行中, 对每个列车设置出发时间范围, 是一个非常困难和棘手的工作. 迄今为止, 学术界尚没有标准化的方法, 用以确定运营日内每个列车合理的出发时间窗 (Cai and Goh, 1994; Liebchen, 2008; Xu et al., 2017). 首先, 我们不知道为所考虑的时间窗设置多大的宽度, 例如是 10 分钟, 还是 20 分钟? 如果时间窗的宽度设置过大, 将会降低限制的意义; 相反, 如果设置过小, 可能会将最优解或近似最优解从预先设置的时间范围内排除. 其次, 我们也不清楚, 应该选择哪个时间点为中心时刻或理想时刻. 根据旅客在始发站近似的出行时间偏好, 来设置列车可能的出发时间范围, 是较为可行的方法. 但是, 目前尚不知道确定出发时间窗任何量化的规则. 基于这些考虑, 本章希望能提出更加简单有效的方法, 用以克服上述列车时刻表设计中遇到的困难.

本章所关注的柔性列车时刻表优化, 最显著的区别是不需要为每个列车提前指定狭窄的出发时间窗. 这类柔性化的调度方法, 近年来在更广泛的领域受到了越来越多的重视. 例如, Gertsbakh 和 Serafini (1991) 提出了新的民航飞机调度方法, 目标是最小化所用的飞机数, 其中允许航班采用灵活的出发时间和起飞次序. Kroon 等 (2014b) 在研究铁路动车组调度问题时, 不固定动车组和乘客之间的衔接关系, 以减少完成列车时刻表任务所需动车组的总数. Boyer 等 (2018) 在考虑公交乘务调度问题时, 在满足劳动规章的约束条件下, 允许选择可变的司机换班时机和休息时长. 更广泛地, 通过使用先进的优化方法, 许多研究文献关注了基于柔性的车间作业调度问题 (Hoitomt et al., 1993; Moslehi and Mahnam, 2011). 本质上, 这些柔性化的调度方法, 都是在某种程度上对原问题中预先强加的约束条件进行松弛. 从管理角度而言, 这种灵活的调度方式愈加贴近现实, 增加了获得更多优良方案的可能和机会.

列车时刻表优化问题的巨大复杂性, 对求解算法提出了更高的要求. 到目前为止, 求解列车时刻表问题的方法很多, 但应用最成功、最引人关注的当属拉格

朗日分解算法 (Fisher, 1981; Caprara et al., 2006; Cacchiani and Toth, 2012; Yang and Zhou, 2014). 通过松弛不同列车之间的关联性或一致性约束, 拉格朗日方法能将复杂的列车时刻表问题, 分解为若干个容易求解的单列车子问题, 通过迭代求解这些子问题, 最终可以获得问题的近似最优解, 并能随时判断当前解偏离最优解的程度. 具体而言, 每个列车子问题, 对应于时空网络中的一个最短路径问题. Brännlund 等 (1998) 利用拉格朗日方法松弛股道能力约束, 通过动态规划方法求解子问题. 进一步地, Caprara 等 (2002) 利用这类对偶分解方法, 在预先构建的有向多重图上优化列车时刻表, 其中图的节点对应列车在车站的到达和出发时刻; 随后, Cacchiani 等 (2010a) 研究了新增列车运行线问题, 优化目标是在网络中插入尽可能多的列车. Hassannayebi 等 (2016a) 利用拉格朗日松弛方法优化地铁列车时刻表, 其中以乘客等待时间最小为优化目标. Cacchiani 等 (2016) 继续应用拉格朗日方法求解线性整数规划模型, 得到了无运行冲突的列车时刻表. 2017 年, Jiang 等构建了拉格朗日启发式算法, 在我国繁忙的京沪高速铁路走廊上, 综合优化列车时刻表和列车停站方案. 总而言之, 拉格朗日松弛方法为有效解决复杂的列车时刻表问题, 提供了重要的理论支撑和实施手段.

求解大规模整数规划模型的困难, 实际上主要来自模型中存在的对称性, 它导致普通求解算法的效率常常不尽如人意 (Lee and Chen, 2009; Margot, 2010). 在标准的拉格朗日分解框架下, 列车时刻表问题的对称性, 表现为属性相似或相近的多个列车, 会在时空网络中竞争使用相同的路径. 在原有模型中增添预设的约束条件, 是打破对称性的常用方法 (Sherali and Smith, 2001; Adulyasak et al., 2013). 最近, 有少数文献致力于如何打破交通优化问题中的对称性. 特别地, Niu 等 (2018) 提出了基于变量分离和有序指派的拉格朗日松弛方法, 以解决和打破公交车辆调度中的对称性问题. 需要指出的是, 在始发站对列车出发时刻范围的松弛, 将不可避免地加剧列车时刻表问题中已有的对称性. 基于此, 如何设计更加有效可靠的求解算法, 来应对复杂性增加的柔性列车时刻表问题, 是本章面临的另一个重要挑战.

交替方向乘子法 (Alternating Direction Method of Multipliers, ADMM), 是求解凸优化问题的常用方法. 该方法的核心, 是在拉格朗日松弛的基础上引入 2 次增广项, 将原问题分解为多个简单的子问题, 然后交替求解获得近似最优解, 并在交替过程中自动实现信息传递. 近年来, ADMM 在众多领域得到了广泛使用, 如分布式计算 (Erseghe, 2014)、图像复原 (Chan et al., 2016)、机器学习 (Nedic and Ozdaglar, 2009) 等问题. 特别地, Chen 等 (2018) 提出了基于 ADMM 的分布式预测控制方法, 解决多船舶运输过程中成组及协同问题. Zhang 和 Nie(2018) 构建了基于灵敏度分析和 ADMM 的算法, 用以在路径控制中平衡系统增益和控制强度. 最近, Yao 等 (2019) 将交替方向乘子法应用到带有时间窗的车辆路径问题, 详细介绍了 2 次项的引入、模型线性化以及序列性迭代的过程; Zhang 等 (2019) 提出基于惩罚参数调节的 ADMM, 用于求解周期性列车时刻表的集成优化问题.

　　标准的拉格朗日松弛架构下, 每次迭代中所有子问题都是同步并行求解 (Yin et al., 2017; Shang et al., 2018; Meng and Zhou, 2019). 与之形成对比的是, 利用 ADMM 将复杂问题分解后, 每个子问题是交替式地分别求解 (Nedic and Ozdaglar, 2009; Yao et al., 2019). 因此, ADMM 在打破列车调度问题中的对称性方面具有优势. 此外, 现有研究文献在 ADMM 内部迭代过程中, 通常将分解后的子问题同等对待 (Takapoui et al., 2017; Zhang and Nie, 2018), 即求解顺序对所有子问题没有特别的偏好. 事实上, 这些分解后的子问题往往具有不同的优先权. 例如列车时刻表问题中, 当依次计算这些路径子问题时, 每个列车对不相容约束具有不同的冲突或违背程度. 因此, 如果能将基于问题特点的启发式策略嵌入到 ADMM 迭代计算中, 可进一步提高求解柔性列车时刻表问题的效率. 毫无疑问, 这样改进后的 ADMM, 将有更加广泛的应用前景, 如分布式和异步智能体的协调 (Falsone et al., 2020).

　　本章应用 ADMM 分解框架, 研究高速铁路柔性列车时刻表优化问题. 表 6.1 从列车等级、始发终到站、停站方案、出发时间窗、求解方法以及迭代策略等方面, 详细给出了本章与相关文献的比较. 不难发现: ① 将每个列车在始发站的出发时间范围限制在狭窄的时间间隔内, 是现有研究文献处理列车时刻表问题常用方法; ② 在利用 ADMM 迭代求解子问题时, 现有文献基本上采用无优先权的搜索策略. 基于此, 以下主要关注和解决 3 个重要的问题.

　　(1) 根据实际需要, 将原有狭窄的出发时间窗扩展为基于小时的柔性架构, 这种架构允许列车在出发时段内自由选择任意时刻出发.

　　(2) 提出更加紧凑的不相容约束, 用以在 ADMM 框架下增广和分解问题. 新的不相容约束仅依赖于单个列车和弧段, 在问题分解中不会出现烦琐系数的影响.

　　(3) 构建改进的 ADMM, 以求解复杂度增加的柔性列车时刻表问题. 具体地, 利用对偶费用构建了基于优先权的搜索顺序, 在迭代过程中加快算法的收敛进程.

　　从更广泛的角度, 希望本章研究的柔性列车时刻表和基于优先权的 ADMM, 能够在智能调度及计算优化等方面提供更多的启迪和借鉴. 具体地, 如何根据当前的现实需要, 松弛原有问题中那些已经包含但不切实际的限制; 如何在更广泛的工程应用中, 构建计算上更加有效可靠的求解算法, 以应对复杂性增加的数学模型.

表 6.1　相关研究文献的比较

研究文献	列车等级	始发终到站	停站方案	出发时间窗	求解方法	迭代策略
Brännlund 等 (1998)	多等级	相同	考虑	狭窄间隔	LR	并行
Caprara 等 (2002)	多等级	不同	固定	狭窄间隔	LR	并行
D'Ariano 等 (2007)	多等级	不同	固定	狭窄间隔	B&B	—
Cacchiani 等 (2010a)	多等级	不同	固定	狭窄间隔	LR	并行
Cacchiani 等 (2016)	多等级	不同	考虑	狭窄间隔	LR	并行
Niu 等 (2015a)	单等级	相同	固定	狭窄间隔	GAMS	并行
Pouryousef 等 (2016)	多等级	不同	固定	狭窄间隔	LINGO	—
Yang 等 (2016)	多等级	相同	考虑	狭窄间隔	CPLEX	—
Jiang 等 (2017)	多等级	不同	考虑	狭窄间隔	LR	并行
Sparing 和 Goverde (2017)	多等级	不同	考虑	狭窄间隔	CPLEX	—
Zhang 等 (2019)	单等级	相同	考虑	狭窄间隔	ADMM	无优先权
Zhang 和 Nie (2018)	—	—	—	—	ADMM	无优先权
Yao 等 (2019)	—	—	—	—	ADMM	无优先权
本章	多等级	不同	考虑	小时时段	ADMM	含优先权

本章其余内容组织如下: 6.2 节详细分析问题的起因和来源, 构建柔性列车出发时间窗和时空网络; 6.3 节在柔性列车运行架构下, 利用基于安全性和均匀性间隔的不相容约束, 建立列车时刻表问题 0-1 整数规划模型; 6.4 节应用标准的拉格朗日松弛, 求解狭窄时间窗约束下的传统列车时刻表问题; 6.5 节利用 ADMM, 对柔性列车时刻表模型进行松弛、增广和分解, 设计基于优先权策略的交替迭代计算过程; 6.6 节通过一系列的数值计算, 验证所提方法的有效性和可靠性; 最后一节总结全文, 对未来可能的研究方向进行讨论.

6.2　问 题 分 析

6.2.1　问题描述

　　对于一条拥挤的双线高速铁路线路, 本章考虑单方向列车时刻表的设计问题. 沿着列车运行方向, 全体车站组成的集合表示为 $U = \{1, 2, \cdots, n\}$, 其中 $1, n$ 为线路的首站和末站. 不同于线路仅有唯一的首站和末站, 每个列车都有各自预定的始发站和终到站. 沿着当前线路, 每个列车从自己的始发站运行至终到站. 显然, 对于列车 i, 任意的车站 $u \in U \backslash \{n\}$ 可以作为始发站, 而任意的车站 $v \in U \backslash \{1\}$ 可以选择为终到站. 进一步地, 分别用 o_i 和 d_i 表示列车 i 的始发站和终到站.

　　在所研究的高铁线路上, 假定运行有高等级和低等级两种速度类型的列车. 在任意中间站, 允许不同速度类型的列车, 或者相同速度类型的列车之间进行越行作业, 以提高列车对有限轨道资源的利用效率. 类似于大部分研究文献, 以 1 分钟为单位将运营时段 $[0, T]$ 进行离散化处理, 假定所有列车到达和离开车站时刻、列车区间运行时间, 均可以表示为 1 分钟的整数倍.

　　为减少列车旅行时间和牵引能源消耗, 并不是所有列车在所途经的车站全部采用 "站站停" 的模式. 通常情况下, 为了满足旅客上下车和特殊作业的需求, 列车在部分车站必须停站, 而在其他的一些车站, 列车可根据需要有选择性地停站. 为了简化问题, 假定每个列车在线路上的必停站已经预先确定, 以下用 $\bar{U}_i$ 表示列车 i 的必停站集合. 这些必停站通常为线路上的重要枢纽站、大客流集散站以及中心城市所在车站, 列车的始发和终到站是当然的必停站. 现有研究文献中, Caprara 等 (2002) 对列车停站问题采用了类似的处理方法.

　　基于上述准备, 可以清晰地给出本章的研究内容. 已知, 列车 i 的始发站 o_i 和终到站 d_i、列车在始发站 1 小时的出发时间范围、列车的必停站集合 $\bar{U}_i$; 决策变量为, 列车 i 在始发站 o_i 出发时刻、在中间车站 $\{o_i + 1, o_i + 2, \cdots, d_i - 1\}$ 到达和出发时刻、在终到站 d_i 到达时刻以及在车站 $u \in U_i \backslash \bar{U}_i$(排除必停站) 的停站选择; 优化目标为, 所有列车在旅行途中耗费的总费用最小. 除此之外, 需要设计基于优先权的 ADMM 启发式算法, 以求解复杂度增加的柔性列车时刻表问题.

6.2.2　出发时间窗

　　正如前文所述, 列车在始发站的出发时间限制, 对列车时刻表优化结果有重大影响. 现有的处理方法, 是为每个列车在始发站指定狭窄的出发时间范围. 具体地, 用 $\mathrm{td}_i^{o_i}$ 表示列车 i 在始发站 o_i 的出发时刻, 则该时间参数需要满足 $\mathrm{td}_i^{o_i} \in [\mathrm{te}_i, \mathrm{tl}_i]$, 其中 te_i 和 tl_i 分别表示列车 i 在始发站 o_i 的最早和最晚出发时刻. 这样的限制, 在简化模型求解的同时, 还很有可能导致格外的列车越行作业. 如图 6.1 所示, 狭窄出发时间窗的限制, 导致列车 3 在第 4 站被列车 4 越行, 以避免列车之间的运行冲突. 在极端情况下, 狭窄时间窗约束甚至造成没有可行的列车时刻表.

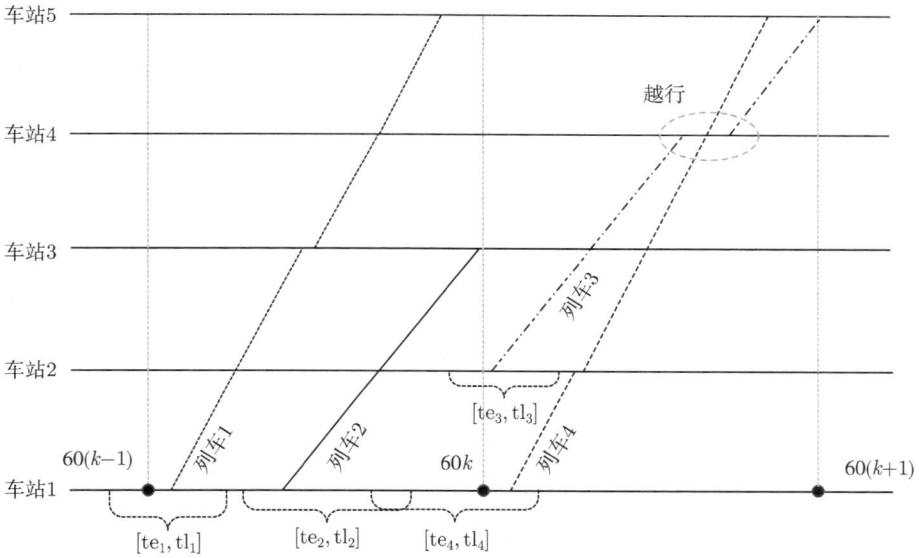

图 6.1 狭窄列车出发时间窗

为了从根本上解决时间窗设置的难题, 并能与线路规划 (Line Planning) 或列车开行方案有效对接, 将所有时间窗的宽度全部扩展至 1 小时. 换言之, 任意列车 i 对应的出发时间范围, 将提前设定为第 p_i 个小时时段. 于是, 在时段 p_i 的开始时间 $60(p_i - 1)$ 和终止时间 $60p_i$ 分钟之间, 列车 i 可以选择任意时刻自由出发, 或者 $\mathrm{td}_i^{o_i} \in [60(p_i - 1), 60p_i]$. 例如, 如果某个列车在第 2 个时段出发, 则意味着它可以从 60 分钟到 120 分钟之间的任意时刻出发. 反过来, 在 1 小时时段内, 会有多个出发列车, 而这些列车的出发顺序可根据需求灵活排列. 这样有别于现有文献的时间窗设置方法, 为列车提供了更加灵活的运行框架. 以下用字母 k 表示时段, 于是, 符号 k 和 p_i 均表示小时时段, 但前者表示普遍意义上的时段, 而后者表示列车 i 对应的特定时段. 图 6.2 所示的 4 个列车, 具有不同的始发站和终到站、不同的小时出发时段, 具体地, $o_1 = o_2 = o_4 = 1$, $d_1 = d_3 = d_4 = 5$, $o_3 = 2$, $d_2 = 3$,

$p_1 = p_2 = k$ 和 $p_3 = p_4 = k+1$.

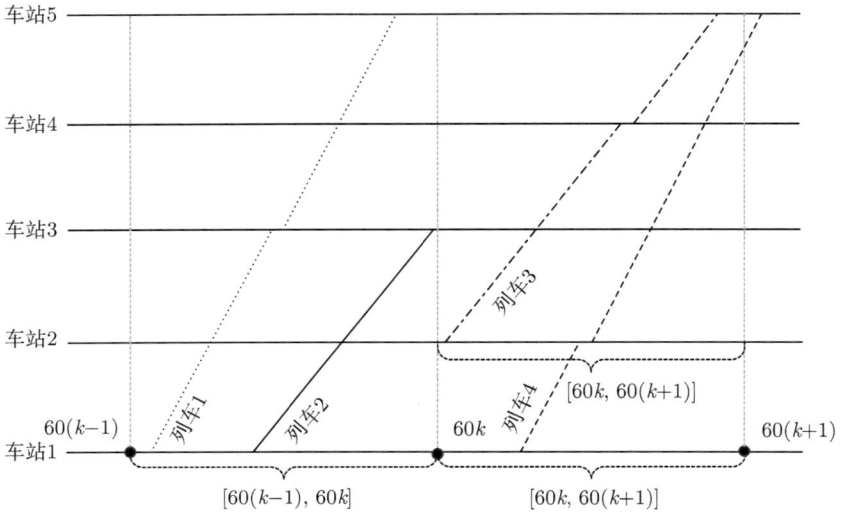

图 6.2   柔性列车出发时间范围

对比于图 6.1 中的列车 3 和列车 4, 由于采用柔性的发车范围, 图 6.2 中列车 3、列车 4 在车站 4 不再需要一定发生越行情况. 这种相同宽松的时间窗结构, 为设置列车出发时间范围提供了更加标准化的方法. 实际应用中, 列车出发时段可主要依据乘客出行偏好来确定; 或者, 根据每个列车运行区段已知的 OD 小时需求, 确定每个运行区段或始发和终到站之间的列车数, 并由此得到任意始发站在每个小时时段出发列车的数量. 已知所有列车的出发时段, 实际上变相给定了始发站每个小时时段出发列车的总数, 体现为多列车聚众成组的参数设置, 比独自确定单个列车时间窗要容易许多. 特别说明的是, 这里不直接使用客流需求, 而是使用小时时段的出发列车数, 间接体现了基于小时的客流需求对列车调度计划的响应, 是面向需求列车时刻表问题的另一种参数设置方法.

在柔性化的运行架构下, 列车可以自由选择出发时段内的任意时刻出发, 这有可能造成同等级列车在始发站连续发车. 为了避免同质列车在时间维度上的聚集现象, 还需要对同速度类型列车强加约束, 以确保列车在整个小时时段内相对均匀的分布. 具体地, 在同一车站的同一小时内, 要求连续出发的同类型列车, 必须满足预设的最小间隔时间约束. 为方便阅读全文, 表 6.2 集中展现了相关集合、索引、参数和变量的定义.

表 6.2 集合、索引、参数和变量的定义

集合	定义
U	车站集合;
U_i	列车 i 途径的车站集合, $U_i \subseteq U$;
$\bar{U}_i$	列车 i 必须停车的车站集合, $\bar{U}_i \subseteq U_i$;
O	列车起始站集合;
I	列车集合;
G	列车类型集合, $G = \{$ 高等级列车, 低等级列车 $\}$;
N	时空节点集合;
N_i	列车 i 可用时空节点集合;
N_i^u	列车 i 在车站 u 的时空节点集合, $N_i^u \subset N_i$;
A	时空弧集合;
A_i	列车 i 可用时空弧集合;
A^{run}	运行弧集合;
A_g^{run}	列车类型为 g 的运行弧集合, $g \in G$;
A_i^{run}	列车 i 的运行弧集合, $A_i^{\mathrm{run}} \subset A_i$;
A_i^{dwell}	列车 i 的停站弧集合, $A_i^{\mathrm{dwell}} \subset A_i$;
A_i^{virtual}	列车 i 的虚拟弧集合, $A_i^{\mathrm{virtual}} \subset A_i$.

索引	定义
i, i', j, j'	列车索引, $i, i', j, j' \in I$;
u, u', v, v'	车站索引, $u, u', v, v' \in U$;
t, t', s, s'	时间索引, $t, t', s, s' \in [0, T]$;
k	小时时段索引;
g	列车类型索引, $g \in G$;
$(u, t), (v, s)$	时空节点索引, $(u, t), (v, s) \in N$;
o_i	列车 i 的起始站;
d_i	列车 i 的终到站;
p_i	列车 i 在始发站的出发时段;
$\bar{o}_i$	列车 i 在时空网络中的虚拟起点;
$\bar{d}_i$	列车 i 在时空网络中的虚拟终点;
$(u, t; v, s)$	从头节点 (u, t) 到尾节点 (v, s) 的时空弧, $(u, t; v, s) \in A$.

参数	定义
$c(u, t; v, s)$	时空弧 $(u, t; v, s)$ 的费用, $(u, t; v, s) \in A$;
h^{dep}	列车最小出发间隔;
h^{arr}	列车最小到达间隔;
$h_{g,k}^u$	第 k 个时段从车站 u 出发的 g 类型列车最小均性间隔;
tr_i^u	列车 i 从 u 站到 $u+1$ 站的纯区间运行时间, $i \in I, u \in U_i \setminus \{d_i\}$;
$\mathrm{tw}_{i,u}^{\min}$	列车 i 在车站 u 的最小停站时间, $i \in I, u \in U_i \setminus \{o_i, d_i\}$;
$\mathrm{tw}_{i,u}^{\max}$	列车 i 在车站 u 的最大停站时间, $i \in I, u \in U_i \setminus \{o_i, d_i\}$.

变量	定义
$x_i(u, t; v, s)$	$= 1$, 如果列车 i 占用时空弧 $(u, t; v, s)$; $= 0$, 否则;
$y_i(u)$	$= 1$, 如果列车 i 在 u 站停站; $= 0$, 否则.

6.2.3　时空网络

　　由于列车时刻表固有的时间和空间特性, 通过构建合理的时空网络, 是解决列车时刻表问题最常用的建模方法. 利用所构建的时空网络, 可将列车时刻表信息, 如列车出发、到达和停站信息等图形化地显示在 2 维平面里; 同时, 这种表现形式还可以将时刻表问题中复杂的列车运行约束, 转换为时空网络中针对弧段和节点的限制关系. 进一步地, 视每个列车在时空网络中的运行轨迹为流动的商品, 则列车时刻表问题可以转化为多商品网络流问题. 以下用 (N, A) 表示时空网络, 其中 N 表示时空节点, A 表示时空弧. 对于含有 3 个车站和 1 个列车 (列车 i) 的情况, 图 6.3 展示了所构建的时空网络.

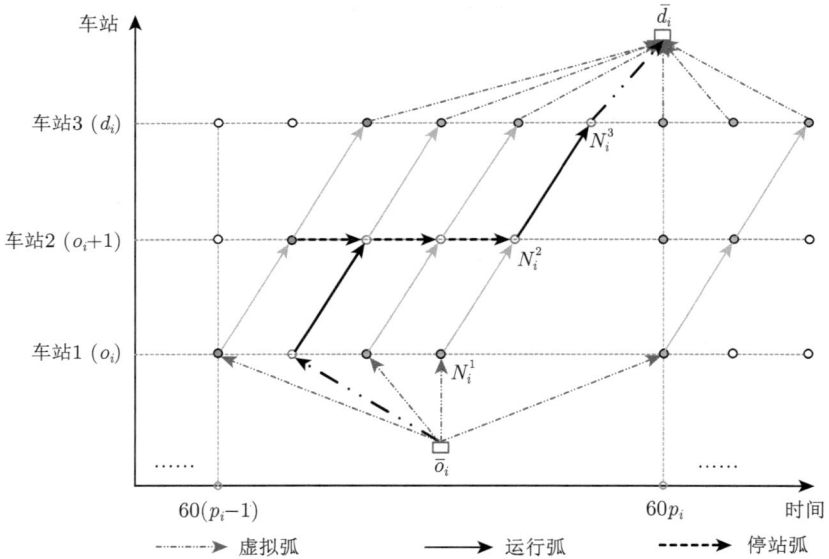

图 6.3　列车 i 对应的时空网络

1. 网络节点

　　当列车 i 途经车站 u 时, 可以占用的时空节点集合 N_i^u 按如下两种情况分别确定, 为了方便, 同时用 $(u,t) \in N_i^u$ 表示相应的时空节点: ① 如果 u 是始发站, 即 $u = o_i$ 时, 则存在时段 p_i, 使得时间 t 满足 $t \in [60(p_1 - 1), 60p_1]$; ② 如果 u 是中间站, 即 $u > o_i$ 时, 则时间坐标 t 的取值范围, 依赖于时段 p_i 的开始和结束时刻、列车区间运行时间、列车最小和最大停站时间. 因此, 列车 i 对应的时空节点

$(u,t) \in N_i$, 由位于车站 $u \in \{o_i, o_i+1, \cdots, d_i\}$ 上的时空节点 N_i^u 以及虚拟起点 $\bar{o}_i$ 和虚拟终点 $\bar{d}_i$ 共同组成.

$$N_i = \{\bar{o}_i\} \cup N_i^{o_i} \cup N_i^{o_i+1} \cup \cdots \cup N_i^{d_i} \cup \{\bar{d}_i\}$$

2. 网络弧

对于列车 i, 共有以下 3 类时空弧, 表示列车所有可能的空间或时间移动.

(1) 运行弧 A_i^{run} 连接相邻的车站时空节点, 表示列车在区间内的空间位移.

$$A_i^{\mathrm{run}} = \{(u,t;v,s) \mid (u,t) \in N_i^u, (v,s) \in N_i^v, v = u+1, s = t + \mathrm{tr}_i^u, u \neq d_i\}$$

(2) 停站弧 A_i^{dwell} 连接同车站相邻的时空节点, 表示列车在车站内的时间位移.

$$A_i^{\mathrm{dwell}} = \{(u,t;u,s) \mid (u,t),(u,s) \in N_i^u, s = t+1, u \notin \{o_i, d_i\}\}$$

(3) 虚拟弧 A_i^{virtual} 包括两种类型: ① 连接虚拟起点 $\bar{o}_i$ 与始发站节点 $(u,t) \in N_i^{o_i}$ 的有向弧; ② 连接终到站节点 $(u,t) \in N_i^{d_i}$ 与虚拟终点 $\bar{d}_i$ 的弧.

$$A_i^{\mathrm{virtual}} = \{(u,t;v,s) \mid (u,t) = \bar{o}_i, (v,s) \in N_i^{o_i}\}$$
$$\cup \{(u,t;v,s) \mid (u,t) \in N_i^{d_i}, (v,s) = \bar{d}_i\}$$

容易理解, 各类时空弧的费用取值如表 6.3 所示, 其中运行弧和停站弧费用等于列车在相应区间和车站的时间延续, 虚拟弧费用等于 0.

表 6.3 时空弧费用取值

弧段集合	弧类型	弧费用 $c(u,t;v,s)$
A_i^{run}	运行弧	$s - t$
A_i^{dwell}	停站弧	$s - t$
A_i^{virtual}	虚拟弧	0

时空网络如图 6.3 所示, 图中展示了列车 i 从虚拟起点 $\bar{o}_i$ 移动至虚拟终点 $\bar{d}_i$ 所有可能的运行轨迹, 其中的粗线表示一条可行的时空路径, 反映了列车在各站的到发时刻信息. 值得说明的是, 这里以 1 分钟为间隔对运营时段进行离散化处理, 每个停站弧的费用为 1.

很显然, 位于同小时时段内的所有出发列车, 将在时空网络中享有相同的活动区域. 在标准的拉格朗日分解架构下, 这些属性相近但本质相异的列车, 在寻找最佳移动轨迹的过程中, 会争夺同条最短路径, 从而导致列车时刻表问题的对称性, 下文将对此现象特别关注.

6.3　基于弧的 0-1 整数规划模型

6.3.1　优化目标

利用上文构建的时空网络、定义的 0-1 弧段变量和停站变量, 柔性列车时刻表问题可以构建为如下网络优化模型, 其中的目标函数为最小化列车占用时空弧的总费用, 优化目标的具体表达式表示如下

$$\min \sum_{i\in I} \sum_{(u,t;v,s)\in A} c(u,t;v,s) \times x_i(u,t;v,s) \tag{6.1}$$

6.3.2　约束条件

1. 流平衡约束

流平衡约束是网络优化模型的基础. 在列车时刻表问题中, 对于任意列车 i, 该约束保证从虚拟起点 $\bar{o}_i$ 到虚拟终点 $\bar{d}_i$ 之间, 有且仅有一条时空路径被该列车选择.

$$\sum_{(u,t)\in N_i} x_i(u,t;v,s) - \sum_{(u,t)\in N_i} x_i(v,s;u,t) = \begin{cases} -1, & (v,s) = \bar{o}_i, \\ 1, & (v,s) = \bar{d}_i, \\ 0, & \text{否则}, \end{cases} \quad \forall i \in I \tag{6.2}$$

2. 停站约束

列车必须在预先指定的必停站停车, 而在其他的备选站, 列车可自由选择停站或跨站. 列车停站约束, 从一定程度上决定了时空网络中列车的不同路径轨迹, 以下为列车停站约束条件.

$$\sum_{(u,t;u,s)\in A_i^{\text{dwell}}} x_i(u,t;u,s) \geqslant 1, \quad \forall u \in \bar{U}_i \backslash \{o_i, d_i\}, i \in I \tag{6.3}$$

3. 停站时间约束

如果要求列车在中间站停站, 则停站时间应该限制在合理的范围内. 在构建的时空网络中, 列车停站时间应等于时空网络中列车访问停站弧的个数. 针对列车停站和跨站两种情况, 相应的停站时间约束可表示为如下不等式.

$$y_i(u)\times \text{tw}_{i,u}^{\min} \leqslant \sum_{(u,t;u,s)\in A_i^{\text{dwell}}} x_i(u,t;u,s) \leqslant y_i(u)\times \text{tw}_{i,u}^{\max}, \quad \forall u \in U_i \backslash \{o_i, d_i\}, i \in I$$

$$\tag{6.4}$$

4. 不相容约束

在构建列车时刻表问题的多商品网络流模型时, 应该特别考虑两类重要的关联性或一致性约束条件. 第 1 类为列车安全间隔 (简称为安全性) 约束, 以保证前后两个列车的运行安全; 第 2 类为同类列车最小间隔 (简称为均匀性) 约束, 以防止同类列车在时间维度上的聚集或连续发车. 从本质上讲, 关联性约束属于所谓的不相容性约束, 表示任意 2 个列车, 对于指定时间范围内资源或装备的占用具有排他性; 它意味着, 2 个列车中最多只能允许 1 个列车使用该时间范围内的装备. 列车关联性约束的构建, 依赖于时空网络中基于运行弧所定义的不相容集合. 以下, 分别引入安全性和均匀性的不相容集合, 以刻画不同列车在时间和空间分布上的耦合关系. 特别地, 为了后续内容的阅读, 定义不相容集合的相关符号如表 6.4 所示.

表 6.4　不相容集合

符号	含义
$A^{\text{head}}(a)$	运行弧 a 的安全性不相容集合, $a \in A^{\text{run}}$
$A^{\text{reg}}(a)$	运行弧 a 的均匀性不相容集合, $a = (u, t; v, s) \in A_g^{\text{run}}$
$A(a)$	运行弧 a 的不相容集合, $a \in A^{\text{run}}$, $A(a) = A^{\text{head}}(a) \cup A^{\text{reg}}(a)$

1) 安全性不相容集合

为了保证列车在繁忙线路上运行安全, 任意一对列车之间必须满足最小出发和到达安全间隔约束, 以避免列车在车站、区间的运行冲突和违法越行. 为了解决这样的问题, 对于每个运行弧 $a = (u, t; v, s) \in A^{\text{run}}$, 定义基于安全性的不相容集合 $A^{\text{head}}(a)$. 具体地, 不相容集合 $A^{\text{head}}(a)$ 由同区间的运行弧 $a' = (u, t'; v, s') \in A^{\text{run}}$ 组成, 要求列车不能同时占用冲突的弧 a' 和 a, 它们之间不满足最小安全间隔约束. 以下, 详细介绍不同情况下安全性不相容集合的组成内容.

首先, 当运行弧 a 为安全性不相容集合 $A^{\text{head}}(a)$ 的左边界时, 如图 6.4 所示, 分别对应运行弧 a 为高等级列车和低等级列车占用的情况, 为了方便, 以下也称 a 为高等级和低等级运行弧. 如果 a 是高等级运行弧, 则当 a' 和 a 的出发时间 t' 和 t 的差小于 h^{dep}; 如果 a 是低等级运行弧, 则当 a' 和 a 的出发时间 t' 和 t 的差小于 $(s - t) - (s' - t') + h^{\text{arr}}$ 时, 任意运行弧 a' 与固定运行弧 a 不相容, 其中 $s - t$ 和 $s' - t'$ 分别表示对应的弧 a 和 a' 从 u 站到 v 站的运行时间. 为了简化, 引入新参数 $h_{a, a'}$, 具体含义为 $h_{a, a'} = \max\{h^{\text{dep}}, (s - t) - (s' - t') + h^{\text{arr}}\}$. 从此, 基于安全性的不相容集合可以表示为 $\{a' \in A^{\text{run}} | t \leqslant t' < t + h_{a, a'}\}$.

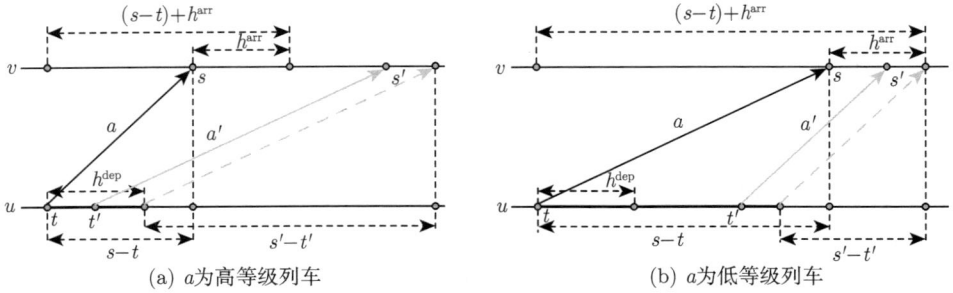

图 6.4　弧 a 为左边界时的不相容集合 $A^{\text{head}}(a)$

其次, 如果运行弧 a 为安全性不相容集合 $A^{\text{head}}(a)$ 的右边界, 仍然包含弧 a 为高等级 (图 6.5(a)) 和低等级列车运行弧 (图 6.5(b)) 两种情况. 类似地, 当 a 和 a' 出发时间 t 和 t' 的差值小于 h^{dep} 或者 $(s'-t')-(s-t)+h^{\text{arr}}$ 时, 则运行弧 a' 与 a 不相容. 类似地引入参数 $h_{a',a}$, 具体取值为 $h_{a',a} = \max\{h^{\text{dep}}, (s'-t')-(s-t)+h^{\text{arr}}\}$. 从而, 相应的不相容集合可表示为 $\{a' \in A^{\text{run}}|t - h_{a',a} < t' \leqslant t\}$.

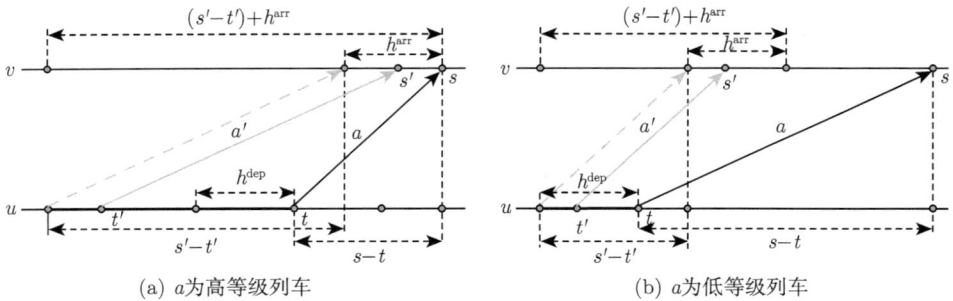

图 6.5　弧 a 为右边界时的不相容集合 $A^{\text{head}}(a)$

归纳起来, 当运行弧 a 分别为相应集合的左边界和右边界时, 由此生成的基于安全性的不相容集合 $A(a)$ 可以表示为如下形式.

$$A(a) = A^{\text{head}}(a) = \{a' = (u, t'; v, s') \in A^{\text{run}}|t - h_{a',a} < t' < t + h_{a,a'}\},$$
$$a = (u, t; v, s) \in A^{\text{run}}$$
(6.5)

2) 均匀性不相容集合

在列车时刻表优化时, 为了避免同质列车流在时间维度上的聚集, 通常要求同类型列车之间保持必要的时间间隔, 以维持多种类型的列车在时段内分布得均匀. 换句话说, 不允许同速度等级列车在始发站连续发车, 以方便旅客在所有时间都有可能乘上心仪的列车. 为了实现这个目标, 这里引入均匀性不相容集合的概念, 以确保同时段内, 从始发站出发的同质列车之间保持必要的时间间隔. 具体地, 基于均匀性的不相容集合 $A^{\mathrm{reg}}(a)$, 由与运行弧 $a = (u,t;v,s) \in A^{\mathrm{run}}_g$ 属于同一区间、同种类型的运行弧 $a' = (u,t';v,s') \in A^{\mathrm{run}}_g$ 组成, 要求 a' 和 a 的时间间距小于已知的最小均匀性间隔. 显然, 集合 $A^{\mathrm{reg}}(a)$ 仅在 a 的头节点为始发站 ($u \in O$) 时才需要考虑.

速度等级为 g 的某个列车, 在时刻 t 从始发站 u 沿运行弧 $(u,t;v,s) \in A^{\mathrm{run}}_g$ 出发时, 如果时间坐标 t 满足 $t \in [60(k-1), 60k]$, 由此可以确定该列车对应的时段为 k. 如图 6.6(a) 所示, 如果同速度等级的运行弧 $a' = (u,t';v,s') \in A^{\mathrm{run}}_g$ 位于弧段 a 的右侧 (或 a 为集合左边界), 当出发时间满足 $t' \in [t + h_{a,a'}, t + h^u_{g,k})$ 时, 则运行弧 a' 与 a 满足安全性要求但违背均匀性, 其中 $h_{a,a'} = h^{\mathrm{dep}}$ 表示最小安全出发间隔. 如图 6.6(b) 所示, 如果弧段 a' 位于运行弧 a 的左侧 (或 a 为集合的右边界), 当出发时间 $t' \in (t - h^u_{g,k}, t - h_{a',a}]$ 时, 则弧段 a' 与 a 仍然违背均匀性条件且不相容. 另外, 那些位于不相容集合 $A^{\mathrm{head}}(a)$ 中的运行弧 a', 与弧 a 之间的间距更小, 当然违背了均匀性间隔要求. 于是, 基于均匀性的不相容集合 $A^{\mathrm{reg}}(a)$ 可表示为如下形式.

$$
\begin{aligned}
&A^{\mathrm{reg}}(a) = \{a' = (u,t';v,s') \in A^{\mathrm{run}}_g | t - h^u_{g,k} < t' < t + h^u_{g,k}\}, \\
&a = (u,t;v,s) \in A^{\mathrm{run}}_g, \quad u \in O, \quad g \in G
\end{aligned} \tag{6.6}
$$

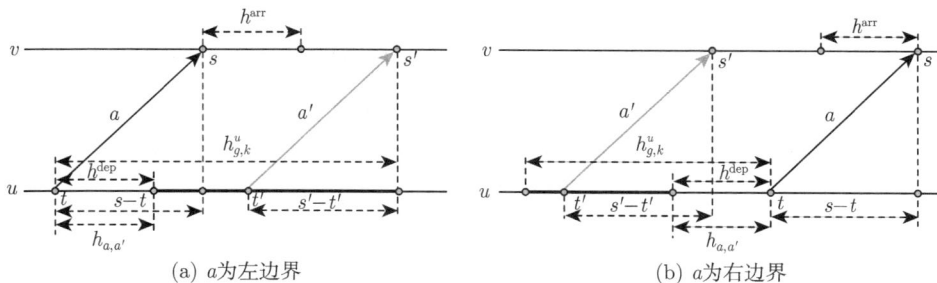

(a) a 为左边界   (b) a 为右边界

图 6.6   基于均匀性的不相容集合 $A^{\mathrm{reg}}(a)$

具体使用中, 最小均匀性间隔 $h^u_{g,k}$ 的数值, 主要取决于时段 k 内从始发站 u 发出的 g 类列车的数量. 对于运行弧 $a \in A^{\mathrm{run}}$, 综合安全性不相容弧集合和均匀性不相容弧集合的部分, 最后的不相容集合 $A(a)$ 可以改写为如下形式.

$$A(a) = \begin{cases} A^{\mathrm{head}}(a) \cup A^{\mathrm{reg}}(a), & a = (u,t;v,s) \in A_g^{\mathrm{run}}, g \in G, u \in O, \\ A^{\mathrm{head}}(a), & a = (u,t;v,s) \in A_g^{\mathrm{run}}, g \in G, u \notin O \end{cases} \tag{6.7}$$

根据不相容集合的意义, 可得到如下相应的不相容约束.

$$\sum_{a' \in A(a), a' \neq a} x_i(a') + \sum_{j \in I} x_j(a) \leqslant 1, \quad \forall i \in I, a \in A^{\mathrm{run}} \tag{6.8}$$

对于任意的列车 i 和运行弧 $a \in A^{\mathrm{run}}$, 约束条件 (6.8) 禁止 2 个列车同时占用不相容集合中的 2 条运行弧. 具体地, $\displaystyle\sum_{a' \in A(a), a' \neq a} x_i(a') = 1$ 表示列车 i 选择了不相容集合 $A(a)$ 中除 a 外的其他任意的运行弧 a'; $\displaystyle\sum_{j \in I} x_j(a) = 1$ 表示在全部列车中, 有且仅有 1 个列车选择了运行弧 a. 合并所述情况, 约束条件 (6.8) 可以确保期望的安全性和均匀性间隔约束.

意大利博洛尼亚大学 Caprara 等 (2002) 提出了不相容约束的经典表达式, 以禁止列车选择 2 条不相容的弧, 但将导致数目非常大的不相容约束, 严重影响算法效率. Zhou 等 (2017) 提出了不相容约束另外的表达式, 虽然约束条件的个数减少许多, 但在 ADMM 分解架构下, 会产生烦琐的数学表达. 对比之下, 这里提出的不相容约束具有更加紧凑的形式. 首先, 不等式 (6.8) 仅依赖于单个列车和单条运行弧, 将对应更少数量的约束条件, 而 Caprara 方法利用 2 个列车组成的列车对构建约束条件; 其次, 正如后文将要讨论的那样, 紧凑的表达式 (6.8) 不包含烦琐的系数, 特别适合 ADMM 中非线性项的处理; 除此之外, 不相容集合还具有以下性质.

性质 1　对于任意的运行弧 a 和 a', 对应的不相容集合 $A(a)$ 和 $A(a')$ 互相覆盖对方, 即覆盖性条件 $a \in A(a')$ 和 $a' \in A(a)$ 同时成立.

证明　根据不相容集合的定义, 性质显然成立.

5. 变量域约束

$$x_i(u,t;v,s) \in \{0,1\}, \quad \forall i \in I, (u,t;v,s) \in A \tag{6.9}$$

$$y_i(u) \in \{0,1\}, \quad \forall i \in I, u \in U \tag{6.10}$$

6.4 求解普通列车时刻表的拉格朗日方法

6.4.1 问题说明

为了方便理解 ADMM 及后文的计算比较, 本节介绍如何利用标准的拉格朗日松弛方法, 求解含有狭窄时间窗约束的普通列车时刻表问题. 首先, 对 6.3 节构建的模型进行简单修改, 主要包括两部分.

1. 出发时间窗

在每个列车的始发站, 将柔性的小时时段修改为传统的狭窄时间窗. 具体地, 在构建的时空网络图 6.3 中, 对于列车 i 对应的时空节点 $(u,t) \in N_i^u$, 若 $u = o_i$, 将出发时间范围设置为 $t \in [\text{te}_i, \text{tl}_i]$.

2. 不相容约束

在公式 (6.7) 定义的不相容集合中, 由于始发站狭窄时间窗的限制, 不相容集合中不再需要均匀性约束. 具体地, 对运行弧 a 的不相容集合 $A(a)$ 进行如下修改.

$$A(a) = A^{\text{head}}(a) = \{a' = (u, t'; v, s') \in A^{\text{run}} | t - h_{a',a} < t' < t + h_{a,a'}\},$$

$$a = (u, t; v, s) \in A^{\text{run}} \tag{6.11}$$

对应地, 根据修改后的不相容集合 $A(a)$, 需要对不相容约束 (6.8) 进行同步更新.

6.4.2 问题松弛

在列车时刻表问题中, 不相容约束 (6.8) 是唯一的多列车关联性约束, 也是不同列车相互影响的纽带. 下面利用拉格朗日松弛算法, 对普通列车时刻表模型进行松弛和分解. 具体地, 对于每个列车 i 和弧段 a, 引入非负的拉格朗日乘子 $\lambda_i(a)$, 对模型中的一致性约束 (6.8) 进行松弛, 形成如下拉格朗日松弛模型.

$$\min \text{ LR} = \sum_{i \in I} \sum_{a \in A} c(a) \times x_i(a) + \sum_{i \in I} \sum_{a \in A^{\text{run}}} \lambda_i(a) \times \left[\sum_{j \in I} x_j(a) + \sum_{a' \in A(a), a' \neq a} x_i(a') - 1 \right] \tag{6.12}$$

约束条件 (6.2)~(6.4) 和 (6.9), (6.10).

根据不相容集合和拉格朗日乘子的意义, 可以得到如下性质 2, 以进一步简化下文拉格朗日函数的计算.

性质 2　对任意列车 i, 等式 $\displaystyle\sum_{a\in A^{\mathrm{run}}} \lambda_i(a) \times \sum_{a'\in A(a), a'\neq a} x_i(a') = \sum_{a\in A^{\mathrm{run}}} x_i(a) \times$

$\displaystyle\sum_{a'\in A(a), a'\neq a} \lambda_i(a')$ 恒成立.

证明　取定运行弧 $a \in A^{\mathrm{run}}$, 定义 a 的不相容集合 $A(a)$, 对于任意列车 i, 如果相应的弧段变量 $x_i(a) > 0$, 则当 $a' \in A(a)$ 时, 对应的拉格朗日乘子 $\lambda_i(a') \geqslant 0$, 而当 $a' \notin A(a)$ 时, 对应的拉格朗日乘子 $\lambda_i(a') = 0$; 反之, 如果拉格朗日乘子 $\lambda_i(a) > 0$, 则当 $a' \in A(a)$ 时, 对应的弧段变量 $x_i(a') \geqslant 0$, 而当 $a' \notin A(a)$ 时, 弧段变量 $x_i(a') = 0$, 从而有以下的公式转化.

$$\sum_{a\in A^{\mathrm{run}}} \lambda_i(a) \times \sum_{a'\in A(a), a'\neq a} x_i(a')$$

$$= \sum_{a\in A^{\mathrm{run}}} \lambda_i(a) \times \sum_{a'\in A^{\mathrm{run}}, a'\neq a} x_i(a') \quad (\lambda_i(a) > 0 \text{时}, \text{若} a' \notin A(a), \text{则} x_i(a') = 0)$$

$$= \sum_{a\in A^{\mathrm{run}}} \lambda_i(a) \times \left[\sum_{a'\in A^{\mathrm{run}}} x_i(a') - x_i(a) \right]$$

$$= \sum_{a\in A^{\mathrm{run}}} \lambda_i(a) \times \sum_{a'\in A^{\mathrm{run}}} x_i(a') - \sum_{a\in A^{\mathrm{run}}} \lambda_i(a) \times x_i(a)$$

$$= \sum_{a\in A^{\mathrm{run}}} x_i(a) \times \sum_{a'\in A^{\mathrm{run}}} \lambda_i(a') - \sum_{a\in A^{\mathrm{run}}} \lambda_i(a) \times x_i(a)$$

$$= \sum_{a\in A^{\mathrm{run}}} x_i(a) \times \left[\sum_{a'\in A^{\mathrm{run}}, a'\neq a} \lambda_i(a') + \lambda_i(a) \right] - \sum_{a\in A^{\mathrm{run}}} \lambda_i(a) \times x_i(a)$$

$$= \sum_{a\in A^{\mathrm{run}}} x_i(a) \times \sum_{a'\in A^{\mathrm{run}}, a'\neq a} \lambda_i(a') + \sum_{a\in A^{\mathrm{run}}} x_i(a) \times \lambda_i(a) - \sum_{a\in A^{\mathrm{run}}} \lambda_i(a) \times x_i(a)$$

$$= \sum_{a\in A^{\mathrm{run}}} x_i(a) \times \sum_{a'\in A(a), a'\neq a} \lambda_i(a') \quad (x_i(a) > 0 \text{时}, \text{若} a' \notin A(a), \text{则} \lambda_i(a') = 0)$$

至此, 性质得到了证明. 进一步地, 拉格朗日函数 (6.12) 可以进一步简化.

$$\mathrm{LR} = \sum_{i\in I} \sum_{a\in A} c(a) \times x_i(a) + \sum_{i\in I} \sum_{a\in A^{\mathrm{run}}} \lambda_i(a) \times \left[\sum_{j\in I} x_j(a) + \sum_{a'\in A(a), a'\neq a} x_i(a') - 1 \right]$$

$$= \sum_{i \in I} \sum_{a \in A} x_i(a) \times c(a) + \sum_{i \in I} \sum_{a \in A^{\mathrm{run}}} x_i(a) \times \sum_{j \in I} \lambda_j(a)$$

$$+ \sum_{i \in I} \sum_{a \in A^{\mathrm{run}}} x_i(a) \times \sum_{a' \in A(a), a' \neq a} \lambda_i(a') - \sum_{i \in I} \sum_{a \in A^{\mathrm{run}}} \lambda_i(a) \qquad (6.13)$$

上述拉格朗日函数变换过程中, 第 2 项使用了 $\sum_{i \in I} \sum_{a \in A^{\mathrm{run}}} \lambda_i(a) \times \sum_{j \in I} x_j(a) = \sum_{i \in I} \sum_{a \in A^{\mathrm{run}}} x_i(a) \times \sum_{j \in I} \lambda_j(a)$ 的结论, 第 3 项使用了性质 2.

变形后的拉格朗日函数 (6.13) 中, 最后是常数项, 前 3 项是对所有列车求和. 因此, 拉格朗日松弛问题可以分解为如下关于列车 i 的子问题.

$$\min \mathrm{LR}_i = \sum_{a \in A} \bar{c}_i(a) \times x_i(a)$$

约束条件 (6.2)~(6.4) 和 (6.9), (6.10).

上述模型使用了新参数 $\bar{c}_i(a)$, 表示列车 i 占用弧段 a 的修改费用, 以下是具体的计算公式.

$$\bar{c}_i(a) = \begin{cases} c(a) + \sum_j \lambda_j(a) + \displaystyle\sum_{a' \in A(a), a' \neq a} \lambda_i(a'), & a \in A^{\mathrm{run}}, \\ c(a), & \text{否则} \end{cases} \qquad (6.14)$$

显然, 上述关于列车 i 的最优化模型, 是弧段费用为 $\bar{c}_i(a)$ 的最短路径问题, 可以利用下文介绍的最短路径算法求解, 其中在算法迭代过程中, 拉格朗日乘子利用以下次梯度法进行更新.

$$\lambda_i^{q+1}(a) = \max \left\{ 0, \lambda_i^q(a) + \eta^q \times \left[\sum_j x_j(a) + \sum_{a' \in A(a), a' \neq a} x_i(a') - 1 \right] \right\} \qquad (6.15)$$

式 (6.15) 中, q 表示迭代次数, $\lambda_i^q(a)$ 和 η^q 表示第 q 次迭代时的拉格朗日乘子和迭代步长, 其中迭代步长利用 $\eta^q = 1/(q+1)$ 进行更新.

6.4.3 算法框架

在拉格朗日分解架构下, 求解松弛后的列车子问题, 得到的对偶解往往不能满足基于多列车耦合的不相容约束 (6.8). 对此, 可以将这样的松弛对偶解作为原问题的下界; 然后, 通过专门的启发式方法, 并利用解的对偶信息, 由下界生成原问题的可行解, 以此得到问题的上界. 通过不断更新拉格朗日乘子, 可以逐步改进上界及下界. 当上下界的偏离 Gap 达到预先给定的最小值时, 或者迭代次数达到预定的迭代次数时, 可得到问题的近似最优解. 特别地, 拉格朗日松弛算法框架如算法 6.1 所示, 其中 UB' 和 LB' 分别表示当前的最优上界和最优下界, UB'^q 和 LB'^q 分别表示第 q 次迭代时的局部上界和下界.

算法 6.1　拉格朗日松弛算法

步骤 1 (初始化)

令 $q = 0$, 初始化拉格朗日乘子 $\lambda_i^q(a)$, 令最优上界 $\mathrm{UB}' = +\infty$ 和最优下界 $\mathrm{LB}' = -\infty$.

步骤 2 (计算并更新局部/最优下界)

利用算法 6.3 求解拉格朗日对偶子问题, 更新最优下界为 $\mathrm{LB}' = \max\{\mathrm{LB}'^q, \mathrm{LB}'\}$.

步骤 3 (计算并更新局部/最优上界)

利用算法 6.4 计算下界的对应可行解, 按目标 (6.1) 计算局部上界; 更新最优上界为 $\mathrm{UB}' = \min\{\mathrm{UB}'^q, \mathrm{UB}'\}$.

步骤 4 (计算 Gap 值)

计算偏离值为 $\mathrm{Gap} = (\mathrm{UB}' - \mathrm{LB}')/\mathrm{UB}'$.

步骤 5 (更新拉格朗日乘子)

利用次梯度方法 (6.15) 更新拉格朗日乘子 $\lambda_i^q(a)$.

步骤 6 (终止条件)

如果 $\mathrm{Gap} \leqslant \varepsilon$(最小偏离值) 或者 $q \geqslant Q$ (最大迭代次数), 算法终止; 否则, 令 $q = q+1$, 返回步骤 2.

6.5　求解柔性列车时刻表的 ADMM 方法

标准的拉格朗日分解算法, 是平行求解分解后的全部子问题. 相比之下, ADMM 需要在目标函数中引入 2 次惩罚项, 通过整合增广拉格朗日函数和块坐标下降法, 能够按次序分别求解每个子问题, 并在求解过程中自动实现不同子问题之间的信息传递. 本节的目标, 就是设计基于优先权的 ADMM, 以成功求解柔性列车时刻表问题, 算法的具体架构如图 6.7 所示.

具体地, 首先, 将原始的列车时刻表问题松弛为拉格朗日模型; 其次, 利用不相容约束的特殊结构, 引入 2 次惩罚项得到增广的拉格朗日函数. 通过线性化 2 次项, 将增广拉格朗日问题分解成一系列容易求解的单列车子问题. 然后, 利用时间依赖的最短路径算法, 按次序分别求解每个列车子问题, 并在内部迭代中使用基于优先权的搜索策略. 进一步地, 集成多列车路径得到原问题的对偶下界, 通过专门的上界生成算法, 得到可行的列车时刻表. 最后, 在基于次梯度的拉格朗日乘子更新法则下, 不断迭代反复, 求得最优的列车时刻表.

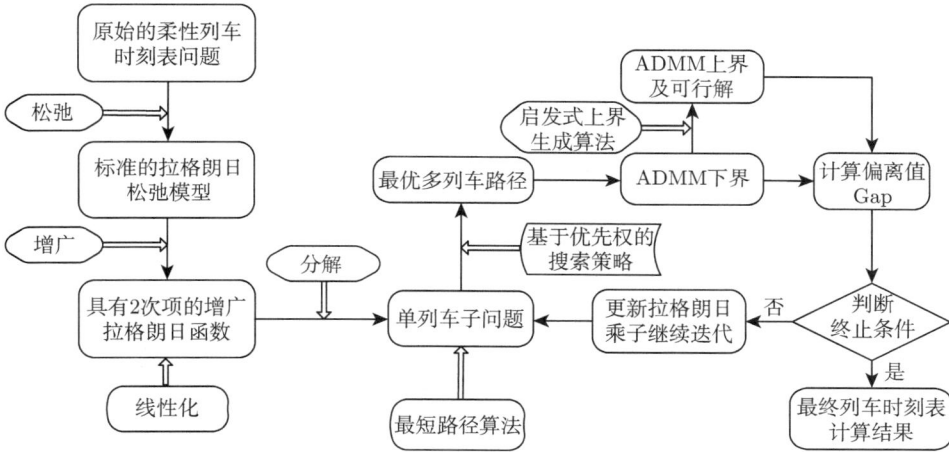

图 6.7　基于优先权的 ADMM 计算架构

6.5.1　增广和分解

　　类似地, 引入非负的拉格朗日乘子 $\lambda_i(a)$, 将模型中的不相容约束 (6.8) 进行松弛, 形成拉格朗日松弛模型; 经过变形, 可以得到与表达式 (6.13) 相同的拉格朗日函数.

　　进一步地, 引入非负连续型松弛变量 $d_i(a) \in [0,1]$, 将不相容约束 (6.8) 转换为如下等式形式.

$$\sum_{j \in I} x_j(a) + \sum_{a' \in A(a), a' \neq a} x_i(a') - 1 + d_i(a) = 0, \quad \forall i \in I, a \in A^{\text{run}} \tag{6.16}$$

在公式 (6.13) 拉格朗日函数 LR 的基础上, 利用表达式 (6.16) 形成的 2 次惩罚项, 构造如下增广拉格朗日函数.

$$\min \quad L_\rho = \text{LR} + \frac{\rho}{2} \times \sum_{i \in I} \sum_{a \in A^{\text{run}}} \left\| \sum_{j \in I} x_j(a) + \sum_{a' \in A(a), a' \neq a} x_i(a') - 1 + d_i(a) \right\|^2 \tag{6.17}$$

式 (6.17) 含有 2 次项, 使得问题求解变得异常复杂, 需要进行线性化处理. 首先, 引入新的整数变量 $e_i(a)$, 表示除列车 i 之外其他列车占用运行弧 a 的次数, 即

$$e_i(a) = \sum_{j \in I \setminus \{i\}} x_j(a), \quad \forall i \in I, a \in A^{\text{run}} \tag{6.18}$$

于是, 增广拉格朗日函数中的 2 次项可进行如下变形.

$$\frac{\rho}{2} \times \sum_{i \in I} \sum_{a \in A^{\mathrm{run}}} \left\| \sum_{j \in I} x_j(a) + \sum_{a' \in A(a), a' \neq a} x_i(a') - 1 + d_i(a) \right\|^2$$

$$= \frac{\rho}{2} \times \sum_{i \in I} \sum_{a \in A^{\mathrm{run}}} \left\| x_i(a) + \sum_{j \in I \setminus \{i\}} x_j(a) + \sum_{a' \in A(a), a' \neq a} x_i(a') - 1 + d_i(a) \right\|^2$$

$$= \frac{\rho}{2} \times \sum_{i \in I} \sum_{a \in A^{\mathrm{run}}} \left\| \left[x_i(a) + \sum_{a' \in A(a), a' \neq a} x_i(a') \right] + e_i(a) - 1 + d_i(a) \right\|^2$$

$$= \frac{\rho}{2} \times \sum_{i \in I} \sum_{a \in A^{\mathrm{run}}} \left\| \sum_{a' \in A(a)} x_i(a') + e_i(a) - 1 + d_i(a) \right\|^2 \tag{6.19}$$

与普通拉格朗日方法比较, 交替方向乘子法的主要区别是按次序交替求解松弛后的子问题, 即在求解当前列车 i 的子问题时, 其他列车子问题的对应解认为是暂时已知的, 即 $e_i(a)$ 是常量. 另外, 在不相容集合中, 由于任何列车最多只能占用一条运行弧, 从而, 对于给定的列车 i 和运行弧 a, $\sum_{a' \in A(a)} x_i(a')$ 的值等于 1 或者 0.

由于松弛变量 $d_i(a)$ 的存在, 式 (6.19) 所含 2 次非线性项并没有被消除. 为了线性化增广拉格朗日函数, 并由此分解原始的柔性列车时刻表问题, 需要具体确定松弛变量 $d_i(a)$ 的取值. 为此, 对公式 (6.19) 中的 2 次项部分继续进行如下修改.

$$\left\| \sum_{a' \in A(a)} x_i(a') + e_i(a) - 1 + d_i(a) \right\|^2$$

$$= d_i(a)^2 + 2 \times d_i(a) \times \left[\sum_{a' \in A(a)} x_i(a') + e_i(a) - 1 \right] + \left[\sum_{a' \in A(a)} x_i(a') + e_i(a) - 1 \right]^2 \tag{6.20}$$

实际上, 式 (6.20) 可以看作关于连续变量 $d_i(a)$ 的一元二次函数, 其中的极小值点为

$$d_i^*(a) = 1 - e_i(a) - \sum_{a' \in A(a)} x_i(a') \tag{6.21}$$

下面, 分情况讨论松弛变量 $d_i(a)$ 的取值.

(1) 若 $e_i(a) = 0$, 则 $d_i^*(a) = 1 - \sum_{a' \in A(a)} x_i(a')$. 代入公式 (6.19), 得 2 次惩罚项为 0, 此时增广拉格朗日函数退化为标准的拉格朗日函数.

(2) 若 $e_i(a) \geqslant 1$, 则极小值 $d_i^*(a) \leqslant 0$. 根据定义, 连续型松弛变量 $d_i(a)$ 的取值范围为 $[0, 1]$. 在 $d_i^*(a) \leqslant 0$ 情况下, 2 次函数在 $d_i(a) \in [0, 1]$ 范围内为增函数. 于是, 只有当变量 $d_i(a)$ 等于 0 时, 相应的 2 次函数能够取最小值, 而最优化问题 (6.17) 的本来意义, 就是希望其中的 2 次项部分取最小值. 此外, 表达式 $\sum_{a' \in A(a)} x_i(a')$ 表示列车 i 占用不相容集合 $A(a)$ 中运行弧的总次数, 该值等于 0 或 1, 从而它的平方仍然等于本身, 即 $\left\{ \sum_{a' \in A(a)} x_i(a') \right\}^2 = \sum_{a' \in A(a)} x_i(a') = x_i(a)$, 将该式和 $d_i(a) = 0$ 代入, 则公式 (6.20) 的 2 次项部分可进一步简化.

$$
\left\{ \sum_{a' \in A(a)} x_i(a') + [e_i(a) - 1] \right\}^2
$$
$$
= \sum_{a' \in A(a)} x_i(a') + 2[e_i(a) - 1] \times \sum_{a' \in A(a)} x_i(a') + [e_i(a) - 1]^2
$$
$$
= [2e_i(a) - 1] \times \sum_{a' \in A(a)} x_i(a') + [e_i(a) - 1]^2
$$

舍弃上式中最后的常数项部分, 将其代入公式 (6.17), 利用不相容集合互相覆盖的性质, 增广拉格朗日函数可线性化为如下形式

$$
L_\rho = \mathrm{LR} + \frac{\rho}{2} \times \sum_{i \in I} \sum_{a \in A^{\mathrm{run}}} x_i(a) \times \sum_{a' \in A(a)} [2e_i(a') - 1] \tag{6.22}
$$

类似于标准拉格朗日方法, 对已经线性化的增广拉格朗日问题进行松弛, 可使柔性列车时刻表问题分解为基于列车的子问题, 以下是相应的目标函数.

$$
L_i = \sum_{a \in A} c_i'(a) \times x_i(a) \tag{6.23}
$$

式 (6.23) 中, $c_i'(a)$ 表示增广拉格朗日子问题中列车 i 占用弧段 a 的费用, 计算表达式为如下分段线性函数.

$$c_i'(a) = \begin{cases} c(a) + \sum\limits_{j \in I} \lambda_j(a) + \sum\limits_{a' \in A(a), a' \neq a} \lambda_i(a') + \rho \times \sum\limits_{a' \in A(a)} e_i(a') - \dfrac{\rho}{2}, \\ \qquad\qquad\qquad\qquad\qquad\qquad\qquad\qquad e_i(a) \geqslant 1, a \in A^{\mathrm{run}}, \\ c(a) + \sum\limits_{j \in I} \lambda_j(a) + \sum\limits_{a' \in A(a), a' \neq a} \lambda_i(a'), \quad e_i(a) = 0, a \in A^{\mathrm{run}}, \\ c(a), \qquad\qquad\qquad\qquad\qquad\qquad\qquad a \notin A^{\mathrm{run}} \end{cases} \tag{6.24}$$

值得注意的事实是, 当弧段 a 不是运行弧时, 相应的拉格朗日乘子等于 0. 因此, 弧段费用 $c_i'(a)$ 可进一步简化为如下形式.

$$c_i'(a) = c(a) + \sum_{j \in I} \lambda_j(a) + \sum_{a' \in A(a), a' \neq a} \lambda_i(a') + \max\left\{0, \rho \times \sum_{a' \in A(a)} e_i(a') - \frac{\rho}{2}\right\} \tag{6.25}$$

从式 (6.25) 可以看出, 在增广的拉格朗日子问题中, 列车占用弧段的费用不仅与拉格朗日乘子有关, 而且还与惩罚系数 ρ、其他列车占用不相容弧的次数有关. 最后一点非常重要, 它有效地将当前列车与其他列车联系了起来. 换言之, 在计算当前列车子问题时, 利用表达式 $\sum_{a' \in A(a)} e_i(a')$ 传递其他列车占用运行弧 $a' \in A(a)$ 的信息, 如果缺少这样的传递机制, 则在迭代过程中不能分别求解列车子问题. 另外, 在迭代计算 (6.25) 时, 使用以下次梯度方法更新拉格朗日乘子 $\lambda_i(a)$(Zhang and Nie, 2018; Yao et al., 2019).

$$\lambda_i^{q+1}(a) = \max\left\{0, \lambda_i^q(a) + \rho^q \times \left[\sum_{j \in I} x_j(a) + \sum_{a' \in A(a), a' \neq a} x_i(a') - 1\right]\right\} \tag{6.26}$$

特别地, 为了量化列车 i 对不相容集合 $A(a)$ 的违背程度, 定义如下的原始残差.

$$\mathrm{vio}_i(a) = \max\left\{0, \sum_{j \in I} x_j(a) + \sum_{a' \in A(a), a' \neq a} x_i(a') - 1\right\}, \quad \forall i \in I, a \in A^{\mathrm{run}} \tag{6.27}$$

显然, 原始残差是大于等于 0 的整数. 如果 $\mathrm{vio}_i(a) = 0$, 则 $\sum_{j \in I} x_j(a) + \sum_{a' \in A(a), a' \neq a} x_i(a') - 1 \leqslant 0$, 即不相容约束条件 (6.8) 成立; 如果 $\mathrm{vio}_i(a) > 0$, 则不相容约束 (6.8) 不再满足. 于是, 利用 (6.27) 获得的原始残差 $\mathrm{vio}_i(a)$, 可以近似地估计当前解的可行程度. 残差 $\mathrm{vio}_i(a)$ 的取值越大, 则背离约束条件 (6.8) 的程度

就越严重, 反之就越轻微甚至满足. 基于此, 在 ADMM 的迭代过程中, 可以使用原始残差动态地增加或者减少惩罚参数 ρ 的取值. 具体地, 如果当前原始残差较大, 则应该增大惩罚参数 ρ 的取值, 以快速获得可行解; 相反地, 如果原始残差的值等于 0 或者变得很小时, 则应该保持惩罚参数 ρ 不变, 以搜索其他的可行解. 最后, 给出如下惩罚参数 ρ 的具体调整方法.

$$
\rho_i^{q+1}(a) = \begin{cases} \rho_i^q(a)+\theta, & \displaystyle\sum_{i \in I} \sum_{a \in A^{\mathrm{run}}} \|\mathrm{vio}_i(a)\|^2 \geqslant \gamma \times \sum_{i \in I} \sum_{a \in A^{\mathrm{run}}} \mathrm{vio}_i(a), \\ \rho_i^q(a), & \text{否则}, \end{cases} \quad \forall i \in I, a \in A^{\mathrm{run}}
$$

$$(6.28)$$

式 (6.28) 中, $\rho_i^q(a)$ 表示在第 q 次迭代时, 对应于列车 i 和弧段 a 惩罚参数的具体取值. 参照文献 Takapoui 等 (2017) 和 Zhang 等 (2019) 的做法, 其中参数 θ 和 γ 可取 $[1, 10]$ 和 $[1, 5]$ 范围内的数值. 公式 (6.28) 表明, 当残差 $\mathrm{vio}_i(a)$ 取值增大并导致 $\displaystyle\sum_{i \in I} \sum_{a \in A^{\mathrm{run}}} \|\mathrm{vio}_i(a)\|^2 \geqslant \gamma \times \sum_{i \in I} \sum_{a \in A^{\mathrm{run}}} \mathrm{vio}_i(a)$ 成立时, 下轮迭代时惩罚参数的数值应该增加, 反之应保持不变. 此外, 惩罚参数 ρ 的取值应该同时依赖于列车 i 和弧段 a, 即在具体的迭代计算过程中, 从公式 (6.17) 开始直至全文结束, 参数 ρ 应该被 $\rho_i(a)$ 所替换.

在上述基于 ADMM 的分解框架下, 每次迭代中列车子问题对应于多个时间依赖的最短路径问题. 具体地, 在第 q 次迭代中, 列车 i 对应的路径子问题 (i, q), 可通过求解目标函数为 (6.23) 的路径问题而解决, 其中需要利用公式 (6.26) 和 (6.28) 更新拉格朗日乘子和惩罚参数.

6.5.2 基于优先权的计算顺序

将单个列车看作块团, 则柔性列车时刻表的优化问题, 可以视为 ADMM 分解架构下的多块团计算问题. 值得说明的是, 标准双快团 ADMM 结构的收敛性已经被证明. 对于多快团情况, 目前尚未在理论上严格论证, 但却在现实优化问题中得到了了广泛的应用 (Han et al., 2014).

多块团的 ADMM 不刻意指定每个块团的计算顺序, 而是采用所有块团在内部迭代过程中具有相同优先权的策略. 对于柔性列车时刻表问题, 当在特制的时空网络中排列所有列车的运行路径时, 不同的计算顺序表示这些列车对有限时空资源不同的占用次序. 直观上, 这些列车应该根据它们各自的特性赋予不同的优先权. 沿着这样的线索, 在多块团 ADMM 搜索过程中, 使用以下基于优先权的选择顺序, 据此求解松弛后的列车子问题.

基于优先权计算顺序的核心, 是在求解列车路径子问题时, 根据得到的对偶

费用对每个列车计算优先权, 由此决定计算的先后次序. 以下, 引入新参数 $c_i''(a)$,
表示列车 i 占用弧段 a 时产生的对偶费用部分.

$$c_i''(a) = \sum_{j \in I} \lambda_j(a) + \sum_{a' \in A(a), a' \neq a} \lambda_i(a') \tag{6.29}$$

因此, 增广拉格朗日函数的弧段费用 $c_i'(a)$ 能够继续简化, 即公式 (6.25) 可更
新为如下形式.

$$c_i'(a) = c_i''(a) + c_i(a) + \max\left\{0, \rho \times \sum_{a' \in A(a)} e_i(a') - \frac{\rho}{2}\right\} \tag{6.30}$$

参数 $c_i''(a)$ 和 $c_i'(a)$ 具有不同的属性. 具体地, $c_i''(a)$ 表示列车 i 占用时空网
络的运行弧 a 时产生的对偶费用, 它独立于其他列车. 然而, 基于增广拉格朗日函
数的费用 $c_i'(a)$, 由 2 部分组成, 其中的第 2 部分 $\max\left\{0, \rho \times \sum_{a' \in A(a)} e_i(a') - \frac{\rho}{2}\right\}$
与其他列车密切相关, 由此动态地调整每个子问题的优先权或计算次序, 当然还
是不同列车之间传递信息的纽带.

参数 $c_i''(a)$ 仅仅与拉格朗日乘子相关, 可以视为列车 i 占用时空网络中运行
弧 a 的对偶费用. 利用弧段对偶费用 $c_i''(a)$, 可以计算第 q 次迭代时列车 i 基于路
径的对偶费用, 用符号 dc_i^q 表示路径费用的具体取值, 于是

$$\mathrm{dc}_i^q = \sum_{a \in A} c_i''^q(a) \times x_i^q(a) \tag{6.31}$$

式 (6.31) 中, $c_i''^q(a)$ 和 $x_i^q(a)$ 分别表示 ADMM 第 q 次迭代时, 列车 i 途径弧段
a 的对偶费用和占用情况 (或当前解的取值). 路径对偶费用 dc_i^q, 实际上表示列车
i 选择相应的路径时, 与其他列车发生冲突的大小或程度. 如果对偶费用 dc_i^q 取值
较小, 则列车 i 对其他列车的干扰就少; 如果列车 i 与其他列车没有冲突, 则对偶
费用 dc_i^q 等于 0. 显然, 对应于路径费用 dc_i^q 为 0 的列车, 在下次迭代时应保持本
次生成的时空路径不变. 基于这些考虑, 在内部迭代过程中, 列车子问题的计算次
序应与路径对偶费用的取值成反比.

为此, 按照对偶费用增加的顺序, 重新设置列车子问题的计算次序为 1, 2, $\cdots$,
$|I|$. 换言之, 基于优先权的计算次序应重新标记, 使得

$$\mathrm{dc}_1^q \leqslant \mathrm{dc}_2^q \leqslant \cdots \leqslant \mathrm{dc}_{|I|}^q \tag{6.32}$$

按照重新安排的顺序, 依次求解对应的子问题, 其中基于优先权的迭代过程
如图 6.8 所示. 具体地, 在第 q 次迭代中, 当求解列车 i 的子问题时, 其他列车子

问题的解暂时认为已经知道, 具体包括: ① 第 q 次 (本次) 迭代中已经得到的列车 $1, 2, \cdots, i-1$ 的最短时空路径; ② 第 $q-1$ 次 (上次) 迭代中获得的列车 $i+1$, $i+2, \cdots, |I|$ 的最短时空路径.

前次迭代 $q-1$					当前迭代 q				
$(1, q{-}1)$	$(2, q{-}1)$	$\cdots$	$(i, q{-}1)$	$\cdots$ $(|I|, q{-}1)$	$(1, q)$	$(2, q)$	$\cdots$	(i, q)	$\cdots$ $(|I|, q)$
$(1, q{-}1)$	$(2, q{-}1)$	$\cdots$	$(i, q{-}1)$	$\cdots$ $(|I|, q{-}1)$	$(1, q)$	$(2, q)$	$\cdots$	(i, q)	$\cdots$ $(|I|, q)$
$\vdots$	$\vdots$		$\vdots$	$\vdots$	$\vdots$	$\vdots$		$\vdots$	$\vdots$
$(1, q{-}1)$	$(2, q{-}1)$	$\cdots$	$(i, q{-}1)$	$\cdots$ $(|I|, q{-}1)$	$(1, q)$	$(2, q)$	$\cdots$	(i, q)	$\cdots$ $(|I|, q)$
$\vdots$	$\vdots$		$\vdots$	$\vdots$	$\vdots$	$\vdots$		$\vdots$	$\vdots$
$(1, q{-}1)$	$(2, q{-}1)$	$\cdots$	$(i, q{-}1)$	$\cdots$ $(|I|, q{-}1)$	$(1, q)$	$(2, q)$	$\cdots$	(i, q)	$\cdots$ $(|I|, q)$

> [------] 临时固定解的子问题   [- - -] 当前求解的子问题

图 6.8 基于优先权的迭代过程

通过对柔性列车时刻表模型进行松弛、增广、线性化和分解, 基于优先权的 ADMM 详细求解过程如算法 6.2 所示, 其中做如下特别说明.

(1) 算法开始执行前, 利用以下简单的预处置, 生成 ADMM 的初始解. 具体地, 对出发于同一始发站的列车, 按已知的时段列车数量, 均匀设置这些列车在相应时段内的分布及出发时刻; 其次, 允许每个列车在所有车站都停车, 停站时间等于已知的最小停站时间标准. 显然, 这样的初始解非常容易得到, 但很有可能是一个不可行解.

(2) 在算法的每次迭代过程中, 需要同步地计算局部上界和下界, 以评判当前解的性能. 利用这样的方法, 可以成功地获得所需的局部/最优的上界和下界, 并通过计算相应的偏离值 Gap, 评判当前解的质量.

算法 6.2 基于优先权的 ADMM 算法

步骤 1 (初始化)

取 $q=0$; 初始化所有列车和弧段对应的拉格朗日乘子 $\lambda_i^q(a)$、2 次惩罚参数 ρ^q、最优上界 $UB^* = +\infty$ 和最优下界 $LB^* = -\infty$, 设置 ADMM 的初始解 $\mathbf{X}^q$.

步骤 2 (按优先权顺序计算 ADMM 解)

按路径对偶费用从小到大的次序, 重新给列车编号为 $1, 2, \cdots, |I|$;

For $i = 1, 2, \cdots, |I|$ **do**

按照公式 (6.25) 更新弧段费用 $c_i'^q(a)$, 利用下文的最短路径算法求解增广的路径子问题 (i, q), 置子问题 (i, q) 解为已知;

End for

更新对应的 ADMM 解 $\mathbf{X}^q$;

按照公式 (6.26) 和 (6.28), 更新拉格朗日乘子和 2 次惩罚参数.

步骤 3 (计算并更新局部/最优上界)

利用下文设计的算法 6.4, 将 ADMM 解 $\mathbf{X}^q$ 转换为对应的可行解, 按照目标函数 (6.1) 计算局部上界, 将其定义为 UB^q, 更新最优上界为 $\mathrm{UB}^* = \min\{\mathrm{UB}^q, \mathrm{UB}^*\}$.

步骤 4 (计算并更新局部/最优下界)

利用步骤 2 得到的拉格朗日乘子, 求解标准的拉格朗日对偶问题, 以产生问题的局部下界 LB^q, 更新最优下界为 $\mathrm{LB}^* = \max\{\mathrm{LB}^q, \mathrm{LB}^*\}$.

步骤 5 (计算偏离值 Gap)

计算偏离值 $\mathrm{Gap} = (\mathrm{UB}^* - \mathrm{LB}^*)/\mathrm{UB}^*$.

步骤 6 (终止条件)

如果 $\mathrm{Gap} \leqslant \varepsilon$ (预先设置的最小值), 或者 $q \geqslant Q$ (预先设置的最大迭代次数), 则算法终止, 将最优上界作为最后解输出; 否则, 令 $q = q+1$, 返回步骤 2.

利用以上展示的 ADMM 分解架构, 结合基于优先权的计算顺序, 可以有效地求解复杂的柔性列车时刻表问题.

6.5.3　时变最短路径算法

对于列车 i, 分解后的子问题是在相应的时空网络中, 为该列车确定从虚拟起点 $\bar{o}_i$ 到虚拟终点 $\bar{d}_i$ 并满足停站约束的最短路径. 算法迭代过程中, 主要任务是不断确认和消除所有不可行的路径, 这些路径或者违反了停站时间约束, 或者不满足停站条件. 具体地, 时变最短路径算法的计算步骤用算法 6.3 呈现, 算法所需符号如表 6.5 所示.

表 6.5　最短路径算法所需符号

符号	定义
SE	活动节点链表;
$c*(u,t;v,s)$	时空弧 $(u,t;v,s)$ 的费用;
$\bar{c}(u,t)$	从虚拟起点 $\bar{o}_i$ 到节点 (u,t) 的最小费用;
$\bar{c}\_\mathrm{temp}(u,t)$	从虚拟起点 $\bar{o}_i$ 到节点 (u,t) 的临时费用.

算法 6.3　时变最短路径算法

步骤 1 (初始化)

输入弧段修改后列车 i 对应的时空网络, 令活动节点链表 $\mathrm{SE} = \mathrm{NULL}$; 令虚拟起点 $\bar{o}_i$ 到所有节点 (u,t) 的最小费用为 $\bar{c}(u,t) = +\infty$; 将虚拟起点 $\bar{o}_i$ 插入到链表 SE, 置 $\bar{c}(\bar{o}_i) = 0$.

步骤 2 (更新标号)

While 活动节点链表不为空, 即 !SE.empty( ) **do**

    获得链表 SE 头节点, 表示为 $(u, t) = \text{SE.top}(\ )$;

    移除链表 SE 头节点, 即 SE.pop_front( );

    For 当前节点 (u, t) 的每个下游节点 (v, s), 按从左到右次序 **do**

        If 列车 i 必须在 u 站停车并且运行弧 $(u, t; v, s)$ 不满足最小停站时间约束, 即 $u \in \bar{U}_i$ 并且 $s < t + \text{tw}_{i,u}^{\min} + \text{tr}_i^u$ **do**

        跳过节点 (v, s), 执行下一个下游节点;

        Else 计算从虚拟起点 $\bar{o}_i$ 到节点 (v, s) 的临时费用 $\bar{c}\_\text{temp}(v, s) = \bar{c}(u, t) + c^*(u, t; v, s)$;

        If $\bar{c}\_\text{temp}(v, s) \geqslant \bar{c}(v, s)$ **do**

        跳过节点 (v, s), 执行下一个下游节点;

        Else if $\bar{c}\_\text{temp}(v, s) < \bar{c}(v, s)$ **do**

        $\bar{c}(v, s) = \bar{c}\_\text{temp}(v, s)$;

            If 节点 (v, s) 不在链表 SE 中 **do**

                将节点 (v, s) 添加到链表 SE 尾节点, 即 SE.push_back$((v, s))$;

            Else if 节点 (v, s) 在链表 SE 中 **do**

                将节点 (v, s) 添加到链表 SE 头节点, 即 SE.push_front$((v, s))$;

    End For // For 每个可到达的下游节点

  End While

步骤 3 (回溯最短路径)

  步骤 3.1 从虚拟终点 $\bar{d}_i$ 回溯到虚拟起点 $\bar{o}_i$;

  步骤 3.2 倒置回溯后的路径, 输出从节点 $\bar{o}_i$ 到 $\bar{d}_i$ 的最短路径;

  步骤 3.3 终止算法.

如前文所述, 列车在车站的停站时间等于列车在时空网络中选择该车站停站弧的数量. 在已构建的时空网络中, 很难直接将违背列车最小和最大停站时间的停站弧移除. 为此, 提出专门的修改方法, 将原有时空网络转换为等价的网络, 用以保证列车的停站要求. 如图 6.9 所示, 以列车 i 和车站 u 为例, 详细说明如何修改得到可行弧的过程.

从 u 站到 $u+1$ 站由停站弧和运行弧组成的一段列车路径, 有可能违背停站时间约束. 当列车 i 从时空节点 (u, t) 出发时, 图 6.9 所示的 2 条时空路径 $(u, t) \to (u, t+1) \to (u+1, t+\text{tr}_i^u+1)$ 和 $(u, t) \to (u, t+1) \to (u, t+2) \to (u+1, t+\text{tr}_i^u+2)$ 不满足停站时间约束. 为了在算法搜索过程中, 排除这些不可行的路径, 在时空网络图 6.9 中, 首先删除 u 站所有的停站弧; 然后, 在保留象征列车不停车通过车站的运行弧 $(u, t; u+1, t+\text{tr}_i^u)$ 的基础上, 新增符合列车停站时间要求的运行弧 $(u, t; u+1, t+\text{tr}_i^u+\text{tw}_{i,u}^{\min}), \cdots, (u, t; u+1, t+\text{tr}_i^u+\text{tw}_{i,u}^{\max})$, 这些新增加的弧联

合表示列车在车站停留和区间运行, 相应的费用等于原时空网络中运行弧和停站弧的费用之和. 显然, 通过这样的网络转换, 那些违背停站时间要求的弧段, 已经在新时空网络中被完全删除.

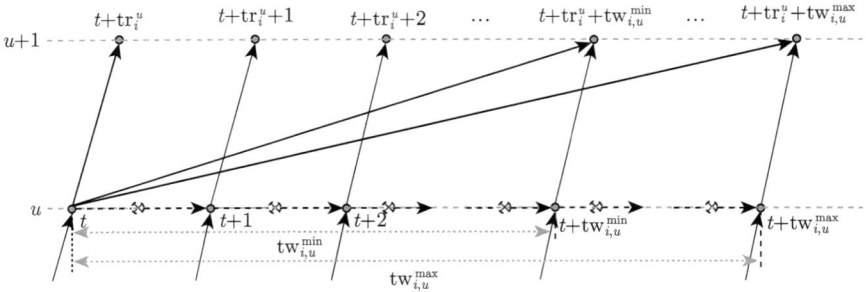

图 6.9　弧段等价变换图示

6.5.4　局部上界生成算法

根据 ADMM 得到的下界, 很可能是不可行解. 为此, 构建局部上界生成算法, 以获得可行的列车时刻表. 算法的主要任务, 是不断识别和化解违背了不相容约束的所有冲突. 特别地, 如果搜索过程中发现了无冲突的列车路径, 则在时空网络中删除该路径使用的弧段以及所有相关的不相容弧, 算法的详细步骤陈述如算法 6.4 所示.

算法 6.4　局部上界生成算法

输入　时空网络 (N, A), ADMM 解 $\mathbf{X}^q$.

输出　可行解 $\mathbf{X}_*^q$.

Begin

　　按列车对偶费用增加的次序重新对列车编号为 $1, 2, \cdots, |I|$;

　　For $i = 1, 2, \cdots, |I|$ **do**

　　　　If 列车 i 对应的时空路径与其他列车路径无冲突 **do**

　　　　　　固定该列车路径, 令该列车路径上的弧及相关不相容弧的费用为 $+\infty$;

　　　　Else

　　　　　　利用算法 6.3 求解列车 i 的时空最短路径;

　　　　　　固定该列车路径, 令该列车路径上的弧及相关不相容弧的费用为 $+\infty$;

　　End for

End

6.6　数 值 计 算

本节以我国京沪高速铁路走廊为背景, 通过多组数值测试, 验证本章所提方法的有效性及可用性. 首先, 利用基于优先权的 ADMM, 针对京沪高铁从北京南站到上海虹桥站的方向, 计算最优的柔性列车时刻表; 其次, 以该高铁线路为基础组成多个数值算例, 进一步评估基于优先权的 ADMM 的计算优越性. 本章所有计算, 均利用 C++ 语言编程实现, 运行环境为 2.4GHz 英特尔® 酷睿™ i5 处理器、4GB 内存的个人计算机.

6.6.1　京沪高速铁路算例

1. 背景设置

京沪高铁线路如图 6.10 所示, 其中包含 23 个车站、22 个区间. 算例中, 该线

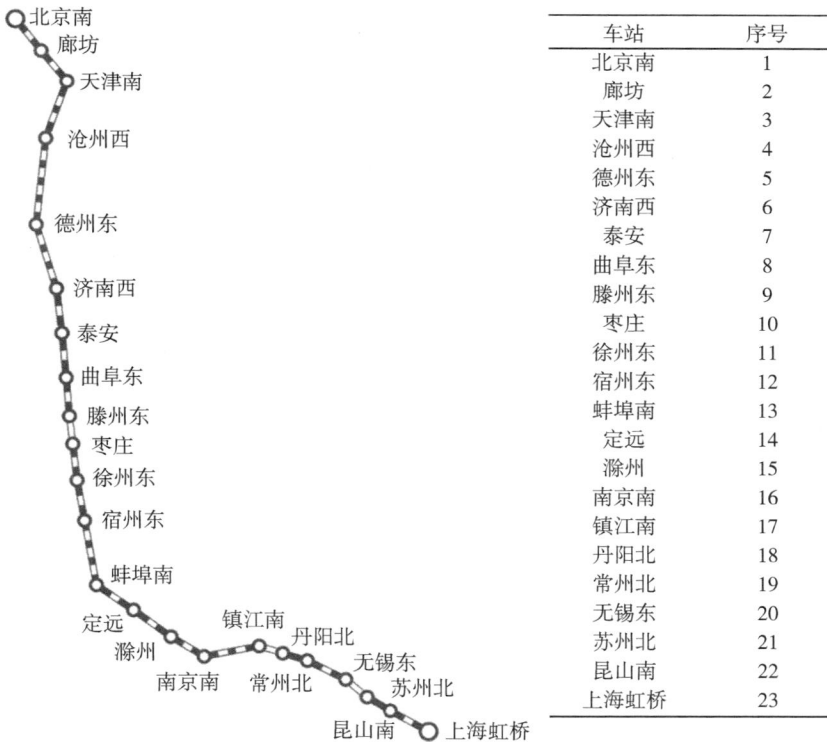

车站	序号
北京南	1
廊坊	2
天津南	3
沧州西	4
德州东	5
济南西	6
泰安	7
曲阜东	8
滕州东	9
枣庄	10
徐州东	11
宿州东	12
蚌埠南	13
定远	14
滁州	15
南京南	16
镇江南	17
丹阳北	18
常州北	19
无锡东	20
苏州北	21
昆山南	22
上海虹桥	23

图 6.10　京沪高铁线路示意图

路上运行有 195 个列车, 其中包含 150 个高等级列车和 45 个低等级列车, 不同速度等级列车在区间的运行时间如表 6.6 所示.

表 6.6　不同速度等级列车的区间运行时间

区间	距离 (千米)	区间运行时间 (分)		区间	距离 (千米)	区间运行时间 (分)	
		高等级	低等级			高等级	低等级
1-2	59	12	14	12-13	77	15	18
2-3	72	14	17	13-14	53	11	13
3-4	88	18	21	14-15	62	12	15
4-5	108	22	26	15-16	59	12	14
5-6	92	18	22	16-17	69	14	17
6-7	59	12	14	17-18	25	5	6
7-8	70	14	17	18-19	32	6	8
8-9	56	11	13	19-20	57	11	14
9-10	36	7	9	20-21	26	5	6
10-11	63	13	15	21-22	32	6	8
11-12	79	16	19	22-23	43	9	10

已知该线路上有 17 个不同的列车运行区段, 每个运行区段对应各自的始发站和终到站, 如表 6.7 所示. 考虑从 6:00 到 24:00 全天 18 个小时的列车运营, 如表 6.8 所示; 在这 18 个时段内, 有 195 个列车陆续驶离各自的出发站. 表 6.9 展示了每个时段, 从每个运行区段的始发站发出列车的数量; 这些列车数量, 主要是由基于小时的客流需求所决定. 从这个意义上说, 本章优化的柔性列车时刻表, 隐含考虑了基于小时的客流需求. 显然, 这里使用的小时多列车集成参数的设置, 更加适合大规模真实系统的测试. 此外, 每个列车对应的速度类型、运行区段、必停站集合如表 6.10 所示, 表中 "0" 和 "1" 分别表示低等级速度列车和高等级速度列车. 如表 6.11 所示, 给出了每个小时时段内, 同等级列车之间必须遵守的最小均匀性间隔时间.

表 6.7　基于始发和终到站的列车运行区段

序号	始发站-终到站	编号	序号	始发站-终到站	编号
1	北京南-济南西	1-6	10	天津南-上海虹桥	3-23
2	北京南-徐州东	1-11	11	济南西-徐州东	6-11
3	北京南-蚌埠南	1-13	12	济南西-蚌埠南	6-13
4	北京南-南京南	1-16	13	济南西-南京南	6-16
5	北京南-上海虹桥	1-23	14	济南西-上海虹桥	6-23
6	天津南-济南西	3-6	15	徐州东-南京南	11-16
7	天津南-徐州东	3-11	16	徐州东-上海虹桥	11-23
8	天津南-蚌埠南	3-13	17	南京南-上海虹桥	16-23
9	天津南-南京南	3-16			

表 6.8 全天运营时段及标识

时段	时段 ID	时段	时段 ID	时段	时段 ID
6:00-7:00	1	12:00-13:00	7	18:00-19:00	13
7:00-8:00	2	13:00-14:00	8	19:00-20:00	14
8:00-9:00	3	14:00-15:00	9	20:00-21:00	15
9:00-10:00	4	15:00-16:00	10	2100-22:00	16
10:00-11:00	5	16:00-17:00	11	22:00-23:00	17
11:00-12:00	6	17:00-18:00	12	23:00-24:00	18

表 6.9 每个时段及运行区段内的列车数量

时段 ID	列车运行区段																
	1-6	1-11	1-13	1-16	1-23	3-6	3-11	3-13	3-16	3-23	6-11	6-13	6-16	6-23	11-16	11-23	16-23
1	1	0	1	0	2	2	0	1	0	0	1	1	0	4	1	4	5
2	0	1	1	0	4	0	1	0	0	0	0	0	0	2	0	1	3
3	1	0	0	1	4	0	0	0	1	0	0	0	1	2	1	1	1
4	1	0	0	2	3	0	0	0	1	0	0	0	0	1	1	0	3
5	0	0	1	2	2	0	1	0	1	0	1	0	0	0	1	0	1
6	1	0	1	2	3	0	0	0	0	0	0	1	1	0	0	0	2
7	1	0	0	1	2	0	0	0	0	0	1	0	1	0	0	0	2
8	1	0	1	1	3	1	0	0	0	0	0	1	0	0	0	0	3
9	1	0	0	1	4	1	0	0	0	1	0	0	1	1	0	0	2
10	1	0	1	1	3	1	0	1	0	0	0	0	1	0	0	1	1
11	0	1	0	1	4	0	0	0	1	1	0	0	0	0	0	1	0
12	1	0	1	1	4	0	0	0	0	1	0	0	0	0	0	0	2
13	2	1	0	2	1	1	0	0	1	0	0	0	1	0	0	0	1
14	2	1	1	3	0	1	0	0	0	1	0	0	1	1	0	0	0
15	1	1	0	1	0	0	0	0	0	0	0	1	0	0	0	2	0
16	2	2	0	0	0	0	2	0	0	0	0	0	1	1	0	2	0
17	2	1	0	0	0	1	1	0	0	0	1	2	0	0	0	0	0
18	1	0	0	0	0	1	0	0	0	0	2	0	0	0	1	0	2

表 6.10 列车类型、运行区段及必停站

列车编号	类型	运行区段	必停站	列车编号	类型	运行区段	必停站	列车编号	类型	运行区段	必停站
1	0	1-6	3,4	6	1	1-6	3	11	0	1-6	3,4
2	0	1-6	2,3	7	0	1-6	3	12	1	1-6	3
3	1	1-6	4	8	1	1-6	2,4	13	0	1-6	2,4
4	1	1-6	3,4	9	1	1-6	3	14	1	1-6	3
5	0	1-6	3,5	10	1	1-6	3	15	0	1-6	3

续表

列车编号	类型	运行区段	必停站	列车编号	类型	运行区段	必停站	列车编号	类型	运行区段	必停站
16	1	1-6	3	52	1	1-16	6,11,	88	1	1-23	2,8,11,13,16,19,21
17	1	1-6	2	53	0	1-16	3,5,6,8,11,13,15	89	1	1-23	3,10,11,16
18	1	1-6	3	54	1	1-16	3,6,10,11	90	1	1-23	3,5,6,11,12,15,19
19	1	1-6	3	55	1	1-23	3,6,8,11,15,16,21	91	1	1-23	4,8,11,13,15,16,18
20	1	1-11	3,6,10	56	1	1-23	4,8,13,16,17,20	92	1	1-23	3,4,6,7,11,16,19
21	1	1-11	2,4,6,8	57	1	1-23	3,8,11,14,16,19	93	1	1-23	6,11,16,19
22	1	1-11	3,6	58	1	1-23	10,11,16,19,21	94	0	3-6	5
23	0	1-11	3,5,6,9	59	1	1-23	6,11,16	95	1	3-6	4
24	0	1-11	3,6,9	60	0	1-23	3,5,8,11,12,15,16,21	96	1	3-6	—
25	1	1-11	6	61	1	1-23	4,9,13,16,17,20	97	0	3-6	4,5
26	1	1-11	3,5,6,8,10	62	0	1-23	3,6,8,11,14,16,20,22	98	1	3-6	4,5
27	1	1-11	3,6,8	63	1	1-23	2,11,16,19,21	99	1	3-6	4,5
28	1	1-13	6,11	64	1	1-23	9,11,16	100	1	3-6	5
29	0	1-13	3,7,12	65	1	1-23	3,6,11,12,15,16	101	1	3-6	5
30	0	1-13	3,5,6,8,9,11	66	1	1-23	4,8,13,16,17,20	102	1	3-6	4
31	1	1-13	4,6,11,12	67	1	1-23	3,6,8,11,14,16,20	103	1	3-11	8
32	1	1-13	3,8,11	68	1	1-23	2,11,16,19,21	104	1	3-11	5,6,10
33	1	1-13	4,6,12	69	1	1-23	6,9,11,13,16,18	105	0	3-11	4,6,8,10
34	0	1-13	2,3,5,7,10,11	70	1	1-23	6,8,11,12,16,21	106	1	3-11	4,5,8
35	1	1-13	7,12	71	1	1-23	4,8,13,16,17,20	107	1	3-11	6,8
36	1	1-16	3,6,8,11,12	72	1	1-23	3,6,8,11,14,16,20	108	1	3-13	6,11
37	1	1-16	6,11	73	1	1-23	7,11,16,19,21	109	1	3-13	4,6,8,11,12
38	0	1-16	3,5,8,11,13,15	74	1	1-23	2,10,11,16	110	1	3-16	4,8,11,13,15
39	1	1-16	3,6,8,11	75	1	1-23	3,8,12,15,19	111	1	3-16	6,11,12,14
40	1	1-16	6,11	76	1	1-23	4,8,13,16,17,20	112	0	3-16	5,6,8,9,11,13,15
41	1	1-16	3,5,6,8,10,13,15	77	0	1-23	3,6,8,11,14,16,20,22	113	1	3-16	4,7,11,12
42	0	1-16	3,6,8,11	78	1	1-23	11,16,19,21	114	1	3-16	4,6,10,13
43	1	1-16	4,6,11	79	1	1-23	5,11,16	115	1	3-23	6,11,13,16,19,21
44	1	1-16	3,5,7,8,11,13,15	80	1	1-23	3,6,8,11,13,16	116	1	3-23	6,8,11,12,16,17,21
45	0	1-16	3,6,8,11	81	1	1-23	4,8,13,16,17,20	117	1	3-23	11,13,16,20
46	1	1-16	6,11	82	0	1-23	6,8,11,14,16,20	118	1	3-23	6,8,11,16,19
47	1	1-16	3,5,6,8,11,13,15	83	1	1-23	2,11,16,19,21	119	1	3-23	6,7,11,12,16,18,21
48	1	1-16	3,6,8,11	84	1	1-23	3,5,9,11,13,16,18	120	1	6-11	8
49	0	1-16	6,11	85	1	1-23	3,6,8,11,16,18,21	121	1	6-11	10
50	1	1-16	2,5,8,11,13,15	86	1	1-23	4,8,13,16,17,20	122	1	6-11	7,9
51	0	1-16	3,6,8,12,14	87	1	1-23	3,6,11,14,16	123	1	6-11	8,10

列车编号	类型	运行区段	必停站	列车编号	类型	运行区段	必停站	列车编号	类型	运行区段	必停站
124	1	6-11	8	148	1	6-23	8,12,16,17,21	172	1	16-23	17,19
125	0	6-13	9,11,12	149	1	6-23	10,13,19	173	0	16-23	17,18,20,21
126	1	6-13	8,11	150	1	6-23	8,11,13,16	174	1	16-23	20,22
127	1	6-13	11	151	1	11-16	13	175	1	16-23	21
128	1	6-13	7,10	152	1	11-16	12,15	176	1	16-23	21
129	1	6-13	11	153	0	11-16	13	177	0	16-23	18,20,22
130	1	6-13	9,11	154	0	11-16	12,14	178	1	16-23	17,19
131	1	6-16	8,9,11,13	155	1	11-16	13,15	179	0	16-23	18,20,21
132	1	6-16	7,11,14	156	0	11-23	13,16,17,19,21	180	1	16-23	20,22
133	1	6-16	10,12	157	1	11-23	16,20	181	1	16-23	17
134	1	6-16	7,8,11,13,15	158	1	11-23	12,16,19,21	182	1	16-23	19,21
135	0	6-16	9,11,14	159	1	11-23	13,15,16,18	183	1	16-23	17,20
136	1	6-16	8,11,12,15	160	0	11-23	14,16,17,21	184	1	16-23	21
137	1	6-16	9,11,13,15	161	1	11-23	13,16,19	185	0	16-23	17,19
138	1	6-16	8,12,14	162	1	11-23	16	186	1	16-23	17,18,20,21
139	0	6-23	8,11,12,16,20	163	1	11-23	15,17,21	187	1	16-23	20,22
140	1	6-23	16,19	164	1	11-23	14,16,19	188	1	16-23	—
141	1	6-23	11,12,15,17,22	165	1	11-23	13,20	189	0	16-23	17,21
142	0	6-23	8,11,16,19,21	166	1	11-23	13,16,22	190	0	16-23	17,19,21
143	1	6-23	9,12,16,18	167	1	11-23	13,16,19,22	191	1	16-23	17,18,20,21
144	1	6-23	8,11,14,16,20	168	1	16-23	—	192	1	16-23	20,22
145	1	6-23	7,9,11,12,16,18,22	169	0	16-23	17,20	193	1	16-23	—
146	0	6-23	8,11,13,16,17,21	170	1	16-23	21	194	1	16-23	17,21
147	1	6-23	10,13,19	171	0	16-23	18,20,22	195	1	16-23	17,19,21

表 6.11 中, 括号内的数字分别表示高等级速度列车和低等级速度列车在每个时段对应的最小均匀性间隔时间. 另外, 在每个车站, 列车出发和到达安全间隔时间均为 3 分钟, 所有列车的最小和最大停站时间分别为 2 分钟和 10 分钟. 算法开始时, 所有拉格朗日乘子的初始值设置为 10, 惩罚参数 ρ、辅助参数 θ 和 γ 的值均设置为 1.

2. 计算结果

利用基于优先权的 ADMM 算法, 求解京沪高铁列车时刻表. 算法的终止条件为, 当偏离值 Gap 为 6% 或者迭代次数达到 100 时, 迭代结束. 具体测试中, 当迭代次数达到 100 时, 获得了期望的近似最优解, 其中程序耗时 2659.91 秒, 上界

UB 等于 32686, 下界 LB 等于 30466, 最优偏离值 Gap 为 6.79%. 同时, 还额外试算了拉格朗日乘子取其他初始值的情况, 结果表明能在大致相似的时间内得到期望的最优解.

表 6.11　同等级列车各时段最小均匀性间隔时间

始发站	时段 ID								
	1	2	3	4	5	6	7	8	9
1	(13,0)	(10,15)	(10,15)	(8,0)	(10,0)	(6,0)	(8,0)	(10,15)	(5,0)
3	(18,0)	—	—	—	—	—	—	—	—
6	(8,15)	—	(18,0)	—	—	(18,0)	—	—	—
11	(10,0)	—	—	—	—	—	—	—	—
16	(13,15)	(18,0)	—	(0,15)	—	(18,0)	(18,0)	(18,0)	(20,0)

始发站	时段 ID								
	10	11	12	13	14	15	16	17	18
1	(8,15)	(8,0)	(3,0)	(10,15)	(8,15)	(18,0)	(18,15)	(13,0)	—
3	(18,0)	(18,0)	—	(18,0)	(18,0)	—	—	(18,0)	—
6	—	—	—	—	(13,0)	(0,0)	(18,0)	(13,0)	(18,0)
11	—	—	—	—	—	(18,0)	(18,0)	—	—
16	—	(0,15)	—	—	—	—	—	—	—

图 6.11 中, 展示了局部/最优上界、下界随迭代次数变化的情况. 迭代中, ADMM 算法获得的局部下界总是在变化, 但最优下界在第 9 代以后就稳定不变, 局部上界在第 51、70、75、77 和 82 代分别出现了变化, 而最优上界则始终相同. 这意味着, 前 50 次迭代仅仅是利用对偶信息, 帮助在第 51 代找到了可行的局部/最优上界.

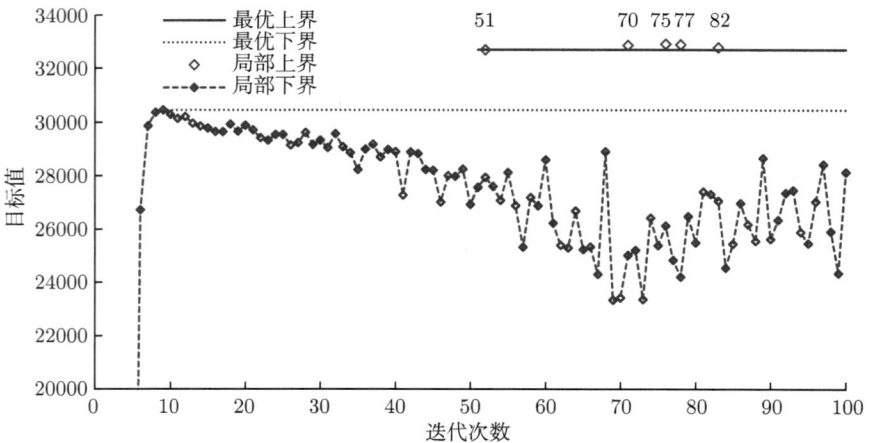

图 6.11　局部/最优上界、下界随迭代次数变化情况

优化后的列车时刻表数据较多, 包括 195 个列车在每个车站的到达时刻和出发时刻, 为了便于查阅, 这些数据存放于网页 https://www.researchgate.net/profile/Huimin_Niu/publication/339898215 处. 进一步地, 绘制相应的列车运行图如图 6.12 所示, 其中的高等级列车和低等级列车分别用粗线条和细线条表示. 根据列车时刻表或运行图可以看出, 所有列车都在必停站停车, 而选择性地在其他中间站停车, 例如图 6.12 中的列车 61 就在宿州东站和定远站停车.

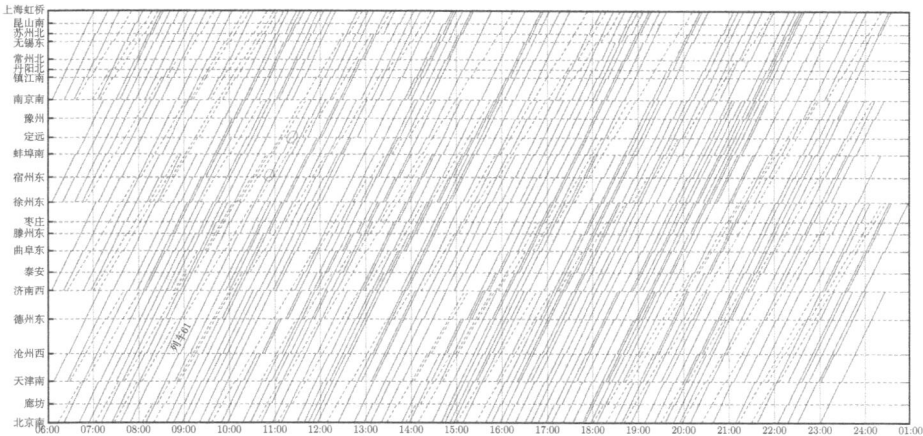

图 6.12 求解得到的列车运行图

还可以看到, 列车越行情况既发生在不同等级列车之间, 还发生在相同等级列车之间. 表 6.12 显示了每个车站发生列车越行的次数, 其中括号内第 1 个和第 2 个数字分别表示同等级和不同等级列车之间发生越行的次数. 例如在廊坊车站, 没有同等级列车之间的越行, 但不同等级列车之间发生了 4 次越行.

表 6.12 车站发生列车越行的次数

车站	越行次数	车站	越行次数	车站	越行次数
北京南	—	滕州东	(4, 2)	镇江南	(0, 1)
廊坊	(0, 4)	枣庄	(0, 4)	丹阳北	(0, 2)
天津南	(0, 7)	徐州东	(1, 7)	常州北	(0, 2)
沧州西	(2, 2)	宿州东	(4, 5)	无锡东	(0, 1)
德州东	(2, 6)	蚌埠南	(1, 4)	苏州北	(0, 1)
济南西	(0, 3)	定远	(2, 4)	昆山南	(0, 0)
泰安	(6, 4)	滁州	(0, 2)	上海虹桥	
曲阜东	(2, 7)	南京南	(1, 2)		

6.6.2　补充的比较算例

以下通过补充的实验算例, 比较不同算法的计算性能. 需要比较的算法有 3 个, 分别是拉格朗日松弛 (LR) 算法、标准的交替方向乘子法 (ADMM) 和基于优先权的 ADMM (P-ADMM), 需要测试的算例取自对京沪高速铁路案例的局部修改.

1. 不同出发时间窗的比较

本组实验测试 6 个算例, 以比较 LR、标准 ADMM 和 P-ADMM 等 3 种方法在求解不同出发时间窗情况时的计算性能. 全部算例均选自 1 天内前 6 个时段 6:00~12:00, 而其他参数取值与 6.6.1 节案例一致. 按照出发时间窗宽度从小到大的顺序, 6 种情况对应的时间窗宽度分别为 10、15、20、30、45 和 60 分钟. 然后, 根据每个时段已知的时间窗宽度和出发列车数量, 按照以下方法确定每个列车的出发时间窗: ① 第 1 个列车的最早出发时间就是时段的开始时刻, 最末列车的最早出发时间等于时段终止时刻减去已知的时间窗宽度; ② 剩余列车的最早出发时刻均匀分布于小时时段内; ③ 根据每个列车的最早出发时刻和时间窗宽度, 分别确定全部列车具体的出发时间窗. 例如, 在 6:00~7:00 时段内有 3 个出发列车, 出发时间窗宽度为 30, 则该时段内 3 个列车对应的出发时间窗分别为 [6:00, 6:30]、[6:15, 6:45] 和 [6:30, 7:00], 其中第 1 和第 3 个时间窗非常容易确定, 而第 2 个时间窗的开始时刻 6:15, 正好均匀地位于时刻 6:00 和 6:30 (对应于第 1 个和第 3 个时间窗的开始时刻) 的中央. 最后, 利用所述的 3 种方法, 分别求解 6 个不同的算例, 详细结果如表 6.13 所示.

表 **6.13**　不同时间窗算例的计算结果比较

序号	算例 ID	LR					标准 ADMM					P-ADMM				
		上界	下界	Gap (%)	迭代次数	CPU 时间 (秒)	上界	下界	Gap (%)	迭代次数	CPU 时间 (秒)	上界	下界	Gap (%)	迭代次数	CPU 时间 (秒)
1	6-10	14732	13500.8	8.36	70	256.53	14732	13548	8.04	73	316.85	14732	13551	8.02	84	317.19
2	6-15	14605	13465.8	7.80	44	287.55	14808	14559	8.43	71	349.02	14633	13558	7.35	72	343.42
3	6-20	14693	13490.3	8.19	35	319.69	14773	13559	8.22	83	386.21	14563	13559	6.90	8	388.45
4	6-30	14322	13470.8	5.94	42	408.70	14283	13559	5.07	7	482.42	14257	13557	4.91	10	481.81
5	6-45	14268	13367.9	6.31	26	533.34	14331	13559	5.39	8	618.91	14208	13557	4.58	7	616.93
6	6-60	14041	13026.5	7.23	62	1001.93	13937	13512	3.04	61	1122.19	13892	13504	2.79	59	1119.57

表 6.13 中, "算例 ID" 包含了 2 个数字, 前者为小时时段的个数, 后者为时间窗的宽度, 例如 "6-10" 表示该算例包含 6 个时段、所有时间窗的宽度为 10 分钟. 从表 6.13 展示的计算结果容易发现, 基于 60 分钟时间窗的算例 (或 "6-60") 对应的优化目标值最小, 这正好体现了柔性列车时刻表的优势, 即在宽松的范围内更

能找到理想的解.

为了展示 6 个算例偏离值 Gap 的变化情况, 如图 6.13 所示, 绘制了 3 种算法对应不同算例的数值及其变化趋势. 图中清楚地显示, P-ADMM 具有明显的优势, 利用该方法求解第 6 个算例 "6-60", 即对应 60 分钟宽度的出发时间窗时, 得到最小的 Gap 值为 2.79%.

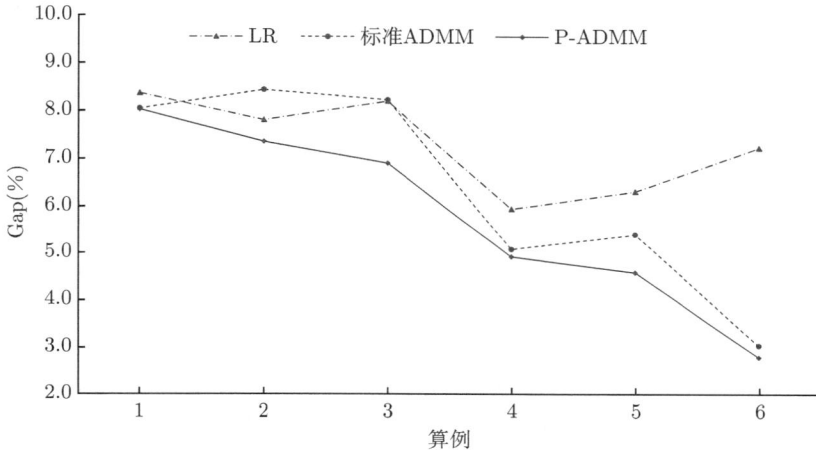

图 6.13 不同算例对应 Gap 值的变化

2. 不同规模算例的比较

设置第 2 组测试的目的, 在于比较 3 种算法求解不同规模 (或大小) 算例的效率. 同时, 为了显示所提方法的普适性, 本组测试还考虑了仅含有同一等级列车的情形. 对这种情况, 需要在使用的模型中将某种等级列车 (如低等级列车) 全部替换为另一种等级列车 (如高等级列车), 这时问题只包含同种等级列车 (高等级列车), 不再需要考虑列车在始发站的均匀性间隔约束.

选取 10 个算例, 这些算例全部使用基于小时的列车出发时间窗, 但选择不同的运行时段和列车种类, 其他参数的取值与 6.6.1 节京沪高铁案例保持一致. 表 6.14 中, 展现了 3 种方法求解 10 个不同算例的计算结果.

在表 6.14 中, "算例 ID" 包含 3 个参数, 分别表示小时时段个数、高等级列车数量和低等级列车数量, 例如 "14-(125,39)" 表示该算例含有 14 个时段、125 个高等级列车和 39 个低等级列车.

从表 6.14 的计算结果可以看出, 拉格朗日松弛方法对于所有单一等级列车情形以及多等级列车 2-(25,11) 和 6-(59,23) 情形, 均能得到问题的可行解, 但是相比于其他两种方法, 最优偏离值 Gap 要大得多. 然而, 对于 6-(59,23) 之后所有多等级列车的情形, LR 方法将不能得到可行解. 之所以如此, 是因为 LR 方法对于大规模的算例, 很难在时空网络中区分对偶费用异质的相近路径. 这再次表明, 普通拉格朗日分解方法对于柔性列车时刻表问题具有局限性.

表 6.14　不同规模算例的计算结果比较

序号	算例 ID	LR					标准 ADMM					P-ADMM				
		上界	下界	Gap (%)	迭代次数	CPU 时间 (秒)	上界	下界	Gap (%)	迭代次数	CPU 时间 (秒)	上界	下界	Gap (%)	迭代次数	CPU 时间 (秒)
1	2-(36,0)	4935	4636.7	6.04	67	231.89	4935	4899	0.73	9	287.43	4935	4932	0.06	15	294.36
2	2-(25,11)	5249	5123.0	2.40	50	227.01	5266	5204	1.18	72	298.08	5265	5203	1.18	79	290.46
3	6-(82,0)	12958	12195.8	5.88	43	1073.52	12958	12787	1.32	7	1169.83	12958	12958	0.00	14	222.50
4	6-(59,23)	14041	13026.5	7.23	62	1001.93	13937	13512	3.04	61	1122.19	13892	13504	2.79	59	1119.57
5	10-(124, 0)	19928	18189.0	8.73	31	1425.36	12928	19683	1.23	10	1796.11	19928	19912	0.08	22	1802.24
6	10-(92,32)	—	20218.2	—	100	1431.48	21430	20007	6.64	56	1753.40	21442	20095	6.28	37	1809.37
7	14-(164,0)	27157	24476.8	9.87	31	1761.23	27157	26790	1.35	9	2151.76	27157	27123	0.13	32	2149.38
8	14-(125,39)	—	26659.8	—	100	1759.48	29070	26993	7.14	67	2149.28	29133	27241	6.49	40	2154.94
9	18-(195,0)	30424	27785.5	8.67	30	2043.76	30424	29924	1.64	7	2668.61	30424	30373	0.17	24	2664.72
10	18-(150,45)	—	29788.4	—	100	2184.24	—	30175	—	100	2678.57	32686	30466	6.79	51	2611.91

相比较而言, 标准 ADMM 和 P-ADMM 对于中等规模的算例, 都能获得 Gap 值较小的理想可行解. 但对于大规模真实案例, 如表 6.14 中的 18-(150,45), 不太合理的计算顺序使得标准 ADMM 无法获得问题的可行解. 然而, P-ADMM 对于这样的应用案例, 却表现出了更胜一筹的良好性能. 根据 10 个算例中 Gap 值的比较, 除了算例 2-(25,11), 利用 P-ADMM 得到的结果, 都要比标准 ADMM 好许多. 类似地, 用图 6.14 展示了这 10 个算例 Gap 值的变化曲线. 显然, P-ADMM 比其他两种方法具有明显的优越性.

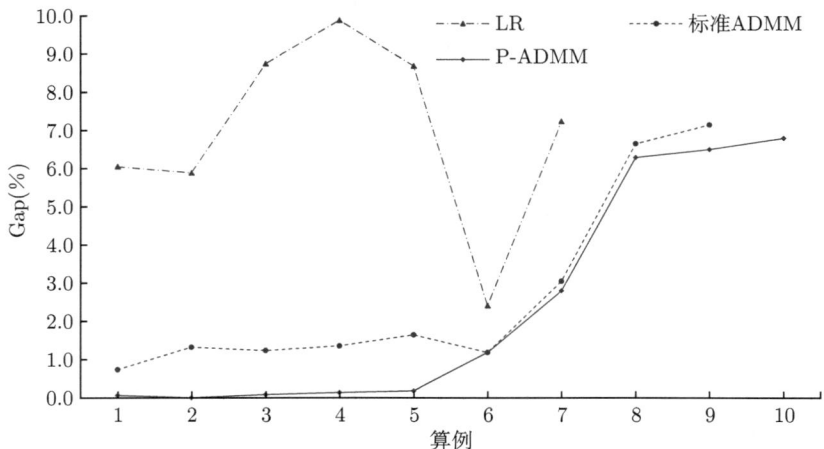

图 6.14　不同算例 Gap 值变化曲线

3. 不同惩罚参数的比较

这里还补充了一组测试实验, 以展示在不同的场景设置下, 惩罚参数 ρ 对迭代过程和最终结果的影响, 详细的计算结果如表 6.15 所示, 最优上界变化曲线如图 6.15 所示.

表 6.15　不同惩罚参数对计算结果的影响比较

序号	惩罚参数	上界	下界	Gap (%)	首次获得可行解的代数
1	1	32686	30466	6.79	51
2	5	33077	30913	6.54	17
3	10	32716	30453	6.92	10
4	15	32729	29913	8.60	49
5	20	32732	30243	7.60	45

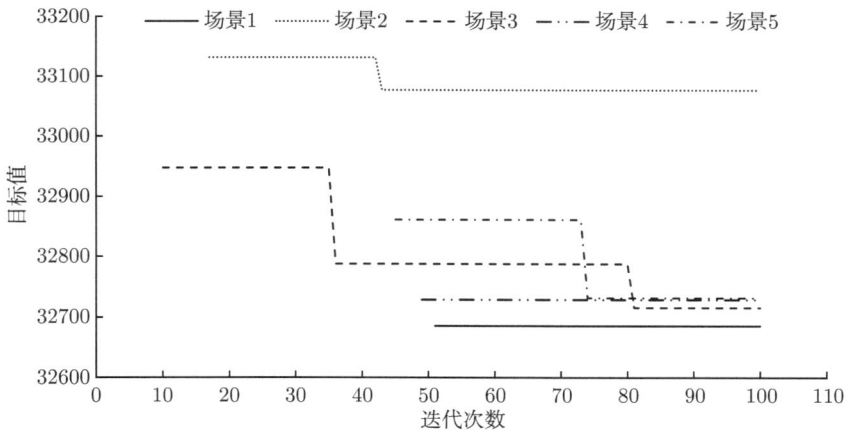

图 6.15　不同惩罚参数对最优上界影响情况

如图 6.15 所示, 惩罚参数 ρ 不能决定迭代什么时候得到可行上界, 例如较大的惩罚参数并不能导致较早地发现可行解. 例如, 场景 3 对应的惩罚参数不是最大, 但能够最早获得可行上界. 相对地, 最优上界在迭代过程中并非稳定不变. 例如, 场景 3 分别在第 10, 35 和 81 次迭代时更新了最佳上界. 进一步地, 惩罚参数取值为 1 时 (场景 1) 获得的上界最好, 且具有较小的偏离值 Gap. 为此, 在本章实施的测试计算中, 我们选择了惩罚参数为 1 的设置, 尽管这有可能耗费比较多的迭代次数.

6.7　结　束　语

　　基于列车在始发站出发时间范围设置的困惑, 研究了拥挤环境下高速铁路柔性列车时刻表优化问题. 具体地, 将每个列车传统的狭窄出发时间窗统一扩展为 1 小时长度的时段, 并允许列车在时段内自由选择任意时刻出发. 利用所构造的时空网络, 建立了基于弧段的 0-1 整数规划模型, 提出了更加简化紧凑的不相容约束, 以方便后续 2 次模型的线性化和分解. 设计了改进的 ADMM 启发式算法, 以应对复杂度增加的柔性列车时刻表模型; 提出了基于对偶费用的优先权计算顺序, 以能够更有效地求解松弛后的列车路径子问题. 最后, 通过一系列数值计算, 验证和评估了不同应用场景下所提方法的效率和效能.

　　今后, 进一步将柔性列车时刻表的优势和实际需要深度融合, 如考虑时段内列车数量不是常数的情况, 是一个非常有趣的研究选题; 再者, 有必要在柔性化的列车运营框架下, 深入研究基于不同客流需求的列车时刻表优化问题.

第 7 章　公交车辆调度中指派和路径决策的协同

轨道交通动车组调度 (或周转) 优化, 本质上等价于多车场公交车辆调度问题. 本章以公交车辆调度为对象, 重点关注如何协同车辆调度中的指派和路径决策, 其中的指派决策用于将一组公交车辆从当前位置分配执行由已知列车时刻表确定的出行任务, 而路径决策则需要给不同车辆规定运行路径以完成所分派的任务序列并返回车场或指定地点. 当利用常规优化求解器和面向任务的拉格朗日松弛方法求解大规模的案例时, 一个棘手的问题是, 来自同一车场或相近地点的不同但不易区分的车辆, 有可能会争抢执行相同的任务. 这种内在的对称性, 给有效消除同质性的解带来了极其困难的计算障碍. 同时, 下界解中可能包含多个不可行的车辆与任务之间的匹配, 从而导致大的最优性偏离. 为了系统地协调指派决策和路径决策, 在搜索过程中进一步动态地打破这种对称性, 本章提出了一种新的变量分离方法, 以引进和使用任务绑定且车辆可辨的拉格朗日乘子; 然后, 提出了有序指派的计算进程, 用以改进紧凑性增强模型的求解质量. 最后, 施行了一系列数值实验, 以在更广泛的范围内检验方法的效率和质量, 并提供管理学层面的科学解释.

7.1　引　　言

动车组调度问题 (Rolling Stock Scheduling Problem), 是在已知的列车时刻表上, 为每条运行线 (简称为任务) 选派唯一的动车组, 以完成相应的列车运行过程, 该问题也称为动车组周转问题或运用问题. 动车组调度所产生的费用, 是轨道交通运营阶段所耗费的主要支出. 铁路动车组调度优化, 又是一个具有重要科学意义的研究选题, 多年来引起了众多学者的关注和兴趣. Fioole 等 (2006) 以运营费用、服务质量和系统可靠性为优化目标, 研究了铁路动车组周转问题, 构建了基于旅客列车在途合并和分解的优化模型. Cacchiani 等先后提出了基于解空间修正 (2010b) 和拉格朗日松弛 (2013) 的求解方法, 持续研究铁路动车组周转问题. Cadarso 和 Marín (2011)、Cadarso 和 Marín (2014) 在研究动车组调度和列车路径集成优化时, 利用 Benders 分解方法获得了更加鲁棒的动车组运用方案. Lin 和 Kwan (2016a)、Lusby 等 (2017) 利用分支定价算法求解动车组调度问题, 其中嵌入了新的分支规则和自适应节点选择技术, 完成了网络环境下真实案例的测试.

从更广泛的视角来看, 动车组调度问题可以视为城市公交车辆调度问题的特例. 由于普通公交车辆可以在城市道路中自由移动, 因此相应的问题更加复杂, 当然也更被学术界所熟悉和关注. 为此, 本章转而考虑更加一般的公交车辆调度问题 (Transit Vehicle Scheduling Problem, TVSP). 过去时间里, TVSP 在交通运输领域受到了广泛关注 (Saha, 1970; Löbel, 1998; Steinzen et al., 2010; Ibarra-Rojas et al., 2015), 核心模型在交通科学和物流管理的许多领域都有广泛应用, 如货物配送和航班调度优化等. 在典型的公共交通规划和运营决策过程中, 时刻表阶段 (Cacchiani and Toth, 2012; Niu and Zhou, 2013; Niu et al., 2015a, 2015b) 聚焦于为乘客提供高质量的出行服务, 而随后的车辆调度阶段 (Gavish et al., 1978; Ceder and Stern, 1981; Daduna and Paixão, 1995), 则是在完成时刻表规定的任务前提下, 尽可能降低车辆运营成本, 其中包含车队规模固定或变化的情况.

传统公交车辆调度问题的建模架构, 通常是建立在基于连接的网络之上 (Carraresi and Gallo, 1984), 其中的任务和车场用节点来表示, 节点之间可能的连接用有向弧来表示. 学者们不久就意识到, 基于连接的网络建模方法可能会导致中、大规模案例中出现大量的连接弧. 于是, 时空网络的建模方法得到了广泛应用 (Hane et al., 1995; Kliewer et al., 2006; Steinzen et al., 2010). 随后, 许多网络简化技术 (Kliewer et al., 2006; Li and Balakrishnan, 2016) 相继提了出来, 用以进一步简化时空网络的结构和规模.

一般而言, TVSP 由于固有的离散组合特性而属于 NP 难问题 (Bertossi et al., 1987; Haghani and Banihashemi, 2002). 使用专门构造的网络, 可以比较容易地解决单车场 TVSP (Gartfinkel and Nemhauser, 1969). 然而, 对于多车场并含有难区分车辆的情况, 问题将存在大量等价的对称解, 通过重新标识车辆索引, 有可能获得期望的解. 这种结构上固有的对称性, 为利用基于分支定界 (切割) 或拉格朗日松弛方法求解模型, 造成了极其困难的计算障碍, 感兴趣的读者可以参阅两篇开拓性文献 (Sherali and Smith, 2001) 与 (Margot, 2010), 其中详细介绍了整数规划模型中的对称性问题以及使用优化求解器 (如 CPLEX) 减小对称性的经典方法.

对于 TVSP 更一般的情况, 普通车辆调度问题 (Vehicle Scheduling Problem, VSP) 在交通运输和运筹管理领域得到了更广泛的关注 (Ball et al., 1983; Desaulniers and Hickman, 2007; Pepin et al., 2009). 依赖所构造的网络, VSP 问题有两类常见的建模方法, 面向弧的方法和面向路径的方法. 通常情况下, 面向弧的建模方法将导致多商品流模型 (Forbes et al., 1994; Löbel, 1998; Haghani et al., 2003; Lin and Kwan, 2016b), 如果使用基于连接的网络, 数千个任务对应的整数规划模型将很难直接求解. 面向路径的方法将导致集合分割模型, 需要从庞大的路径变量集合中筛选期望的解 (Ribeiro and Soumis, 1994; Dell'Amico et al., 1993). 为了避免直接的路径枚举, 列生成方法成功应用于处理分解后的约束主问题和价格子问题 (Desrochers et al., 1992; Rousseau et al., 2004). 还有一些研究文献, 如 Huisman (2005)、Steinzen (2010) 等, 进一步改进了列生成方法, 以解决车辆调度和乘务调度的集成问题. 最近, Uçar 等 (2017) 设计了新的列行生成算法, 求解运营干扰环境下多车场车辆调度问题, 其中的价格子问题能够得到成对的路径以改善解的质量.

在公共交通车辆调度问题中, 当面对复杂的时空任务结构时, 如何有效地将列生成方法应用于大规模的实际案例, 尚存在几个大的挑战. 首先, 当时空弧上调整后的价格变量取值给定时, 需要考虑非常多的备选时空路径 (或列); 其次, 这种方法需要非常精致的分支–定价机制, 来解决海量时空路径和任务的集合分割问题; 最后, 对于来自同一车场同质或相似车辆, 上文提到的解的对称性问题依然存在, 并会在分支定界过程中, 引起迭代后期收敛变缓的 "拖尾" 现象.

对于多车场车辆调度问题, 已经有相当多的研究致力于构造面向实践的分解和松弛算法 (Solomon and Desrosiers, 1988). 在标准的拉格朗日分解架构下, 任务覆盖约束 (Geoffrion, 1974) 或流量守恒约束 (Lamatsch, 1992) 通常作为松弛对象. 同样地, 车辆调度中基于弧的分解或松弛, 必然面临讨厌的对称性现象. 该现象表现为, 位于同一车场的车辆, 由于基于弧的运行费用和拉格朗日乘子完全相同, 因此这些同质车辆会争抢执行同一任务. 著名运筹学家、美国宾夕法尼亚大学教授 Fisher 等 (1997) 意识到了这一问题, 并运用拉格朗日分解方法, 将车辆路径问题分解为半指派问题和最短路径问题, 使分解后的子问题能够利用基于车辆的价格, 更好地将车辆分配给不同的任务, 面对下界中难处理的任务覆盖竞争与冲突问题, 采用分支定界方法生成和改进可行解.

为了探索求得 VSP 高质量的解, Bodin 等 (1983)、Ropke 和 Pisinger (2006) 考量了大邻域搜索方法. Taillard 等 (1997) 提出了基于禁忌搜索的启发式算法, 求解具有软时间窗约束的车辆调度问题, 迭代中通过在两条路径之间交换一段连续节点序列来创建当前解的新邻域. Koskosidis 等 (1992) 设计了基于聚类优先、路径次之的启发式算法, 用以求解具有时间窗约束的车辆路径问题. 最近, Mahmoudi 和 Zhou (2016) 提出了多维时间、空间和状态网络表示方法, 用于在含有取送服务的车辆路径问题中嵌入难处理约束, 设计了基于任务的拉格朗日松弛算法, 在进行现实的拼车共乘测试中, 对于车辆空间位置不同的场景, 求解效率非常出色, 但对于多个车辆来自同车场的情形, 必须谨慎对待问题中的对称性现象.

在整数规划模型中, 如果互换任意两个变量位置而不引起模型结构的改变, 则必然导致解的对称性现象. Sherali 和 Smith (2001) 最先介绍解的对称性概念以及经典的对称性打破方法, 即通过添加预先定义的具有分层或优先权的约束条件, 得到比原始模型更加紧凑的形式. 特别地, 在公共交通车辆调度问题中, 对称性表现为异质但不易区分的车辆, 会争抢执行相同的任务. 解的对称性可以借助图 7.1 来说明, 其中考虑一个非常简单的情形, 即从同一车场指派两个相同的车辆去执行两个任务. 在单纯基于任务的拉格朗日分解架构下, 算法主要依赖于自己的路径搜索视角, 导致两个车辆看到的任务具有相同的拉格朗日乘子. 图 7.1(a) 中任务 1 具有较小的拉格朗日乘子或价格, 导致两个车辆争抢执行任务 1. 图 7.1(b) 中, 通过使用下文提出的基于车辆和任务的拉格朗日乘子, 得到了上层指派决策的诱导, 可以在一定程度上减小解的对称性.

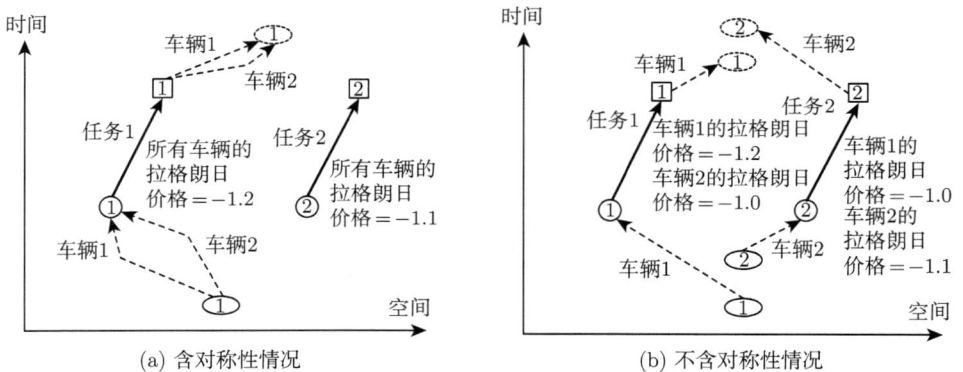

图 7.1　车辆调度中对称性的图示

值得注意的是, 在执行一个调度计划的过程中, 如果发生严重的车辆运行延误, 调度部门需要重新设置车辆与任务之间的匹配, 以减轻延迟造成的损失. 交通运输管理一个重要的研究领域, 是如何从随机扰动中恢复受影响的调度活动, 并进一步最小化潜在的负面影响 (Kroon et al., 2014a). 对于城市普通公交或轨道交通, 最常选用的方法是重新设计新的车辆调度方案, 或者在实时层面修正调度计划 (Berrebi et al., 2015; Yin et al., 2016). 对于车辆实时调度问题, 现有的研究文献通常采用专门的建模架构. 不同的是, 本章将直接应用所构建的基于车辆绑定的方法解决该问题, 基本思路是根据车辆当前位置计算新的运行路径.

据我们所知, 指派决策和路径决策的协同在现有文献中还没有得到足够的重视, 部分原因是在空间和时间维度上, 协调车辆与任务之间的海量匹配, 必然导致复杂的构模要求和计算挑战. 按照统一性和系统性的角度, 图 7.2 展示了指派决策和路径决策协同的极端必要性.

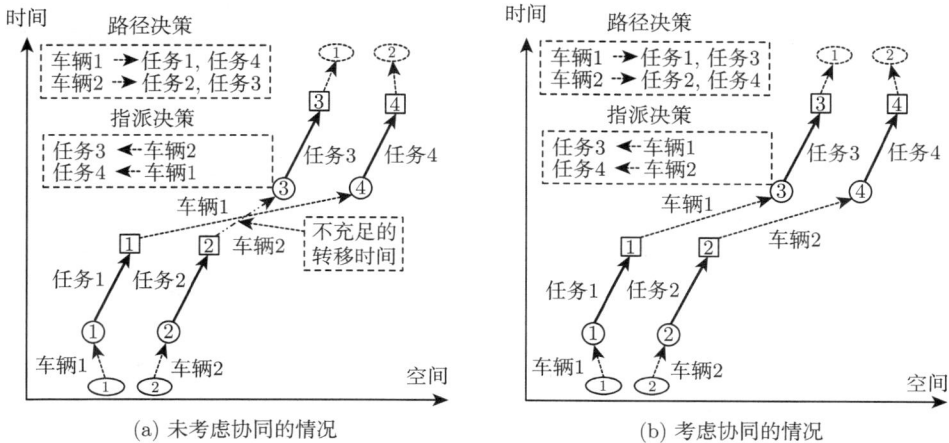

图 7.2　指派决策和路径决策是否协同图示

如果仅仅关注指派决策, 而无视下层的路径优化问题, 则可以用简单的启发式方法获得图 7.2(a) 所示的指派结果, 但将导致车辆 2 不可行的路径决策结果, 因为所需的转移时间不足, 无法执行后续的任务 3. 很明显, 图 7.2(b) 实现了指派和路径决策的完美协同. 基于此, 对于许多具有层次化决策结构的交通优化问题, 如何保证不同决策 (本章面对的指派决策和路径决策) 之间的协同优化, 是一个非常重要的问题.

在寻找公共交通车辆调度最优解的过程中, 希望通过网络简化、问题分解和对称性打破的综合集成, 化解建模和计算方面所面临的众多挑战. 相比较于现有文献, 本章主要贡献表现为如下 3 个方面.

(1) Fisher 等 (1997) 主要依赖经典的分支定界方法, 利用标准的商用求解器计算较小规模的问题. 本章的重心, 则主要聚焦于如何辨识时空网络中任务指派与路径决策之间内在的复杂性, 构建新的具有动态优先权的拉格朗日启发式方法, 从而使指派与路径问题中不相容的决策能够在迭代过程中重置和调整. 通过对基于对偶的指派问题进行改造, 提出的方法能够精准地提炼出基于对称性打破的约束条件, 从而减小相应增强模型解的偏离值, 得到近似最优的可行解.

(2) 提出了基于变量分离的拉格朗日松弛方法, 以便更好地利用对偶信息, 并从实践中重要的层次化、系统化管理的角度, 寻找问题的最优或近似最优解. 进一步地, 设计了有序指派算法, 以改善具有紧凑结构的增强模型的求解质量.

(3) 提出的模型和算法可以方便地扩展到实时调度的情形, 目标函数为最小化不同时空位置的车辆运行延迟. 利用动态和面向车辆的模型特征, 可以很容易地考虑新的现实约束而获得相应的调度方案, 以满足车辆的特定时间窗和运营时间要求, 并能与修正后的列车时刻表相匹配. 这种再调度的特性, 在并行计算环境中特别具有优势和吸引力, 相应的对偶化模型, 能为搜索到期望的最优解提供良好的开端.

在更广泛的范围中, 希望本章提出的指派与路径协同的架构, 对更多相关的交通优化问题, 特别是其中涉及复杂时空网络中的层次化决策, 能够提供更多的启迪和灵感, 这样的应用案例很多, 如公交乘务调度 (Cordeau et al., 2001)、飞机编队及航线优化 (Barnhart et al., 1998b)、民航行程安排 (Barnhart et al., 2002) 和网络环境下列车实时调度 (Meng and Zhou, 2014).

本章的剩余部分安排如下. 首先, 构建整数规划模型和基于简化的时空网络表示; 7.3 节提出新的基于变量分离的拉格朗日分解方法, 以引入和使用基于车辆和任务的拉格朗日乘子; 在 7.4 节, 设计有序指派决策方法, 用以进一步减小半指派对偶问题的搜索空间; 7.5 节讨论车辆实时调度应用; 7.6 节中, 进行数值模拟实验, 验证本章方法的计算效率; 最后, 总结本章并对未来研究方向进行展望.

7.2　问　题　分　析

7.2.1　问题描述

给定一个由公交车辆营运的任务集合, 这些任务具有不同时间窗和空间位置, 对于确定的车队规模 (公交车数量), 需要在运营期内为每辆公交车规划一个执行任务的序列, 以最小化总的车辆运行成本. 具体地, 已知输入包括: 从公交时刻表获得的所有任务在始发站的出发时刻、终点站的到达时刻, 具有固定位置和车队规模的公交车场.

不失一般性, 本章做出以下 4 点假设: ① 全部车场提供的车辆总数可以满足运营期内的任务要求; ② 所有离开车场执行运营 (承运旅客) 任务的车辆, 必须返回对应的归属车场; ③ 车辆与任务之间互相兼容, 也就是说, 每项任务都可以由任何车辆独立完成; ④ 任意两个地点之间交通设施能力不受限制, 公交车辆可以在不同站点之间自由移动. 最后一个假设, 通常仅适用于普通的城市公交系统, 对于城际铁路或城市轨道交通, 则需要考虑额外的轨道能力限制.

为了有效地求解中、大型多车场公交车辆调度问题, 本章计划综合网络简化、拉格朗日松弛和对称性打破技术的优势. 具体地说, 普通时空网络中含有太多的候选路径, 很难应用常规的启发式算法生成所有优质的路径. 为了简化问题并减小可能的搜索空间, 首先利用网络简化技术构造更加紧凑的时空网络. 其次, 车辆调度的一个核心要求, 是要保证满足任务覆盖约束, 即每个任务必须恰好由一辆公交车访问或执行. 对于许多车辆调度应用案例, 常见的面向任务的拉格朗日松弛架构, 会面临一个非常棘手的问题, 那就是一些任务可能过度指派给多个车辆, 或者没有被任何车辆所访问. 为此, 通过引入基于任务绑定和车辆可辨的拉格朗日乘子, 重新构建了基于变量分离的松弛方法用以分解问题. 最后, 提出了有序指派算法, 以进一步打破问题固有的对称性. 图 7.3 详细展示和说明了拉格朗日松弛、网络简化以及对称性打破的集成化方法.

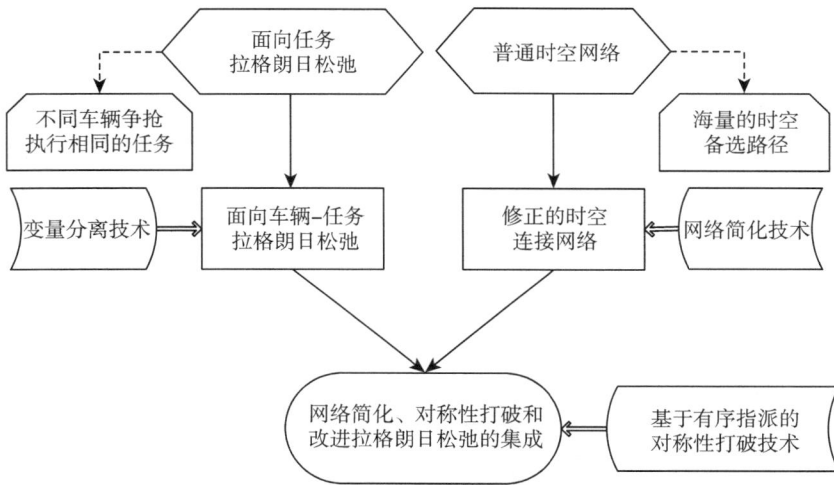

图 7.3 集成化求解方法图示

7.2.2 符号、变量和公式

在大多数城市中, 私家车和社会车辆会对公交车辆的运行路径、工作效率和行驶时间产生巨大的影响. 为了简化问题, 借鉴现有文献常规的处理方法, 本章假定所考虑的公交系统与这些车辆的流动无关. 这意味着, 公交车辆完成每个任务所需的时间不受城市道路交通流的影响, 是一个确定的常数. 此外, 模型不考虑车辆能力和维修的限制, 表 7.1 列出多车场公交车辆调度问题使用的主要符号、参数和变量.

表 7.1 符号、参数和变量的定义

一般符号	定义
D	车场集合;
d	车场索引, $d \in D$;
$V(d)$	车场 d 所属车辆集合;
k	车辆索引, $k \in V(d)$;
P	任务集合;
p	任务索引, $p \in P$;
N	时空节点集合;
A	时空弧集合;
i, j	空间坐标;
t, s	时间坐标;
$(i, t), (j, s)$	时空节点, $(i, t), (j, s) \in N$;
$(i, t; j, s)$	从头节点 (i, t) 到尾节点 (j, s) 的时空弧, $(i, t; j, s) \in A$.

时空节点集合	定义
N^{TD}	任务出发节点集合;
N^{TA}	任务到达节点集合;
N^{VD}	车辆出发节点集合;
N^{DO}	车场起始节点集合;
N^{DD}	车场终到节点集合.

时空弧集合	定义
A^{task}	任务弧集合;
A^{wait}	等待弧集合;
$A^{\text{connection}}$	连接弧集合;
A^{out}	出场弧集合;
A^{in}	入场弧集合;
A^{virtual}	虚拟弧集合.

参数	定义
$c_{i,t;j,s}$	车辆在时空弧 $(i, t; j, s)$ 上运行或等待的费用.

决策变量	定义
$x_{i,t;j,s}(k)$	如果车辆 k 占用时空弧 $(i, t; j, s)$, 则取值为 1, 否则为 0;
$y_p(k)$	如果任务 p 由车辆 k 完成, 则取值为 1, 否则取值为 0.

1. 目标函数

多车场公交车辆调度目标, 在于利用 7.2.3 节设计的时空连接 (Space-Time-Connection, STC) 网络, 构建合理的数学优化模型, 用以精准地表示车辆调度过程中涉及的所有问题. 模型包含两组 0-1 变量: $x_{i,t;j,s}(k)$ 表示 STC 网络中车辆 k 的移动路径, $y_p(k)$ 表示车辆 k 和任务 p 之间的指派. 目标函数是在运营规划期内, 使公共交通系统中车辆耗费的总费用最小.

$$\min \quad Z = \sum_{d \in D} \sum_{k \in V(d)} \sum_{(i,t;j,s) \in A} c_{i,t;j,s} \cdot x_{i,t;j,s}(k) \tag{7.1}$$

2. 流量平衡约束

多商品网络流模型, 需要车辆在 STC 网络中的移动满足以下流量平衡约束.

$$\sum_{(j,s)\in N} x_{i,t;j,s}(k) - \sum_{(j,s)\in N} x_{j,s;i,t}(k) = \begin{cases} 1, & (i,t) \in N^{\text{DO}}, \\ -1, & (i,t) \in N^{\text{DD}}, \quad \forall k \\ 0, & \text{否则}, \end{cases} \tag{7.2}$$

3. 任务覆盖约束

每个任务弧应该被唯一的车辆访问一次. 这里构建的任务覆盖约束, 由路径决策变量 $x_{i,t;j,s}(k)$ 和指派变量 $y_p(k)$ 共同刻画.

1) 路径与指派一致性约束

$$\sum_{(i,t;j,s)\in A^{\text{task}}, \lambda(i,t)=p} x_{i,t;j,s}(k) = y_p(k), \quad \forall k,p \tag{7.3}$$

式 (7.3) 中 $\lambda(i,t) = p$ 表示任务 p 的出发节点为 (i,t), 该约束条件表明, 如果车辆 k 执行任务 p, 则车辆 k 必须访问 p 对应的任务弧 $(i,t;j,s)$.

2) 指派唯一性约束

$$\sum_{d\in D} \sum_{k\in V(d)} y_p(k) = 1, \quad \forall p \tag{7.4}$$

式 (7.4) 表明, 对于每个任务 p, 必须有且仅有一个车辆来执行该任务. 容易理解, 任务覆盖约束 (7.3) 和 (7.4) 还可以表示为如下的等价约束 (7.4′).

$$\sum_{d\in D} \sum_{k\in V(d)} x_{i,t;j,s}(k) = 1, \quad \forall (i,t;j,s) \in A^{\text{task}} \tag{7.4′}$$

实际上, 任务覆盖约束 (7.4′) 是一个更为常见 (看起来更加紧凑简单) 的表达式, 现有研究文献基本上都采用这种形式. 这里之所以修改成了等式 (7.3) 和 (7.4), 就是希望通过 (7.3) 实现变量分离, 最终引入和使用基于 "车辆和任务" 的拉格朗日乘子.

4. 车队规模约束

在每个车场, 可使用公交车辆受到车队规模的限制.

$$\sum_{k\in V(d)} \sum_{(i,t)\in N} x_{d,\tau(d);i,t}(k) \leqslant |V(d)|, \quad \forall d \tag{7.5}$$

式 (7.5) 中, $(d,\tau(d))$ 表示车场 d 对应的唯一时空起始节点, $|V(d)|$ 表示车场 d 已知的车队规模或拥有的车辆数.

5. 变量取值约束

$$x_{i,t;j,s}(k) \in \{0,1\}, \quad \forall(i,t;j,s), k \tag{7.6}$$

$$y_p(k) \in \{0,1\}, \quad \forall p, k \tag{7.7}$$

不包括公式 (7.4′), 由目标函数 (7.1) 和约束条件 (7.2)~ (7.4)、(7.5)~ (7.7) 共同构成了多车场公交车辆调度模型, 记为 M1. 这是一个多商品网络流模型, 任务指派边际约束的存在使得模型成为 NP 难问题. 本章的主要目标和任务, 就是设计合适的计算方法, 求解 0-1 规划模型 M1, 以得到用路径变量 $x_{i,t;j,s}(k)$ 和指派变量 $y_p(k)$ 联合表示的最优解. 进一步地, 通过组合相关路径变量的取值, 可以得到每个车辆的计划路径.

7.2.3　时空节点和时空弧构建

为了表示特定的时间和空间位置或标识, 用 2 元数组 (i,t) 表示时空节点, 定义基于任务的时空节点为 $N^{\mathrm{TD}} \cup N^{\mathrm{TA}} \cup N^{\mathrm{VD}} \cup N^{\mathrm{DO}} \cup N^{\mathrm{DD}}$, 具体含有如下 5 个子集.

(1) 任务出发节点 $(i,t) \in N^{\mathrm{TD}}$ 与指定任务 p 相关联, 其中 i 和 t 分别表示任务 p 的出发位置和出发时间, 用 $\lambda(i,t) = p$ 表示相应的关联关系.

(2) 任务到达节点 $(j,s) \in N^{\mathrm{TA}}$ 的空间坐标 j 和时间坐标 s, 分别表示特定任务 p 的到达位置和到达时间, 用 $\lambda(j,s) = p$ 表示相应的关系.

(3) 车辆出发节点 $(d,\tau(d,p)) \in N^{\mathrm{VD}}$ 与任务 p、车辆归属车场 d、虚拟出发时间 $\tau(d,p)$ 相关联. 车场 d 对应多个车辆出发节点, 最大个数设置为 $n_d = \max\limits_{l}\{\max\limits_{p}\{p|p \in P(l)\}\}$, 其中 $P(l)$ 表示附属于线路 l 的任务集合. 这意味着, 车辆出发节点的最大数值, 应是相应车场服务的所有线路上任务数的最大值, 表示每个任务都能从车场拉出所需的车辆, 实际计算中会自动抛弃那些超过车队规模的不合理牵出.

(4) 对于车场 d, 生成唯一的车场起始节点 $(d,\tau(d)) \in N^{\mathrm{DO}}$, 依赖于车场 d 和虚拟开始时间 $\tau(d)$.

(5) 对于车场 d, 生成唯一的车场终到节点 $(d,\bar{\tau}(d)) \in N^{\mathrm{DD}}$, 依赖于车场 d 和虚拟结束时间 $\bar{\tau}(d)$.

图 7.4 提供了简单的示例, 它包含 1 个车场 d 和 1 条公交线路, 其中线路上有 5 个附属的任务. 图中, 5 个车辆出发节点被连接到了同一归属地车场, 圆圈或正方形内的数字表示相关任务的标识, 而时空弧表示某个特定事件沿空间或时间的变迁. 进一步地, 时空网络含有 6 个时空弧子集为

$$A = A^{\text{task}} \cup A^{\text{wait}} \cup A^{\text{connection}} \cup A^{\text{out}} \cup A^{\text{in}} \cup A^{\text{virtual}}$$

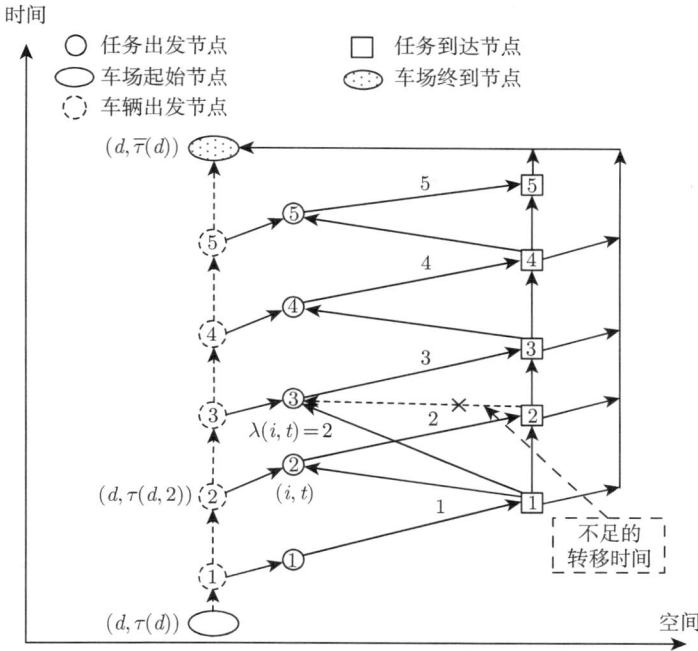

图 7.4 时空节点及连接关系图示

其中 (1) 任务弧集合 A^{task} 中的元素, 对应于车辆执行一个任务, 它从任务出发节点连接到任务到达节点.

$$A^{\text{task}} = \{(i,t;j,s)|(i,t) \in N^{\text{TD}}, (j,s) \in N^{\text{TA}}; \lambda(i,t) = \lambda(j,s)\}$$

(2) 等待弧集合 A^{wait} 中的元素, 对应于车辆在任务到达节点处一段时间的过渡, 在同一条线路上从一个任务到达节点连接到下一个任务到达节点.

$$A^{\text{wait}} = \{(i,t;j,s)|(i,t),(j,s) \in N^{\text{TA}}; i=j\}$$

通过使用等待弧, 那些已经完成任务的车辆, 可以在任务到达节点处等待, 为执行后续任务进行准备. 值得注意的是, 这里没有考虑任务出发节点处的等待弧.

(3) 连接 (或空驶) 弧集合 $A^{\text{connection}}$ 中的元素, 表示车辆在不同空间位置的移动, 对应同一条线路上两个任务间的短距离掉头, 或者两条不同线路间的较长距离转站, 车辆在此过程中处于无客的空驶状态. 具体地, 这类弧是在可达的空驶行程时间内, 将每个任务出发节点与最近的任务到达节点相连接.

$$A^{\text{connection}} = \{(i, \max\{t | s - t \geqslant \Delta_{ij}\}; j, s) | (i, t) \in N^{\text{TA}}, (j, s) \in N^{\text{TD}}\}$$

上式中, Δ_{ij} 表示从位置 i 到位置 j 所需的最小空驶时间. 如果两个任务通过多个等待弧和一个连接弧组合而成, 则其中的后继任务由在紧前任务 (已完成) 到达节点处等待的车辆去执行. 要格外提醒的是, 对于每个任务出发节点, 不需要与符合最小空驶要求的其他到达节点都连接.

(4) 出场弧集合 A^{out} 中的元素, 定义为公交车从车辆出发节点 $(d, \tau(d, p))$ 到任务出发节点之间的空间位移.

$$A^{\text{out}} = \{(d, \tau(d, p); i, t) | (d, \tau(d, p)) \in N^{\text{VD}}; (i, t) \in N^{\text{TD}}; \lambda(i, t) = p\}$$

(5) 入场弧集合 A^{in} 中的元素, 表示车辆从任务到达节点到每个车场终到节点之间的空间位移.

$$A^{\text{in}} = \{(j, s; d, \bar{\tau}(d)) | (j, s) \in N^{\text{TA}}; (d, \bar{\tau}(d)) \in N^{\text{DD}}\}$$

通过使用入场弧, 完成每个任务的车辆都可以直接返回归属车场.

(6) 虚拟弧集合 A^{virtual} 中的元素, 对应同车场内的一段时间过渡, 用于连接两个相邻的车辆出发节点.

$$A^{\text{virtual}} = \{(d, \tau(d, p); d, \tau(d, p+1)) | d \in D; 0 \leqslant p \leqslant n_d\}$$

虚拟弧中的车辆出发节点 $(d, \tau(d, p))$, 被连接到相邻的紧后出发节点 $(d, \tau(d, p+1))$. 特别地, 时空节点 $(d, \tau(d, 0))$ 和 $(d, \tau(d, n_d + 1))$ 分别表示车场起始节点和车场终到节点. 每条虚拟弧, 表示车辆根据预定的出发事件, 在归属地车场的一段等待过程. 利用一个出场弧和多个虚拟弧, 停留在车场内的车辆可以直接到达每个任务出发节点.

对于图 7.4 所示的例子, 可以容易地生成所有需要的时空弧. 其中, 对于任务出发节点 ③, 选择使用连接弧 ①→③, 而不使用从 ② 到③的连接弧, 因为它的转移时间不足; 另外, 在任务出发节点④的可达时间范围内, 仅仅与最近的任务到达节点 ③ 连接, 而不和该线路上任何前置到达节点连接; 那些在前置节点如 ②处等待的车辆, 可以通过等待弧 ②→ ③ 和连接弧 ③→④访问时空节点④. 最后, 每个入场弧都通过外部有向线段来表示.

类似于现有文献通常的处理方法, 在所构建的 STC 网络中, 每个可行的车辆调度方案, 对应一条单位流量的路径, 将所有基于车辆的时空路径组合在一起, 就可以得到完整的公交车辆调度方案.

图 7.5 为含有两条公交线路的示例. 在 2 号线路任务 1 的时空到达节点 (i_1, t_1) 处, 执行完任务 1 的车辆可以在位置 i_1 (或车站 B) 处等待, 直至当前线路任务 2 的到达节点 (i_2, t_2), 或者转移到该线路同车站 $(i_3 = i_1 = B)$ 任务 3 的出发节点 (i_3, t_3) 处, 抑或直接转移到 1 号线路任务 4 的出发节点 (i_4, t_4) 处. 特别地, 对于从车场 d_1 出发并在线路 1 上执行完任务 1 的车辆, 将在等待弧上停留, 然后通过连接弧执行线路 2 上的任务 4, 最后返回归属车场 d_1, 图 7.5 中的粗线轨迹表示车辆从车场 d_1 出发执行上述任务序列的过程.

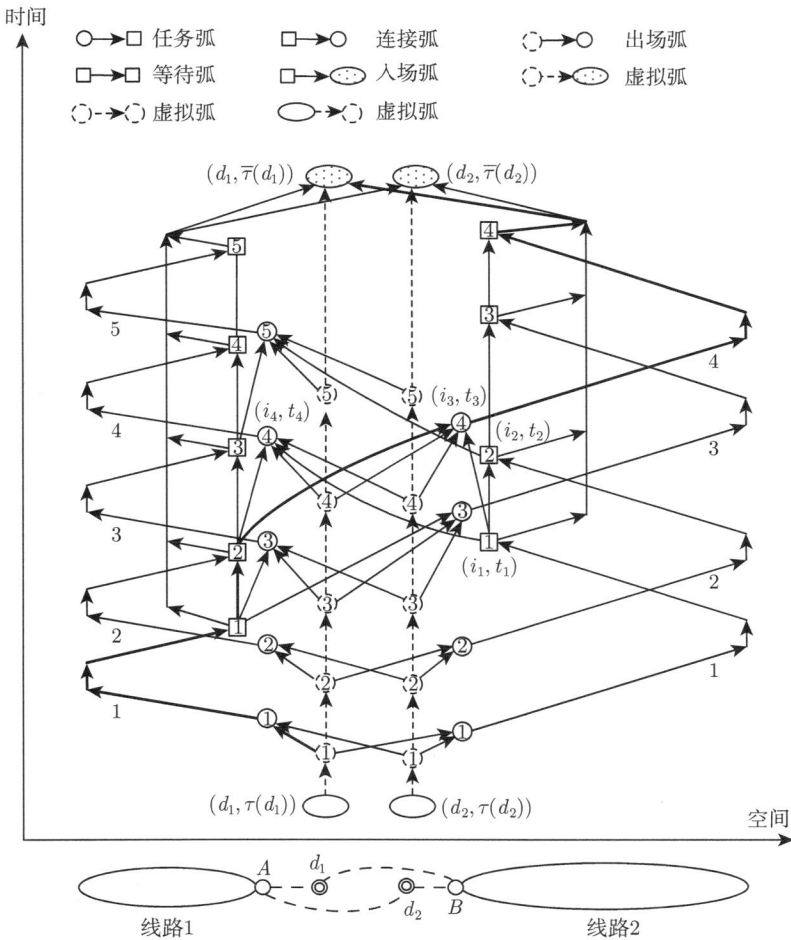

图 7.5 网络简化后的时空连接图

7.2.4　弧费用

首先, 假定车辆每次离开车场执行调度任务返回车场耗费的固定成本相同 (车辆的平均购置费), 用 Ω 表示该费用值, γ 表示等待时间转换成行驶时间的单位换算系数 $(0 \leqslant \gamma \leqslant 1)$. 为了简化问题, 进一步假设车辆的变化成本根据使用时间费用来标定. 换句话说, 利用车辆等待时间和行驶时间来度量车辆的变化成本, 主要为公交车辆使用燃油或电能的耗费. 显然, 车辆占用时空弧的费用依赖于所在弧的类型, 具体取值如表 7.2 所示.

表 7.2　车辆占用不同类型弧的费用

集合	类型	弧费用 $c_{i,t;j,s}$	含义
A^{task}	任务弧	$s-t$	行驶时间
$A^{\text{connection}}$	连接弧	$\Delta_{ij} + \gamma \cdot (s - t - \Delta_{ij})$	行驶时间和等待时间
A^{wait}	等待弧	$\gamma \cdot (s - t)$	等待时间
A^{out}	出场弧	Δ_{ij}	行驶时间
A^{in}	入场弧	$\Delta_{ij} + \Omega$	行驶时间和固定成本
A^{virtual}	虚拟弧	0	零费用

表 7.2 列出的出场弧和入场弧中, 所含的 Δ_{ij} 表示车辆在空间位置 i 和 j 之间移动所需的行驶时间. 对于连接弧 $(i,t;j,s) \in A^{\text{connection}}$, 除了需要耗费两个位置 i 和 j 之间的移动时间 Δ_{ij}, 还需考虑多余的等待时间 $s - t - \Delta_{ij}\ (s - t - \Delta_{ij} \geqslant 0)$. 实际上, 基于油耗或电耗的车辆费用支出, 在空闲状态时的耗费明显大于运动状态. 因此, 实践中应该赋予等待弧相对更小的数值. 需要注意的是, 除了时间成本, 车辆固定成本 Ω 也包含进了入场弧之中.

表 7.2 中将虚拟弧的费用取值为零, 意味着公交车辆可以自由地从车场运行到任意车辆出发节点. 也就是说, 每个车场直接连接所有的任务出发节点. 这里, 通过使用虚拟的车辆出发节点, 就可以在时间和空间维度上准确地跟踪车辆的移动轨迹. 值得注意的是, 在大多数文献中, 车辆行驶时间和等待时间费用视为相同, 这对应于公式中 $\gamma = 1$ 的情况, 此时连接弧与等待弧的费用简化为 $s - t$.

如图 7.5 所示, 驻留在车场 d_1 的空闲车辆, 可以视为以零费用通过虚拟弧、从车场起始节点 $(d_1, \tau(d_1))$ 移动至车场终到节点 $(d_1, \bar{\tau}(d_1))$. 需要特别说明的是, 正是因为采用了这样的 STC 网络, 所以每个车场配属的全部公交车辆, 都对应有从车场起始节点到终到节点的时空路径. 于是, 在下文的拉格朗日分解过程中, 没有必要对公式 (7.5) 的车队规模约束进行考虑, 不同于对任务覆盖约束采取的松弛化处理.

7.2.5 连接网络、时空网络和时空连接网络比较

7.1 节已经提及, 基于连接网络和时空网络的方法, 被广泛应用于各类车辆调度问题的建模. 连接网络考虑了活动之间所有可能的关联, 在一定应用场景中, 这类方法还可以对所考虑的连接弧施加最小和最大持续时间的约束 (如 15 分钟和 60 分钟). 时空网络通过等待弧, 在任务出发和任务到达位置分别连接相同类型的节点, 与连接网络相比较, 时空网络可以显著地减少连接弧的数量, 对于公共交通问题尤其有效; 然而, 对于中型或大型的公交系统, 基于时空网络的方法仍然会在不同任务之间产生非常多的等价时空路径.

为了最大限度地减少普通时空网络中备选路径的数量, 正如上文所言, 本章构建的 STC 网络, 使用了数量尽可能少的时空弧. 具体地说, 仅在任务到达节点处生成等待弧, 而不将彼此相邻的任务出发节点连接成等待弧, 或者不允许任何车辆在任务出发节点处等待; 其次, 不直接连接所有满足最小转移时间要求的节点对, 对于每个任务出发节点, 只选择连接其中最近的任务到达节点. 在这样的 STC 网络中, 对于任意一个调度任务, 都可以利用一个连接弧和若干个等待弧, 组合成一条有效的时空路径, 使得在某个任务到达节点或车场等待的公交车辆, 沿着该时空路径执行期望的任务. 上述方法, 实质上是将每条线路上所有任务视为一个组, 由此构成相应的时空子网络, 然后使用最小的连接弧, 将这些不同的群组或子网络联结起来, 形成 STC 网络; 显然, 这样的网络在确保可行解的同时, 能够进一步紧凑和简化问题的结构和规模, 有助于解的对称性打破.

考虑由一条公交线路及相关联的 5 个任务组成的简单案例, 假设其中的每对任务都是互相兼容的 (满足最小转移时间), 对应的连接网络和时空网络如图 7.6(a) 和图 7.6(b) 所示. 按照前述方法, 构造相应的时空连接网络如图 7.6(c) 所示; 显然, STC 网络具有更少数量的时空弧和更紧凑的结构. 下面给出严格证明, 希望通过与连接网络、时空网络比较, 进一步彰显时空连接网络的效能和优势.

性质 1 任何连接网络和时空网络中可行的 TVSP, 都可以在相应的 STC 网络中找到相同费用的等价解.

证明 这里需要证明, 在图 7.6(a) 或图 7.6(b) 中的可行解, 能够在 STC 网络中找到对应的等价解. 用 $(t_p, t_{p'})$ 分别表示图 7.6(a) 中任务 p 的出发 (开始) 与到达 (结束) 时刻; 图 7.6(b) 中时间指标 t_p, 则表示任务 p 对应的出发节点和到达节点的时间坐标.

假设在任务 1 开始位置处等待的车辆, 需要依次执行任务 1 和任务 5. 如图 7.6(a), 在连接网络中, 通过利用转移弧 (1, 5), 能够完成两个任务的访问要求, 耗费时间等于 $t_{5'} - t_1$; 在时空网络 7.6(b) 中, 为了实现从开始节点 1 到结束节点 5′

的时空位移, 可以利用 4 条等价的备选路径, 具体内容分别是 $1 \to 1' \to 2' \to 3' \to 4' \to 5 \to 5', 1 \to 1' \to 2' \to 3' \to 4 \to 5 \to 5', 1 \to 1' \to 2' \to 3 \to 4 \to 5 \to 5'$ 和 $1 \to 1' \to 2 \to 3 \to 4 \to 5 \to 5'$. 容易验证, 这 4 条路径需要耗费相同的旅行时间 $t_{5'} - t_1$. 不同的是, 在 STC 网络中, 如图 7.6(c) 所示, 仅有唯一的时空路径 $1 \to 1' \to 2' \to 3' \to 4' \to 5 \to 5'$. 因此, 任何存在于连接网络和时空网络中的可行路径, 在 STC 网络中均有对应的等价路径.

(a) 连接网络　　　　　　　　　　(b) 时空网络

(c) 时空连接网络

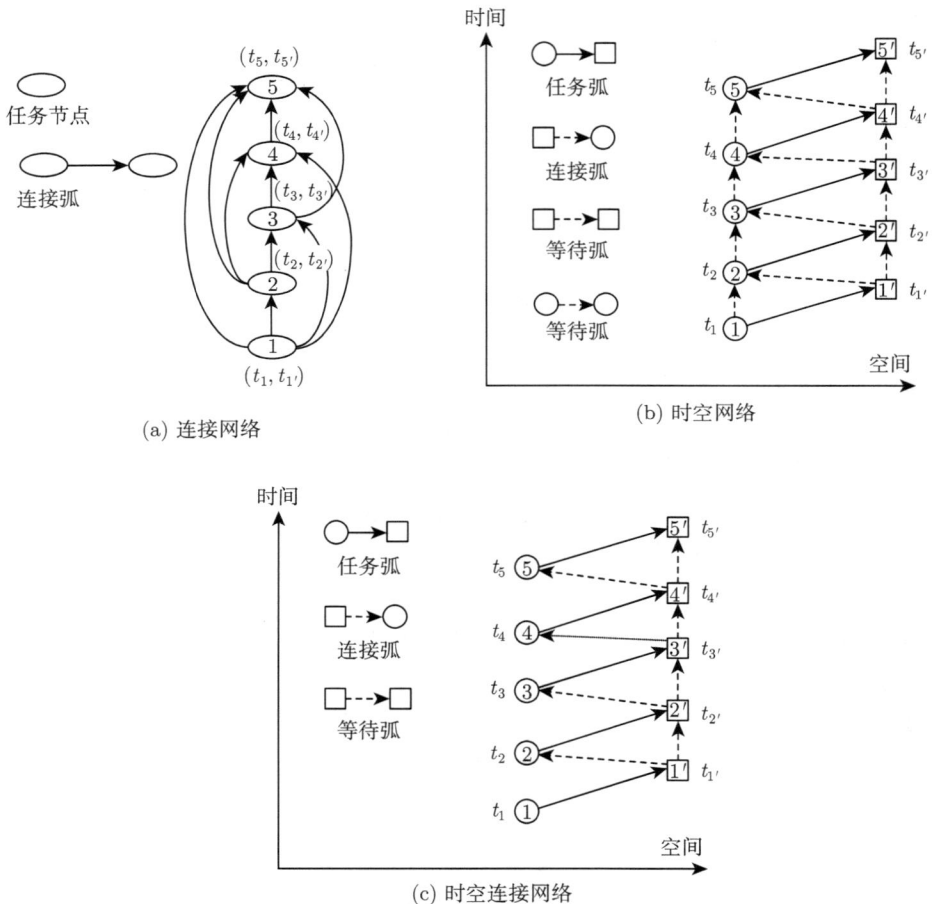

图 7.6　不同网络结构比较图示

上述证明过程依赖于时间转换系数等于 1 的假设, 正如性质 3 进一步阐述的那样, 性质 1 在一般情况下仍然成立. 另外, 如果图 7.6 中存在紧凑的连接时间要求, 只需要在不同活动之间使用有限数量的连接弧.

7.3 基于变量分离的拉格朗日分解

7.3.1 费用特性

当公交车辆在 STC 网络中移动或等待时, 消耗的费用表现出了某些特殊的性质, 研究和分析它们, 有助于设计高质量的求解算法. 以下先介绍性质 2, 用于揭示可行车辆调度方案对应目标函数的性质, 从而说明 TVSP 优化的目标和手段.

性质 2 TVSP 中, 任意一个可行调度方案, 完成所有任务耗费的总费用固定不变, 取值不依赖于执行任务的先后次序.

证明 首先, TVSP 的目标函数可进行如下变形.

$$Z = \sum_{d \in D} \sum_{k \in V(d)} \sum_{(i,t;j,s) \in A} c_{i,t;j,s} \cdot x_{i,t;j,s}(k)$$

$$= \sum_{d \in D} \sum_{k \in V(d)} \left[\sum_{(i,t;j,s) \in A^{\text{task}}} c_{i,t;j,s} \cdot x_{i,t;j,s}(k) + \sum_{(i,t;j,s) \in A \setminus A^{\text{task}}} c_{i,t;j,s} \cdot x_{i,t;j,s}(k) \right]$$

$$= \sum_{(i,t;j,s) \in A^{\text{task}}} c_{i,t;j,s} \cdot \sum_{d \in D} \sum_{k \in V(d)} x_{i,t;j,s}(k)$$

$$+ \sum_{(i,t;j,s) \in A \setminus A^{\text{task}}} c_{i,t;j,s} \cdot \sum_{d \in D} \sum_{k \in V(d)} x_{i,t;j,s}(k)$$

对于给定的可行解 $\{x_{i,t;j,s}(k)\}$, 当 $(i,t;j,s) \in A^{\text{task}}$ 时, 必然有 $\sum_{d \in D} \sum_{k \in V(d)} x_{i,t;j,s}(k) = 1$. 所以, 目标函数可以进一步简化.

$$Z = \sum_{(i,t;j,s) \in A^{\text{task}}} c_{i,t;j,s} + \sum_{(i,t;j,s) \in A \setminus A^{\text{task}}} c_{i,t;j,s} \cdot \sum_{d \in D} \sum_{k \in V(d)} x_{i,t;j,s}(k)$$

显然, 上述目标函数中第 1 项对应于完成全部任务的总费用, 大小不依赖于可行解的具体取值或任务执行次序, 是一个确定的常数.

性质 2 表明, 可行公交调度方案的优劣, 主要取决于车辆在任务弧除外的其他弧上消耗的费用, 这样的弧包括等待弧、连接弧、出场弧和入场弧. 为此, 理想的车辆调度方案应尽可能实现以下两个目标. 首先, 每个车辆都应该选择执行具有最小连接和等待时间的任务序列; 其次, 由于入场弧费用中包含较大取值的车辆固定运行成本, 因此应该选择需要较小车队规模的计划, 换言之, 好的调度方案必然使用较少数量的公交车辆.

根据性质 2, 可以在此后内容中将每个任务弧的费用值修改为零, 即对于所有的任务弧 $(i,t;j,s) \in A^{\text{task}}$, 相应的费用重置为 $c_{i,t;j,s} = 0$. 为了进一步揭示公交车辆调度问题解的内在本质, 以下介绍性质 3.

性质 3　　对于依附于某条公交线路的所有任务, 如果这些任务都由归属于某个车场、数目固定的车辆来执行, 则相应调度问题 TVSP 的任意可行解的总费用恒定不变.

证明　　首先, 由于完成调度任务的车辆数固定, 从而任意可行解导致的入场弧和出场弧费用相同. 根据性质 2, 任意可行解产生的 TVSP 总费用, 由对应 STC 网络上连接弧和等待弧费用来确定. 特别地, 对于某个车辆, 该车辆耗费的费用等于从某个任务出发节点开始, 途经一系列连续的任务序列, 最后终止于某个任务到达节点之间全部的运行和空闲时间之和.

许多情况下, 每条公交线路和依附于它的多个任务相关联, 在时空任务出发节点和到达节点之间, 可以生成 "任务-任务" 之间不同的匹配关系. 图 7.7 显示了依附于已知线路的 8 个任务, 它们均由归属于已知车场的车辆完成, 图中指定的匹配为, 未执行任务 5, 6, 7 和 8 分别由完成了任务 1, 3, 2 和 4 的车辆所承担; 图 7.7 还可以使用其他的匹配, 如 2-5, 1-6, 7-3 和 8-4.

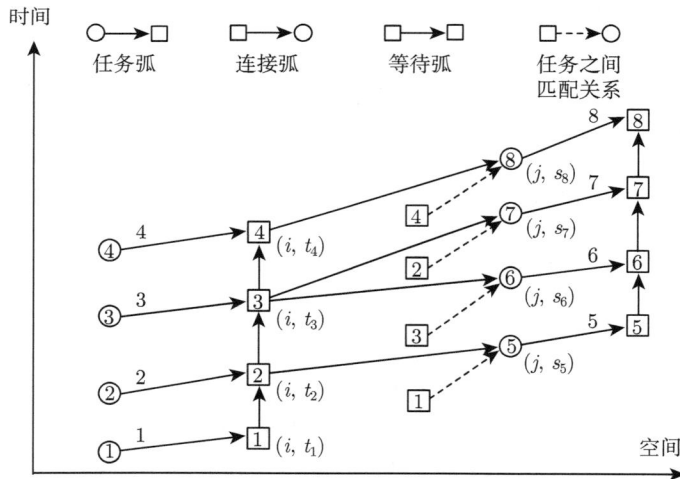

图 7.7　车辆调度费用图示

容易验证, 车辆从某个任务到达节点到另外的任务出发节点的费用, 与途径的中间节点没有关系. 例如, 从起点 (i, t_2) 到达终点 (j, s_7) 的路径, 如果途径节点 (i, t_3), 则费用为 $c_{i,t_2;j,s_7} = c_{i,t_2;i,t_3} + c_{i,t_3;j,s_7} = [\gamma \cdot (t_3 - t_2)] + [\Delta_{ij} + \gamma \cdot (s_7 - t_3 - \Delta_{ij})] = \gamma \cdot (s_7 - t_2) + \Delta_{ij} \cdot (1 - \gamma)$, 其中 i 和 j 分别表示线路上起点车站和终点车站, 即不同时空节间间的移动费用仅由开始和结束节点的时空坐标所决定. 图 7.7 对应的车辆调度方案, 其费用为 $\gamma \cdot [(s_5 + s_6 + s_7 + s_8) - (t_1 + t_2 + t_3 + t_4)] + 4\Delta_{ij} \cdot (1 - \gamma)$.

从而, 对于公交线路上具有任意多个任务的情形, 可行调度方案对应的总费用能够简化为常数 $\gamma \cdot \left[\sum_{(j,s) \in N^{\mathrm{TD}}} s - \sum_{(i,t) \in N^{\mathrm{TA}}} t \right] + n^{\mathrm{transfer}} \cdot \Delta_{ij} \cdot (1 - \gamma)$, 其中 n^{transfer} 表示任务结束节点和任务开始节点之间的转移次数. 同条线路上不同任务之间, 所需的转移时间通常很小, 如公交线路上车辆环形或折返运行都属于这种情况, 此时其中的 Δ_{ij} 可以取为零. 基于这样考虑, 相应的总成本进一步近似为 $\gamma \cdot \left[\sum_{(j,s) \in N^{\mathrm{TD}}} s - \sum_{(i,t) \in N^{\mathrm{TA}}} t \right]$, 这就完成了性质的证明.

性质 3 表明, 对应于单车场、单线路的公交车辆调度问题, 具有固定车辆数的可行解对应的费用为常数. 根据这一性质, 对于多车场情况, 如果每个车场的车辆数足够多, 应尽量将某个车场 (或车辆) 分配服务固定的线路 (或线路上任务). 同时, 考虑到车辆行驶时间成本通常高于等待时间成本, 在不同线路之间还应该尽量安排少的车辆转移.

7.3.2 问题分解

实际上, 在拉格朗日分解框架下, 直接松弛模型 M1 中的公式 (7.4′) 时, 将会带来非常棘手的对称性问题. 在这样的分解方式下, 对于某个任务, 来自同一车场的所有车辆, 会为执行该任务付出相同的对偶费用. 基于此, 本章构建了公式 (7.3) 和 (7.4), 用以代替常见的任务覆盖约束 (7.4′). 如下所述, 利用公式 (7.3) 和 (7.4) 进行拉格朗日松弛, 可以生成基于任务与车辆的对偶价格, 有利于打破解的对称性.

为了有效地解决大规模 TVSP, 以下应用拉格朗日分解方法, 求解更加容易的松弛子问题. 首先, 对指派决策和路径决策之间的耦合约束 (7.3) 进行对偶, 特别地, 为每个车辆与任务的组合 (k, p), 引入拉格朗日乘子 $\pi_p(k)$, 以实现对指派与路径之间可能的不协调决策施加惩罚, 具体的拉格朗日函数可表示为如下表达式.

$$\min \text{ LR} = \sum_{d \in D} \sum_{k \in V(d)} \sum_{(i,t;j,s) \in A} c_{i,t;j,s} \cdot x_{i,t;j,s}(k)$$

$$+ \sum_{d \in D} \sum_{k \in V(d)} \sum_{p \in P} \pi_p(k) \cdot \left[y_p(k) - \sum_{(i,t;j,s) \in A^{\mathrm{task}}, \lambda(i,t)=p} x_{i,t;j,s}(k) \right] \quad (7.8)$$

通过对相似项进行重组, 拉格朗日松弛函数可进一步简化.

$$\min \text{ LR} = \sum_{d \in D} \sum_{k \in V(d)} \sum_{(i,t;j,s) \in A} \bar{c}_{i,t;j,s}(k) \cdot x_{i,t;j,s}(k) + \sum_{d \in D} \sum_{k \in V(d)} \sum_{p \in P} \pi_p(k) \cdot y_p(k)$$

$$(7.9)$$

约束条件为 (7.1)∼(7.4) 和 (7.5)∼(7.7).

在目标函数 (7.9) 中, 引入新参数 $\bar{c}_{i,t;j,s}(k)$, 表示车辆 k 访问时空弧 $(i,t;j,s) \in A$ 的修改费用, 具体取值可表示为如下分段函数.

$$\bar{c}_{i,t;j,s}(k) = \begin{cases} -\pi_p(k), & (i,t;j,s) \in A^{\text{task}}, \lambda(i,t) = p, \\ c_{i,t;j,s}, & \text{否则} \end{cases} \tag{7.10}$$

显然, 弧 $(i,t;j,s) \in A$ 上的原始费用 $c_{i,t;j,s}$, 对所有车辆 k 取相同的值. 相比较而言, 修改后的费用或对偶价格 $\bar{c}_{i,t;j,s}(k)$, 同时依赖于时空弧 $(i,t;j,s) \in A$ 和车辆 k, 从而可以有效地产生异质或不同的车辆路径, 通过这些差异化的路径, 引导车辆完成分布在不同空间位置的任务. 进一步地, 为了获得最大的下界估计, 需要在满足相关约束条件基础上, 求解如下拉格朗日对偶问题 M2.

$$\max_{\pi_p(k)} \text{LR}(\pi) = \min \sum_k \sum_{(i,t;j,s) \in A} \bar{c}_{i,t;j,s}(k) \cdot x_{i,t;j,s}(k) + \min \sum_{p \in P} \sum_k \pi_p(k) \cdot y_p(k)$$

$$\tag{7.11}$$

为了简化公式的表达, 上式在对车辆 k 求和时, 省略了车场部分相关的索引及求和下标. 显然, 对于给定的拉格朗日乘子 $\pi_p(k)$, 对偶问题 M2 可以分解为如下子问题 M3 和 M4.

M3:　$\min \sum_{(i,t;j,s) \in A} \bar{c}_{i,t;j,s}(k) \cdot x_{i,t;j,s}(k)$

　　　s.t. $\sum_{(j,s) \in N} x_{i,t;j,s}(k) - \sum_{(j,s) \in N} x_{j,s;i,t}(k) = \begin{cases} 1, & (i,t) \in N^{\text{DO}}, \\ -1, & (i,t) \in N^{\text{DD}}, \\ 0, & \text{否则} \end{cases}$

　　　　　$x_{i,t;j,s}(k) \in \{0,1\}, \quad \forall(i,t;j,s), k$

M4:　$\min \sum_{d \in D} \sum_{k \in V(d)} \pi_p(k) \cdot y_p(k)$

　　　s.t. $\sum_{d \in D} \sum_{k \in V(d)} y_p(k) = 1, \quad \forall p$

　　　　　$y_p(k) \in \{0,1\}, \quad \forall p, k$

7.3.3 管理学解释

模型 M3 是基于车辆 k 的时间依赖最短路径问题, 可以很容易地用标准标号修正算法求解. 模型 M4 是基于任务 p 的半指派问题, 对于给定的拉格朗日乘子 $\pi_p(k)$, M4 的最优解可以简单地通过下式获得.

$$y_p(k) = \begin{cases} 1, & k = \arg\min\{\pi_p(k)\}, \\ 0, & \text{否则,} \end{cases} \quad \forall p \qquad (7.12)$$

式 (7.12) 中, $\arg\min\{\pi_p(k)\}$ 表示对应于 $\pi_p(k)$ 取最小值时 k 的取值集合, 如果该集合中元素个数是多个, 则任选其中的 k, 置相应的 $y_p(k)$ 等于 1, 其他的 $y_p(k)$ 等于零.

更细致地审视子问题 M3 和 M4, 可以发现单车辆调度方案完全可以通过求解模型 M3 来确定, 然后将所有的单个路径组合成整体的车辆调度方案, 但有可能无法满足任务覆盖唯一性约束, 即所得到的解不是原公交调度问题期望的可行解. 模型 M4 的作用, 是希望能够提供有用的上层反馈信息, 以尽可能减少任务覆盖冲突的数量, 它是在现有拉格朗日乘子的基础上, 通过轻微地调整车辆与任务之间的指派来化解冲突.

利用著名的次梯度分解算法, 求解模型 M3 或改进解的下界 (Martin, 2012), 以下给出完整的次梯度分解算法 (算法 7.1).

算法 7.1 次梯度分解算法

步骤 1 (初始化)

设置 $h = 1$; 初始化拉格朗日乘子 $\pi_p^h(k) = C$, 上界 $\mathrm{UB}_0 = +\infty$, 下界 $\mathrm{LB}_0 = -\infty$, 其中 C 表示给定的大于 0 的数;

步骤 2 (计算并更新上界)

在 h 迭代层, 通过算法 7.2 计算上界 UB_h, 更新 $\mathrm{UB}_h = \min\{\mathrm{UB}_{h-1}, \mathrm{UB}_h\}$

步骤 3 (计算并更新下界)

对于每个车辆 $k \in [1, |V(d)|]$, 依次求解从车场起始节点 $(d, \tau(d))$ 到车场终到节点 $(d, \bar{\tau}(d))$ 的时间依赖最短路径问题 M3, 获得最优路径决策变量 $x_{i,t;j,s}^h(k)$; 通过求解模型 M4, 得到最优指派决策变量 $y_p^h(k)$;

根据公式 (7.9) 计算下界 LB_h, 更新 $\mathrm{LB}_h = \max\{\mathrm{LB}_{h-1}, \mathrm{LB}_h\}$, 作为当前最好的下界, 计算最优偏离 Gap= $(\mathrm{UB}_h - \mathrm{LB}_h)/\mathrm{UB}_h$;

步骤 4 (更新拉格朗日乘子和弧费用)

利用如下次梯度公式更新拉格朗日乘子 $\pi_p^{h+1}(k)$, 其中参数 η 表示迭代步长;

$$\pi_p^{h+1}(k) = \max\left\{0, \pi_p^h(k) + \eta^h \times \left[y_p^h(k) - \sum_{(i,t;j,s)\in A^{\mathrm{task}}, \lambda(i,t)=p} x_{i,t;j,s}^h(k)\right]\right\}$$

根据公式 (7.10), 对所有任务弧费用进行修正;

步骤 5 (终止条件)

如果最优偏离小于预定值 ε, 即 Gap $\leqslant \varepsilon$, 终止算法, 将当前下界 LB_h 或上界 UB_h 对应的可行解作为最终输出; 否则, 置 $h = h + 1$, 转步骤 2.

在算法 7.1 中, 最后的上界肯定提供的是可行解, 但下界很多时候是不可行解. 算法 7.1 的迭代终止时, 如果下界可行, 则把对应的解作为输出. 许多中小型问题, 确实会出现下界可行的情况. 然而, 对于许多大规模的计算案例, 下界通常是不可行解. 这种情况下, 应该把上界作为期望的最优解输出; 由于最优偏离很小, 这样的处理肯定符合要求.

在算法 7.1 的执行过程中, 任务弧的费用大部分时间取值为负, 通过不断地扩展当前路径, 车辆会逐渐被吸引到那些未被覆盖的任务弧上. 从本质上讲, 拉格朗日迭代过程就是在平衡不同车辆之间的任务指派, 以获得更好的整体效益.

在次梯度算法的第 h 迭代层, 当车辆 k 途径任务弧 $(i, t; j, s) \in A^{\text{task}}$ 时, 修改弧费用 $\bar{c}_{i,t;j,s}(k)$ 等于拉格朗日乘子 $\pi_p^h(k)$ 的相反数 (与任务 p 相关), 而在其他弧上的费用与车辆 k 无关. 从而, 在 STC 网络中为车辆 k 寻求费用 $\bar{c}_{i,t;j,s}(k)$ 最小的时空路径, 就是在搜寻对应拉格朗日乘子 $\pi_p^h(k)$ 最大的路径. 显然, 如果任务 p 与有吸引力或较大值的拉格朗日乘子 $\pi_p^h(k)$ 相关联, 则该任务在吸引车辆方面具有更多的优势. 从这个意义上讲, 拉格朗日乘子 $\pi_p^h(k)$ 可以看作车辆 k 执行任务 p 获得的收益. 具体地, 如果在迭代过程中 $\pi_p^{h+1}(k)$ 值增加, 则在第 $h+1$ 次迭代中, 车辆 k 执行任务 p 可以获得更多的收益. 相反地, 当拉格朗日乘子减小时, 相应的车辆则可能丧失执行该任务的热情. 表 7.3 分析了各种可能的情况及变化规律.

表 7.3　任务指派和路径选择的可能结果

施行决策		路径与指派决策一致性	LR 值变化	目标函数变化
指派决策	路径决策			
$y_p^h(k) = 0$	$\sum\limits_{(i,t;j,s) \in A^{\text{task}}} x_{i,t;j,s}^h(k) = 0$	相同	$\pi_p^{h+1}(k) = \pi_p^h(k)$	无变化
	$\sum\limits_{(i,t;j,s) \in A^{\text{task}}} x_{i,t;j,s}^h(k) = 1$	不同	$\pi_p^{h+1}(k) < \pi_p^h(k)$	收益降低, 阻止车辆执行该任务
$y_p^h(k) = 1$	$\sum\limits_{(i,t;j,s) \in A^{\text{task}}} x_{i,t;j,s}^h(k) = 0$	不同	$\pi_p^{h+1}(k) > \pi_p^h(k)$	收益增加, 吸引车辆执行该任务
	$\sum\limits_{(i,t;j,s) \in A^{\text{task}}} x_{i,t;j,s}^h(k) = 1$	相同	$\pi_p^{h+1}(k) = \pi_p^h(k)$	无变化

在对偶解空间中, 指派问题旨在一定程度上, 更好地诱导路径变量朝向更合理的搜索方向. 从这个角度来说, TVSP 可以被看作一个分层决策问题, 其中的指派问题是上层决策, 而路径问题是下层决策. 算法执行时, 这两个问题分别求解. 本章的求解方法, 目的是通过使用次梯度算法, 尽量减少路径层面多决策不一致性问题; 然后, 再应用后文介绍的方法, 进一步求解增强或紧凑模型减小搜索空间, 解决指派决策和路径决策的冲突问题. 事实上, 调整拉格朗日乘子的意义, 就是在两类决策之间互相传递信息, 由此修正下一轮指派问题和路径问题的计算, 逐步达到整体最优或接近最优的协同决策.

容易看出, 分解后的半指派问题 M4 是针对单任务的. 因此, 不同任务模型的分别求解或独立决策, 有可能导致车辆之间指派的冲突或矛盾. 在某次迭代中, 不同车辆可能会由于某个任务暂时具有更高的收益 $\pi_p^h(k)$, 而过度选择这个任务的现象, 即出现多个车辆争抢执行同一任务的情况. Fisher 等 (1997) 是通过采用分支定界固定指派变量为 1 或 0, 以实现可行解空间的分割或减小.

7.3.4 上界生成算法

为了生成没有任务执行冲突的上界可行解, 需要在简化的 STC 网络中, 反复计算从车场起始节点到匹配的车场终到节点之间的最短路径, 然后在这些最短路径上不断删除那些已使用 (或访问) 的任务弧. 对所有车场采用宽度优先的搜索原则, 并且视来自同一车场的可用车辆为搜索的深度. 具体地, 对于有多个车场、每个车场有多个车辆的情况, 采用的搜索方法是, 从第 1 个车场的第 1 辆车开始, 搜索第 2 个车场的第 1 辆车, 第 3 个车场的第 1 辆车, $\cdots$, 依次向前; 然后, 从第 1 个车场的第 2 辆车开始, 进行第 2 轮搜索, $\cdots$, 直至搜索完所有车场和所有车辆, 详细的计算过程如算法 7.2 所述.

算法 7.2 基于对偶信息的上界生成算法

步骤 1 (初始化)

用 $\Gamma(d, k)$ 表示第 k 辆车从车场起始节点 $(d, \tau(d))$ 到车场终到节点 $(d, \bar{\tau}(d))$ 之间的最短路径, 用 $L(d, k)$ 表示该最短路径的实际长度, 即总费用中不包括拉格朗日乘子; 设 $d = 1$, $k = 1$ 和 $\mathrm{UB}_h = 0$;

步骤 2 (计算最短路径并记录任务)

在更新后的 STC 网络中, 使用新的拉格朗日乘子 $\pi_p^h(k)$ 确定弧费用取值, 由此计算最短路径 $\Gamma(d, k)$, 设 $\mathrm{UB}_h = \mathrm{UB}_h + L(d, k)$;

步骤 3 (检查终止条件)

置 $A_{\mathrm{cover}}^{\mathrm{task}} = A^{\mathrm{task}} \cap \Gamma(d, k)$, $A^{\mathrm{task}} = A^{\mathrm{task}} \backslash A_{\mathrm{cover}}^{\mathrm{task}}$;

如果 $A^{\mathrm{task}} = \varnothing$, 输出上界 UB_h, 停止;

步骤 4 (宽度优先搜索过程)

　　置 $d = d + 1$;

步骤 5 (深度次之搜索过程)

　　如果 $d > |D|$, 即当前的车场编号 d 大于最后一个车场, 置 $d = 1, k = k + 1$;

步骤 6 (检查可用车辆)

　　如果 $k > |V(d)|$, 即当前车场 d 中没有可用的车辆 k, 转步骤 4; 否则转步骤 2.

　　上述算法中, 上界 UB_h 是为了给算法 7.1 传递信息, 具体数值等于所有车辆访问各自路径实际费用的总和, 即目标函数的取值. 在 STC 网络中计算每个车辆的最短路径, 是算法 7.2 最大的计算量环节. 为了加快算法收敛速度, 本章涉及的所有计算, 均使用基于指针的数据结构存储相应的时空节点. 于是, 在每次基于标号修正的路径搜索过程中, 从当前节点出发, 只扫描基于活动执行的连接弧或可允许的等待弧. 在实际的 STC 网络中, 每个节点只与少数时空弧相连接, 基于指针的数据表示方法, 能够在时空网络动态搜索过程中, 有效地避免许多不必要的邻域检查.

7.4　基于对称性打破的增强模型

　　大多数情况下, 对称性结构使得启发式迭代算法的性能变差, 因为新的迭代后原问题结构几乎不发生变化. 由于上述原因, 基于分支定界的求解器在应对整数规划问题时, 难以解决含有对称性的大规模应用案例. 为了化解这样的困局, 在过去的岁月里, 多种非交通领域的方法被开发了出来, 用以处理对称性打破问题 (Barnhart et al., 1998a; Gent et al., 2006; Margot, 2010). 但据我们所知, 仅有非常有限的研究文献, 如 Bard 和 Jarrah (2009)、Adulyasak 等 (2013) 涉及交通运输领域, 特别是调度和路径问题里的对称性现象. 在分支定界架构下, Adulyasak 等 (2013) 对于多车辆生产和库存中的路径问题, 根据卸货量标记或定位车辆, 由此审视了几类对称性打破约束 (Symmetry Breaking Constraint, SBC). 本节的增强模型方法, 就是在所构造的 TVSP 中添加适当的约束条件, 以减小可行解的选择范围, 从而动态地打破车辆与任务指派中的对称性.

　　作为对称性表现的任务覆盖冲突, 主要是在空间和/或时间位置相同、相近车辆争抢执行相同任务所导致的. 对称性打破的关键, 就是从根源上减少或消除车辆与任务之间指派的不协同, 并能够快速找到接近最优的无冲突可行解. 上文引入的基于车辆与任务的拉格朗日乘子 $\pi_p^h(k)$, 在成功求解子模型 M3 以及对称性打破方面, 的确起到了重要作用, 但不得不承认的是, 解的对称性依然存在, 尤其

是群组内 (同条线路上) 有多个相同的任务, 并且每个任务都可由多个具有相似收益的同质车辆执行的情况. 正如性质 3 所述, 对车辆与任务之间匹配关系的置换, 会导致许多具有相同目标函值的等价可行解. 为了在任务指派层面打破对称性, 以下使用新的数学化方法, 对 M4 中的任务动态施加基于优先级的附加约束, 从而在迭代过程中得到车辆与任务之间接近最优的配对关系.

7.4.1 增强模型

为了打破指派过程中的对称性, 以下从任务调度的角度, 通过添加对称性打破约束 SBC, 来构建子问题 M4 的增强模型. 前文处理半指派问题的方法, 本质上视所有任务具有相同的等级. 为了打破任务与车辆匹配之间的对称性, 以下引入基于层次等级的任务优先级, 以准确地辨识车辆和任务之间的映射关系, 使得在算法执行过程中, 优先级高的任务更容易被可用车辆选择.

根据每个任务已知的开始时刻和结束时刻, 可以将分散于不同线路上的全部任务按某种规则或方法进行重新排序, 这里采用最自然和最简单的排序方法. 首先, 按任务在终到站的到达时刻决定先后; 其次, 按任务在起始站的出发时刻排定顺序; 最后, 随机安排任务的次序. 算法具体实施时, 对于任意的两个任务, 先按它们的结束时刻排定顺序; 如果相同, 再按任务开始时刻确定先后; 如果最后还是相同, 则随机安排两者的次序, 由此可以确定所有任务的先后次序.

排序过程完成后, 对这些任务按新顺序赋予标记为 $1, 2, \cdots, p, \cdots$. 然后, 根据排列好的任务次序, 定义每个任务的优先级. 具体地, 就是按照任务的前后次序, 从大到小赋值给每个任务, 越是排列在前或标记越小的任务, 赋予的优先级越大, 反之则越小. 从决策的角度来审视, 优先级较高的任务, 决策顺序应该早于优先级较低的任务. 图 7.8 所示案例中, 只有在完成了排序靠前 (具有较高优先级) 的任务 $p-1, p-2, \cdots, 1$ 的指派过程之后, 才能对当前任务 p 进行指派或决策.

对于给定的任务 p, 用符号 $\Phi(p)$ 表示在 STC 网络中排序位于 p 以前, 且与任务 p 无路径连通的任务集合, 简称为 p 的排斥性任务集合. 具体地, 如果 $p' \in \Phi(p)$, 则表示任务 p' 和 p 之间没有任何连通的时空路径. 相反地, 如果在 STC 网络中至少存在 1 条连接任务 p' 和 p 的路径, 则有 $p' \notin \Phi(p)$. 如图 7.8 所示, 任务 $p-5, p-3 \notin \Phi(p)$, 而 $p-1 \in \Phi(p)$. 显然, 如果 $p' \in \Phi(p)$, 则没有任何车辆能同时执行两个互斥的任务 p' 和 p.

使用以上定义的任务优先级和排斥性任务集合 $\Phi(p)$, 可以为当前的任务 p 进行指派决策. 具体地, 就是在原来的半指派问题 M4 中, 增加以下对称性打破约束.

$$y_p(k) + y_{p'}(k) \leqslant 1, \quad \forall k, p' < p, p' \in \Phi(p) \tag{7.13}$$

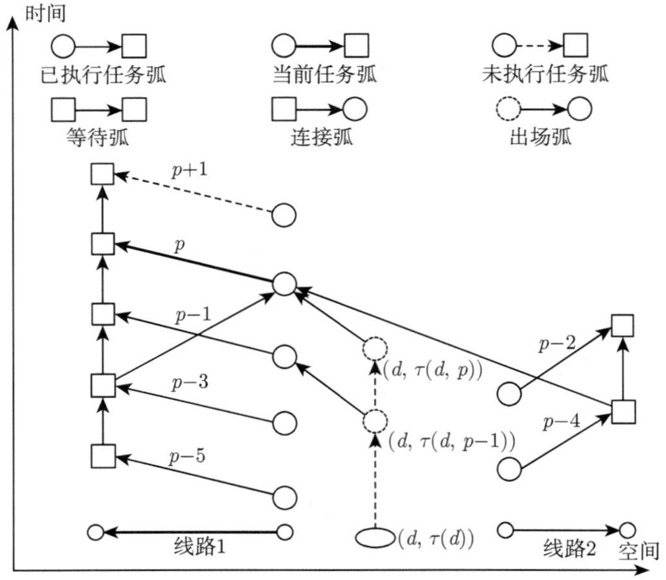

图 7.8　有序决策示意图

约束条件 (7.13) 要求, 当 $y_{p'}(k) = 1$ 时, 变量 $y_p(k)$ 必须等于 0. 这确保了具有较低优先级的任务 p, 不能选择已经执行了排斥性集合 $\Phi(p)$ 中任务 p' 的车辆, 其中任务 $p' \in \Phi(p)$ 具有较高优先级. 与原来的半指派问题相比, 增强模型 M5 可以表述如下全指派问题.

$$\min \quad \sum_{d \in D} \sum_{k \in V(d)} \pi_p(k) \cdot y_p(k)$$

$$\text{s.t.} \quad \sum_{d \in D} \sum_{k \in V(d)} y_p(k) = 1, \quad \forall p$$

$$y_p(k) + y_{p'}(k) \leqslant 1, \quad \forall k, p' < p, p' \in \Phi(p)$$

$$y_p(k) \in \{0, 1\}, \quad \forall p, k$$

在增强模型 M5 中, 约束条件 (7.13) 旨在确保车辆 k 不能同时执行互斥的任务 p 和 p'. 从这样的角度来考虑, 对称性打破约束实际上是一种特殊的能力约束, 它表示对车辆的供给进行了某种限制. 基于此, 与半指派问题 M4 相比较, 模型 M5 可以看作具有局部能力约束的普通或全指派问题. 一般而言, 普通指派问题的决策结果, 要比对应的半指派问题更加稳定和可靠. 考虑到约束条件 (7.13) 与任务执行顺序相关, 不是常规的数学表达式, 必须进一步设计专门的算法, 求解相应的 NP 难问题.

7.4.2 有序指派算法

对称性打破约束 (7.13), 目的在于反复甄别不能执行当前任务的车辆. 为了设计有效的算法, 需要随时确认哪些车辆可供使用? 哪些车辆又必须舍弃? 首先, 用 $V(p)$ 表示在扫描任务 p 时, 具备条件能够动态执行任务 p 的车辆集合, 该集合实质上包含两部分, 一部分是停留在任务到达节点处且满足最小转移时间的车辆, 另一部分是驻留在归属地车场的车辆. 对于图 7.8 所示当前任务 p, 集合 $V(p)$ 中包括以下可用的车辆, 首先是通过连接弧执行了 1 号线路上任务 $p-3$ 和以前任务如 $p-5$ 的车辆集合, 通过连接弧执行了 2 号线路上任务 $p-4$ 和先前任务的车辆集合; 其次是驻留在车场 d 中可用于执行任务 p 的所有车辆.

考虑到每个车辆 k 总是与特定车场 d 相关联, 以下用 (k,d) 表示归属于 d 车场、标记为 k 的车辆, 用 $\Theta(p)$ 表示集合 $V(p)$ 中具有最小拉格朗日乘子 $\pi_p(k,d)$ 的车辆 (k,d), 这样的车辆有时可能不止一个, 此时需要在相应车场选择标号最小的车辆; 有些情况下, 需要挑选距离任务最近车场中驻留车辆. 在车场 d 中, 指派唯一的车辆 k 执行任务 p, 可用 $\{(k,d)|y_p(k,d)=1\}$ 表示这样的指派. 进一步地, 按照所定义的任务优先级, 设计算法 7.3, 用以指派最合适的车辆去完成当前任务 p.

算法 7.3 基于优先级的有序指派算法

步骤 0 (确定首任务的可用车辆) 置 $p=1$, $V(p)=\left\{(k=1,d)\Big|(1,d)=\arg\min\limits_{d\in D,p=1}\Delta_{dp}\right\}$, 其中 Δ_{dp} 表示从车场 d (或车场起始节点) 到任务 p 开始位置 (或任务出发节点) 的行驶时间; 这意味着, 对于第一个任务 ($p=1$), 设置 $V(p)$ 为距离该任务 (开始位置) 最近车场的第一辆车 ($k=1$);

步骤 1 (从可用车辆中筛选) 利用下式确定拉格朗日乘子最小的车辆集合 $\Theta(p)$, 其中在每个车场只选择标号最小的车辆:

$$\Theta(p)=\left\{(\min\{k\},d)\Big|(k,d)=\arg\min\limits_{(k,d)\in V(p)}\{\pi_p(k,d)\}\right\}$$

步骤 2 (挑选唯一车辆) 如果集合 $\Theta(p)$ 中只有单个车辆, 即 $|\Theta(p)|=1$, 转步骤 3; 否则更新 $\Theta(p)$ 为 $\Theta(p)=\left\{(k,d)\Big|(k,d)=\arg\min\limits_{(k,d)\in\Theta(p)}\Delta_{dp}\right\}$, 即在集合 $\Theta(p)$ 中有多个车辆时, 挑选距离任务最近车场中驻留车辆;

步骤 3 (为任务指派车辆) 将集合 $\Theta(p)$ 中唯一车辆指派给任务 p, 修改公式 (7.12) 为

$$y_p(k,d)=\begin{cases}1, & (k,d)\in\Theta(p),\\ 0, & 否则\end{cases}$$

步骤 4 (搜索下一个任务) 如果任务遍历已经结束, 即 $p=\max\{p\}$, 算法终止; 否则置 $p=p+1$;

步骤 5 (确定可用车辆) 置所有时空到达节点处没有等待执行任务 p 的车辆, 即将第一类可用车辆集合 $V_1(p)$ 置为空集 $\varnothing$; 通过执行以下迭代搜索, 确定集合 $V_1(p)$ 应包含的车辆;

对于任务 $p' = 1$ 至 $p' = p - 1$, 执行以下操作

{

如果任务 p' 和 p 之间有路径连接, 即任务 p' 和 p 无冲突, 或 $p' \notin \Phi(p)$, 则将执行完任务 p' 的车辆置于集合 $V_1(p)$ 中, 即 $V_1(p) = V_1(p) \cup \{(k, d)|y_{p'}(k, d) = 1\}$, 这里 $y_{p'}(k, d)$ 的取值, 即车辆 (k, d) 是否执行了任务 p', 在对 p' 指派时已经完成;

否则, 即任务 p' 和 p 之间存在冲突, 有 $p' \in \Phi(p)$, 且执行了任务 p' 的车辆已在集合 $V_1(p)$ 中, 即 $\{(k, d)|y_{p'}(k, d) = 1\} \in V_1(p)$, 则从集合 $V_1(p)$ 删除相应的车辆, 或执行下述操作

$$V_1(p) = V_1(p) \backslash \{(k, d)|y_{p'}(k, d) = 1\}$$

}

在确定任务 p 的第二类可用车辆集合 $V_2(p)$ 时, 为了减小搜索空间, 仅挑选距离该任务最近、标号最小的车辆, 即

$$V_2(p) = \left\{ (\min\{k\}, d) \middle| (k, d) = \arg\min_{d \in D} \Delta_{dp}; y_{p'}(k, d) = 0, \ p' < p \right\}$$

步骤 6 (进行下轮循环) 置 $V(p) = V_1(p) \cup V_2(p)$, 转步骤 1.

应该注意的是, 算法 7.3 的执行过程中, 对于每次任务指派, 仅从每个车场选择一个车辆作为期望的代表, 实际挑选的是距离当前任务最近且标号最小的车辆. 特别地, 当迭代来自上轮的步骤 6 时, 步骤 2 中的 $\Theta(p)$ 可能含有多个车辆, 这种情况下, 选择距离当前任务最近车场中标号最小车辆; 如果这样的车场有多个, 则任意选择其中的一个.

容易发现, 增强模型 M5 的可行解空间比对应的 M4 要紧凑或小许多. 在上述基于优先级的动态搜索过程中, 通过引入对称性打破约束, 反复地改变半指派模型 M4 可行解空间的结构, 其中的约束条件 (7.13) 确保任意车辆不能同时执行具有冲突的任务对 p' 和 p. 正如 Sherali 和 Smith (2001) 指出的那样, 在精准地保留原问题的解空间结构, 与利用紧凑模型修改解空间以获取更好的计算效率之间, 始终存在着权衡与妥协. 对于中、大型 TVSP, 为了找到高质量的可行调度方案, 使用基于模型增强的解决方案, 肯定是一个明智的选择; 因为常规的直接处理方法, 甚至难以从分解后的子问题中生成比较好的可行解. 同时, 正是由于表 7.3 所示拉格朗日乘子的自动修复机理, 因此次梯度方法能够在路径决策和指派决策之间提供双向信息反馈, 不断向最优解位置逼近.

为了进一步展示本章提出的对称性打破算法, 以下考虑一个非常小的案例, 该案例仅包含任务 $p1$, $p2$ 以及车辆 $k1$, $k2$. 表 7.4 中, 列出了分别使用最初的半指派方法和改进的有序指派方法, 对 5 个代表性情况的计算结果; 在前 4 种情况下,

半指派方法对每个任务求解对应的问题, 由于较低费用的吸引, 任务 $p1$ 和 $p2$ 都会选择共同的车辆 $k1$ 或 $k2$ 来执行相应的任务. 由于约束条件 (7.13) 的影响, 提出的有序指派算法 7.3, 能够有效地避免任务和车辆指派之间的对称性; 而在第 5 种情况下, 有序指派方法与半指派方法维持相同的可行指派结果.

表 7.4 半指派方法和有序指派方法比较及解释

输入条件	半指派	图解	有序指派	图解
$\pi(p1,k1)<\pi(p1,k2)$ $\pi(p2,k1)<\pi(p2,k2)$ $p1$ 和 $p2$ 不连通	$y(p1,k1)=1$ $y(p1,k2)=0$ $y(p2,k1)=1$ $y(p2,k2)=0$		$y(p1,k1)=1$ $y(p1,k2)=0$ $y(p2,k1)=0$ $y(p2,k2)=1$	
$\pi(p1,k1)<\pi(p1,k2)$ $\pi(p2,k1)<\pi(p2,k2)$ $p1$ 和 $p2$ 连通	$y(p1,k1)=1$ $y(p1,k2)=0$ $y(p2,k1)=1$ $y(p2,k2)=0$		$y(p1,k1)=1$ $y(p1,k2)=0$ $y(p2,k1)=1$ $y(p2,k2)=1$	
$\pi(p1,k1)>\pi(p1,k2)$ $\pi(p2,k1)>\pi(p2,k2)$ $p1$ 和 $p2$ 不连通	$y(p1,k1)=0$ $y(p1,k2)=1$ $y(p2,k1)=0$ $y(p2,k2)=1$		$y(p1,k1)=0$ $y(p1,k2)=1$ $y(p2,k1)=1$ $y(p2,k2)=0$	
$\pi(p1,k1)>\pi(p1,k2)$ $\pi(p2,k1)>\pi(p2,k2)$ $p1$ 和 $p2$ 不连通	$y(p1,k1)=0$ $y(p1,k2)=1$ $y(p2,k1)=0$ $y(p2,k2)=1$		$y(p1,k1)=0$ $y(p1,k2)=1$ $y(p2,k1)=0$ $y(p2,k2)=1$	
$\pi(p1,k1)>\pi(p1,k2)$ $\pi(p2,k1)<\pi(p2,k2)$ $p1$ 和 $p2$ 连通情况 无要求	$y(p1,k1)=0$ $y(p1,k2)=1$ $y(p2,k1)=1$ $y(p2,k2)=0$		$y(p1,k1)=0$ $y(p1,k2)=1$ $y(p2,k1)=1$ $y(p2,k2)=0$	

进一步地, 设时间转换系数 γ 为 1, 车辆固定平均费用 Ω 为 20 分钟, 算法 7.1 使用的常数 C 为 12. 分别使用基于半指派的次梯度算法 (简称为方法一) 和基于有序指派的次梯度算法 (简称为方法二) 来求解上述例子. 首先, 在 STC 网络中, 假设任务 $p1$ 和 $p2$ 之间没有直接的路径相连, 并且车辆拉出和拉入车场的行驶时间都是 5 分钟. 此外, 用 d 来表示车辆 $k1$ 和 $k2$ 共同的配属地车场. 对于这个简单例子, 可以很容易地找到, 最优上界是 60, 最优解对应车辆 $k1$ 的运行路径是 $d \rightarrow p1 \rightarrow d$, 车辆 $k2$ 的运行路径是 $d \rightarrow p2 \rightarrow d$, 其中 $d \rightarrow p1 \rightarrow d$ 表示车辆 $k1$ 离开车场 d, 然后执行任务 $p1$, 最后返回车场 d. 表 7.5 中, 具体给出了不同方法对上述例子的详细迭代过程.

表 7.5　不同求解方法迭代过程

迭代	方法	拉格朗日乘子				路径决策		指派决策		最优偏离
		$\pi(p1,k1)$	$\pi(p1,k2)$	$\pi(p2,k1)$	$\pi(p2,k2)$	$k1$	$k2$	$p1$	$p2$	
1	方法一	12	12	12	12	$d \rightarrow d$	$d \rightarrow d$	$k1$	$k1$	60%
	方法二	12	12	12	12	$d \rightarrow d$	$d \rightarrow d$	$k1$	$k2$	60%
2	方法一	48	12	48	12	$d \rightarrow p1 \rightarrow d$	$d \rightarrow d$	$k2$	$k2$	60%
	方法二	48	12	12	48	$d \rightarrow p1 \rightarrow d$	$d \rightarrow p2 \rightarrow d$	$k1$	$k2$	0%
3	方法一	30	30	48	30	$d \rightarrow p2 \rightarrow d$	$d \rightarrow d$	$k1$	$k2$	30%
	方法二	—	—	—	—					
4	方法一	36	30	42	36	$d \rightarrow p2 \rightarrow d$	$d \rightarrow p2 \rightarrow d$	$k2$	$k2$	20%
	方法二	—	—	—	—					
5	方法一	36	36	36	36	$d \rightarrow p1 \rightarrow d$	$d \rightarrow p1 \rightarrow d$	$k1$	$k1$	0%
	方法二	—	—	—	—					

很明显, 使用有序指派对应的方法二, 仅需要 2 次迭代就可获得期望的最优解. 相比较而言, 尽管半指派对应的方法一在第 5 次迭代时最优偏离已经为零, 但仍没有找到所需的可行解. 从上述的计算比较可以看出, 有序指派方法在求解效率, 或者在减少解的对称性方面具有明显的优势.

7.5　实时调度应用

在实时的交通管控环境中, 由于许多可能的随机干扰, 部分车辆无法严格地按照预定的时刻表进行运行, 此时需要启动新的再调度过程 (Budai et al., 2010). 假定在当前时刻 T_0, 由于系统发生严重的运作延迟, 原有的车辆调度计划在未来成为不可行方案, 在这种情况下, 应该进行实时的车辆调度调整. 由于融合了时间和空间维度, 本章构建的 STC 网络, 可以方便地融合新产生的约束条件, 因此计算新的车辆调度方案, 以适应变化了的时刻表.

　　解决车辆实时调度问题的关键, 是根据系统的运行状态辨识和定位 3 种类型的车辆: 第 1 类是驻留在车场的车辆集合 V_1, 第 2 类是在车站等候的车辆集合 V_2, 第 3 类是正在运行途中执行任务的车辆集合 V_3. 相应地, 需要在当前时间点 T_0, 修改 STC 网络的节点和已经被车辆覆盖或访问了的任务.

1. 任务修改

　　在当前时间点 T_0, 对于任务列表中的每个任务, 如果执行该任务的车辆已经从相应的初始位置出发, 则在 STC 网络中删除该任务, 或将任务弧的费用修改为无穷大. 换言之, 任务集合 P 应该更新为

$$P \leftarrow P \setminus \{p | \lambda(i,t) = p, t \leqslant T_0, (i,t) \in N^{\mathrm{TD}}\}$$

2. 节点修改

　　根据原有的调度方案和每个车辆的当前状态, 修改全部最短路径问题的开始节点, 共有以下 3 种情况.

　　情况 1　在时间点 T_0, 如果车辆 (k,d) 驻留在车场, 即 $(k,d) \in V_1$, 继续为车辆 (k,d) 寻找从车场始发节点 $(d,\tau(d))$ 到终到节点 $(d,\bar{\tau}(d))$ 的最短路径;

　　情况 2　在时间点 T_0, 如果车辆 (k,d) 是在车站等待, 即 $(k,d) \in V_2$. 具体地, 按照原调度方案, 如果车辆 (k,d) 是在等待访问任务弧 $(i,t;j,s)$, 时间坐标满足 $s \leqslant T_0$. 此时, 用任务出发节点 (i,t) 替换车场起始节点 $(d,\tau(d))$, 为车辆 (k,d) 重新计算从时空节点 (i,t) 到车场终到节点 $(d,\bar{\tau}(d))$ 最短路径;

　　情况 3　在时间点 T_0, 如果车辆 (k,d) 正在执行任务的途中, 即 $(k,d) \in V_3$. 具体地, 按照原调度方案, 车辆 (k,d) 正在访问任务弧 $(i,t;j,s)$, 时间坐标满足 $s > T_0$. 此时, 用任务到达节点 (j,s) 替换车场起始节点 $(d,\tau(d))$, 为该车辆重新计算从时空节点 (j,s) 到车场终到节点 $(d,\bar{\tau}(d))$ 的最短路径.

　　根据动态更新后的 STC 网络和车辆起始位置, 通过实时滚动的方式调用算法 7.1~ 算法 7.3, 可以获得新的车辆调度方案. 反过来, 原始的离线调度问题属于 $T_0 = 0$ 的特殊情况, 或在运营时段开始时刻对系统进行调度.

7.6　数　值　实　验

7.6.1　简单例子

　　本小节首先测试仅含 3 条线路、2 个车场的简单例子, 案例中的车辆根据已知的时刻表以环形方式在相应线路上运行. 表 7.6 列出了 3 条公交线路的已知时

刻表以及由时刻表确定的任务列表; 为了表示简单, 其中用普通的整数表示所有的时间. 此外, 已知 2 个车场分别具有 4 辆和 16 辆可用车辆. 表 7.7 给出了不同地点之间所需的最小行驶时间.

表 7.6 任务的出发和到达时刻

	线路 1			线路 2			线路 3	
任务编号	出发时刻 (分)	到达时刻 (分)	任务编号	出发时刻 (分)	到达时刻 (分)	任务编号	出发时刻 (分)	到达时刻 (分)
1	25	55	1	30	65	1	30	60
2	35	80	2	42	82	2	45	75
3	50	90	3	60	95	3	55	85
4	60	105	4	72	112	4	60	90
5	75	115	5	90	125	5	75	105
6	85	130	6	102	142	6	85	115
7	95	140	7	120	155	7	95	125
8	110	145	8	132	172	8	105	135
9	120	165	9	150	185	9	115	145
10	135	180	10	162	202	10	125	155
11	150	190	11	180	215	11	135	165
12	160	205	12	192	232	12	145	175

表 7.7 不同地点之间所需的最小行驶时间

车场和线路间的拉出与拉入行驶时间 (分)		线路与线路间空驶行驶时间 (分)	
车场 1 ↔ 线路 1	10	线路 1 ↔ 线路 1	5
车场 1 ↔ 线路 2	25	线路 1 ↔ 线路 2	10
车场 1 ↔ 线路 3	10	线路 1 ↔ 线路 3	20
车场 2 ↔ 线路 1	25	线路 2 ↔ 线路 2	5
车场 2 ↔ 线路 2	10	线路 2 ↔ 线路 3	10
车场 2 ↔ 线路 3	25	线路 3 ↔ 线路 3	5

进一步地, 设置时间转换系数 γ 为 1, 车辆平均固定成本 Ω 为 20 分钟, 算法 7.1 的常数 C 为 12. 利用所提出的算法 (次梯度 + 有序指派) 求解上述简单案例, 得到的最优解显示于表 7.8 的第 3 列, 其中, 计算采用英特尔® 酷睿™ i5-2400 处理器的个人机, CPU 计算时间为 5.88 秒. 图 7.9 和图 7.10 中, 绘制了相应的上、下界和最优偏离随迭代变化的曲线. 可以看到, 由于使用了基于对称性打破的有序指派算法, 得到了上界 UB = 759.00 和下界 LB = 759.00, 对应于上界和下界相等的情况, 最优偏离为 0.00%.

为了简化符号和显示, 表 7.8 及以后均使用 $p(l)$ 表示公交线路 l 上的任务 p, 继续用 (k, d) 表示归属于车场 d 的车辆 k. 特别地, 表 7.8 中的 $1(1) \rightarrow 4(1) \rightarrow 8(1) \rightarrow 11(1)$ 表示车辆 $(1, 1)$ 依次执行线路 1 上的任务 1, 4, 8 和 11.

表 7.8 最优解显示

车场编号	车辆编号	车辆路径
	(1,1)	$1(1) \rightarrow 4(1) \rightarrow 8(1) \rightarrow 11(1)$
1	(2,1)	$1(3) \rightarrow 5(3) \rightarrow 9(3)$
	(3,1)	$2(3) \rightarrow 6(3) \rightarrow 10(3)$
	(4,1)	$2(1) \rightarrow 6(1) \rightarrow 10(1)$
	(1,2)	$1(2) \rightarrow 4(2) \rightarrow 7(2) \rightarrow 10(2)$
	(2,2)	$2(2) \rightarrow 5(2) \rightarrow 8(2)$
	(3,2)	$3(3) \rightarrow 6(2) \rightarrow 12(1)$
	(4,2)	$3(1) \rightarrow 7(1) \rightarrow 9(2)$
2	(5,2)	$4(3) \rightarrow 7(3) \rightarrow 11(3)$
	(6,2)	$3(2) \rightarrow 8(3) \rightarrow 12(3) \rightarrow 12(2)$
	(7,2)	$5(1) \rightarrow 9(1) \rightarrow 11(2)$
	(8,2)	—
	(9,2)	—
	(10,2)	—

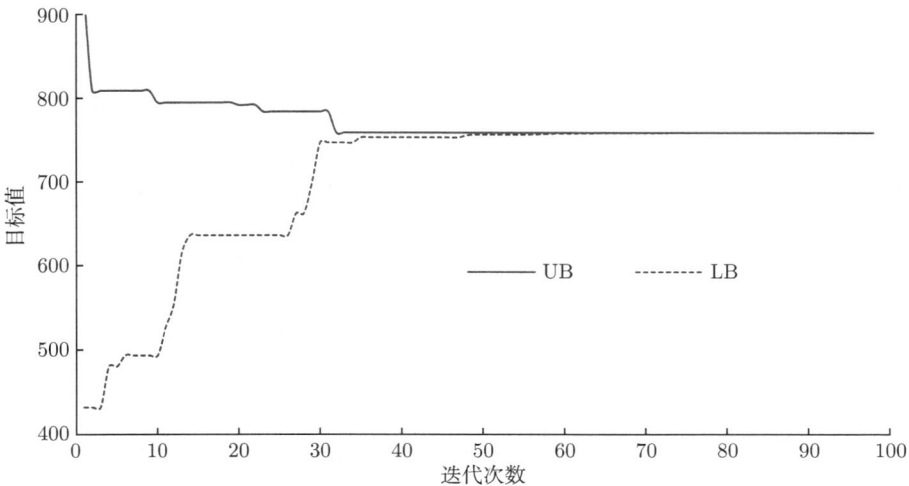

图 7.9 迭代过程中上界及下界变化的图示

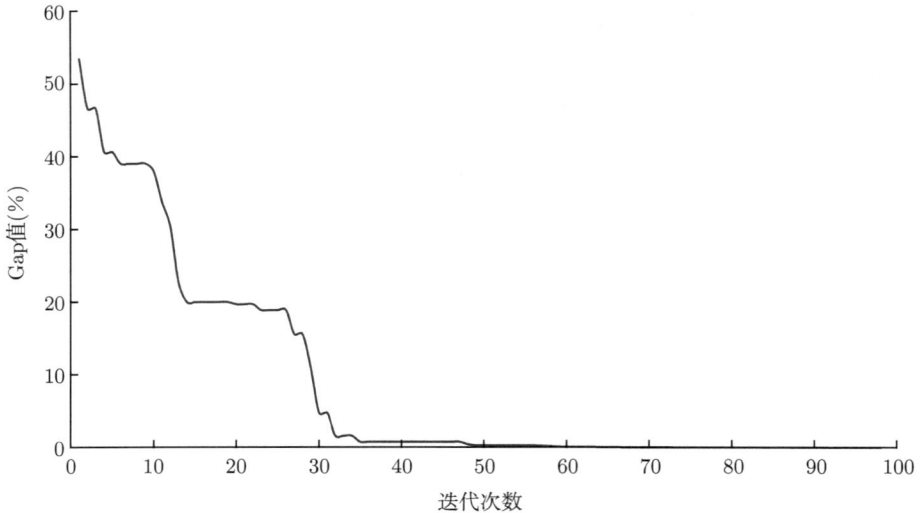

图 7.10   迭代过程中最优偏离变化的图示

为了清楚地展示本章方法, 特别是有序指派的优化机理, 表 7.9 提供了案例另一层面的计算结果的展示, 表中针对特定任务 11(1), 详细列出了前 10 次迭代过程中, 拉格朗日乘子 $\pi_p(k)$、可用车辆集合 $V(p)$ 以及最优指派的变化情况.

表 7.9 中, 符号 LM 表示拉格朗日乘子的取值, $V(p)$ 表示任务 11(1) 可用车辆的集合 (合格集), 表中列出了随着迭代的推进, 特定任务 (线路 1 上的任务 11) 对应拉格朗日乘子和可用车辆变化的详细信息. 容易观察到, 在第 1 次迭代时, 所有拉格朗日乘子都等于 12, 合格集是 {(1, 1), (9, 2)}, 最优指派是 (1, 1). 在第 10 次迭代时, 许多拉格朗日乘子的值发生了变化, 合格集是 {(4, 1), (3, 2), (7, 2), (10, 2)}, 最优指派是 (4, 1), 拉格朗日乘子的最小值从 12 减至 4.7, 最优指派搜索范围逐渐变小. 这进一步表明, 本章提出的综合求解方法, 能够利用基于车辆的价格和基于优先权的指派, 有效地缩小解空间的搜索范围.

此外, 这里还考察了时间换算系数 γ 取值对最终解的影响. 对于上面的案例, 当参数取值范围位于 $\gamma \in [0, 0.3]$ 时, 最优解还是使用 11 辆车的相同调度方案; 而当参数取值范围变为 $\gamma \in (0.3, 1.0]$ 时, 则需要其他不同的调度方案. 表 7.10 展示了时间换算系数 γ 取不同值时的计算结果, 包括原目标函数和转换后的目标函数, 其中当 $\gamma = 0.0$ 时, 前后目标函数具有相同的基准值. 这在一定程度上表明, 本章方法具有比较稳定的计算性能.

表 7.9 任务 11(1) 拉格朗日乘子及相关信息变化情况

迭代		(1,1)	(2,1)	(3,1)	(4,1)	(1,2)	(2,2)	(3,2)	(4,2)	(5,2)	(6,2)	(7,2)	(8,2)	(9,2)	(10,2)	(11,2)	(12,2)	(13,2)	(14,2)	(15,2)	(16,2)	最优偏离
1	LM	12	12	12	12	12	12	12	12	12	12	12	12	12	12	12	12	12	12	12	12	(1,1)
	V(p)	(1,1)												(9,2)								
2	LM	39.5	12	12	12	12	12	12	12	12	12	12	12	12	12	12	12	12	12	12	12	(4,2)
	V(p)								(4,2)					(9,2)	(10,2)	(11,2)						
3	LM	14.14	12	12	12	12	12	12	37.36	12	12	12	12	12	12	12	12	12	12	12	12	(4,1)
	V(p)				(4,1)			(3,2)						(9,2)	(10,2)	(11,2)	(12,2)					
4	LM	14.14	12	12	29.24	12	12	12	20.12	12	12	12	12	12	12	12	12	12	12	12	12	(2,2)
	V(p)				(4,1)		(2,2)						(8,2)	(9,2)	(10,2)		(12,2)					
5	LM	2.81	12	12	17.91	12	23.33	12	20.12	12	12	12	12	12	12	12	12	12	12	12	12	(1,1)
	V(p)	(1,1)		(3,1)	(4,1)				(4,2)			(7,2)	(8,2)	(9,2)		(11,2)	(12,2)					
6	LM	19.39	12	12	17.91	12	23.33	12	20.12	12	12	12	12	12	12	12	12	12	12	12	12	(3,1)
	V(p)			(3,1)								(7,2)	(8,2)	(9,2)		(11,2)						
7	LM	7.02	12	24.3	5.54	12	23.33	12	7.75	12	12	12	12	12	12	12	12	12	12	12	12	(1,1)
	V(p)	(1,1)							(4,2)				(8,2)	(9,2)		(11,2)						
8	LM	22.42	12	8.97	5.54	12	23.33	12	7.75	12	12	12	12	12	12	12	12	12	12	12	12	(4,1)
	V(p)				(4,1)		(2,2)	(3,2)				(7,2)	(8,2)	(9,2)		(11,2)						
9	LM	5.75	12	8.97	22.21	12	23.33	12	7.75	12	12	12	12	12	12	12	12	12	12	12	12	(1,1)
	V(p)	(1,1)					(2,2)		(4,2)			(7,2)			(10,2)							
10	LM	23.26	12	8.97	4.7	12	23.33	12	7.75	12	12	12	12	12	12	12	12	12	12	12	12	(4,1)
	V(p)				(4,1)			(3,2)				(7,2)			(10,2)							

表 7.10　参数 γ 的灵敏度分析

γ	0.0	0.1	0.2	0.3	0.4	0.5	0.6	0.7	0.8	0.9	1.0
原始目标函数	665	674.4	683.8	693.2	708.6	717	725.4	733.8	742.2	750.6	759
转换后目标函数	665	665	665	665	675	675	675	675	675	675	675

7.6.2　测试计算比较

本部分设置 7 种不同的测试案例, 这些案例都有 2 条线路和 2 个车场, 就此对以下 3 种方法进行计算比较: ① 利用 CPLEX 直接求解模型 M1, 简称为 CPLEX+M1; ② 拉格朗日分解和 CPLEX 联合的方法, 即利用 CPLEX 直接求解分解后的模型 M3 和 M4, 表示为 CPLEX+M3+M4; ③ 利用 C++ 语言开发, 综合使用网络简化、变量分离、拉格朗日分解和对称性打破的集成化方法, 即在 STC 网络上求解模型 M3 和 M5, 表示为 STC+M3+M5. 对于任务数逐渐增多的 7 个案例, 表 7.11 中给出了详细的计算结果比较.

表 7.11　CPLEX+M1、CPLEX+M3+M4 和 STC+M3+M5 方法的比较

案例	任务数量	车场 1 能力	车场 2 能力	弧的数量	方法	目标函数	计算时间 (s)	偏离 Gap(%)	下界可行或不可行	过渡覆盖任务数量	未覆盖任务数量
案例 1	8	4	4	66	CPLEX+M1	195	2.41	0.00	Y	0	0
				66	CPLEX+M3+M4	192.72	311	1.17	N	2	2
				58	STC+M3+M5	195	0.98	0.00	Y	0	0
案例 2	16	8	8	154	CPLEX+M1	347	32.86	0.00	Y	0	0
				154	CPLEX+M3+M4	343.68	2411	0.96	N	2	7
				127	STC+M3+M5	347	1.48	0.00	Y	0	0
案例 3	24	8	12	246	CPLEX+M1	655	152.74	0.00	Y	0	0
				246	CPLEX+M3+M4	18.22	4800	97.22	N	0	21
				197	STC+M3+M5	655	1.69	0.00	Y	0	0
案例 4	32	8	12	341	CPLEX+M1	830	444.09	0.00	Y	0	0
				341	CPLEX+M3+M4	0.00	4800	100	N	1	9
				269	STC+M3+M5	830	2.44	0.00	Y	0	0
案例 5	40	8	12	437	CPLEX+M1	1000	943.33	0.00	Y	0	0
				437	CPLEX+M3+M4	0.00	4800	100	N	0	20
				341	STC+M3+M5	1000	5.36	0.00	Y	0	0
案例 6	48	8	12	532	CPLEX+M1	1175	1865.75	0.00	Y	0	0
				532	CPLEX+M3+M4	0.00	4800	100	N	0	42
				413	STC+M3+M5	1175	6.40	0.00	Y	0	0
案例 7	56	8	12	629	CPLEX+M1	—	>3000	—	—	—	—
				629	CPLEX+M3+M4	0.00	4800	100	N	0	56
				485	STC+M3+M5	1335	6.67	0.00	Y	0	0

可以容易观察到, 对于小规模的案例 1 ∼ 案例 6, 集成化方法 STC+M3+M5, 几乎可以同步达到与 CPLEX+M1 方法相同的最优值, 而且两种方法得到的目标函数值相同. 随着问题规模的逐渐增加, CPLEX+M1 和 CPLEX+M3+M4 方法的计算时间比 STC+M3+M5 要大很多, 因为前两种方法没有充分利用特殊的网络结构. 特别地, 当问题中的任务数接近 60 时, 如案例 7, CPLEX+M1 方法则无法在可接受的计算时间阈值 3000 秒内得到最优解. 形成对比的是, 综合集成方法 STC+M3+M5 方法, 则能够在大约 10 秒内得到问题的精确最优解, 这充分显示了本章方法的有效性, 详细的 CPU 计算时间如图 7.11 所示.

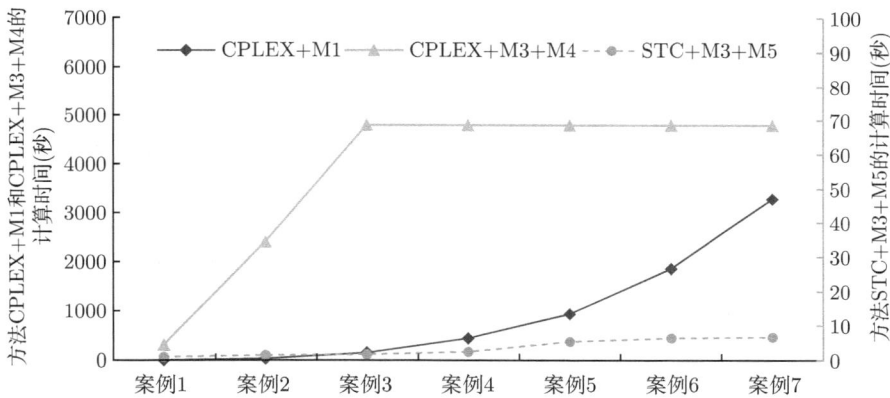

图 7.11 不同方法 CPU 计算时间的比较

可以进一步分析增强模型 M5 或有序指派算法的其他优势. 在表 7.11 中, "Y" 表示可行解, "N" 表示不可行解. CPLEX+M1 和 CPLEX+M3+M4 方法主要依靠拉格朗日分解, 缺乏增强模型 M5 的作用, 使得前两种方法的下界很难产生可行解. 综合方法 STC+M3+M5 集成了各种方法的优势, 特别是在对称性打破上的独特作用, 对于中小规模的问题, 所得到的下界都是可行解, 再次展示了这种方法在理论和应用方面均具有明显的优越性.

7.6.3 中大型数值测试

1. 实际案例

本部分旨在进行更多的数值实验, 以测试本章所建模型和算法的性能. 实际案例来源于我国某市, 通过对该城市公交网络修改而成. 考虑的案例具有 5 条公交线路、400 个任务和 3 个车场. 在资料准备阶段, 做了以下假设和调整, 3 个车场的车队规模 (车辆数量) 分别为 5, 10 和 5 辆车, 5 条线路附属的任务数分别为

50, 50, 100, 90 和 110 个. 所考虑城市公交的简化网络如图 7.12 所示, 每个任务的出发和到达时刻用 CAD 软件绘制在附图 7.1 和附图 7.2 中, 其中的斜线段表示任务, 旁边的数字分别代表相应的出发和到达时刻.

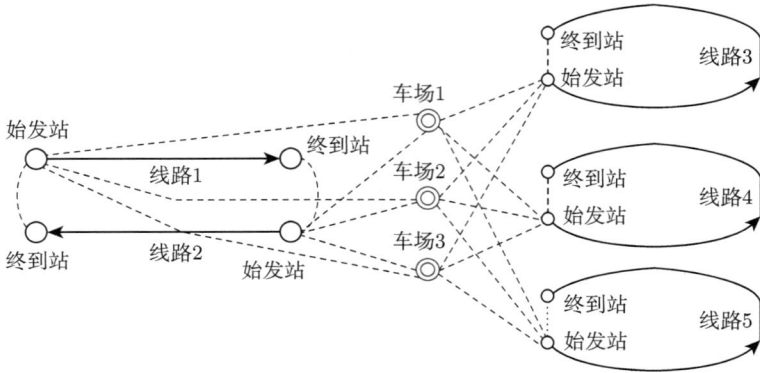

图 7.12　所考虑城市公交线路简化网络

表 7.12 列出了车辆在不同空间地点之间的行驶时间, 其中包括线路之间的空驶运行时间, 离开车场去执行线路上第一个任务的出场行驶时间, 执行完线路上最后任务返回车场的入场行驶时间; 继续设时间转换系数 γ 为 1, 车辆固定成本 Ω 为 20 分钟.

表 7.12　不同空间地点之间的行驶时间

		线路 1	线路 2	线路 3	线路 4	线路 5
不同线路间空驶时间 (分)	线路 1	20	5	20	20	20
	线路 2	5	20	20	20	20
	线路 3	20	20	5	20	15
	线路 4	15	20	20	5	20
	线路 5	15	20	15	20	5
		线路 1	线路 2	线路 3	线路 4	线路 5
拉出车场行驶时间 (分)	车场 1	10	30	20	30	30
	车场 2	30	10	10	20	20
	车场 3	20	30	30	10	10
		车场 1	车场 2	车场 3		
拉入车场行驶时间 (分)	线路 1	30	10	20		
	线路 2	10	30	30		
	线路 3	20	10	30		
	线路 4	30	20	10		
	线路 5	30	20	10		

在配置有英特尔® 赛扬®CPU E5-2609 v2 处理器和 32G 内存的工作站上,运行 C++ 语言开发程序. 利用本章提出的综合集成算法 STC+M3+M5, 得到非常接近最优的可行解, 计算时长为 55 秒, 最后的上界为 4183.00, 下界为 4103.81, 最优偏离为 1.89%. 附表 7.1 提供了最优解的详细信息, 包括所有车辆的计划路径, 例如, 首行中的 1(1)→3(2)→5(1) 表示车辆 (1, 1) 从线路 1 的第 1 个任务运行到线路 2 的第 3 个任务, 然后再运行到线路 1 的第 5 个任务.

此外, 图 7.13 给出了上界、下界沿着迭代次数变化的曲线图, 图 7.14 显示了最优偏离值随迭代次数变化的曲线, 其中当迭代次数达到 347 次时, 最优偏离减至 1.89%.

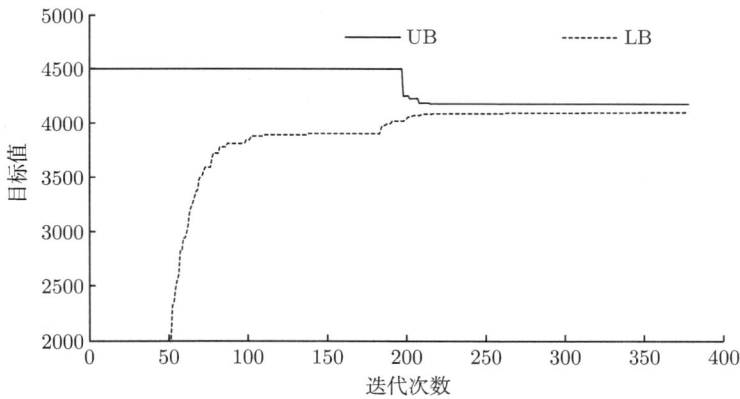

图 7.13 上界、下界随迭代次数变化的图示

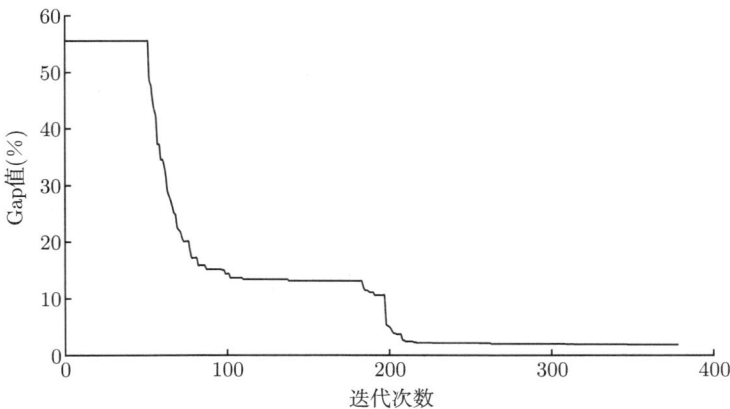

图 7.14 最优偏离值随迭代次数变化的曲线

根据附表 7.1 展示的最优解信息, 可以容易地发现以下现象和结论.

(1) 3 个车场实际使用的车辆分别为 3, 10 和 5 辆, 小于或等于已知的车队规模, 证实了本章方法可以同步最小化所需的车辆数.

(2) 从 1 号、2 号和 3 号车场到全部 5 条线路出场距离的总和, 分别为 120, 90 和 100 分钟. 这意味着在 3 个车场中, 1 号车场具有最大的出场行驶距离. 附表 7.1 的结果是, 仅在 1 号车场, 运营期内 2 个车没有使用, 即闲置了运行距离最大的车辆. 这同时表明, 求得的最优调度方案总是使用行驶费用最小的车辆.

为了验证实时调度方法的有效性, 以 $T_0 = 550$ 分钟为例, 计算新的车辆调度方案. 已知在实时调度开始时间点, 有 119 个任务被执行完毕, 附表 7.1 中第 3 列以黑体数字显示已执行的任务, 另外有 3 个延误了 10 分钟的任务, 分别是车场 1 中的车辆 (1, 1)、车场 2 中的车辆 (2, 2) 和 (4, 2), 最后还有 2 个延误了 5 分钟的任务, 分别是车场 3 中的车辆 (4, 3) 和 (5, 3). 使用上文提出的算法, 可以得到了附表 7.2 列出的最优实时调度方案, 对应的上界等于 2947.00, 下界等于 2921.16, 最优偏离为 0.09%.

2. 进一步的测试

为了进一步说明集成化方法 STC+M3+M5, 在求解大型或现实复杂问题时的效率, 继续施行如下数值计算. 表 7.13 展示了更复杂场景下的数值计算结果, 涉及的案例包含不同数量的车场和不同类型的时刻表, 问题规模涵盖中、大型情况, 从 700 个任务增至 1350 个任务; 特别地, 案例 2 和案例 3 具有相同的车场数量和不同的时刻表类型, 案例 4 和案例 5 具有相同的时刻表类型和不同的车场数量. 利用最优偏离 Gap 和运行时间 CPU 比较显示, 集成化方法对于计算大规模案例有效可靠. 另外, 算法的计算效率主要取决于问题的复杂程度, 具有更复杂结构的情况如案例 3 或案例 5, 相比于简单的情况如案例 2 或案例 4, 始终需要更多的 CPU 计算时间.

表 7.13　中、大型算例的计算结果比较

案例编号	车场数量	任务数量	线路数量	时刻表类型	上界	下界	偏离(%)	计算时间(秒)
1	4	600	5	IRREGULAR	4160	4126.52	0.80	99.30
2	5	800	6	REGULAR	5492	5407.96	1.53	269.05
3	5	800	6	IRREGULAR	5522	5439.46	1.50	307.99
4	3	1150	9	SAME+IRR	10043	9689.39	3.52	981.46
5	5	1150	9	SAME+IRR	10194	9679.98	5.04	1243.44
6	5	1350	13	IRREGULAR	14944	13832.00	7.44	2723.44

表 7.13 中, 符号 "REGULAR" 表示相应的公交时刻表分别具有相同的车头距和常数的任务执行时间, 符号 "IRREGULAR" 指相应的公交时刻表具有变化的车头距和任务执行时间, 符号 "SAME+IRR" 表示所指的两个案例具有 "类型相同、IRREGULAR" 的时刻表.

特别地, 进行了以下测试案例, 以展示算法在求解中、大型案例方面的有效性. 首先, 使用国际公开的数据资料, 它们存放在 http://or.dei.unibo.it/library/MD-VSP 处, 标识为 2-580-00、3-580-00 和 5-580-00, 展示的求解方法为 UNIBO-MD-VSP. 利用本章集成化方法, 可得到理想的近似最优解, 计算结果放置在网页 https://www.researchgate.net/profile/ Huimin_Niu/publication/320890286 处. 表 7.14 给出了全面的结果比较. 显然, 对于不同的案例情况, 与公开的 UNIBO-MD-VSP 方法比较, 本章方法都能得到几乎相同的解.

表 7.14 本章方法与公开方法的比较

案例编号	本章方法得到的解				UNIBO-MD-VSP提供的解		目标函数比较
	目标函数	车辆数	偏离(%)	计算时间 (秒)	目标函数	车辆数	
2-580-00	838643	68	0.00	628	838643	68	0
3-580-00	834213	68	2.71	732	834031	68	182
5-580-00	824023	68	3.06	915	823549	68	474

另外测试的实验是更大规模的案例, 改编自美国弗吉尼亚州费尔法克斯市, 涉及的公交网络具有 86 条线路和 3172 个任务, 相应的时刻表位于网页 https://transitfeeds.com/p/fairfax-connector/295 处, 其中选取了 2016_SEPTEMBER_20160831 和第 1 个出行服务版本. 特别假定, 该城市公交对应有 6 个车场, 车队规模分别为 60, 70, 50, 55, 65 和 60 辆车, 不同空间位置之间的车辆转移时间矩阵位于 https://www.researchgate.net/profile/Huimin_Niu/publication/320890383 处. 利用本章方法求解该案例, 耗用 CPU 时间 4012 秒, 得到了期望的近似最优解, 详细的计算结果放置于网页 https://www.researchgate.net/profile/Huimin_Niu/publication/320892977 处, 最后对应的上界和下界分别等于 320626.00 和 296945.06, 最优偏离为 7.39%. 综上所述, 对于国际公开和真实世界大规模案例, 本章方法均表现出了令人满意的性能和效率.

7.7　结　束　语

如何处理多车场公交车辆调度问题中指派和路径决策的协同, 本章提出了一种集成化的解决方法. 首先, 通过建立结构更加紧凑的时空连接网络, 用以降低网络结构和数学模型的复杂度; 其次, 为了求解大规模的多商品整数规划模型, 设计了基于变量分离的拉格朗日松弛方法, 并使用基于指针的标号修正算法搜索时间依赖的最短路径. 在使用简化的时空连接网络和基于 "车辆任务" 的拉格朗日乘子过程中, 特别探究了解的对称性这一极其困难的问题, 这对于构建基于模型变换的理论架构, 并将其应用于离线和在线的车辆调度系统, 都非常至关重要.

本章精心设计了基于任务优先权的有序指派方法, 用以在迭代搜索过程中, 动态引入对称性打破约束. 通过综合网络简化、问题分解和对称性打破的集成求解方法, 为类似问题的理论探索带来了新的启迪, 并特别关注和思考两个问题: ① 交通问题中的对称性现象; ② 有效计算系统的开发, 以能够彻底解决大规模交通决策诸如车辆调度和物流配送问题. 大量数值实验表明, 本章方法在快速获得高质量最优解方面, 展示了巨大的效率和潜力, 在解决中、大型问题中具有广阔的应用前途.

未来重要的研究选题是考虑更加普遍的情况, 将基于网络简化的时空连接方法, 扩展到其他的交通优化问题中, 特别是含有大量车辆属性同质但时空活动灵活的运营环境; 在交通运输管理中考虑格外的边际约束条件, 如车辆运行和旅客行为方面的特殊要求, 应该是个有趣的研究方向; 对于大规模车辆调度应用, 探究和测试其他可能的对称性打破约束和模型增强方法, 是另一个非常有挑战意义的研究选题.

14:00

13:00

12:00

11:00

10:00

9:00

8:00

7:00

6:00

线路1　　　　　线路2　　　　　线路3　　　　　线路4　　　　　线路5

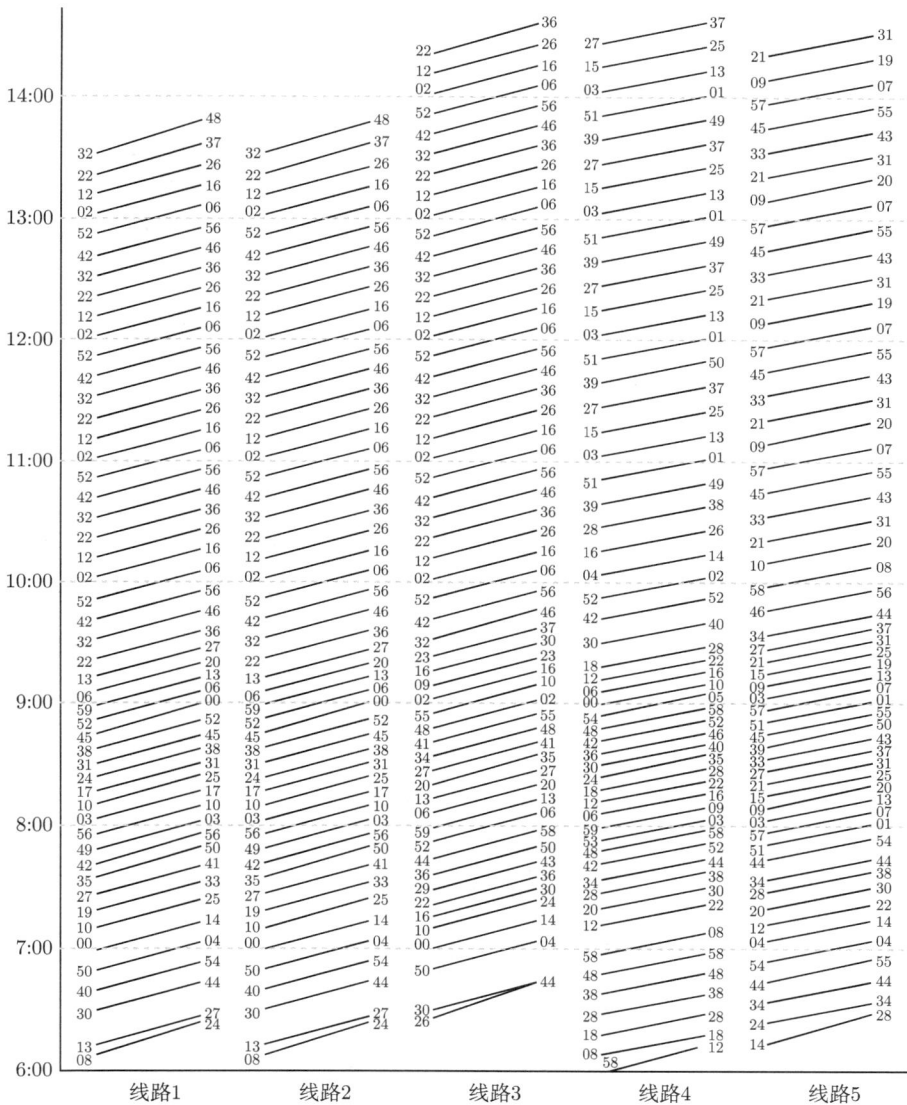

附图 7.1　公交 1~5 号线 6:00 到 14:00 的时刻表

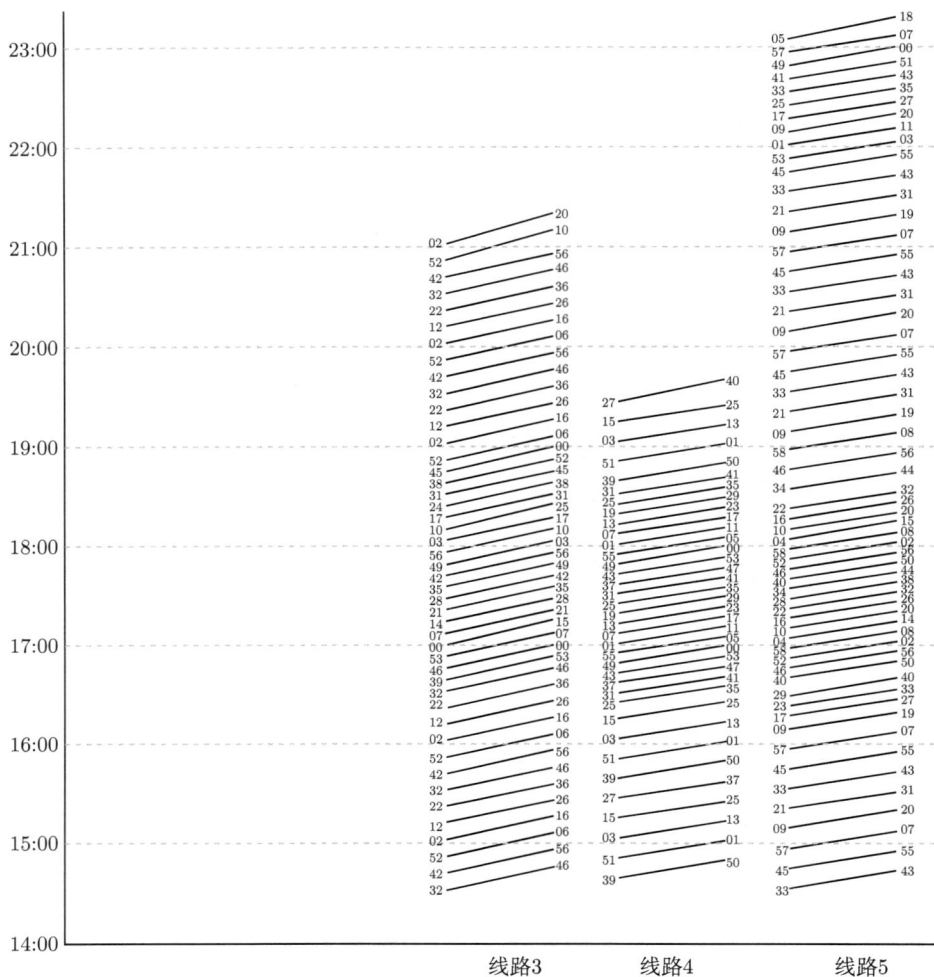

附图 7.2　公交 3~5 号线 14:00 到 23:00 的时刻表

附表 7.1 最优车辆调度方案

车场	车辆	调度方案
1	(1,1)	**1(1)→3(2)→5(1)→7(2)→10(1)→13(2)→16(1)→19(2)→22(1)**→25(2)→27(1) →29(2)→31(1)→33(1)→35(1)→37(2)→39(1)→41(2)→43(1)→45(2)→47(1)→49(2)
	(2,1)	**2(1)→4(2)→6(1)→8(2)→11(1)→14(2)→17(1)→20(2)→23(1)**→26(2)→28(1) →30(2)→32(1)→34(2)→36(1)→38(2)→40(1)→42(2)→44(1)→46(2)→48(1)→50(2)
	(3,1)	**9(1)→12(2)→15(1)→18(2)→21(1)→24(2)**
2	(1,2)	**1(2)→3(1)→5(2)→7(1)→10(2)→13(1)→16(2)→19(1)→22(2)**→25(1)→27(2) →29(1)→31(2)→33(1)→35(2)→37(1)→39(2)→41(1)→43(2)→45(1)→47(2)→49(1)
	(2,2)	**2(2)→4(1)→6(2)→8(1)→11(2)→14(1)→17(2)→20(1)→23(2)**→26(1)→28(2) →30(1)→32(2)→34(1)→36(2)→38(1)→40(2)→42(1)→44(2)→46(1)→48(2)→50(1)
	(3,2)	**1(3)→3(3)→5(3)→8(3)→11(3)→14(3)→17(3)→20(3)→23(3)**
	(4,2)	**2(3)→4(3)→7(3)→10(3)→13(3)→16(3)→19(3)→22(3)**→25(3)→27(3)→29(3) →31(3)→ 33(3)→35(3)→37(3)→39(3)→41(3)→43(3)→45(3)→47(3)→49(3)→51(3) →53(3)→55(3)→57(3)→59(3)→61(3)→63(3)→65(3)→67(3)→70(3)→73(3)→76(3) →79(3)→82(3)→85(3)→88(3)→90(3)→92(3)→94(3)→96(3)→98(3)→100(3)
	(5,2)	**6(3)→9(3)→12(3)→15(3)→18(3)→21(3)**→24(3)→26(3)→28(3)→30(3)→32(3) →34(3)→ 36(3)→38(3)→40(3)→42(3)→44(3)→46(3)→48(3)→50(3)→52(3)→54(3) →56(3)→58(3)→60(3)→62(3)→64(3)→66(3)→69(3)→72(3)→75(3)→78(3)→81(3) →84(3)→87(3)→89(3)→91(3)→93(3)→95(3)→97(3)→99(3)
	(6,2)	**9(2)→12(1)→15(2)→18(1)→21(2)→24(1)**
	(7,2)	**10(5)→12(5)→15(5)→18(5)→21(5)→24(5)→27(5)**
	(8,2)	64(5)→67(5)→70(5)→73(5)→76(5)→79(5)→82(5)→84(5)→86(5)→88(5)→90(5)→ 92(5)→94(5)→96(5)→98(5)→100(5)→102(5)→104(5)→106(5)→108(5)→110(5)
	(9,2)	68(3)→71(3)→74(3)→77(3)→80(3)→83(3)→86(3)
	(10,2)	66(4)→69(4)→72(4)→75(4)→78(4)→81(4)→84(4)
3	(1,3)	**1(4)→3(4)→5(4)→7(4)→9(4)→12(4)→15(4)→18(4)→21(4)→24(4)**→27(4) →29(4)→31(4)→33(4)→35(4)→37(4)→39(4)→41(4)→43(4)→45(4)→47(4)→49(4) →51(4)→53(4)→55(4)→57(4)→59(4)→61(40)→63(4)→65(4)→68(4)→71(4)→74(4) →77(4)→80(4)→83(4)→ 86(4)→88(4)→90(4)
	(2,3)	**2(4)→4(4)→6(4)→8(4)→10(4)→13(4)→16(4)→19(4)→22(4)→25(4)**→28(4) →30(4)→32(4)→34(4)→36(4)→38(4)→40(4)→42(4)→44(4)→46(4)→48(4)→50(4) →52(4)→54(4)→56(4)→58(4)→60(4)→62(4)→64(4)→67(4)→70(4)→73(4)→76(4) →79(4)→82(4)→85(4)→87(4)→89(4)
	(3,3)	**1(5)→3(5)→5(5)→7(5)→9(5)→11(5)→14(5)→17(5)→20(5)→23(5)**→26(5) →29(5)→31(5)→33(5)→35(5)→37(5)→39(5)→41(5)→43(5)→45(5)→47(5)→49(5) →51(5)→53(5)→55(5)→57(5)→59(5)→61(5)→63(5)→66(5)→69(5)→72(5)→75(5) →78(5)→81(5)
	(4,3)	**2(5)→4(5)→6(5)→8(5)→13(5)→16(5)→19(5)→22(5)→25(5)**→28(5)→30(5) →32(5)→34(5)→36(5)→38(5)→40(5)→42(5)→44(5)→46(5)→48(5)→50(5)→52(5) →54(5)→56(5)→58(5)→60(5)→62(5)→65(5)→68(5)→71(5)→74(5)→77(5)→80(5) →83(5)→85(5)→87(5)→89(5)→91(5)→93(5)→95(5)→97(5)→99(5)→101(5)→103(5) →105(5)→107(5)→109(5)
	(5,3)	**11(4)→14(4)→17(4)→20(4)→23(4)→26(4)**

附表 7.2　最优实时调度方案

车场	车辆	实时调度方案
1	(1,1)	25(2)
	(2,1)	27(2)
	(3,1)	24(2)→26(1)→29(2)→31(1)→33(2)→35(1)→37(2)→39(1)→41(2)→43(1)→45(2)→47(1)→49(2)
	(4,1)	25(3)→27(3)→29(3)→31(3)→33(3)→35(3)→37(3)→39(3)→41(3)→43(3)→45(3)→47(3)→49(3)→51(3)→53(3)→55(3)→57(3)→59(3)→61(3)→63(3)→65(3)→67(3)→70(3)→73(3)→76(3)→79(3)→82(3)→85(3)→88(3)→90(3)→92(3)→94(3)→96(3)→98(3)→100(3)
	(5,1)	28(5)→28(1)→30(2)→32(1)→34(2)→36(1)→38(2)→40(1)→42(2)→44(1)→46(2)→48(1)→50(2)
2	(1,2)	25(1)→28(2)→30(1)→31(2)→34(1)→36(2)→38(1)→40(2)→42(1)→44(2)→46(1)→48(2)→50(1)
	(2,2)	27(1)
	(3,2)	23(3)
	(4,2)	26(3)→28(3)→30(3)→32(3)→34(3)→36(3)→38(3)→40(3)→42(3)→44(3)→46(3)→48(3)→50(3)→52(3)→54(3)→56(3)→58(3)→60(3)→62(3)→64(3)→66(3)→69(3)→72(3)→75(3)→78(3)→81(3)→84(3)→87(3)→89(3)→91(3)→93(3)→95(3)→97(3)→99(3)
	(5,2)	24(3)
	(6,2)	24(1)→26(2)→29(1)→31(2)→33(1)→35(2)→37(1)→39(2)→41(1)→43(2)→45(1)→47(2)→49(1)
	(7,2)	27(5)→30(5)→32(5)→34(5)→36(5)→38(5)→40(5)→42(5)→44(5)→46(5)→48(5)→50(5)→52(5)→54(5)→56(5)→58(5)→60(5)→62(5)→65(5)→67(5)→70(5)→73(5)→76(5)→79(5)→82(5)→84(5)→86(5)→88(5)→90(5)→92(5)→94(5)→96(5)→98(5)→100(5)→102(5)→ 104(5)→106(5)→108(5)→110(5)
	(8,2)	66(4)→69(4)→72(4)→75(4)→78(4)→81(4)→84(4)
	(9,2)	68(3)→71(3)→74(3)→77(3)→80(3)→83(3)→86(3)
	(10,2)	64(5)→68(5)→71(5)→74(5)→77(5)→80(5)→83(5)→85(5)→87(5)→89(5)→91(5)→93(5)→95(5)→97(5)→99(5)→101(5)→103(5)→105(5)→107(5)→109(5)
3	(1,3)	27(4)
	(2,3)	28(4)→30(4)→32(4)→34(4)→36(4)→38(4)→40(4)→42(4)→44(4)→46(4)→48(4)→50(4)→52(4)→54(4)→56(4)→58(4)→60(4)→62(4)→64(4)→67(4)→70(4)→73(4)→76(4)→79(4)→82(4)→85(4)→87(4)→89(4)
	(3,3)	26(5)→29(5)→31(5)→33(5)→35(5)→37(5)→39(5)→41(5)→43(5)→45(5)→47(5)→49(5)→51(5)→53(5)→55(5)→57(5)→59(5)→61(5)→63(5)→66(5)→69(5)→72(5)→75(5)→78(5)→81(5)
	(4,3)	—
	(5,3)	29(4)→31(4)→33(4)→35(4)→37(4)→39(4)→41(4)→43(4)→45(4)→47(4)→49(4)→51(4)→53(4)→55(4)→57(4)→59(4)→61(40)→63(4)→65(4)→68(4)→71(4)→74(4)→77(4)→80(4)→83(4)→86(4)→88(4)→90(4)

参 考 文 献

胡思继. 2013. 列车运行图编制理论与方法 [M]. 北京: 中国铁道出版社.

毛保华. 2017. 城市轨道交通系统运营管理 [M]. 2 版, 北京: 人民交通出版社.

倪少权, 吕红霞, 杨明伦. 2003. 全路列车运行图编制系统设计的研究 [J]. 西南交通大学学报, (3): 332-335.

牛惠民. 2021. 轨道列车时刻表问题研究综述 [J]. 交通运输系统工程与信息, 21(5): 114-124.

彭其渊, 杨明伦, 聂勋煌. 1995. 单线区段实用货物列车运行图的优化模型及算法 [J]. 铁道学报, (3): 15-20.

杨浩. 2017. 铁路运输组织学 [M]. 4 版. 北京: 中国铁道出版社.

Adulyasak Y, Cordeau J F, Jans R. 2013. Formulations and branch-and-cut algorithms for multivehicle production and inventory routing problems[J]. INFORMS Journal on Computing, 26(1): 103-120.

Albrecht T. 2009. Automated timetable design for demand-oriented service on suburban railways[J]. Public Transport, 1(1): 5-20.

Altazin E, Dauzereperes S, Ramond F, et al. 2017. Rescheduling through stop-skipping in dense railway systems[J]. Transportation Research Part C, 79: 73-84.

Ball M, Bodin L, Dial R. 1983. A matching based heuristic for scheduling mass transit crews and vehicle[J]. Transportation Science, 17(1): 4-31.

Banks J H. 1990. Optimal headways for multi-route transit systems[J]. Journal of Advanced Transportation, 24(2): 127-155.

Banks J S, Ledyard J O, Porter D P. 1989. Allocating uncertain and unresponsive resources: An experimental approach[J]. The Rand Journal of Economics, 1-25.

Bard J F, Jarrah A I. 2009. Large-scale constrained clustering for rationalizing pickup and delivery operations[J]. Transportation Research Part B, 43(5): 542-561.

Barnhart C, Johnson E L, Nemhauser G L, et al. 1998a. Branch-and-price: Column generation for solving huge integer programs[J]. Operations research, 46(3): 316-329.

Barnhart C, Boland N, Clarke L, et al. 1998b. Flight string model for aircraft fleeting and routing[J]. Transportation Science, 32(3): 208-220.

Barnhart C, Hane C A, Vance P H. 2000. Using branch-and-price-and-cut to solve origin-destination integer multicommodity flow problems[J]. Operations Research, 48(2): 318-326.

Barnhart C, Kniker T, Lohatepanont M. 2002. Itinerary based airline fleet assignment[J]. Transportation Science, 36(2): 199-217.

Barrena E, Canca D, Coelho L C, et al. 2014a. Single-line rail rapid transit timetabling under dynamic passenger demand[J]. Transportation Research Part B, 70: 134-150.

Barrena E, Canca D, Coelho L C, et al. 2014b. Exact formulations and algorithm for the train timetabling problem with dynamic demand[J]. Computers & Operations Research, 44: 66-74.

Berrebi S J, Watkins K E, Laval J A. 2015. A real-time bus dispatching policy to minimize passenger wait on a high frequency route[J]. Transportation Research Part B, 81: 377-389.

Bertossi I, Carraresi P, Gallo G. 1987. On some matching problems arising in vehicle scheduling models[J]. Networks, 17: 271-281.

Bhat C. 1995. A heteroscedastic extreme value model of intercity travel mode choice[J]. Transportation Research Part B, 29(6): 471-483.

Bielli M, Caramia M, Carotenuto P. 2002. Genetic algorithms in bus network optimization[J]. Transportation Research Part C, 10(1): 19-34.

Bodin L, Golden B, Assad A, et al. 1983. Routing and scheduling of vehicles and crews: The state of the art[J]. Computers and Operations Research, 10: 63-211.

Boyer V, Ibarra-Rojas O, Rios-Solis Y. 2018. Vehicle and crew scheduling for flexible bus transportation systems[J]. Transportation Research Part B, 112: 216-229.

Brännlund U, Lindberg P O, Nõu A, et al. 1998. Railway timetabling using Lagrangian relaxation[J]. Transportation Science, 32(4): 358-369.

Budai G, Maróti G, Dekker R, et al. 2010. Rescheduling in passenger railways: The rolling stock rebalancing problem[J]. Journal of scheduling, 13(3): 281-297.

Burdett R L, Kozan E. 2009. Techniques for inserting additional trains into existing timetables[J]. Transportation Research Part B, 43(8-9): 821-836.

Cacchiani V, Caprara A, Toth P. 2008. A column generation approach to train timetabling on a corridor[J]. A Quarterly Journal of Operations Research, 6(2): 125-142.

Cacchiani V, Caprara A, Toth P. 2010a. Scheduling extra freight trains on railway networks[J]. Transportation Research Part B, 44(2): 215-231.

Cacchiani V, Caprara A, Toth P. 2010b. Solving a real-world train-unit assignment problem[J]. Mathematical programming, 124(1): 207-231.

Cacchiani V, Caprara A, Fischetti M. 2012. A Lagrangian heuristic for robustness, with an application to train timetabling[J]. Transportation Science, 46(1): 124-133.

Cacchiani V, Toth P. 2012. Nominal and robust train timetabling problems[J]. European Journal of Operational Research, 219(3): 727-737.

Cacchiani V, Caprara A, Toth P. 2013. A Lagrangian heuristic for a train-unit assignment problem[J]. Discrete Applied Mathematics, 161(12): 1707-1718.

Cacchiani V, Furini F, Kidd M P. 2016. Approaches to a real-world train timetabling problem in a railway node[J]. Omega, 58: 97-110.

Cacchiani V, Qi J, Yang L. 2020. Robust optimization models for integrated train stop planning and timetabling with passenger demand uncertainty[J]. Transportation Research Part B, 136: 1-29.

Cadarso L, Marín Á. 2011. Robust rolling stock in rapid transit networks[J]. Computers & Operations Research, 38(8): 1131-1142.

Cadarso L, Marín Á. 2014. Improving robustness of rolling stock circulations in rapid transit networks[J]. Computers & Operations Research, 51: 146-159.

Cai X, Goh C J. 1994. A fast heuristic for the train scheduling problem[J]. Computers & Operations Research, 21(5): 499-510.

Cai X, Goh C J, Mees A I. 1998. Greedy heuristics for rapid scheduling of trains on a single track[J]. IIE Transactions, 30(5): 481-493.

Caprara A, Fischetti M, Toth P. 2002. Modeling and solving the train timetabling problem[J]. Operations Research, 50(5): 851-861.

Caprara A, Monaci M, Toth P, et al. 2006. A Lagrangian heuristic algorithm for a real-world train timetabling problem[J]. Discrete Applied Mathematics, 154(5): 738-753.

Caprara A, Kroon L, Monaci M, et al. 2007. Passenger Railway Optimization[M]. Handbooks in Operations Research and Management Science, Elsevier, Amsterdam, 14: 129-187.

Carey M. 1994. A model and strategy for train pathing with choices of lines, platforms, and routes[J]. Transportation Research Part B, 28(5): 333-353.

Carey M, Crawford I. 2007. Scheduling trains on a network of busy complex stations[J]. Transportation Research Part B, 41(2): 159-178.

Carraresi P, Gallo G. 1984. Network models for vehicle and crew scheduling[J]. European Journal of Operational Research, 16(2): 139-151.

Ceder A, Stern H I. 1981. Deficit function bus scheduling with deadheading trip insertions for fleet size reduction[J]. Transportation Science, 15(4): 338-363.

Ceder A. 1986. Methods for creating bus timetables[J]. Transportation Research Part A, 21(1): 59-83.

Ceder A, Golany B, Tal O. 2001. Creating bus timetables with maximal synchronization[J]. Transportation Research Part A, 35(10): 913-928.

Ceder A. 2001. Bus timetables with even passenger loads as opposed to even headways[J]. Transportation Research Record, 1760: 3-9.

Chan S H, Wang X, Elgendy O A. 2016. Plug-and-play ADMM for image restoration: Fixed-point convergence and applications[J]. IEEE Transactions on Computational Imaging, 3(1): 84-98.

Chang Y H, Yeh C H, Shen C C. 2000. A multiobjective model for passenger train services planning-application to Taiwan's high-speed rail line[J]. Transportation Research Part B, 34(2): 91-106.

Chen L, Hopman H, Negenborn R R. 2018. Distributed model predictive control for vessel train formations of cooperative multi-vessel systems[J]. Transportation Research Part C, 92: 101-118.

Chen Z, Li X, Zhou X. 2019. Operational design for shuttle systems with modular vehicles under oversaturated traffic: Discrete modeling method[J]. Transportation Research Part B, 122: 1-19.

Chu J. 2018. Mixed-integer programming model and branch-and-price-and-cut algorithm for urban bus network design and timetabling[J]. Transportation Research Part B, 108: 188-216.

Cordeau J F, Toth P, Vigo D. 1998. A survey of optimization models for train routing and scheduling[J]. Transportation Science, 32 (4): 380-404.

Cordeau J F, Stojković G, Soumis F, et al. 2001. Benders decomposition for simultaneous aircraft routing and crew scheduling[J]. Transportation science, 35(4): 375-388.

Corman F, Dariano A, Pacciarelli D, et al. 2009. Evaluation of green wave policy in real-time railway traffic management[J]. Transportation Research Part C, 17(6): 607-616.

Daduna J R, Paixão J M P. 1995. Vehicle Scheduling for Public Mass Transit-An Overview [M]. Berlin, Heidelberg: Springer, 76-90.

Daganzo C F. 1997. Fundamentals of Transportation and Traffic Operations[M]. Pergamon: Elsevier Science Ltd., 301-302.

D'Ariano A, Pacciarelli D, Pranzo M. 2007. A branch and bound algorithm for scheduling trains in a railway network[J]. European Journal of Operational Research, 183(2): 643-657.

Dell'Amico M, Fischetti M, Toth P. 1993. Heuristic algorithms for the multiple depot vehicle scheduling problem[J]. Management Science, 39(1): 115-125.

Desaulniers G, Desrosiers J, Loachim I, et al. 1998. A unified framework for deterministic time constrained vehicle routing and crew scheduling problems[M]. Boston: Fleet Management and Logistics, Springer, 57-93.

Desaulniers G, Hickman M D. 2007. Public Transit[M]//Handbooks in Operations Research and Management Science, 14: 69-127.

Desaulniers G. 2010. Branch-and-price-and-cut for the split-delivery vehicle routing problem with time windows[J]. Operations Research, 58(1): 179-192.

Desrochers M, Desrosiers J, Solomon M. 1992. A new optimization algorithm for the vehicle routing problem with time windows[J]. Operations Research, 40(2): 342-354.

Desrosiers J, Lübbecke M E. 2005. A Primer in Column Generation[M]. Boston: Column Generation, Springer, 1-32.

Dessouky M, Hall R, Nowroozi A, et al. 1999. Bus dispatching at timed transfer transit stations using bus tracking technology[J]. Transportation Research Part C, 7(4): 187-208.

Dollevoet T, Huisman D, Schmidt M, et al. 2012. Delay management with rerouting of passengers[J]. Transportation Science, 46: 74-89.

Eberlein X J, Wilson N H M, Bernstein D. 2001. The holding problem with real-time information available[J]. Transportation science, 35(1): 1-18.

Erseghe T. 2014. Distributed optimal power flow using ADMM[J]. IEEE Transactions on Power Systems, 29(5): 2370-2380.

Falsone A, Notarnicola I, Notarstefano G, et al. 2020. Tracking-ADMM for distributed constraint-coupled optimization[J]. Automatica, 117, 108962.

Farzin J. 2008. Constructing an automated bus origin-destination matrix using farecard and Global Positioning System data in São Paulo, Brazil[J]. Journal of the Transportation Research Board, 2072: 30-37.

Feillet D, Dejax P, Gendreau M, et al. 2004. An exact algorithm for the elementary shortest path problem with resource constraints: Application to some vehicle routing problems[J]. Networks, 44(3): 216-229.

Feillet D. 2010. A tutorial on column generation and branch-and-price for vehicle routing problems[J]. A Quarterly Journal of Operations Research, 8(4): 407-424.

Fioole P J, Kroon L, Maróti G, et al. 2006. A rolling stock circulation model for combining and splitting of passenger trains[J]. European Journal of Operational Research ,174(2): 1281-1297.

Fischetti M, Monaci M. 2017. Using a general-purpose mixed-integer linear programming solver for the practical solution of real-time train rescheduling[J]. European Journal of Operational Research, 263(1): 258-264.

Fisher M L. 1981. The Lagrangian relaxation method for solving integer programming problems[J]. Management Science, 27(1): 1-18.

Fisher M L, Jörnsten K O, Madsen O B G. 1997. Vehicle routing with time windows: Two optimization algorithms[J]. Operations Research, 45(3): 488-492.

Fonseca J P, Van Der Hurk E, Roberti R, et al. 2018. A matheuristic for transfer synchronization through integrated timetabling and vehicle scheduling[J]. Transportation Research Part B, 109: 128-149.

Forbes M A, Holt J N, Watts A M. 1994. An exact algorithm for multiple depot bus scheduling[J]. European Journal of Operational Research, 72(1): 115-124.

Fourer R, Gay D M, Kernighan B W. 1990. A modeling language for mathematical programming[J]. Management Science, 36(5): 519-554.

Fukasawa R, Longo H, Lysgaard J, et al. 2006. Robust branch-and-cut-and-price for the capacitated vehicle routing problem[J]. Mathematical Programming, 106(3): 491-511.

Gao R, Niu H. 2021. A priority-based ADMM approach for flexible train scheduling problems[J]. Transportation Research Part C, 123(1): 102960.

Gartfinkel R S, Nemhauser G L. 1969. The set partitioning problem: Set covering with equality constraints[J]. Operations Research, 17: 848-856.

Gavish B, Schweitzer P, Shlifer E. 1978. Assigning buses to schedules in a metropolitan area[J]. Computers and Operations Research, 5: 129-138.

Gen M, Cheng R W. 2000. Genetic Algorithms and Engineering Optimization[M]. New York: John Wiley & Son.

Gent I P, Petrie K E, Puget J F. 2006. Symmetry in constraint programming[J]. Foundations of Artificial Intelligence, 2: 329-376.

Geoffrion A M. 1974. Lagrangean Relaxation for Integer Programming[M]//Approaches to Integer Programming. Berlin, Heidelberg: Springer, 82-114.

Gertsbakh I, Serafini P. 1991. Periodic transportation schedules with flexible departure times: An interactive approach based on the periodic event scheduling problem and the deficit function approach[J]. European Journal of Operational Research, 50(3): 298-309.

Ghoseiri K, Szidarovszky F, Asgharpour M J. 2004. A multi-objective train scheduling model and solution[J]. Transportation Research Part B, 38(10): 927-952.

Goossens J, Van Hoesel S P, Kroon L. 2004. A branch-and-cut approach for solving railway line-planning problems[J]. Transportation Science, 38(3): 379-393.

Goverde R M P. 2007. Railway timetable stability analysis using max-plus system theory[J]. Transportation Research Part B, 41(2): 179-201.

Graves G W, Whinston A B. 1970. An algorithm for the quadratic assignment problem[J]. Management Science, 16(7): 453-471.

Guihaire V, Hao J K. 2008. Transit network design and scheduling: A global review[J]. Transportation Research Part A, 42(10): 1251-1273.

Haghani A, Banihashemi M. 2002. Heuristic approaches for solving large-scale bus transit vehicle scheduling problem with route time constraints[J]. Transportation Research Part A, 36(4): 309-333.

Haghani A, Banihashemi M, Chiang K H. 2003. A comparative analysis of bus transit vehicle scheduling models[J]. Transportation Research Part B, 37(4): 301-322.

Han D, Yuan X, Zhang W. 2014. An augmented lagrangian based parallel splitting method for separable convex minimization with applications to image processing[J]. Mathematics of Computation, 83(289): 2263-2291.

Hane C A, Barnhart C, Johnson E L, et al. 1995. The fleet assignment problem: Solving a large-scale integer program[J]. Mathematical Programming, 70(1-3): 211-232.

Harrod S. 2011. Modeling network transition constraints with hypergraphs[J]. Transportation Science, 45(1): 81-97.

Harrod S. 2012. A tutorial on fundamental model structures for railway timetable optimization[J]. Surveys in Operations Research and Management Science, 17(2): 85-96.

Hassannayebi E, Zegordi S H, Yaghini M. 2016a. Train timetabling for an urban rail transit line using a Lagrangian relaxation approach[J]. Applied Mathematical Modelling, 40(23): 9892-9913.

Hassannayebi E, Zegordi S H, Aminnaseri M R, et al. 2016b. Demand-oriented timetable design for urban rail transit under stochastic demand[J]. Journal of Industrial and Systems Engineering, 9(3): 28-56.

Hoitomt D J, Luh P B, Pattipati K R. 1993. A practical approach to job-shop scheduling problems[J]. IEEE Transactions on Robotics and Automation, 9(1): 1-13.

Hsieh W J. 2003. Service design model of passenger railway with elastic train demand[J]. Journal of the Eastern Asia Society for Transportation Studies, 5: 307-322.

Huang Y, Yang L, Tang T, et al. 2017. Joint train scheduling optimization with service quality and energy efficiency in urban rail transit networks[J]. Energy, 138: 1124-1147.

Huisman D, Freling R, Wagelmans A P M. 2005. Multiple-depot integrated vehicle and crew scheduling[J]. Transportation Science, 39(4): 491-502.

Hurdle V F. 1973. Minimum cost schedules for a public transportation route[J]. Transportation Science, 7(2): 109-157.

Ibarra-Rojas O J, Rios-Solis Y A. 2012. Synchronization of bus timetabling[J]. Transportation Research Part B, 46(5): 599-614.

Ibarra-Rojas O J, Delgado F, Giesen R, et al. 2015. Planning, operation, and control of bus transport systems: A literature review[J]. Transportation Research Part B, 77: 38-75.

Irnich S, Desaulniers G. 2005. Shortest Path Problems with Resource Constraints[M]. Boston: Column Generaiton, Springer, 33-65.

Jamili A, Shafia M A, Sadjadi S J, et al. 2012. Solving a periodic single-track train timetabling problem by an efficient hybrid algorithm[J]. Engineering Applications of Artificial Intelligence, 25(4): 793-800.

Jamili A, Aghaee M P. 2015. Robust stop-skipping patterns in urban railway operations under traffic alteration situation[J]. Transportation Research Part C, 61: 63-74.

Jiang F, Cacchiani V, Toth P. 2017. Train timetabling by skip-stop planning in highly congested lines[J]. Transportation Research Part B, 104: 149-174.

Kang L, Wu J, Sun H, et al. 2015. A case study on the coordination of last trains for the Beijing subway network[J]. Transportation Research Part B, 72(2): 112-127.

Kang L, Zhu X, Sun H, et al. 2016. Modeling the first train timetabling problem with minimal missed trains and synchronization time differences in subway networks[J]. Transportation Research Part B, 93: 17-36.

Kang L, Meng Q. 2017. Two-phase decomposition method for the last train departure time choice in subway networks[J]. Transportation Research Part B, 104: 568-582.

Kaspi M, Raviv T. 2013. Service-oriented line planning and timetabling for passenger trains[J]. Transportation Science, 47(3): 295-311.

Kliewer N, Mellouli T, Suhl L. 2006. A time-space network based exact optimization model for multi-depot bus scheduling[J]. European Journal of Operational Research, 175(3): 1616-1627.

Koopmans T C, Beckmann M. 1957. Assignment problems and the location of economic activities[J]. Econometrica: Journal of the Econometric Society, 53-76.

Koskosidis Y A, Powell W B, Solomon M M. 1992. An optimization-based heuristic for vehicle routing and scheduling with soft time window constraints[J]. Transportation science, 26(2): 69-85.

Kroon L G, Peeters L W. 2003. A variable trip time model for cyclic railway timetabling[J]. Transportation Science, 37 (2): 198-212.

Kroon L, Maróti G, Helmrich M R, et al. 2008. Stochastic improvement of cyclic railway timetables[J]. Transportation Research Part B, 42(6): 553-570.

Kroon L, Maróti G, Nielsen L. 2014a. Rescheduling of railway rolling stock with dynamic passenger flows[J]. Transportation Science, 49(2): 165-184.

Kroon L, Peeters L W, Wagenaar J, et al. 2014b. Flexible connections in PESP models for cyclic passenger railway timetabling[J]. Transportation Science, 48(1): 136-154.

Löbel A. 1998. Vehicle scheduling in public transit and Lagrangean pricing[J]. Management Science, 44: 1637-1649.

Lübbecke M E. 2005. Dual variable based fathoming in dynamic programs for column generation[J]. European Journal of Operational Research, 162(1): 122-125.

Lamatsch A. 1992. An Approach to Vehicle Scheduling with Depot Capacity Constraints [M]//Computer-Aided Transit Scheduling. Berlin, Heidelberg: Springer, 181-195.

Lamorgese L, Mannino C. 2015. An exact decomposition approach for the real-time train dispatching problem[J]. Operations Research, 63(1): 48-64.

Lamorgese L, Mannino C, Natvig E. 2017. An exact micro-macro approach to cyclic and non-cyclic train timetabling[J]. Omega, 72: 59-70.

LeBlanc L J. 1988. Transit system network design[J]. Transportation Research Part B, 22(5): 383-390.

Lee Y, Chen C Y. 2009. A heuristic for the train pathing and timetabling problem[J]. Transportation Research Part B, 43(8/9): 837-851.

Li G, Balakrishnan A. 2016. Models and algorithms for network reduction[J]. European Journal of Operational Research, 248(3): 930-942.

Liebchen C. 2008. The first optimized railway timetable in practice[J]. Transportation Science, 42(4): 420-435.

Lin D, Ku Y. 2014. An implicit enumeration algorithm for the passenger service planning problem: Application to the Taiwan railways administration line[J]. European Journal of Operational Research, 238(3): 863-875.

Lin Z, Kwan R S K. 2016a. A branch-and-price approach for solving the train unit scheduling problem[J]. Transportation Research Part B, 94: 97-120.

Lin Z, Kwan R S K. 2016b. Local convex hulls for a special class of integer multi-commodity flow problems[J]. Computational Optimization and Applications, 64(3): 881-919.

Liu L, Dessouky M. 2019. Stochastic passenger train timetabling using a branch and bound approach[J]. Computers & Industrial Engineering, 127: 1223-1240.

Louwerse I, Huisman D. 2014. Adjusting a railway timetable in case of partial or complete blockades[J]. European Journal of Operational Research, 235(3): 583-593.

Lozano L, Duque D, Medaglia A L. 2016. An exact algorithm for the elementary shortest path problem with resource constraints[J]. Transportation Science, 50(1): 348-357.

Lu G, Zhou X, Mahmoudi M, et al. 2019. Optimizing resource recharging location-routing plans: A resource-space-time network modeling framework for railway locomotive refueling applications[J]. Computers & Industrial Engineering, 127: 1241-1258.

Luan X, Miao J, Meng L, et al. 2017. Integrated optimization on train scheduling and preventive maintenance time slots planning[J]. Transportation Research Part C, 80: 329-359.

Lusby R, Larsen J, Ehrgott M, et al. 2013. A set-packing inspired method for real-time junction train routing[J]. Computers & Operations Research, 40: 713-724.

Lusby R, Larsen J, Ryan D, et al. 2011. Routing trains through railway junctions: A new set-packing approach[J]. Transportation Science, 45(2): 228-245.

Lusby R, Haahr J, Larsen J, et al. 2017. A branch-and-price algorithm for railway rolling stock rescheduling[J]. Transportation Research Part B, 99: 228-250.

Mahmoudi M, Zhou X. 2016. Finding optimal solutions for vehicle routing problem with pickup and delivery services with time windows: A dynamic programming approach based on state-space-time network representations[J]. Transportation Research Part B, 89: 19-42.

Mannino C, Mascis A. 2009. Optimal real-time traffic control in metro stations[J]. Operations Research, 57(4): 1026-1039.

Margot F. 2010. Symmetry in Integer Linear Programming[M]. Berlin, Heidelberg: Springer, In 50 Years of Integer Programming 1958-2008, 647-686.

Martin R K. 2012. Large Scale Linear and Integer optimization: A Unified approach[M]. New York: Springer Science & Business Media.

Meng L, Zhou X. 2011. Robust single-track train dispatching model under a dynamic and stochastic environment: A scenario based rolling horizon solution approach[J]. Transportation Research Part B, 45: 1080-1102.

Meng L, Zhou X. 2014. Simultaneous train rerouting and rescheduling on an N-track network: A model reformulation with network-based cumulative flow variables[J]. Transportation Research Part B, 67: 208-234.

Meng L, Zhou X. 2019. An integrated train service plan optimization model with variable demand: A team-based scheduling approach with dual cost information in a layered network[J]. Transportation Research Part B, 125: 1-28.

Min Y, Park M, Hong S. 2011. An appraisal of a column-generation-based algorithm for centralized train-conflict resolution on a metropolitan railway network[J]. Transportation Research Part B, 45(2): 409-429.

Moslehi G, Mahnam M. 2011. A Pareto approach to multi-objective flexible job-shop scheduling problem using particle swarm optimization and local search[J]. International Journal of Production Economics, 129(1): 14-22.

Nachtigall K, Voget S. 1997. Minimizing waiting times in integrated fixed interval timetables by upgrading railway tracks[J]. European Journal of Operational Research, 103(3): 610-627.

Nedic A, Ozdaglar, A. 2009. Distributed subgradient methods for multi-agent optimization[J]. IEEE Transactions on Automatic Control, 54(1): 48-61.

Newell G F. 1971. Dispatching policies for a transportation route[J]. Transportation Science, 5(2): 91-105.

Nitisiri K, Gen M, Ohwada H. 2019. A parallel multi-objective genetic algorithm with learning based mutation for railway scheduling[J]. Computers & Industrial Engineering, 130: 381-394.

Niu H. 2011. Determination of the skip-stop scheduling for a congested transit line by bilevel genetic algorithm[J]. International Journal of Computational Intelligence Systems, (6): 1158-1167.

Niu H, Zhang M. 2012. An optimization to schedule train operations with phase-regular framework for intercity rail lines[J]. Discrete Dynamics in Nature and Society, (2012): 549374.

Niu H, Zhou X. 2013. Optimizing urban rail timetable under time-dependent demand and oversaturated conditions[J]. Transportation Research Part C, 36: 212-230.

Niu H, Zhou X, Gao R. 2015a. Train scheduling for minimizing passenger waiting time with time-dependent demand and skip-stop patterns: Nonlinear integer programming models with linear constraints[J]. Transportation Research Part B, 76: 117-135.

Niu H, Tian X, Zhou X. 2015b. Demand-driven train schedule synchronization for high-speed rail lines[J]. IEEE Transactions on Intelligent Transportation Systems, 16(5): 2642-2652.

Niu H, Zhou X, Tian X. 2018. Coordinating assignment and routing decisions in transit vehicle schedules: A variable-splitting Lagrangian decomposition approach for solution symmetry breaking[J]. Transportation Research Part B, 107: 70-101.

Odijk M A. 1996. A constraint generation algorithm for the construction of periodic railway timetables[J]. Transportation Research Part B, 30(6): 455-464.

Osana E E, Newell G F. 1972. Control strategies for an idealized public transportation system[J]. Transportation Science, 6(1): 52-72.

Pepin A S, Desaulniers G, Hertz A, et al. 2009. A comparison of five heuristics for the multiple depot vehicle scheduling problem[J]. Journal of Scheduling, 12(1): 17-30.

Petering M E, Heydar M, Bergmann D R. 2016. Mixed-integer programming for railway capacity analysis and cyclic, combined train timetabling and platforming[J]. Transportation Science, 50(3): 892-909.

Potthoff D, Huisman D, Desaulniers G. 2010. Column generation with dynamic duty selection for railway crew rescheduling[J]. Transportation Science, 44(4): 493-505.

Pouryousef H, Lautala P, Watkins D. 2016. Development of hybrid optimization of train schedules model for N-track rail corridors[J]. Transportation Research Part C, 67: 169-192.

Ribeiro C C, Soumis F. 1994. A column generation approach to the multiple-depot vehicle scheduling problem[J]. Operations research, 42(1): 41-52.

Righini G, Salani M. 2008. New dynamic programming algorithms for the resource constrained elementary shortest path problem[J]. Networks, 51(3): 155-170.

Robenek T, Maknoon Y, Azadeh S S, et al. 2016. Passenger centric train timetabling problem[J]. Transportation Research Part B, 89: 107-126.

Robenek T, Azadeh S S, Maknoon Y, et al. 2017. Hybrid cyclicity: Combining the benefits of cyclic and non-cyclic timetables[J]. Transportation Research Part C, 75: 228-253.

Ropke S, Pisinger D. 2006. An adaptive large neighborhood search heuristic for the pickup and delivery problem with time windows[J]. Transportation Science, 40(4): 455-472.

Ropke S, Cordeau J F. 2009. Branch and cut and price for the pickup and delivery problem with time windows[J]. Transportation Science, 43(3): 267-286.

Rousseau L M, Gendreau M, Pesant G. 2004. Solving VRPTWs with constraint programming based column generation[J]. Annals of Operations Research, 130: 199-216.

Saha J L. 1970. An algorithm for bus scheduling problems[J]. Journal of the Operational Research Society, 21(4): 463-474.

Serafini P, Ukovich W. 1989. A mathematical model for periodic scheduling problems[J]. SIAM Journal on Discrete Mathematics, 2(4): 550-581.

Shafia M A, Aghaee M P, Sadjadi S J, et al. 2012. Robust train timetabling problem: Mathematical model and branch and bound algorithm[J]. IEEE Transactions on Intelligent Transportation Systems, 13(1): 307-317.

Shang P, Li R, Liu Z, et al. 2018. Equity-oriented skip-stopping schedule optimization in an oversaturated urban rail transit network[J]. Transportation Research Part C, 89: 321-343.

Sherali H D, Smith J C. 2001. Improving discrete model representations via symmetry considerations[J]. Management Science, 47(10): 1396-1407.

Shi J, Yang L, Yang J, et al. 2018. Service-oriented train timetabling with collaborative passenger flow control on an oversaturated metro line: An integer linear optimization approach[J]. Transportation Research Part B, 110: 26-59.

Shi T, Zhou X. 2015. A mixed integer programming model for optimizing multi-level operations process in railroad yards[J]. Transportation Research Part B, 80: 19-39.

Solomon M M, Desrosiers J. 1988. Time window constrained routing and scheduling problem[J]. Transportation science, 22(1): 1-13.

Sparing D, Goverde R M. 2017. A cycle time optimization model for generating stable periodic railway timetables[J]. Transportation Research Part B, 98: 198-223.

Steinzen I, Gintner V, Suhl L. 2010. A space-time network approach for the integrated vehicle- and crew-scheduling problem with multiple depots[J]. Transportation Science, 44(3): 367-382.

Sun L, Jin J, Lee D, et al. 2014. Demand-oriented timetable design for metro services[J]. Transportation Research Part C, 46: 284-299.

Sutter D. 1996. Public goods, indivisible goods, and market failure[J]. Economics & Politics, 8(2): 133-143.

Taillard É, Badeau P, Gendreau M, et al. 1997. A tabu search heuristic for the vehicle routing problem with soft time windows[J]. Transportation science, 31(2): 170-186.

Takapoui R, Moehle N, Boyd S, et al. 2017. A simple effective heuristic for embedded mixed-integer quadratic programming[J]. International Journal of Control, 93(1): 2-12.

Tian X, Niu H. 2017. A dynamic programming approach to synchronize train timetables[J]. Advances in Mechanical Engineering, 9(6): 1-11.

Tian X, Niu H. 2019. A bi-objective model with sequential search for optimizing network-wide train timetables[J]. Computers & Industrial Engineering, 127: 1259-1272.

Tian X, Niu H. 2020. Optimization of demand-responsive train timetables under overtaking operations: A surrogate-dual-variable column generation for eliminating indivisibility[J]. Transportation Research Part B, 142: 143-173.

Ting C J, Schonfeld P. 2005. Schedule coordination in a multiple hub transit network[J]. Journal of Urban Planning and Development, 131(2): 112-124.

Uçar E, Birbil Ş İ, Muter İ. 2017. Managing disruptions in the multi-depot vehicle scheduling problem[J]. Transportation Research Part B, 105: 249-269.

Veelenturf L P, Kidd M P, Cacchiani V, et al. 2016. A railway timetable rescheduling approach for handling large-scale disruptions[J]. Transportation Science, 50(3): 841-862.

Wang Y, Ning B, Tang T, et al. 2015. Efficient real-time train scheduling for urban rail transit systems using iterative convex programming[J]. IEEE Transactions on Intelligent Transportation Systems, 16(6): 3337-3352.

Wang Z, Sheu J B. 2019. Vehicle routing problem with drones[J]. Transportation Research Part B, 122: 350-364.

Wong R C W, Yuen T W Y, Fung K W, et al. 2008. Optimizing timetable synchronization for rail mass transit[J]. Transportation Science, 42(1): 57-69.

Xu Y, Jia B, Ghiasi A, et al. 2017. Train routing and timetabling problem for heterogeneous train traffic with switchable scheduling rules[J]. Transportation Research Part

C, 84: 196-218.

Yang L, Zhou X. 2014. Constraint reformulation and a Lagrangian relaxation-based solution algorithm for a least expected time path problem[J]. Transportation Research Part B, 59: 22-44.

Yang L, Qi J, Li S, et al. 2016. Collaborative optimization for train scheduling and train stop planning on high-speed railways[J]. Omega, 64: 57-76.

Yang L, Di Z, Dessouky M, et al. 2020. Collaborative optimization of last-train timetables with accessibility: A space-time network design based approach[J]. Transportation Research Part C, 114: 572-597.

Yao Y, Zhu X, Dong H, et al. 2019. ADMM-based problem decomposition scheme for vehicle routing problem with time windows[J]. Transportation Research Part B, 129: 156-174.

Yin J, Tang T, Yang L, et al. 2016. Energy-efficient metro train rescheduling with uncertain time-variant passenger demands: An approximate dynamic programming approach[J]. Transportation Research Part B, 91: 178-210.

Yin J, Yang L, Tang T, et al. 2017. Dynamic passenger demand oriented metro train scheduling with energy-efficiency and waiting time minimization: Mixed-integer linear programming approaches[J]. Transportation Research Part B, 97: 182-213.

Zhang K, Nie Y M. 2018. Mitigating the impact of selfish routing: An optimal-ratio control scheme (ORCS) inspired by autonomous driving[J]. Transportation Research Part C, 87: 75-90.

Zhang Y, Peng Q, Yao Y, et al. 2019. Solving cyclic train timetabling problem through model reformulation: Extended time-space network construct and alternating direction method of multipliers methods[J]. Transportation Research Part B, 128: 344-379.

Zhao J, Rahbee A, Wilson N M. 2007. Estimating a rail passenger trip origin-destination matrix using automatic data collection systems[J]. Computer-Aided Civil and Infrastructure Engineering, 22(5): 376-387.

Zhou W, Deng L, Xie M, et al. 2013. Coordination optimization of the first and last trains' departure time on urban rail transit network[J]. Advances in Mechanical Engineering, 5: 848292.

Zhou W, Tian J, Xue L, et al. 2017. Multi-periodic train timetabling using a period-type-based Lagrangian relaxation decomposition[J]. Transportation Research Part B, 105: 144-173.

Zhou X, Zhong M. 2005. Train scheduling for high-speed passenger railroad planning applications[J]. European Journal of Operational Research, 167(3): 752-771.

Zhou X, Zhong M. 2007. Single-track train timetabling with guaranteed optimality: Branch and bound algorithms with Enhanced lower bounds[J]. Transportation Research Part B, 41(3): 320-341.

《交通与数据科学丛书》书目

1. 超越引力定律——空间交互和出行分布预测理论与方法 闫小勇 著 2019 年 3 月
2. 时间序列混合智能辨识、建模与预测 刘 辉 著 2020 年 3 月
3. 城市快速路交通流理论与运行管理 孙 剑 著 2020 年 6 月
4. 数据驱动的高速列车晚点传播与恢复 文 超 等著 2022 年 6 月
5. 基于手机大数据的交通规划方法 刘志远 付 晓 著 2022 年 9 月
6. 控制理论在交通流建模中的应用 朱文兴 著 2022 年 12 月
7. 面向需求轨道列车时刻表优化 牛惠民 著 2023 年 2 月

彩　　图

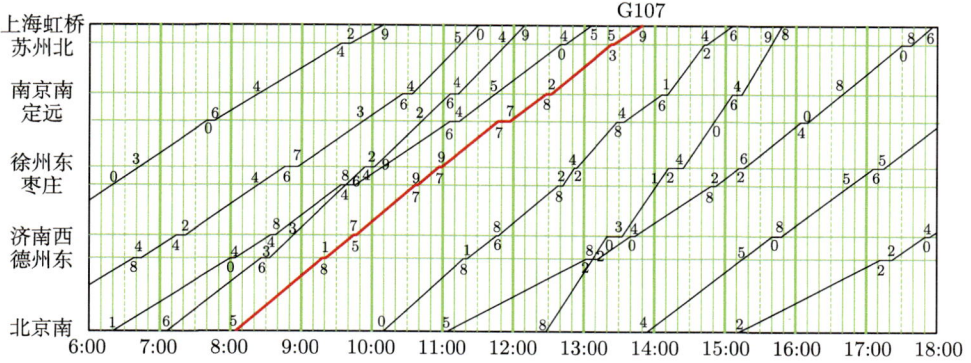

图 1.1　含 G107 的列车运行图 (2018 年 3 月)

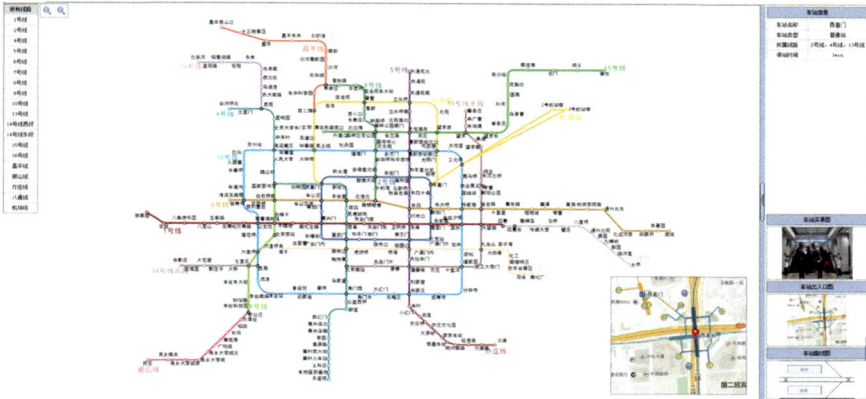

图 3.15　运营环境显示图

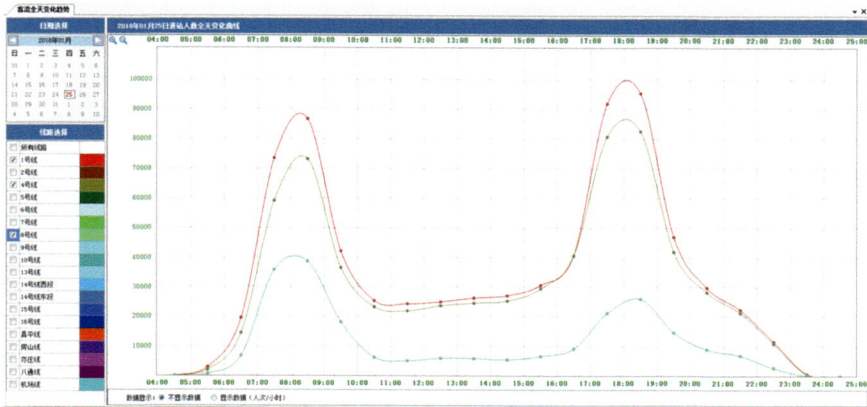

图 3.16　客流需求变化情况显示图

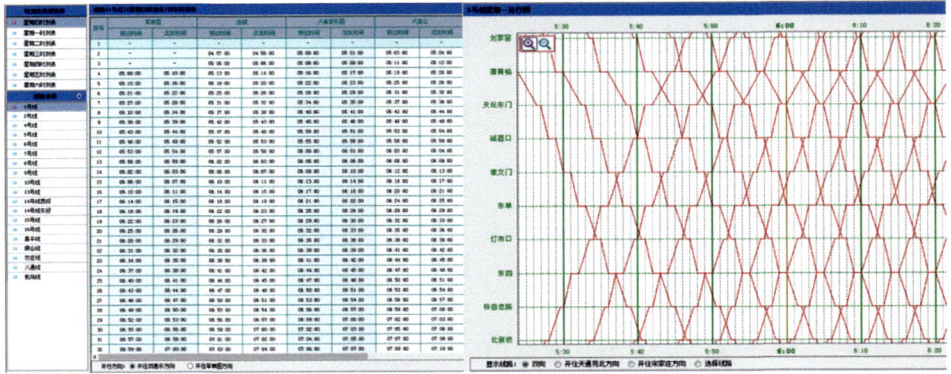

图 3.17　列车时刻表及相应运行图

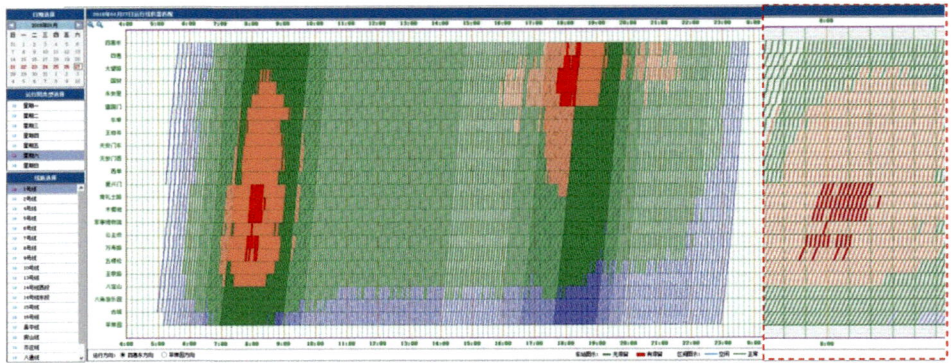

图 3.18　列车运行线供需匹配显示图

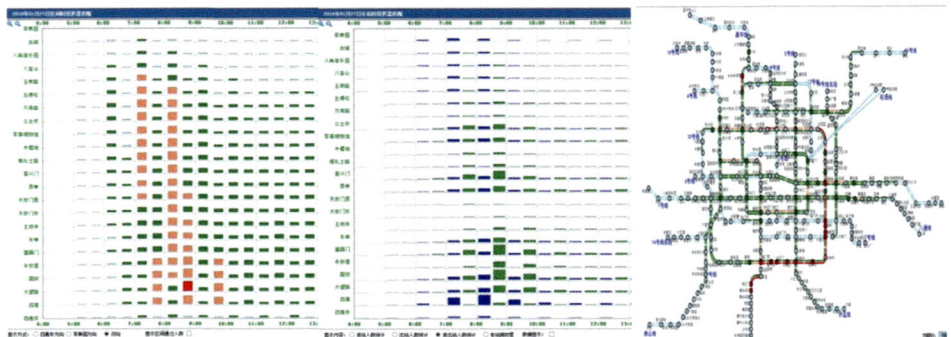

(a) 区间时段供需匹配　　　　(b) 车站时段供需匹配　　　　(c) 网络供需匹配

图 3.19　区间、车站和网络供需匹配显示图

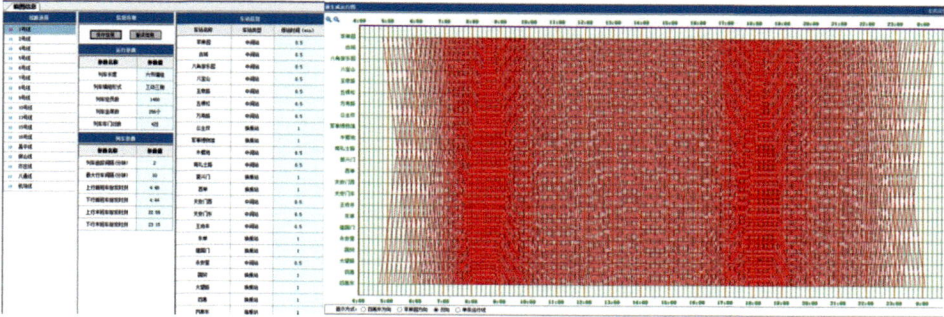

图 3.20 优化的列车时刻表

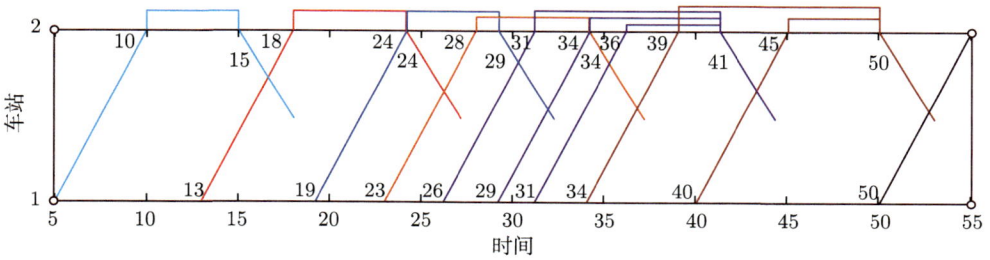

图 4.10 利用 GA-M 算法求得的两线路列车时刻表

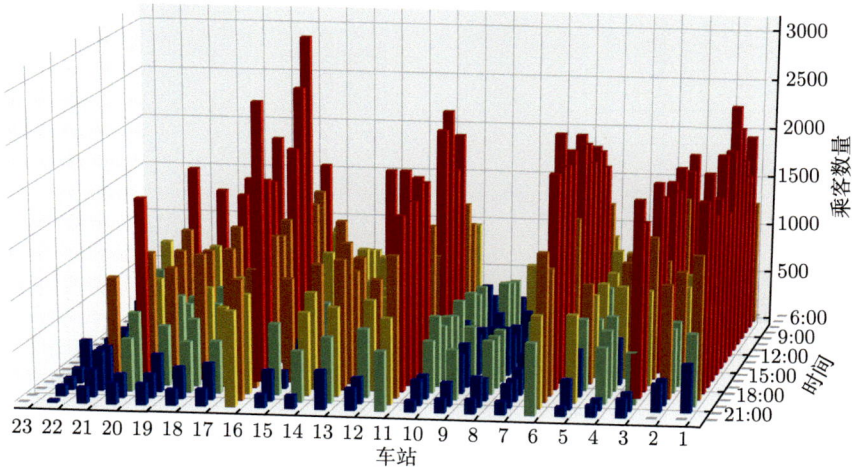

图 5.18 基于小时的车站客流需求

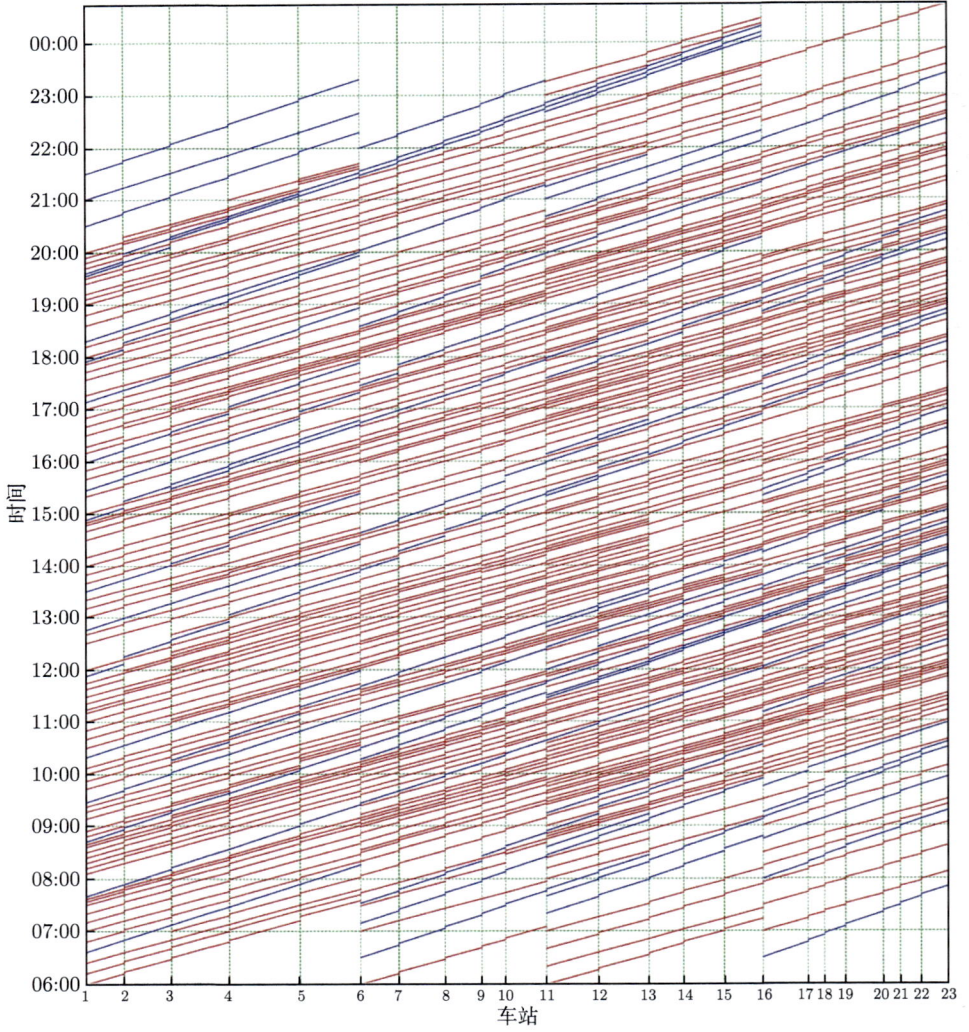

图 5.19　大规模算例优化后的列车运行图